中国彩管史

中国彩色显像管行业志

范文强 杨向杰 主编

陈伟中 编著

海豚出版社
DOLPHIN BOOKS
中国国际出版集团

中國影管史

張學東

《中国彩管史》编写顾问委员会（排名不分先后）:

名誉主任: 张学东（原电子工业部副部长、全国彩色显像管项目领导小组组长）

主　　任: 季国平（原电子工业部彩管办公室副主任）

执行主任: 马金泉（原彩虹集团总经理）

委　　员: 孙秉光（原机电部全国彩色显像管项目领导小组副组长）

杨国钧（原中国彩管业协会秘书长）

周家春（原上海永新彩色显像管股份有限公司总经理）

詹宗庆（原广东福地科技股份有限公司总经理）

孙盛典（原深圳赛格日立彩色显示器件有限公司总经理）

冯　青（原佛山彩色显像管公司总经理）

梁新清（原中国彩管业协会首任会长）

秘波海（原烟台正海集团董事长）

李留恩（原安阳玻壳集团董事长）

苏　德（印，Harish Sood，原汤姆森广东显示器件有限公司总经理）

宫伟立（法，Philippe Combes，原 LG. 飞利浦显示器件公司首任 CEO）

罗诺锺（美，Robert K.Lorch，原美国 RCA 彩管部负责人、汤姆逊彩管集团总裁）

达哈利（法，Charles Dehelly，原法国汤姆逊集团 CEO）

倪润峰（原长虹集团董事长）

胡秋生（原 TCL- 汤姆逊电子集团执行主席）

何　兴（佛山朝野科技有限公司总经理）

王碧波（北京大学教授、法学博士）

编写说明

一、显像管，英文全称Cathode Ray Tube，简称CRT。中文叫阴极射线管，包含黑白和彩色。电视机用的彩色显像管，英文全称 Color Picture Tube，本应简称作 CPT，但由于彩色显像管后来被最广泛地使用在电视机上，故我们普遍沿用显像管的英文缩写 CRT 作统称。本书循此把彩色显像管，简称作“彩管”（CRT）。而用彩色显像管做的电视机则称为“彩管彩电”（CRT–TV）。至于电脑彩色显示屏所用的彩色显示管，英文全称 Color Display Tube，简称则为 CDT。二者虽同是美国 RCA 在五十年代的发明，均为彩色 CRT 家族成员，但标准和技术应用均不相同。

二、彩色玻壳，英文全称 Color Picture Glass，简称 CPG，在中文书籍中，有些称为玻壳，本书统一简称作“彩玻”。

三、荫罩，英文全称 Shadow Mask，不少书籍译作阴罩；荫栅，英文全称 Aperture Grille，不少书籍亦译作阴栅。鉴于二者产生作用时，均与器材的遮荫有关，却与电极的阳阴无关，故本书全统一使用“荫罩”“荫栅”。

四、偏转线圈，英文全称 Deflection coils，本书统一简称作“偏转”。

五、本书在描述彩管尺寸时，为了方便读者阅读而会统一使用“英寸”，而不是“寸”或“吋”。因为彩管为美国人发明，而美国使用的度量衡是使用英制（十二进制）的，而非十进制。同时本书会使用符号（″），作为英寸的符号简称。

六、深圳现代公司，英文简称 MAC，有人取其译音叫作“深圳迈克”，又有人称作“深圳麦克”，本书统一称作“深圳麦克”。

七、韩国 LG 公司英文原名为 Lucky Gold Star，中译原为“喜乐金星”。

后由于上海金星彩电指其侵权，故此后该品牌全球只有 LG 的简称，再无中文名称。而本书因为是彩管史，故从众沿用“乐金 LG”。

八、Thomson 在中国的官式译名为汤姆逊，又有人译作汤姆森。事实上，在由法资控股时期佛山厂和东莞厂皆称为汤姆逊；后来由于印方控股后，Thomson 品牌和公司企业的中文名称只能再沿用 5 年。到了 2010 年，TGDC 的中文译名便正式更变为“汤姆森广东显示器件公司”。

九、在本书的彩管业人士访问稿中，部分在访问时没有影相记录，为表示对受访者的尊重，使用受访者与访谈内容有关的照片代替。

十、本书不同章节、不同受访者提到的同一企业名称差异，除明显错误或易让读者误解之处外，均不做划一处理。一方面尊重各受访人士的使用习惯，因为部分企业在行业之中并没有固定的简称，又或不同书籍所使用的简称有异；另一方面由于彩管行业的竞争十分激烈，其中之变革、重组、合并等既急促又复杂，故不少企业名称变更相当琐碎和频繁。再加上，2000 年初以后，许多彩管企业陆续重组或兼并，最终倒闭或退出市场，仅凭编写者和出版者之力，实难在短时间内逐一核实稽查清楚。本书仅为纪念彩管业发展简要历程，由于编写时间有限，文中难免存在差错、谬误处，恳请广大读者朋友指正，请将意见发邮件至 Johncwz@hotmail.com，以便于我们再版时修改、校正。

PREFACE

序言

中国彩色显像管行业协会会长　范文强[①]

在中国，乃至全世界，只有这个行业，如此地波澜壮阔、有声有色，如此地关系到全中国乃至全世界的千家万户，如此地牵动着上下游企业共同发展形成无与伦比的强大工业体系，即使走到了收官阶段还如此地余音袅袅，让无数人津津乐道……

这个行业，就是中国彩色显像管制造与销售行业。

电视机，集新闻、资讯、电视剧、娱乐、知识传播于一身，冲击了电影、舞台剧，几乎取代了无线电广播。彩色电视机，更是给千家万户每一个人的生活增添了丰富的色彩，也只有彩色电视机，才真正走进并融入千家万户和每一个人的生活。在长达几十年中，是每一个家庭的第一大件——如今讲“有房有车”，可就在不久前往前数的几十年中，购买一台彩色电视机都要凭票、走后门、动用全家几年的积蓄，是每一个中国家庭的名副其实的当家家用电器。

中国的彩色显像管行业的起步、发展和收官之路，充满着波折和传奇色彩，既扑朔迷离，又波澜壮阔；既轰轰烈烈，又扎扎实实；既一波三折，又

① 范文强（1951–），北京人。历任北京松下彩色显像管有限公司副总经理、党委书记、董事长，中盛联集团董事长、中国彩管行业协会会长等职。他 2002 年临危受命，率先提出在 BMCC 开展彻底的变更革新运动，放弃传统保守型的市场策略，进行攻击型市场开拓，生产线实现满负荷运转的重大战略决策。决策的实施，为 BMCC 进入良性循环打下了坚实基础。他曾获“首都防治非典工作先进个人”“北京市劳动模范”等荣誉称号。由于业绩突出，2003 年被松下公司授予“变更创新”社长奖。同年，当选为朝阳区人大代表。BMCC 已累计上缴各种税金超过 32 亿元，2004 年朝阳区政府因 BMCC 突出的纳税额，将最高奖 18.5 万元奖金颁予范文强，他全数捐出，并设立了 BMCC“关爱基金”。

一泻千里。一部中国彩色显像管行业史，既是一部中国工业系统发展壮大、改革开放的典型写照史，又是一部在中国工业中理论与实践、探索与实干、经验与教训的有益教科书，也是一部有血有肉、有欢乐有愁闷、有挣扎有痛快的活生生的人间奋斗剧。

中国彩色显像管行业经历了四个各具特色、均有精彩、全都可圈可点的阶段。

第一阶段：1968—1978 年，中国的“彩管梦”

中国的“彩管梦”是从 1968 年开始的。就是这一年开始，中国政府组织了著名的“彩管大会战”，华东电子（741 厂）及四川红光（773 厂）先后制造出称为“手工样板”的彩色显像管样管。虽然由于当时的技术条件和水平所限，样管不是很成功，但造就了后来彩色显像管发明者美国 RCA 的技术及设备引进的机会。

1972 年 2 月，美国总统尼克松访华，中国开始了对美国彩色显像管技术与设备的考察。同时，中国公司展开与日本公司就彩色显像管技术引进或转让的各个谈判，但碍于日方要价太高或有出口限制或专利禁入等因素影响，最后无任何结果。

1973 年，中国发生了世人皆知的“蜗牛事件”，中国人的“彩管梦”无奈中止，直到 1976 年“四人帮”倒台，1977 年咸阳 4400 厂与日本企业谈判取得初步进展，并组团到日本考察。

1978 年，美国彩色显像管技术授日权限期过，4400 厂第一个与日本日立公司谈判成功，成功引进日本日立彩色显像管制造技术及设备，建立中国第一家彩色显像管制造厂，同时引进日本旭硝子 Asahi 成套技术与设备建起彩色显像管玻壳生产线。

第二阶段：1978—1988 年，国有资本投资使用外国生产设备制造彩管

这一阶段，主要是咸阳 4400 厂的投产并销售彩色显像管。该厂属国家电子工业部，由中央直接投资直接经营，与地方政府和企业无关。咸阳 4400

厂于1978年奠基，正式名称为“陕西彩色显像管厂”，1981年开始生产14英寸和22英寸普通圆角彩色显像管。

在这一阶段的1986年，美国通用GE把一条彩色显像管生产线卖给中国，并收购了RCA的彩色显像管和彩色电视机业务，后期又打包卖给了法国汤姆逊。

在这一阶段，在中国还同时出现了由国家电子部、深圳市政府和4400厂等投资的深圳麦克；由上海仪表局投资的上海真空管；由光大集团投资的香港元朗光大彩管。这几家当时或是沿用美国GE的彩色显像管生产设备，因这种独特的“干粉”技术离开美国本土后不能适应在中国的生存；或使用我国台湾不达标的设备，故最后均以技术失败而告终。

与此同时，中国大地上的彩色显像管生产是相对寂寞的，轰轰烈烈并显得杂乱无章的是彩色电视机的生产，一下子建起了100多条彩色电视机生产线，年装机能力高达上千万台。1980年深圳经济特区成立，加速了国外彩色显像管进入中国。深圳彩管公司成立，以批文推进彩色显像管进口，很大程度上满足了众多彩色电视机厂家对彩色显像管的需求，当然耗费了在当时非常宝贵的巨额外汇。

第三阶段：1988—1999年，合资潮引发全盛发展与激烈竞争

中国改革开放初期，改革开放的总设计师邓小平与被誉为“经营之神”的日本松下集团创始人松下幸之助的三次会晤，奠定了北京松下彩色显像管有限公司（以下简称“北京松下”）创立的基础。北京松下是北京市四家国有企业与日本松下电器、松下电子以50%∶50%合资比例创建的专门生产和销售彩色显像管的合资企业。

采取全额注册、不以任何一方控股的北京松下，不但引进了外企投资方的先进的制造设备、先进的制造技术，还引进了外企投资方的先进的管理方法和当时在世界上最值得称道的企业文化。北京松下的创立并直接投产21英寸平面直角彩管，把中国的彩色显像管行业带入了平面直角时代。北京松下取得了极大的成功，创造了举世瞩目的辉煌，成为中国彩色显像管行业的

一颗具有耀眼光芒的明星。

随即在中国出现了以深圳赛格日立、南京华飞为代表，生产设备、技术来自国外，企业经营、生产控股权在中方的形式多样的合资企业。

在这一阶段，还出现了几家类似中外合资企业。由于合资潮风起，佛山彩管、东莞福地、上海永新等应运而生。但深究其本质，都不是真正意义上的中外合资，只是方便引入生产设备和生产技术，可以享受合资企业的“三减两免”的税务优惠及减免设备进口关税。

到了 20 世纪 90 年代中期，有几家由外资控股的彩色显像管企业出现，如深圳三星、长沙 LG、天津三星。他们不但把先进的 CRT 技术及设备带入中国，而且把一些先进的经营管理理念、方式、生产管理、工艺操作等元素也带到中国，一定程度上对中国 CRT 工业飞速发展起到了很好的推动作用。1999 年的国营佛山彩管与法国汤姆逊合资且法方控股成为中国最后一家合资 CRT 企业，也是外资控股后，令佛山彩管起死回生，也很具意义。

在这一阶段，也有上海索广、中华映管这样的外方或我国台商独立投资经营的彩色显像管企业出现。

也正是在这个阶段，彩管行业的配套企业——彩色玻壳、荫罩网板、荧光粉、玻杆支架等等企业，迅速建立并完善起来。彩色电视机厂家，也从先前的混乱状态中走出来，形成极具实力的大家名牌企业。中国的彩色显像管行业带动了上下游企业飞速发展，形成了庞大、完善、从很大程度上影响整个中国国民经济水平的强大的产业链，为整个中国社会的多个方面——经济指标、就业、生活水平等等，做出了不容忽视的巨大贡献。同时，中国的彩色显像管纷纷走出国门，直接参与国际竞争，成为全球最有实力的彩色显像管供货商集团。

这个阶段是中国彩管工业飞速发展、百花齐放的辉煌时代，同时也带来了激烈的市场竞争，与当时社会经济发展相关联，出现很多大事，如“走私彩管”“大屏幕彩管战”“囤积彩管大战”“限制进口彩管战”等等，至今在业界内还耳熟能详，并在当时明显地影响着社会和人们的生活。

第四阶段：2000—2016 年，市场化整合、产品开发及迅速退市

激烈的市场竞争，既促进了彩管业的发展，也给各家企业带来前所未有的经营困难，整个彩管业走上了市场化整合和产品开发两条参与竞争之路。

1999 年的汤姆逊佛山成立后，所有外国大品牌的合资彩管企业都已在中国成立，无一缺席。这时中国已成为全球彩管生产基地，品种最齐，产能最大。

2001 年 LG 与飞利浦彩管业全球合并，并把总部设在中国香港。这是企业史上空前绝后的，合并后该企业拥有全球 2000 万支以上产销彩管的能力。

在激烈竞争下，一些彩管企业因经营困难自寻出路。如 2004 年 1 月汤姆逊佛山并购东莞福地成立了 TGDC 汤姆逊广东显示器件公司，并一直营运至今，成为全中国，也是全世界最后一家彩管生产企业。而下游彩电产业也扬帆出海，最成功例子是 2004 年 7 月 TCL 多媒体并购法国汤姆逊全球彩电部门成立 TTE 公司，成为当年全球最大彩管—彩电企业，年产超 2000 万支且全球多品牌经营，这些个案都很有启发性与代表性，也很具历史意义。

以北京松下为首的几家企业，采用产品开发应对激烈的竞争，短管颈、超平、纯平、16:9、全品种……

2006 年始，随平板液晶电视和等离子电视的崛起，不管是市场整合还是产品开发，都敌不过产品替代大潮的冲击，彩色显像管逐步退市。从上海永新停产开始，国内外彩管行业中彩管生产企业一个个关停退市，很大程度原因是市场需求发生了变化，也可以说是新的技术取替落后的技术。彩色显像管的退市真正意义上是社会在进步，是社会发展必然规律，我们不但不必觉得遗憾，还应该为它曾有的辉煌感到骄傲、感到自豪。

2012 年，中国最大彩管企业彩虹退市。2013 年底，深圳三星退市。2014年底，印度尼西亚LG退市。到2015年，全球只剩一家彩管生产企业——TGDC 东莞公司，2005 年 9 月，汤姆逊将包括 TGDC 在内的全球彩管业务转移到印度 VIDEOCON。2016 年的 TGDC 公司产能每年 500 万支，两条生产线，1000 名左右员工，计划至少生产到 2016 年年底。TGDC 的母公司亦是全球最后一家彩玻生产商，TGDC 是全中国乃至全球最后一家彩色显像管

生产企业。

应该说，传统的、曾经攻占全球创造无比辉煌的、极大影响世界人们生活质量的、被后起之秀迅速替代的彩色显像管，竟然死在了后起之秀之一的等离子显示电视之后，不能不说是一个奇迹。

在这里，让我们记住在1968—2016年中国出现过的彩色显像管生产企业：红光电子（手板）、华东电子（手板）、咸阳彩虹、台湾中华映管、福州中华、LG飞利浦（全球）、上海真空、深圳麦克、香港光大彩管、北京松下、赛格日立、佛山彩管、东莞福地、上海永新、天津三星、深圳三星、长沙LG、南京华飞、上海索广、TGDC（汤姆逊佛山与东莞福地合并组合）……

彩色显像管是普及面最广的工业产品，超过汽车，涉及面广，带动产业多，曾经是一个国家标志性产品之一。彩色显像管，是发明专利用得最久的工业产品之一，到2016年就119年了，按照中国人的传统说法，也算是“寿终正寝”。“寿终正寝，无疾而终”，是中国人千百年来追求的“五福”的一个重要内容——中国的彩色显像管行业，不是终止于自身经营的错误，不是失败于行业内部的人为因素，这应该说是彩管人的最大心理安慰。

中国的彩色显像管行业，是中国工业化进程中轰轰烈烈的一个行业，各家彩管企业的问世，几乎都是当地政府的“一号工程”，党和国家领导人对彩管行业的关心程度曾超过其他任何行业，全社会倾情关注，这样的壮观场面，之后再也没有在其他行业出现过。

中国的彩色显像管行业，为迅速提高整个中国的彩色电视机工业发展水平做出了不可磨灭的贡献。当初正是彩色显像管企业引领着中国彩色电视机的发展潮流，并直接提升着彩色电视机厂家的技术发展水平和企业管理水平。当初全国有56家企业建起113条彩色电视机组装线，正是在彩色显像管企业的统领下进行了大浪淘沙般的调整，上不去的就下来，不行的就关门，才创建出几大家名牌彩电。

中国的彩色显像管行业，在中国是最早进入市场经济的行业。最初得到了国家的强力支持，发展迅速，整个行业很快进入国际竞争。世界各大彩管企业纷纷进入中国，使中国成为世界最大彩色显像管生产基地，竞争之激烈前所未有。正是完全的市场经济和前所未有的激烈竞争，才迅速促进了彩管行业的迅猛发展，价格迅速走低、新品种如雨后春笋，受益的正是千家万户的消费者。

中国的彩色显像管行业，集世界彩管制造之大成，是整个世界彩色显像管制造行业的集中体现。全世界各大彩管企业的参与，也呈现出缤纷多彩的技术水准、生产模式和企业文化，演奏出惊天地泣鬼神的工业交响曲。十几万彩管人，几十年的奋勇拼搏，圆了中国工业的“彩管梦”，圆了所有中国人的彩电梦，也彰显出整个行业熠熠生辉的行业精神——工业报国。

彩管时代结束了。“没有记忆的民族是没有前途的。”中国人用几十年走过了世界几百年的路程，中国的工业化就几十年，对这几十年中最具代表性的彩色显像管行业进行回顾、总结，是一件有着非同寻常意义的事情。任何企业，不管是百年老店还是匆匆过客，都有一定的寿命；任何行业，不管是轰轰烈烈的还是默默无闻的，都有其开始的一天和终结的时候。各企业之间，不可类似，但可比照；各行业之间，不可复制，但可借鉴。我们撰写这部《中国彩管史》，不是追求对其他企业、其他行业有什么指导作用，而是对十几万彩管人有个交代，为中国的工业历史梳理一份“备忘录”。

感谢并祝福关心并支持彩管事业的国家及各地政府的领导！

感谢并祝福彩管事业的配套企业、电视机企业的所有从业人员！

感谢并祝福所有消费者！

感谢并祝福本书的各位读者！

2016 年 5 月
2019 年 10 月修订

CONTENTS

目录

中国彩色显像管工业发展大事记

孙秉光[1]

① 孙秉光（1938-），江苏滨海人。1962年东南大学无线电系毕业。历任国家三机部、四机部、中国电子器件工业总公司技术员、工程师、高级工程师、副处长、处长、党组成员、副总经理、总经理、党委书记、全国彩色显像管项目领导小组副组长等职。1984年赴深圳经济特区，筹建现代电子、赛格日立两个彩色显像厂和中康彩色显像管玻壳厂、彩电总公司彩电工厂。后任中国电子器件工业总公司、中国电子器件工业深圳公司总经理，香港现代电子实业公司常务董事、总经理，深圳中康玻璃有限公司及RGB电子有限公司董事长等。高级工程师。详见本书之“中国彩管行业开拓人物小传”。

1968年5月，中央决定由原四机部、邮电部、中央广播事业局、国家计委、国家经委、化工部、冶金部等部委派员组成彩色电视广播办公室（我是四机部派出的成员），召集全国相关企业领导、工程技术人员近百人开会，讨论、研究我国彩色电视广播发展计划，从彩色电视制式、节目播放、发射系统、信号传输、接收系统等各方面，制定了技术方案、实施措施、重点发展项目，并确定将量大面广、涉及千家万户的彩色显像管研制、生产定为最重要的核心器件，组织全国力量会战、攻关。

尽管彩色显像管自20世纪40年代末由美国无线电公司（RCA）发明，50年代形成批量生产，至1968年在资本主义世界已普及，但在我国尚处于一片空白，一切要从头做起。我们决定在全国成立四个会战区，将上千种原材料、几百种设备进行分工，各有侧重。华北会战区以北京电子管厂为主；华东会战区以华东电子管厂为主，上海灯泡二厂参加；西南会战区以红光电子管厂为主；华南会战区以武汉灯泡厂为主。每个会战区都有协作企业、高等学校、研究所等几十个单位参加彩管会战。

我们在无资料、无设计、无技术、无标准、无设备、无技术人才的情况下，白手起家，十分困难。于是我们进口了几十支日本索尼公司14英寸彩色显像管解剖，分析，测绘，然后再按我们的条件重新设计，并制定工艺路线，研制工艺设备、测试系统、工装模具、原材料等。经过近两年的日夜会战，1970年春，第一支可以显示彩色图像的显像管在华东电子管厂诞生了！这表明了我们对生产彩色显像管所用几千种各类原材料、上千种工艺设备、测试设备、工装、模具、动力设备、厂房净化设备等，有了初步了解。

通过会战，我们培养了各类工程技术人员近千名。这些，都为我国彩色显像管工业的大发展奠定了基础。

1972 年 5 月，国家在北京和平宾馆召开彩色电视广播工作会议，总结近两年的会战成果及经验，并研究制订今后的发展规划。会议的第四天，华国锋、余秋里等领导来听汇报，在汇报到彩色电视机普及到千家万户时，最难的就是彩色显像管虽研制成功，一年最大产量仅有 4000 多支，而每支彩管成本高达 4000 多元，无法普及，如果靠进口彩管，每年需要外汇几亿美元。怎么办？此时，我作为四机部派在彩色电视广播办公室的成员，提出学习英国早期发展彩管的经验，用 1000 万美元，引进单头涂屏方式生产线，可年产 10 万支彩管。余秋里同志详细询问了情况后，站起来走到我面前说："现在正在'文革'中，全国批判洋奴哲学，你这位青年人敢于提出成套技术引进，很了不起，我余秋里就有权批准，你回四机部立刻给我写报告，来了我就批！"余秋里同志勇于拍板、敢作敢为的精神令人敬佩。

1972 年 8 月，四机部关于引进彩色显像管生产线报告到国务院余秋里同志处，1972 年 9 月批复同意。四机部军管会要我提出引进方案和做好各项准备工作。11 月份，经国务院批准，由邓国军为团长的中国彩色电视工业考察团一行 12 人赴日本考察，先后去 27 个公司、100 多个工厂、研究所、电视台考察，历时 40 多天。回国后，由我负责组织总结，并修改最终引进方案。国家计委柴树藩副主任、外贸部李强部长先后听了我们的汇报，同意引进两条彩管生产线，年产量为 100 万支左右，并同意引进配套的玻壳、荫罩、荧光粉、电子枪零件和装配、偏转线圈生产线及动力系统，总用汇 8000 万美元，要求四机部以部党组名义报党中央。1972 年底，我们完成了彩管项目引进谈判各项准备工作。

1973 年春，王铮部长确定将彩管项目放在北京，由北京电子管厂负责包建。北京市政府十分积极，市领导和有关部门领导立即邀请王部长去大兴县及东郊大山子附近选择厂址。春节后，日本东芝、日立、松下、索尼、NEC、三菱、旭硝子、NEG、大日本涂料、大日本印刷、大日本网板等公司被邀先后来华，与我方进行技术交流和引进方案的初步探讨。1973 年 5 月始，外贸部技术进口总公司先后三次向日本各大公司发出邀请，请他们来华谈判彩管项目的引进工作，但日方均回答“正在准备中”。直到11月份，突然接到外交部和外贸部电话，通知我们三天后美国无线电公司（RCA）派高级代表团来华，商谈彩管引进事宜。我们感到十分惊奇和意外。我方没有和RCA公司有过任何联系，他们怎么来了？但他们来了，只好临时组织在京五人组成谈判接待组。三天后RCA公司一位高级副总裁、一位技术副总裁、一位财务副总裁、一位项目负责人、一位高级工程师抵京，中技公司负责接待和安排谈判。第一天双方代表见面，美方首先介绍他们花了两万五千美元制造的工厂模型（含彩管总装、玻壳、荫罩、荧光粉、偏转线圈、电子枪装配、动力、空调系统），并为模拟生产程序进行了表演，详细介绍了RCA彩管历史、技术现状、生产品种等情况。卖给中方的彩管工厂，总价为8300万美元，签约后30个月投产，中方只负责建厂房和选拔技术人员。第二天进行厂房方案和产品大纲的讨论，美方提出演示他们带来的两台20英寸的电视机，可是接上电源后，电视机不亮，怎么调也不亮，美方高级工程师急得满头大汗，问我有办法没有。我说只要彩管没有在长途运输中震坏，还是可以修好的。我立即给北京电子管厂厂长打电话，请他们派一位无线电高级技师带着工具立即用专车送二里沟中技公司，帮助美方修理彩色电视机。半个小时后，技师到了，分析认为可能是焊接不好，在长途中某个线头接点断了，他们用几分钟检测后，拿来烙铁将断点焊上，再开机彩色图像出现了。美方对我方的工作效率和技术能力十分敬佩，再三致以谢意。下午3点提前结束了谈判。我方谈判组进行了讨论，认为明天签约很难，因为我们对美方技术了解甚少，而且商务合同条款过分简单，我方利益得不到充分保障，建议请四机部、外贸部、国家计委领导晚上来中技公司观看美电视机演示，并听取我们汇报。晚上7时许，国家计委副主任顾明、四机部副部长刘寅和外贸部某副部长看了演示，听了汇报后，表示同意我的意见：（一）由于我方并没有考察美方的技术状态，难以决断，希望立即派员赴美考察。（二）彩管项目签约推迟到考察后进行。第三天谈判开始，美方首先介绍了他们的合同文件后，提出暂停五分钟，到另一个谈判室作闭门磋商，五分钟后来到谈判室十分高兴地告知我方为了表示友好，降价300万美元，合同总价为8000万美元，问我们今天可以签约吗。我回答，不能，因为我们不了解他们的彩管技术状态，我们需要派专业技术人员赴工厂考察后才能决定。美方略加思考后表示："欢迎你们来美考察，你们谁来，何时来，我现在就发出邀请信。"我说这个专业组合约 12 人，名单一星期后传给他们。谈判最后，RCA 公司团长告之，彩管技术专利属于 RCA，全世界任何国家的彩管企业未经 RCA 公司同意，均无权向中国出售彩管成套技术。此时我们才明白为什么日本各大公司不能来华交流、谈判了，原来 RCA 公司不同意。

经过紧张的筹备，1973 年 12 月份，经周恩来总理批准，以王治东为团长的中国访美彩色显像管考察团一行 12 人出发了。在美历时一个多月，考察了 RCA、GE、康宁西屋公司相关工厂、研究所共 27 个单位。美国康宁公司董事长浩顿先生为了表示友好，赠送代表团每人一个由重铅玻璃手工制作的海蜗牛。1974 年初春节前代表团回到国内，约定春节后大家返京做考察总结，拟定对美谈判方案。

春节后上班第二天，在四机部大院贴出了"不许美帝国主义侮辱我们"的大字报，意思是说美国人送蜗牛是讽刺中国人在美国后面爬行。随后，在全国范围内爆发了令人震撼的"蜗牛事件"，美国总统尼克松也感到吃惊和不解。"蜗牛事件"、"批林批孔"、国际形势变化，使彩管引进项目从此搁浅了。

1976 年粉碎了"四人帮"后，国内形势好转了。8 月份我给王铮部长送上"关于恢复彩色显像管引进工作的请示报告"。王部长看了报告后，十分高兴，立即签发了。国家计委顾明副主任看了报告后，给王铮部长来电话说报告很及时，但内容单薄了些，可否加上军民结合的内容，并希望拟稿人到中南海他的办公室。王部长叫我到他办公室，说了顾明副主任的意见，我说中南海我进不去，王部长笑了，让秘书派他的专车送我到顾明副主任处。他又重申他的意见，要我将报告增加些内容，改好后送他看。我愣了一会儿，突然有灵感了，就向顾副主任说，如果在战场范围内装上若干红外、夜视、高清晰度摄像头，再传送统帅部，将几十支彩色显像管拼起来成大屏幕，将战场实况演示出来，中央首长可以直观战争实况。顾副主任听了笑了笑，说就这么修改。我考虑到彩色电视机配套用的视放、功放仍用收讯放大电子管，一是耗电量大，二是用变压器重量大，于是就将彩管引进用汇改为9000万美元，其中线性集成电路项目1000万美元。顾副主任听了我的解释后，同意了。王铮部长看了稿子就以中共四机部党组名义签发铅印上报了。十多天后，余秋里在中南海召集各部委领导，参加专题讨论彩色显像管成套技术引进项目的会议，四机部王部长和我参加了会议。余秋里主任说："我受先念副总理委托召开此会，彩管项目1972年就已批准了，因'四人帮'捣乱，就延误了几年，现在请四机部的同志介绍一下项目情况。"王铮部长开头说了几句，就要我将彩管从会战研发到对外引进、交流、考察、谈判等各项工作向与会领导做了汇报。经过一个多小时讨论，大家一致赞同。于是余秋里同志站起来宣布："此报告以四机部名义上报，请王铮签发，我和在座的二十一位领导共同会签，报请中央批准。"

1976年9月，引进彩管项目报告由李先念副总理批准同意，并由华国锋、叶剑英等九位政治局委员圈阅同意，很快文件转到四机部，王铮部长立即召开部党组扩大会议，安排部署各项筹备工作。1976年11月，由王宗金副部长带队的一行18人（彩管项目12人，集成电路项目6人）再赴日本技术考察。

1977年春，日本日立、东芝、松下、NEC、NEG、旭硝子、大日本网板、大日本印刷、大日本涂料等公司先后送来建厂方案和分项报价，并来华进行技术交流，解释报价。9月份进入合同谈判，中日双方各有200多人，分八个谈判组，对口交流谈判。从北京谈到天津，又从天津回到北京，谈了100多天。日元升值，价格下不来。报告李先念副总理后，他说："你们越谈越贵，赶快签约吧。"1977年11月份与日本日立公司签署了彩色显像管总装合同（含电子枪零件、装配、偏转线圈），与旭硝子公司签署了玻壳项目（含低熔点玻璃、电子枪芯、管颈拉制）合同，与大日本网板公司签署了荫罩合同，与大日本涂料公司签署了荧光粉合同，以及动力、空调系统合同。厂设在咸阳，年产22英寸彩管30万支，14英寸彩管66万支。各项合同总用汇1.1亿美元，1978年开始建设，1981年10月国家验收投产。咸阳彩色显像管总厂是配套最全的工厂，它为我国彩色显像管工业的大发展奠定了坚实的基础。一是培养了各类技术人员千余人；二是培养了工厂设计施工设备安装队伍；三是带动了冶金、化工等各类材料工业的发展。但总产量仅96万支彩管已严重不能满足电视机配套需要，每年还需要进口800万支彩管。

1984年全国掀起了大搞彩管项目的热潮，大连、辽宁、天津、北京、上海、江苏、江西、福建、广东、陕西、四川等11个省市要求建设彩色显像管厂，各自对外询价，考察、谈判。而可以出售彩管成套技术的只有日本四五家、荷兰飞利浦，他们也给中国各省份分开询价、考察搞糊涂了，不知真假，报价越来越高，总价高达20多亿美元。在此情况下，电子工业部党组决定成立全国彩色显像管项目领导小组，由常务副部长张学东任组长，吕理复、孙秉光、黄兆铭任副组长，小组成员六人，我兼彩管办公室主任。小组成立后，就向国务院领导汇报全国十多个省市要上彩管的情况，并与各个要上彩管项目的省市会商，将上彩管必需的条件列出来供他们考虑。国务院决定“彩色显像管技术引进由电子工业部统一归口，联合对外”。1986年夏天，电子工业部召开彩管、玻壳项目论证会，成立10人评估组，从技术力量、资金来源、引进对象、运输能力、配套条件、能源供应、利用外资比例、地区协作能力等八个方面，根据11个省市的汇报进行评估打分，将评估结果由彩管领导小组会同有关部委会商后报请国务院领导批准全国上三个新建彩管厂、一个扩建彩管厂，总产量为年产570万支。同意上两个玻壳厂、一个荫罩厂、两个荧光粉厂。1986年12月1日报国务院备案。12月中旬，邀请国外厂商召开彩色显像管四个建设项目统一承包发布会。1986年10月11日、11月13日、12月16日，分别签订咸阳玻壳扩建、石家庄玻壳、安阳玻壳三个新建总协议书与商务合成价为1.1亿美元，彩管项目合总价为1.63亿美元。设备国产化率达到48%。

1991年四个彩管厂先后投产。以后随着国家改革力度加大和市场需求增加又有七八家彩管厂投产。中国彩色显像管工业辉煌了十多年，年产量达8000多万支，十多年总产量高达10亿多支，为世界之最，彩色显像管工业及其配件工业为国家赢得了几千亿元利润，总产值达到 20000 多亿元。彩色电视机全国基本普及了，实现了 1968 年我们组织全国彩色显像管大会战时的承诺——“家家户户看彩电”。

2014 年 11 月于北京

我国彩色显像管产业的发展和思考

季国平[①]

① 季国平（1947- ），高级工程师，信息产业技术与管理专家。历任电子工业部基础产品重大工程司彩管工程处处长、信息产业部电子信息产品管理司基础产品处处长、信息产业部电子信息产品管理司助理巡视员（副司级）、武汉东湖高新技术开发区副主任（副厅级）、工业和信息化部离退休干部局副局长（副局级）。长期以来主管显示器件、元器件基础产品的工作，是显示器件与元器件方面的专家。现任京东方公司第七届董事会独立董事，2011 年 1 月至 2014 年 12 月任横店集团东磁股份有限公司独立董事。现任中国电源工业协会理事长。

一、发展历程

我国的彩色显像管（以下简称彩管）产业从20世纪80年代起步，到2010年全面停产，历经30年。

其主要分为三个阶段。

1. 1981—1990年：起步成长阶段

从80年代开始，由于市场需求的增大，中国彩电产业开始迅猛发展，迫切需要国内的彩管进行配套，以摆脱“彩电缺管”的尴尬局面。经充分调研，1981年国家计委（现为国家发改委）和电子工业部（现为工业和信息化部）一起决定在国内规划布点生产彩管，地点选择在陕西省咸阳市。电子工业部下令抽调全国的精兵强将在咸阳建设我国第一条彩色显像管生产线，厂名定名为“陕西彩色显像管厂”（后改名为“彩虹集团公司”），年生产彩管96万支，品种为14英寸和22英寸。1984年，彩虹集团开始试产彩管，改写了我国不能生产彩管的历史，填补了国内空白，吹响了我国彩管产业阔步迈进的号角。

1987年，根据彩管产业发展的需要，国家计委和电子工业部又在全国规划布局陕西彩管厂（扩大生产能力）、北京松下彩管公司、上海永新彩管公司、南京华飞彩色显示器公司，形成四大彩色显像管生产基地。1990年，四大彩管基地陆续开始投入生产，年生产能力达600多万支。

2. 1991—2003 年：飞速发展阶段

四大彩管企业陆续投入生产，但生产能力仍满足不了市场的需求。机械电子工业部（电子工业部）后来又陆续批准建设深圳赛格日立公司（与日立合资）、广东东莞福地彩管公司（引进日立技术）、深圳 MAC 公司（停产后被韩国三星集团公司下属 SDI 收购）、天津三星彩色显像管公司（天津与三星合资）、湖南长沙乐金显示公司、广东佛山彩管公司、上海索广公司（上广电与索尼合资）、福建中华映管公司（生产彩色显示管 CDT）等企业。中国的彩管生产能力逐步接近 3000 万支，产品的尺寸从 14 英寸、18 英寸、19 英寸 FS、20 英寸、21 英寸和 21 英寸 FS、25 英寸 FS、29 英寸 FS，到超大屏幕的 34 英寸全部覆盖。中国的彩管产业逐步成长为世界的彩管生产大国和强国。彩色显像管产业成为 20 世纪 90 年代电子工业各门类产品中耀眼的亮点。

3. 2003—2010 年：夕阳产业

经历了飞速发展的时期后，彩管产业逐步从高峰下降沦为夕阳产业。应验了 1995 年在国际 SID 会上专家提出的观点“彩管产业还有 15 年的寿命，将会被新的彩色显示产品取代”。国内大部分彩管企业及其配套的玻壳、荫罩、荧光粉、电子枪等企业在 2010 年前后逐步停产，彩管产业沦为夕阳产业。

经过多年的研发和技术积累，TFT 液晶产业以崭新的姿态逐步取代了彩管产业，成为彩色显示产业领域中的佼佼者，令人刮目相看。TFT 液晶产业逐步登上了彩色显示的主战场，而彩管产业逐渐被淘汰。薄、轻、高画质的 TFT 液晶产业代替了厚、重、画质一般的显像管。曾经辉煌的彩管产业被无情的市场一脚踢开。

二、思考

回顾彩色显像管30年发展的历程，我们深刻地认识到市场是无情的，一个产业独占市场几十年是很不容易的，产品的成长期——成熟期——衰退期是不可避免的，值得欣慰的是作为发展显示产业的主管部门——电子工业部（信息产业部）也从未将显示产业发展的步伐停留在彩管产业上，从2001年初期就开始计划发展TFT液晶产业。中国的显示产业从彩管起步，在显示技术方面打下了基础，到2001年开始转向TFT液晶显示，也经历了起步阶段到逐步成熟阶段，进而中国的液晶产业和OLED产业终将也进入世界前列。

彩管产业的兴衰值得我们深思。

1. 创业是产业发展的必由之路。一个产业从兴旺到衰退符合市场的发展规律，在产品成长发展快的时期，我们务必要重视创新，要研究市场下一步需要的产品，进行技术研发。

2. 政府部门政策的引导和支持对产业的发展很重要。从当年彩色显像管的发展到现在液晶产业的发展离不开政府部门政策的引导和支持，以及研发资金的支持。对于重点发展的领域，政府支持显得更为重要。彩管产业发展的时期正是国家从计划经济转向市场经济的时间，因此要不断研究市场发展的新规律、新动向，以便尽快适应。

3. 彩色显像管产业的发展为推动我国彩色显示产业的发展起了承上启下、奠定基础的作用，为推动我国电子工业大生产技术起到不可磨灭的作用。彩管产业在发展时期，重视新产品、新技术的开发，强调自主创新，强调产学研的结合，强调产业发展必须形成上下游产业共同发展，要尽快打造完整的产业链。在建设彩管企业的同时，逐步安排彩管所需配套的主要配套件（玻壳、荫罩、荧光粉、电子枪）同步生产，形成完善的自我配套体系。关键设备的制造和量大面广关键材料的本地化生产，是产业健康发展的重要保证。这些理念值得我国发展新型彩色显示器件予以借鉴。

4. 人才的培养。在咸阳建设的第一个彩管基地，培养了相当数量的技术骨干和管理人员，输运到全国各地彩管企业，成为新企业的骨干。这些优秀人才很多已成为TFT液晶显示产业、液晶薄玻璃生产的关键人才。

5. 经济效益。很多产业在发展过程中，要做到还本付息是十分困难的，有些企业能做到还利息不还本金，就算是很好的企业，要全部还清本金毫无可能。但彩管企业能够做到还本付息，1年或2年就能还清一条生产线的投资成本，这在20世纪90年代是相当不易之事。彩管在产业鼎盛时期，全年生产彩管5000多万支，彩管及其配套企业年销售额达到800多亿元，利润近80亿元，这在当时各类电子产品中是创利润最高的产品。

新型彩色显示器件TFT液晶显示和OLED显示在市场竞争中胜出，迫使彩管产业退出市场，这是显示领域发展中的优胜劣汰的结果。

但是中国的彩色显像管产业在彩色显示领域中曾经取得过的辉煌业绩会永远留在记忆中，不可磨灭！

祝愿中国TFT液晶显示和OLED显示不断创新、加快发展，尽快成为国际上显示产业的领跑者！

（作者1988年任机械电子工业部彩管领导小组办公室副主任，1990年任常务副主任）

2017年5月于北京

我们托起绚丽的“彩虹”

马金泉[①]

① 马金泉（1943-），山东寿光人，研究员级高工。曾任彩虹集团公司总经理、彩虹集团公司党委副书记、彩虹显示器件股份有限公司董事长。1968年12月西北工业大学航空材料工艺专业毕业后，分配到国营七八二厂工作，担任技术员、组长、室主任；1978年10月调入陕西彩虹彩色显像管总厂工作，先后任技术员、车间主任、分厂副厂长、生产计划处处长、厂长助理。1994年11月，省部间干部交流时调入国营黄河机器制造厂任董事长、总经理。1997年12月调回彩虹集团，任彩虹彩色显像管总厂常务副厂长、彩虹集团常务副总经理、副董事长等，2001年3月任彩虹集团公司总经理。2003年当选为第十届全国人大代表。2006年11月至2012年6月任攀枝花钢铁（集团）公司外部董事。2008年4月至2014年4月任中国西电电气股份有限公司（于上海证券交易所上市）独立董事。2009年5月至2015年5月任青岛海信电器股份有限公司（于上海证券交易所上市）独立董事。2013年11月至今任西安未来国际信息股份有限公司（于新三版挂牌）独立董事。〔主要参考自：咸阳年鉴编纂委员会编：《咸阳年鉴·2004》（咸阳：三秦出版社，2004），页359-360。〕

两年前我见到杨向杰先生，他谈起要出一本中国彩管发展史，我很支持他这一公益事业，他现在执意要我写一篇有关彩管的文章，但我退休多年，手中少有资料，多次推辞，还是拗不过他，只好勉为其难了。

我国生产的第一支彩色显像管（简称“彩管”）的商标是“彩虹”，企业的名称是“彩虹集团公司”（简称“彩虹”），它的前期叫陕西彩色显像总厂。我的一生大部分和彩虹息息相关。我参与了最初的创建，和各位同人共同担当了其蓬勃的发展，其间，1984 年攻克框架黑化工艺难关，解决了日方专家没解决的问题（获省电子厅二等奖），1985 年参与组织实施了增加 18 英寸彩管的生产线改造，增加了急需品种，增加了效益，集体获电子部科技进步二等奖，1986 年因参与 14 英寸生产线技术改造大幅度提高产能、效益，集体获国家科技进步一等奖，我是受奖人员之一，并获证书、证章。自 1992 年起作为有突出贡献的专家享受政府特别津贴。2001 年至 2005 年 7 月我担任彩虹的总经理，并组建了团结、拼搏、向上的领导班子，在上级领导的支持下，团结全体员工，努力拼搏，创建了彩虹新的辉煌。2003 年获选为第十届全国人大代表。

我是 1978 年 9 月被调到彩虹（陕西省咸阳市）参加引进彩管生产线建设的。彩管是彩色电视机的最关键最核心部分，它几乎占电视机全部成本的三分之二，从技术含量看它占的比重更大。我国本来也在自主研发彩管，但在一些国家已成熟、大批量生产彩管时，我国还处在实验室阶段。为了适应改革开放后经济、军事、民生的需求，1977 年国务院批准，决定由国家投资，全套引进彩管生产的设备和技术。这是改革开放后，全套引进的第一个项目，国家非常重视，成立了由第四机械工业部、陕西省及国家有关部委领导参加的领导小组，四机部副部长王宗金担任现场指挥组的组长，在现场直接组织指挥。该厂虽然归属四机部管理，但工厂的党、政主要领导由中央组织部和国家人事部任命，处处都表现了国家对项目的高度重视！建设开始从四机部等有关行业的一百多个企业抽调大批优秀科技、管理人员到咸阳参加这次大会战，我幸运地成为一分子。

社会主义国家集中力量办大事的优势在这里充分体现，项目需要的人员、物资从全国各地源源不断地流向咸阳，一时间咸阳的马路边、广场上到处摆满了等待安装的生产设备。咸阳的大部分旅店、招待所，甚至澡堂、破旧的窑洞都住满了彩虹人，我那时 35 岁，还有的已经四五十岁了，大家都为光荣的使命努力学习全新的技术和日语，因为技术和设备绝大部分来自日本。天蒙蒙亮的清晨、落日晚霞映照的学校操场、市郊绿草如茵的田埂上到处都见到这些青、壮年彩虹人吟诵日语的身影，咸阳市上空回荡着朗朗的读书声。

世界上的彩管厂大都只有总装生产线，我国当时的工业技术还达不到为其配套的能力，因而全套引进了所有零部件的生产线（玻壳、荧光粉、网版、偏转线圈、金属零件、电子枪、支架玻杆及低熔点玻璃粉等等），甚至基建用的很多建材（如关键厂房墙面、地面、房顶用的材料）都是同时进口的，名副其实的全套引进！现在看来如果不是全套引进，可能很难成功。彩管是技术含量非常高的产品，它集多学科、多行业的尖端技术于一身，它的结构非常复杂、十分精密，从材料投入到出产品，要经过几百道工序，因此对工厂的整体管理水平、工艺水平、技术系统管理水平、工人的技能及素质、设备的安全及可靠运行等，要求都十分严格。之前曾有罗马尼亚、芬兰从日本引进彩管技术失败的先例。我们的任务十分艰巨，当时我国的工业基础、工艺技术水平、工厂管理水平、工人的素质等很多方面都不适应。但是改革开放的东风、国家对项目的重视、全国人民要尽快看上彩电的热切期望等，极大地激发了彩虹人的热情。我们全身心地投入工作，最初我负责网版组件加工组装的行政、技术主管，仅这部分就从日本的七家公司引进近 20 台（套）设备，其中有热处理、压力加工、表面处理、焊接等四大类工艺技术，我们不分昼夜、几乎所有的节假日全部用在工作上，如饥似渴地学习新技术，时常 24 小时不离开岗位，克服了各种想象不到的困难，1981 年 10 月生产出合格的彩管，比计划提前三个月，于1982年6月完成中日合同验收，很多指标大幅度超过了合同的标准。

对于这样的胜利，上级部门等纷纷发来贺电，各级领导频频来视察（各个时期来过的中央政治局常委就达16位）。在一片赞扬中也有异样声音，很多日方专家认为他们离开后，生产会难以为继，甚至步罗马尼亚等失败的后尘，国内外不看好的议论此起彼伏。实践证明他们都错了，1983年我们实现了“当年投产、当年盈利、当年创优（国家金龙奖）、当年出口”的目标，获得社会的赞扬越来越多。

随着改革开放的深入发展，我国经济突飞猛进，人民生活逐步提高，对彩电的需求日益增加。当时我国外汇奇缺，不可能进口很多彩管、彩电满足市场需求，彩虹牌彩管的国产成功恰逢其时，极大地推动了我国彩电产业的发展，一个个用彩虹牌彩管组装彩电的工厂如灿烂山花开遍祖国大地，极大地促进了彩电产业的发展！大浪淘沙荡涤出的国产名牌海信、康佳、长虹、TCL、创维等无不和彩虹相互依存、共同发展，在满足了国内需求的同时，并共同开辟国际市场，我国成为世界最大的彩电出口国。

在改革开放的大好形势下，市场对彩电的巨大需求呈井喷，彩虹人面对党和国家领导的殷切期望和大力支持，面对以经济建设为中心的新需求，面对百姓的急切盼望，激发出了巨大的热情，彩虹人在引进、消化、吸收的基础上，不甘现状、勇于创新、敢于担当，永不停步地向着一个比一个更高的目标冲击，创造了一个又一个奇迹！

1979年彩虹一期工程破土动工。4月29日，打桩机的轰鸣划破了寂静的长空，嗵——嗵——在一片绿油油的麦田里把玻璃池炉的第一根钢桩打入到深深的基石上，轰轰烈烈的举世闻名的咸阳彩管工程开始了！

1982年5月、6月分别完成了14英寸、22英寸生产线的考核试车。45项技术指标全部达标，提前3个月完成中日合同验收。配套的玻壳、荧光粉、网版等也频传捷报。12月2日，由国家计委、经贸委、电子部、财政部、全国总工会、劳动人事部、城乡建设环境保护部、中国人民银行、中技公司、机械工业部、陕西省及咸阳市、陕西彩色显像管总厂等14个单位，共计24

位各单位领导组成的验收委员会（主任委员：国家经委副主任彭敏；副主任委员：电子部部长张挺、陕西副省长刘庚、财政部副部长迟海滨）对彩管工程进行了全面验收，对整个工程的建设速度、质量等方面给予了高度评价。（我花这么多笔墨写验收，是让大家回顾当时的社会主义计划经济、共和国长子大型国有企业受到的“宠爱”以及国家对第一个彩管项目是何等的重视！）

1983 年 9 月彩虹成功研制了高聚焦的 14 英寸彩管，11 月两个品种都获得“1983 年优秀新品金龙奖”，并实现了“当年投产、当年盈利、当年创优、当年出口”。

1984 年获得国家“优秀产品金质奖”。

1985 年原生产线经过技术改造增加了 18 英寸彩管品种，并扩大产能到 130 万支（原设计年产能 96 万支）。彩虹人自建厂初就严格三废处理，这年彩虹被命名为电子部“清洁工厂”,1989 年被授予“全国环境保护先进企业”，1996 年 3 月被全国绿化委员会、林业部、人事部授予“全国绿化先进单位”，同年被联合国工业发展组织、环境规划署和中国国家清洁生产中心授予“清洁生产示范企业”。

1986 年因生产线改造成功，产能、效益大幅提高，获得 1986 年度“国家科技进步一等奖”。这年还获得电子部“电子工业质量管理奖”。

1990 年二期建设工程通过对外合同验收，彩虹人遵照电子部的指示，坚持了生产设备与外方合作制造，共一万多台（套）设备。国产化率达到 48.8%，节约了大量外汇，特别是提高了我国制造彩管设备的能力，为以后我国彩管事业发展打下了坚实的基础，因此获得机电部电子工业引进技术消化吸收国产化工作一等奖。

1991 年彩虹二期通过国家验收，彩虹年产能达到 290 万支，增加 18 英寸和 21 英寸平面直角两个品种，产值由 5 亿元增加到 18 亿元。国家验收委员会的评价是：“速度快、质量好、投资省、效益高”。国务院命名彩虹为国家一级企业。

1992 年，80 年代末几个中外合资的彩管企业相继投产，他们虽然起步晚，但他们有外资企业的技术和管理方面的优势，彩虹的产品质量相形见绌，为此彩虹开展了“全员推进质量活动”，领导分工由我负责。我们由厂领导带队，兵分几路走访用户，极其认真、虚心听取用户各级领导和一线工人的意见，在彩虹内部发动全体职工查问题，找短板，献计策，综合内、外部查出的问题，逐项制定对策，并严格督查落实！彩虹质量有了显著提高，受到用户普遍好评，同时大大降低了质量成本，取得良好的经济效益。彩虹每年在全国电子百强企业中都名列前茅，1992 年居第二名。

1993 年，彩虹进入全国 26 家特大型企业。彩虹不但经营业绩突出，管理创新也积极进取，这年开始实行岗位技能工资。

1994 年，彩虹获得全国企业管理奖项“金马奖”，国家经贸委确定百家大型国有企业建立技术中心，彩虹是成员之一。荣获全国电子系统 1994 年度出口业绩一等奖。

1995 年 5 月，彩虹一期工程再次进行扩产改造，产能达到年产 160 万支。这年彩虹原总工程师吴祖垲被国际信息显示学会授予“特别国际公认奖”，表彰他在黑白显像管和各种彩色显示电子束管的研发和大量生产中做出的突出贡献，他是获此奖的第一位中国人。这年吴老总当选中国工程院院士。1996 年，吴老总荣获中国工程院科技奖，该奖项是与中科院设计的奖项并列的国家科技奖，他是电子部和陕西省获此奖的第一人。吴老总是彩虹的第一任总工程师，他为彩虹最初的技术及设备的引进方案、工程建设方案、技术人才的选拔和培养等方面起了奠基性的作用，他十分较真的科学工作态度、极其朴实无华的工作作风，对彩虹广大干部产生的良好影响是巨大的、长久的！彩虹因吴老总的奉献更灿烂！吴老总的形象因彩虹事业突飞猛进的发展而更加光芒四射！他对中国彩管事业发展的贡献是巨大的，如果上级领导更多地采纳他的意见，中国彩管事业也许发展得更好些！

1996 年 5 月 20 日，“彩虹股份”在上海证券交易所挂牌上市。这年 6 月彩管二厂在充分消化、吸收工艺技术和生产设备的基础上，利用半月时间对生产线进行改造，成功地将年产能由 240 万提高到 300 万。

1998 年，彩虹被评为 1986 年度全国用户满意工程先进单位，并被颁发了奖牌、奖状。

1999年，彩虹被中央文明委授予“全国精神文明建设先进单位”。

2000年1月，彩虹划归中央企业工委管理。7月6日，中央企业工委副书记赵杰兵到彩虹宣布：马金泉同志主持彩虹总厂的全面工作，并兼管集团在陕企业的生产、经营工作。陶魁同志主持总厂党委工作。9月18日新改造成功的25英寸纯平彩管生产线顺利投产。这年彩虹荣获全国质量效益型企业称号。

2001年3月26日，中央企业工委组织部长江岩到彩虹宣布了彩虹集团公司新的领导班子：马金泉为总经理，陶魁、武英忠、邢道钦、郭盟权、张少文为副总经理，同时宣布集团不设董事会，总厂由集团管理。58岁的我开始主持集团的全面工作，当时面临的形势非常严峻、复杂，行业竞争的压力非常大！彩管行业的国际大跨国公司在中国都有自己的合资或独资公司，如日本的松下、日立、索尼，韩国的三星、LG，荷兰的飞利浦，法国的汤姆逊等，我们的产品20%～30%出口海外，我们无论在国际、国内的竞争对手都是这些大的跨国公司，一个地处我国大西北的纯国企，在体制、机制、观念、信息化管理以及社会负担等方面是有先天不足的，而且这些外企在税收等方面还享受一些优惠政策，我们面临的挑战非常严峻！不管困难再大，我们只有迎战！彩虹人是一支非常优秀的团队，只要大家团结一心，就无坚不摧！在总厂四届四次职代会上，我代表领导班子宣誓：我们绝不辜负上级领导和全体员工对我们的重托和信任，为了彩虹的事业，我们一定倾尽全力，努力学习，自强、自新，永远保持积极向上的工作活力，廉洁自律，自觉接受各方面的监督，及时铲除我们的各种缺点和错误，团结全体员工，努力拼搏，共渡难关，再创彩虹的辉煌！

同时明确了我们的两个职责：一是对国家负责，保证国有资产的保值增值；二是对全体员工负责，让彩虹人的日子越来越好！

我们全体班子成员以诚信、勤勉和睿智，践行了我们的誓言，给国家、员工交了一份满意的答卷。到我2005年7月退休时，彩管年产量由800多万支增加到1400多万支，在整个彩管行业中，彩虹的竞争优势取得了显著进步，彩管产量我们稳居国内第一位、世界第五位，其中零部件的产销量也极大发展，低玻粉世界第一、荧光粉世界第三、偏转线圈世界第五，职工发展到2.5

万人。销售收入由52亿元增加到68亿元；实现利税36亿元（据有关统计，彩虹建成投产25周年时，实现利税102亿元，其中我们这四年占35%以上），国家的权益由25亿元增加到42亿元，和上述国际大跨国公司在中国的彩管盈利能力相比彩虹跃居第二位，经营业绩创全国电子行业优秀水平；职工人均年收入由26000多元增加到36000多元，并实行了企业年金制，受到广大职工欢迎，彩虹成了咸阳人乃至陕西人争先进入的企业。

2004年，彩虹电子股份在香港成功上市，为彩虹的发展募集资金近八亿港币。

四年的成绩，首先得益于国务院国资委各级领导的大力支持、帮助！也得益于彩虹的全体员工和各级干部对我们班子的信任、支持，并和我们一起付出了艰毅的努力和辛劳！为了创建辉煌彩虹，在广泛调研、学习的基础上，我们制定并坚定地实施了四大战略：质量第一，成本领先，人才制胜，文化卓越。

1. 质量第一战略——与世界同行争第一

为客户提供优质产品和服务是参与竞争的入场券。我们创立了独特的“客户文化”，其理念是：客户的需求就是我们的目标，客户的问题没有小问题，客户提出的问题一旦进入彩虹，不失真、不减速、不降温，要全力以赴，圆满解决。并将客户文化引入企业内部。单位与单位之间，上、下道工序之间都按客户对待，用客户文化的理念提高每个人工作质量，达到提高产品质量的目标。

其二是以技术进步推动质量提升，针对关键的质量问题，持续开展质量课题攻关活动，并重奖有成果、出效益的有功人员，每项成果奖励金额的30%以上用于奖励主研个人，改变过去“撒胡椒面”式的奖励办法，有的项目，一个主研人的成果奖就达到8万~9万元，有效激发了工程技术人员的积极性，每年都有多项质量指标创历史最高水平，多次获评“全国实施用户满意工程先进单位”，2004年获全国电子信息行业质量管理最高荣誉奖，大大提升了彩虹的竞争力。

2. 成本领先战略——打造企业核心竞争力

针对彩管价格不断下降，而原材料价格不断上涨的形势，彩虹的目标：成本必须做到最低，才能领先于竞争同行！

其一，利用规模效益降低成本。组织各彩管总装厂通过改造生产线提高产能，每年跨上一个大台阶，从2001年的年产800万支提高到2004年的年产1400万支，大大降低了固定成本。

其二是从管理上挖掘潜力。例如通过招标采购、建立供应商战略联盟等措施，明显降低了采购成本。在技术管理方面解放思想，并响亮地提出向自己过去的成功挑战！向行业的极限挑战！通过采用新设计、新工艺、新材料等降低成本。如股份公司采用低温排气新工艺，每年节约500万元。

其三，坚持开展全员参加的“智慧献彩虹”合理化建议活动。四年间共提建议9.1万条，采纳7.4万条，创造经济效益1.8亿元。

实施成本领先战略为企业带来了巨大的经济效益，随着科学技术的进步，电子产品降价是大趋势，四年间彩虹的降价损失12.4亿元，四大战略的实施，在克服降价损失后实现利税36.3亿元。

3. 人才制胜战略——全面提高员工综合素质

在建立适应市场竞争的人力资源管理体制后，继续深入改革。其一是建立学习型企业，其理念是：彩虹人要终生学习，彩虹要成为学习型组织，大幅度提高了职工培训的经费投入；国际的经验是：培训对企业来说是回报率最高的投资，对员工来说是机会、是福利。例如，为了拓宽视野，请国外的培训公司在国内的机构进行了“高效能人士七个习惯”的培训，经费虽高，但收获巨大，学员的体会：一次培训，终生受益，不但工作能力提高，生活能力、观念等都受益匪浅。员工素质的提升，是增强企业竞争力的基础。

其二是严格干部考核。从2001年起，每年我们都组织人事部、党委组织部等部门对中层干部进行考核。并把结果向本人反馈，肯定成绩，特别强调：一定要毫不含糊地指出其缺点和问题，对不称职的淘汰。每年这样一个循环，促进了干部综合素质的提高。

其三是创立领导力文化。2003年我们针对公司里存在的缺乏自信、挑战竞争的勇气不足等现象，在总结、剖析过去的经验教训的基础上，创立了彩虹的领导力文化。核心理念是“人人都有领导力，能位匹配，不埋没一个人才”。这样就大大激发了每个员工的自信！彩虹出现了人才辈出的蓬勃向上的景象。

4. 文化卓越战略——凝聚员工、激扬士气

现代企业的竞争力体现在有形和无形两个方面，有形指企业的设备、技术、质量、成本、服务等，无形指企业文化、企业哲学等。企业文化的作用就是用企业的共同价值观、共同的理念、共同的目标把来自四面八方、具有不同背景、有不同利益追求、有各种差异的人团结凝聚起来，形成思想、行动、目标相统一的卓越的团队，变“要我干”为“我要干”，使每位员工视公司事业至高无上！

彩虹的企业文化建设得到了广大职工的支持、拥护，受到国务院国资委领导的表扬和社会各界的广泛赞同。全国的企业文化研讨会在彩虹召开，宣传彩虹的经验，还在国资委所属央企的企业文化研讨会上介绍了经验。在彩虹内部处处是团结奋发、昂扬向上的景象，每个单位都在为创建卓越彩虹展开创造性的工作，每个人都在为彩虹的发展努力拼搏！彩虹不但收获了良好的经济效益，而且还收获了巨大的精神财富！

绚丽的彩虹！无论是大自然的彩虹，还是和我息息相关的“彩虹”，每当我想起，我都会心潮澎湃！

后　记

一，时光荏苒，岁月如梭，历史的车轮到了2017年，世界上只有东莞一个工厂还在生产彩管，7月也要停产了，至此轰轰烈烈、波澜壮阔的彩管

业彻底退出了历史舞台。

随着时代的进步、科技的发展，新的、性能更好的产品替代旧的产品，这是社会发展的动力，这种替代有的很缓慢，有的很快、很突然（随着科技的发展，这种替代越来越多），有的如十月怀胎、一朝分娩（发展道路漫长，在某个时间点性价比突然达到替代拐点），液晶替代彩管很像这种。液晶和彩管是诞生在同一个家庭里（美国的 RCA 公司）的两兄弟，液晶是 20 世纪 60 年代由乔治·海尔曼发明，彩管是 1897 年在这个家出生，但液晶的彩色显示实用阶段是由夏普公司在 80 年代末开启的，其间有很多人预言液晶很快会替代彩管，“狼来了……狼来了……”叫得多了，迟迟没来，当时液晶还有一些缺陷（色彩还原差、亮度低、视角小、造价高等等）制约着液晶的替代步伐，久而久之，做彩管的人们不以为然起来了。当代科技的飞速发展，为液晶快速地、大幅度地改进它的缺陷插上了翅膀，当突然间快速达到替代彩管的拐点时，在彩管业没有引起足够的重视。事后看，拐点发生在 2004 年左右，那时液晶电视在性能方面虽然还没有彩管电视那么完美，但是它天生丽质（轻、薄、美观、时尚）吸引了很多赶时髦的消费者。这年也就是彩管发展的巅峰，此后开始一路下滑。但是，由于业内没有敏锐地觉察到新、老替代已经开始，因此当时彩管行业的扩产、投资势头仍还强劲：

（1）2003 年：A. 华飞投资 3 亿美元引进一条超大屏幕生产线。B. 汤姆逊投资 6.68 亿元收购福地彩管生产线。C. 赛格三星投资 41 亿元建彩玻生产线。D. 赛格日立引进年产 210 万支 21 英寸生产线。其中不乏世界级跨国公司的身影。

（2）2004 年：A. 彩虹投资 6.5 亿元建超大屏幕生产线（这时的 32 英寸液晶电视 6 万元，是彩管电视的 20 倍以上，一般情况下 2 ～ 3 倍是替代的时机）。B. 赛格日立改造 34 英寸生产线兼容 29 英寸。C. 这年 12 月 20 日彩虹电子在香港上市，12 月中旬在国际上招股路演时，所有投资公司都表示：如果这次融资的钱用来增强彩管的生产能力，才有可能买你们的股票，如果是用于搞液晶和等离子，我们绝不会买。所有投资公司出奇地一致！投资公司为了减少失误，对不同的行业都有专业团队长期跟踪研究、调研，往往他们对一个产业、行业的发展趋势把握得很准，没有这样的眼光他们的投资就打水漂了。很遗憾，这次他们看走眼了！买彩虹股票的公司都亏了，为此我特别愧疚！至今还愧疚！稍稍聊以自慰的是我们共同看走了眼，我和彩虹公司没有隐瞒任何信息！

（3）2005 年：LG 曙光投产年产 200 万支 CDT 的生产线。

（4）2006 年：A.9 月 20 日在中国电子视像行业协会上创维总裁王殿莆代表 13 家彩电企业发布联合声明，称 CPT 彩电将在今年占据主流地位，同时更不会像一些媒体报道的明年 10 月 1 日前退出市场。B.9 月 26 日在 2006 中国彩管发展趋势论坛上，北京松下、上海永新、三星 SDI 中国区、汤姆逊广东、赛格日立等 8 家企业共同支持 CPT 彩电行业，驳斥 CPT 彩电一年内退市。

（5）2007 年：赛格日立和常州宝马机电公司投资 2.68 亿建设年产 120 万支 29 英寸的生产线。

但这年的第四季度，液晶电视已经超过了彩管电视成为主流。此后彩管业的人们心悦诚服地接受了这个现实，停止了拼搏，卸下了盔甲……生产线一个一个地关闭了……彩管产业的将士们恋恋不舍地告别了曾经辉煌、波澜壮阔、饱含希望和汗水的彩管事业……

回顾这段新老产品的替代的历史，因为替代和被替代者都有鲜明的特点，因此，没有想到替代来得那么快，使得绝大多数业内人士没能在被替代之前全身而退，这本来就是彩管的兴衰史。历史就是历史，不管它发展的路是直的还是曲折的，我们都应该认可、接受，历史不能改变，但我们应该认真、科学地剖析历史，总结经验、教训，以鉴后人，让我国的科学技术、经济建设发展得更快、更好！

二，从轰轰烈烈的彩管业被替代，我们应该受到很多启迪，彩管的技术是我国花重金买的，替代它的液晶技术还是花重金买的！对于一个企业、一个国家的兴衰来说，科技创新起着十分关键的作用。新品研发、创新的资金成本、人才成本、时间成本都是巨大的，夏普公司的液晶显示研发取得成功用了 30 多年，而中国的彩管企业的寿命大都还没有 30 年，因此它们缺少能力（资金、人才、时间等）去研发和彩管完全不同的液晶。有部分彩管企业的母公司（大都是世界级跨国公司或百年老店或如韩国政府全力支持的大公司）也进行了液晶的研发，但最领先的是不生产彩管的夏普公司。彩虹并非没有危机感，在20世纪90年代就开始了PDP的研发，因为PDP和彩管有不少相近的技术，投资也较少。当时PDP在显示性能方面还优于液晶。同时期还和清华大学合作研发OLED显示技术，当时业内认为未来液晶要被OLED替代。在我退休时，这两项研发都是国内最高水平。

我国是发展中国家，其工业基础、技术基础还比较弱，创新能力与发达国家比尚有很大差距，如前所述，创新所需的巨大的资金、人才、时间成本我们都欠缺，我记得上世纪90年代日本的东芝、日立年销售额都在600亿美元左右，他们在研发上的投入大都是收入的5%左右，也就是30亿美元，而我国在竞争领域的大公司还太少！每年能拿出30亿美元用于研发的更是凤毛麟角！资金是基础，没有资金，人才、时间难以谈起。而从国家层面来看，科研的体制、机制、路径、知识产权保护都有很多不适应，造成论文多、实验室成果、新品多，但新品产业化稀少又稀少。结果是，我国制造业大而不强，高精尖的制造业母机——机床、材料、关键零部件等等很多我们还是空白，赫赫有名的中兴通讯因为没有自己的“芯”，被美国罚款近10亿美元；我国的电视机产量占世界的60%，但只有海信有自己的“芯”；钢铁我们是出口大国，但每年我们进口大量的特种钢材；看似简单的圆珠笔，笔尖的材料却迟迟不能国产化。在全球制造业的四级梯队中，我国还处在中低端制造领域（即第三梯队），第一梯队是美国，第二梯队是欧盟、日本等。优秀的创新人才来源于优秀的教育，按科技贡献度计算，全球最顶尖的20所大学中，美国占了17所。看看这些现实吧，改革开放以来我们确实取得了巨大的甚至是令世人震惊的成就，但是，我们的起点低、基础差，和发达国家比我们还有很大差距！无论是国家层面还是一个个企业，在研发、创新方面都要高瞻远瞩，以战略的高度持之以恒地狠抓落实，由于我国竞争领域的企业大都年轻、底子薄弱，非常需要国家的扶持！作为曾是电视显示器件的从业者，我们多么希望第三代电视显示技术告别引进的老路，开启自主研发成功的新历程！

令人欣慰的是，国家层面已经在狠抓科研、创新、教育改革等，从企业层面，随着国力的提升，在竞争领域诞生了一些中国的大公司，像华为公司等在世界上有了竞争力、话语权，这样的大公司就有实力投入大量资金，吸纳优秀的人才进行研发、创新。其实，华为之所以发展成为世界级的大公司，就是从创建初期就力所能及地、最大限度地投入研发！我们期待华为成为长久屹立不倒、令国人自豪的世界级公司！而对于那些实力较弱的公司，他们的研发必须得到政府的扶持，这方面韩国的经验值得借鉴，韩国政府全力扶持目标公司的发展，促其尽快成长为世界级的大公司，三星、LG在显示器件领域和我们同时起步，在彩管时代的初期也是从日本引进技术，但他们很快就达到自行研发新产品、进行更新换代（而我们基本上是一代又一代地引进），特别是替代彩管的液晶，韩国的三星、LG都是他们自己研发成功的，他们实现了飞跃。韩国的汽车开辟国际市场，比我们早了大概十几年，政府的扶持也功不可没。据我所知，从七八十年代起，韩国企业就请日本退休的工程师，甚至周末请日本在任的工程师到公司技术服务（工程师以周末休假的名义），这也不可小视，对韩国企业的技术发展起了很大作用。我想，现在我们也可以这样做吧。

缺少创新的国家，很难发展壮大，创新能力是一个国家综合实力的集中体现，领袖、国策、文化、教育、理念、信仰、哲学等等都至关重要。我们的祖国虽然面临很多艰难，但我们应该坚信我们正在发展壮大！我国一定会成为最伟大的国家！

彩管史补遗：关于彩管史回顾的“趣事”

李国平

一、关于长沙彩管项目与江西彩管项目之争

1991年，湖南长沙770厂（曙光电子管厂）尚在送审的彩管项目审批过程中，该项目的主管单位机械电子工业部和国家计委发现地处江西景德镇的江西740厂（景光电子管厂），花费近一亿美元从台湾某设备公司（渔民出身）购买了一条彩管生产线，这不符合国家规定，因此要求江西彩管项目必须停止执行。但江西电子局认为江西急于上彩管项目，虽然违反了国家规定，江西方面可以做检讨，但由于已签署了项目合同，部分设备已运到江西，希望国家主管部门能高抬贵手，放江西一马，让江西彩管项目继续执行。当时分管彩管工业的朱镕基副总理指出，国内彩管产能已过剩，而江西却在未经审批之下争抢上彩管项目，违反国家规定，必须深刻检讨，追究经办人员的责任。江西景德镇离湖南长沙很近，而长沙彩管项目就不用再立项审批了。如果湖南长沙坚持要上彩管项目，则要求机械电子工业部出面协调湖南与江西的关系，拿出两省只能上一个项目的处理意见。两省相争，但项目只能上一个，问题相当棘手。当时机械电子部派彩管办公室协调，开了很多次会，而协调的最终结果是湖南长沙同意把江西彩管的购买合同全盘接收过来，花了八千万美元，才使得此事圆满地解决。

长沙如期上了彩管项目，但江西彩管购买的设备转到长沙后，发现大部分设备不符合全新的工艺要求，不能使用，只能报废。江西彩管项目下马，但经济上得到大部分的补偿，因此损失减少很多。而湖南为了上彩管项目，白白多花费了八千万美元，幸亏彩管项目如期上马，达到了预期目的，最后

彩管项目顺利投产后赢利，补偿了购买江西彩管设备的开支损失。湖南和江西两省之争的趣事值得回味。

二、香港光大彩管项目

1987 年，美国商人陈冲先生介绍我国香港商人从台湾设备公司购买了一条彩色显像管生产线，并在元朗建厂。由于设备和工艺太落后，生产不正常。但这两个商人一起欺骗中国光大集团，让光大集团入股元朗彩管厂。最后，光大集团先后分两次花费了近四千万美元，全部接手彩管厂的股份，并更名为中国光大集团彩管厂。

但光大集团接手彩管厂后一直赔钱，想方设法，但找不到好的办法。后来，由原中国人民银行副行长邱晴女士接任光大集团董事长。邱董事长接任后，发现光大彩管厂是该集团的亏损大户，要止亏必须停产及转手出去，但没有找到接手单位。邱董事长向国家计委汇报能否将光大彩管厂无偿转到内地来。

国家计委叶青副主任要求机械电子工业部拿出解决方案。时任机械电子工业部常务副部长的张学东，派出机电部专家组对光大集团的元朗彩管厂进行调研。专家组调研后，认为光大彩管设备落后，工艺技术不行，香港元朗缺乏 24 小时“三班倒”（编者按：把一天 24 小时分成三班，每班 8 小时）的技工或工程师，连续运转的生产条件不足，若继续生产，产品又不合格，只会越亏越大。

若光大彩管厂宣布倒闭破产，对光大集团的影响也不好。最稳妥的方法是将光大彩管设备全部迁出香港，以合作的名义搬到内地，这样处理才能使光大集团止亏，减少损失。这个调研报告的意见，得到了机械电子部和国家计委领导的认可。国家计委拨出 50 万美元的搬迁费，让机电部包干专款专用。张学东常务副部长多次亲自开会商议后，决定派季国平主任带领上海电真空公司、北京12所等30名同志奔赴香港执行任务。

赴港工作组日夜奋战，以不到三个月的时间，搬迁费用支出少于50万美元的代价，将光大彩管公司的全部设备用集装箱，安全顺利地搬回上海、北京。部分设备在上海、北京也发挥了一些作用。光大彩管厂迁离香港后，既堵住了光大集团彩管项目的亏损，也使光大集团免受任何政治上的影响。在国家计委和机电部的正确领导下，香港光大彩管厂的搬迁工程，打了一个漂亮的胜仗。

三、从美国GE公司购买干法涂层的彩管生产线

美国GE公司（General Electric，美国通用电气）是世界上最早开发彩色显像管大生产技术的公司之一，采用的传统工艺是干法涂层技术，在当时属于先进技术。但干法涂层工艺的致命弱点是涂层致密性差，曝光后缺陷多。原材料浪费多，成品率低。日本公司经过长期的技术开发后，运用新的三显法涂屏技术，解决了工艺问题，运用于大生产。产品的质量和成品率都明显地提高。日本依靠此技术赢得了市场。

（1）上世纪90年代初，深圳的MAC公司缺乏全面、认真的考虑，坚持从美国GE购买了两条分别为21英寸和25英寸的干法涂屏技术的彩管生产线，但投入生产后，由于产品质量与日本公司的产品技术明显有很大差距，MAC公司长期亏损，被迫于1995年宣布破产，最后被韩国三星电子集团收购。

（2）GE公司干法涂屏的另一条14英寸生产线被上海电真空公司属下的上海电子管厂购买，尽管上海电子管厂花费了大量的人力、物力进行研究开发，坚持生产了几年后，最后也被迫停产。

（3）湖北宜昌电子管厂及宜昌电子局的领导急于想上彩管项目，很贸然地决定购买美国GE公司剩余的彩管设备。GE公司被深圳、上海购买了三条生产线后，剩下的设备已不成套，不能生产彩管。但湖北宜昌认为剩

下的设备虽不成套，但价格便宜，再在国内补充相应的设备后，还能恢复生产，宜昌认为捡了个大便宜，但最后却背了个大包袱。国内生产的设备配不上套，从美国购买的部分设备还没有完全开箱，国内深圳MAC公司和上海电子管先后停产，宜昌电子管厂也知道败局已定，彩管项目只能宣布停止，经济上蒙受了巨大的损失。美国GE公司的干法涂屏彩管生产，从美国分别转移到深圳、上海和宜昌，最后均很快落入败局，其付出的代价是相当巨大的。

赖维尔（John Neville）（左二）1991年在巴黎汤姆逊总部接待中国电子部彩管办公室主任季国平（左一），佛山经委主任黄志伟（右二）及佛山彩管厂总经理朱超龙。

赖维尔：1974年，“蜗牛事件”的亲历者，当时代表RCA接待访美的中国代表团。1986年，把美国通用电气的彩管设备卖给中国。1999年，作为汤姆逊高级执行副总裁，建议收购佛山国营彩管厂。2004年，收购东莞福地成立TGDC及RCA-Thomson彩电业务和中国公司合并，最终和TCL成立TTE，他是这两个项目的“教父”。

四、彩管配套的彩色玻壳的收尾项目

安阳彩色显像管玻壳公司，是国内生产为彩管配套的彩色显玻壳的大型公司，也是上市公司。公司多年来经营业绩很好，为国内彩色显像管配套做出较大的贡献。

在 1997 年到 1998 年，由于市场的迅速变化，彩色显像管面临两大困难：

（1）彩管向大屏幕发展，市场对 25 英寸以下彩管需求量减少，而对 29 英寸和 34 英寸的需求量变大。

（2）彩管价格战打响，彩管价格不断下降，使彩管行业面临前所未有的困难。这种压力也同样影响到彩色玻壳的生产企业。

美国康宁公司（Corning Glass）是世界最大的彩色玻壳企业。它也面临市场的变化，决定尽快转产，于是向世界出售最后的九条彩色玻壳生产设备。安阳彩玻公司得知此消息后，匆匆忙忙做出决定，以职工集资的方式出资向美国康宁公司购买剩下的全部彩色玻壳生产设备，准备最后大干一场。谁知彩管市场迅变，中国的彩管企业也面临市场的变化，措手不及只能大量地减产。同样彩色玻壳生产企业，也面临被迫减产、停产的局面。安阳玻壳公司从康宁公司购买的设备运到国内还没有拆装开箱，正常运转的玻壳生产线已开始减产，甚至停产。这些设备最后基本全部报废了。由于对市场的判断失误，缺乏科学的决策，最后在经济上蒙受了巨大的损失，这些失败的教训值得深思。

从零归零——全球最后一家彩管企业的前世今生

杨向杰[①]

RCA-THOMSON 彩管在华项目及销售独家代理

香港新骏有限公司主席

---

① 杨向杰（1950-），又名杨宇杰，笔名石中英，香港出生。祖父为皇仁书院毕业生，任广州十三行买办。外祖父何尔昌是香港东华东院创办人，所成立的何世昌药厂，产品风行东南亚数十载。杨向杰曾任编辑和教师，上世纪 70 年代笔耕不辍，其抒情散文与批判托洛茨基主义的文章广受关注，读者甚众。其后搁笔从商，先后任旅行社董事和酒店总经理，1988 年创办新骏公司，适值中国进行工业化、现代化和全球化，新骏成为法国 Thomson 公司在华的关键合作伙伴，对中国的电视机行业和电视广播数码化有特殊贡献，并策划 Thomson 与中国 TCL 集团业务合并，成功创立全球最大的彩电企业。杨向杰近年对学术与文化贡献卓著，积极赞助各种公益活动，创办“北川基金”和“金文泰爵士奖学金”，分别赞助受天灾影响的内地学生到香港交流和中国香港学生赴英国留学，并成立“火石文化”，任书刊、音乐剧、电影出品人。杨向杰于 2012 年被美国林肯大学颁授名誉教授衔，现为亚洲智识管理学院及香港社会企业研究院副院长与佛山市荣誉市民。

TGDC（Thomson Guangdong Display Co., Ltd. 汤姆逊广东显示器件公司）退市的时候，办了一个退市会（2017 年 6 月 14 日），我参加了，还发表了讲话，当时百感交集。TGDC 成立时，是得到法国总统希拉克（Jacques Chirac）和中国国家主席胡锦涛祝福的。2003 年 6 月，国家主席胡锦涛受邀到法国出席 G8 会议，他从瑞士坐船过日内瓦湖到了法国 Evian，就是生产伊云水的那个地方。在 Evian 上岸后，胡锦涛第一时间跟希拉克进行会谈。会谈中希拉克提出，法国希望在一年中，跟中国做成两个项目：第一个项目是法国汤姆逊集团（Thomson SA）想跟中国惠州的 TCL 合资合作，打造全球最大的生产彩色显像管电视（CRT-TV）的公司；第二项是汤姆逊计划收购中国东莞的国营福地彩管厂，跟汤姆逊在中国佛山的合资公司合并，打造成广东省最大的彩色显像管（CRT 简称彩管）公司。

Thomson 集团的广告（1919）

就在两国最高领导人谈完这件事后六个小时，我便接到汤姆逊集团的 CEO 达哈利（Charles Dehelly）的电话。他说："总统说了，就是刚才的事情，你马上通知中国有关方面的官员。"所以我马上写信通知时任广东省长黄华华，还致电东莞市副市长周致纳，相信他们会知会主管TCL和汤姆逊彩电合并项目的时任广东省委书记张德江和负责福地项目的东莞市委书记佟星。几天后，据说红头文件就下来了，通告了法国要求和中国合作的这两个项目。一个月后，法国汤姆逊就跟中国东莞市签了合同。2004年1月1日，法国汤姆逊成功收购东莞福地并与佛山厂合并，于是，TGDC诞生了。

现在，TGDC退市了，作为它的催生者之一，又见证了它的退市，如何能不百感交集？彩虹的马总、北松的范总说我是彩管业的“终结者”，但我只为能成为一个彩管人，并以一个本土香港人的身份对全国彩管业做出了点特殊贡献而感到光荣。

其实我不知道自己算不算一个彩管人。因为在1988年我踏足彩管业的时候，我连什么叫彩管都不晓得。那我又为什么会进入这个行业呢？我觉得这是历史的偶然，也是必然。

大家或会奇怪，为什么全世界最后一家彩管厂会在中国，而且是在中国的东莞？为什么不在北京？为什么不在咸阳？为什么在东莞？为什么它的名字叫汤姆逊？为什么是TGDC？

一切要从1988年说起。那一年，我刚在香港创办了新骏公司（Seligent Ltd.），有一天，我收到佛山市计委副主任关永的一张手写便条，说佛山市要上三个大项目，都是要找外国二手生产线，想找我帮忙。我其实跟关永并不相熟，但跟佛山市政府的一些官员因合作搞旅游项目而稔熟，关永故而找上了我。关永说，由于佛山市缺乏资金，所以只能找二

千年古镇——佛山的祖庙

手的生产线。其中最重要的一项是显像管生产线，最好还有配套的彩玻和荫罩。我一看，傻了，这都是些啥？听都没听说过。怎么办？

我把自己的困惑告诉他，但他很坚决地说："我们一定要有呀，这个很重要，因为有了显像管才会有电视机行业，电视机只是轻工业，显像管才是高科技的重工业，所以我们佛山市电子工业要发展，就一定要做这个电视机的上游工业。"

那怎么办呢？我全球去找。然后忽然记起我认识的一位旅居法国的越南华侨郭文礼（K. Victor），觉得他或者可以帮忙。20 世纪 80 年代中，祖籍顺德的我，跟佛山市府在顺德县（现在是佛山市的一个区）合组了一家公司——德华公司，我出任公司的董事兼总经理，1984 年到 1987 年，被公司委派负责策划在巴黎塞纳 – 马恩省河边盖一幢酒店。这酒店还在，现叫粤海酒店，是中国在法国也是在欧洲的第一家中资酒店。当时协助我的一位法国项目总经理，就是郭文礼。印象中他人脉颇广，也很有办法，法语也说得很好，于是便把我要找显像管生产线的消息发给他，请他帮忙。

结果他通过所认识的法国前总统德斯坦（Valéry Giscard d' Estaing）的一位顾问，获知法国国营汤姆逊集团在法国中部里昂市的一家显像管工厂，有一条 20 英寸彩管生产线要放售。那时汤姆逊集团除了主要经营电子业务外，还控制了法国国家巴黎银行（BNP）20% 的股份。汤姆逊里昂工厂的彩管生产线已运作了 20 多年，技术是来自合作方美国 RCA 公司的。工厂决定 3 月底便要停产了，因里昂的生产成本太贵，所以工厂要南迁到意大利。郭文礼告诉我，生产线是找到了，但如果想买便要快，因为第一，工厂跟苏联签了易货贸易协议，苏联人用天然气来换汤姆逊的显像管生产线，但法国人觉得不太好，因为不是现金交易。第二，是中国电子部有通知，可能 4 月份会陪同一家中国买家，拿着张很大的支票过来要买这条生产线。是哪位买家？就是东莞。

那时我与东莞没有任何接触，只跟佛山的人稔熟，况且又是受佛山之托，所以我马上把这一好一坏的消息通报给佛山计委。他们一听，也不跟东莞打招呼，就派计委副主任兼香港佛山发展公司总经理关永和我当时公司的合伙人陈劲，一起飞到里昂，刚赶及在里昂厂生产的最后一天去看生产线。他们两人其实也对彩管一窍不通，只不过一看，见还能运作，行，就决定要买。但法国人说不行，虽然苏联易货协议不如你们付现金的好，但还有一家，是中国电子部陪同过来的，会于4月13日到巴黎来谈判及签合同。

法国第三大城市——里昂（Lyon）

这时离4月13日已没多少天了，我们必须马上行动。我们秘密邀请法国人到香港，4月5日，汤姆逊的代表应邀到香港跟我的新骏公司签了项目代理协议，4月6日我便带着汤姆逊的代表到佛山去，谈判了五天五夜，直至11日凌晨2点，在两位佛山市副市长的见证下，终于在佛山宾馆签了协议，作价2.28亿法郎，引进里昂厂的二手彩管生产线。那时候佛山其实对显像管也十分陌生，又不敢找电子部帮忙，为了翻译协议，到处找翻译人员，虽然连法语翻译都从广州请过来了，但他们连翻译那个shadow mask（荫罩）都不懂，译成“面具”。

尽管如此，困难仍是一一克服了，成功签了协议。谁知签了协议以后，才是“麻烦”的开始。佛山跟我们说，其实他们是没有中央批文的，佛山根本没有就彩管厂立项，广东省立项的是东莞。

那时东莞还没有成立彩管厂，只有个彩管厂筹备处。但他们有批文，有外汇，他们和电子部、广东省及东莞市的官员10多个人飞到巴黎去。汤姆逊的人 4 月 11 日凌晨跟佛山签了协议便马上飞回巴黎，4 月 13 日会见东莞代表团，对他们说："生产线没有了！卖了！""卖给了谁？""佛山！"

RCA–Thomson 彩管技术设备进入中国的签约仪式（1988.4.11 02：00——佛山宾馆）。前左一：郭文礼（新骏主席）；前中：H.Cremer（Thomson 销售董事）；前右：关永（佛山发展公司总经理）；后右一：朱超龙（佛山电子集团总经理）；后右二：黄志伟（佛山市经委主任）；后右三：梁绍棠（佛山市副市长）；后右四：钟光超（佛山市副市长）；后左一：杨向杰（新骏公司总经理）

于是立即引发轩然大波！国家计委和电子部都谴责佛山，随后佛山市的市长、经委主任、市电子集团公司领导，全部受罚。然后佛山计委跟我说："没有批文，这套设备可能进不了中国，但订金两千万法郎已付给法方了，我们改运到泰国去行不行？"（泰国当时是外资投资热点，很多国家到那儿设厂）我说："你开什么玩笑？中法双方签的协议是卖给佛山的，你要我运到泰国？"他说没办法呀，中央政府不批。我说中央不批也不能随便运到泰国呀，继续争取吧！结果争取了半年，终于由省政府出面做和事佬，惩罚了佛山市，向中央认错后，最后同意让佛山市以“来料加工项目”名义进口这批设备。因为是“来料加工”，所以整条生产线要化整为零，分成10多部分分批进口。由于是高科技设备，所以进口还需获得“巴黎统筹委员会”批准[①]。而外汇问题，便通过佛山市计委作担保，由香港10家中外银行组成银团贷款解决。

就是因为有了这条生产线，佛山市就建立了一家国营的彩管公司，成为当年全市最大的企业。但在1988年的时候，20英寸显像管是旧的技术，所以佛山引进了汤姆逊的生产线后，整个中国都在说，有没有搞错？汤姆逊RCA公司的技术是旧的？其实彩管是美国RCA（Radio Corporation America）在1953年发明的，RCA是彩管彩电技术的老大和专利拥有者，他们的技术肯定是最好的，但当年的中国人普遍对欧美的技术没有概念，都只知道日本松下的乐声（Panasonic）和东芝（Toshiba）、日立（Hitachi）及索尼（Sony）是最好的。

国营佛山彩管厂建设中（1988）

无法被认同，怎么办？于是1991年我们跑到北京去，参加一个国际电子展览会，我们拿了一个根本不可能卖得出去的东西过去展示——36英寸的16×9宽幕彩管，欧洲人搞出来的，当时全世界还没有其他人懂得做。我拿了这个“大家伙”去，就是要给政府和消费者

① 史载：“1948年由美国发起、1949年11月正式成立的‘巴黎统筹委员会’，简称‘巴统’，其法文名称‘Coordinating Conmaittee for Muhiliteral Exporl Controls’直译过来为‘多国出口控制协调委员会’，1994年解散。”参考自：董志凯：《应对封锁禁运：新中国历史一幕》，北京：社会科学文献出版社，2014，页6–7。

看看，汤姆逊是有这个先进技术的。我们发了消息之后，很重要的一个事情发生了：我告诉展览会的主办者——我的好朋友，一个香港人，雅式展览公司主席朱裕伦——说，我们现在搞这个东西，并第一次在中国展示。他立即表示支持，并在展览一开始时，便带了一个人过来。谁呀？正是时任电子部副部长、后来当上了国务院副总理的曾培炎。曾部长一到了会场，便首先到我们的展摊，参观了 Thomson 的 16×9 彩管和彩电。然后我们谈了很久。

之后，很快曾部长就着电子部彩管办公室主任季国平来找我。我们在喜来登长城饭店见面，季主任说："部长说汤姆逊还是有好东西的，中国准备造 29 英寸彩管，已经组了一个团到日本去了，现在想再组一个团到欧洲汤姆逊考察。"这个团由成都市朱市长当团长，季主任当副团长，其他还有上海永新的厂长周家春，成都红光的厂长李铁锤，还有大连的老王，还有国家计委的小黄（他后来当上了建设银行总行领导）。佛山彩管厂一个代表团亦在佛山市经委主任带领下，同时间前往意大利和法国。结果，欧洲之行中，谁都没在现场买汤姆逊的 29 英寸（4×3）彩管技术，因为他们早准备跟日本买了（至少上海已准备跟东芝买），来意大利看生产，到法国谈合作，其实只是志在货比两家而已。

这时佛山的人就对我说："北松正在搞 29 英寸，而其他彩管厂也准备上了，佛山光搞 20 英寸不行，不如你给我们引进美国的 29 英寸技术吧！"于是，甫自欧洲回国的佛山代表团，又风尘仆仆地跑到美国去，前往全球彩管诞生地宾夕法尼亚州兰开夏市（Lancaster PA）RCA 彩管总部——RCA 在 1986

杨向杰（左二）向由朱裕伦（右三）陪同前来参观的曾培炎副部长（右一）介绍汤姆逊的先进彩管（1991）

年已被法国 Thomson 收购了——跟总裁 Lorch 先生见面。最终佛山用 3380 万美元把美国最畅销的 29 英寸普平（普通平面）大屏幕彩管技术引进了佛山。但可惜佛山只买了汤姆逊—RCA 的 29 英寸软件和技术，不买新的生产线，这样要由 20 英寸旧线改为 29 英寸时，虽然也改得过来，但运作就有难度，结果是同一生产线上生产出来的 20 英寸彩管质量不算好，29 英寸的质量也差强人意，两边质量都不达标，两个品种的效益都不显著。但这却是佛山政府自己的选择。

RCA 彩管总部的所在城市——美国宾夕法尼亚州兰开夏市（Lancaster P.A.）

那边厢在东莞，之前因为佛山“抢”了汤姆逊里昂厂的二手生产线，让他们跑到法国扑个空，令这个由中央政府和广东省政府批准的项目给推迟了。但中国电子部还是厉害的，他们一个副部长直接找上法国人，传达了重要讯息：“上次你们帮佛山，现在要帮东莞的忙。”于是，1991 年，我带着法国人到东莞彩管厂筹建处找总工程师王念琴和刚从梧州市长任上调来当总经理不久的詹宗庆，还有当时管工业的东莞市副市长李汉松。我问：“我们到底能怎么帮忙？”他们说：“汤姆逊给我们福地报个新的生产线的价吧！”我说："市长，你跟日本日立公司都谈了两年了，你现在要我报个价干吗呢？"他说："部里一定要你报个价！"

到底什么葫芦卖什么药呢？左思右想下，我终于想通了，电子部的意思是：你上次犯了"错"，这次要做做好事，陪陪跑，报个价帮忙压日本人的价。我想通了后，马上请法国汤姆逊彩管部的总裁瓦罗（B.Varuat）报价。他也莫名其妙，说："东莞方面已跟日本谈了那么久，还有电子部的副部长准备飞到日本去亲自谈判了，为何还叫我们报价？"我说你别管了，就闭上眼报个价算了。他问："中了怎么办？"我说："不会中的。"于是他就听我的话，以比正常低 20%~30% 的价格，报到东莞那边去了。

果然，东莞就拿着我们的正式报价，跑到日本去跟日立谈判。然后，刚从日本回来，李汉松市长便到香港请我和瓦罗吃饭，说要多谢我们，因为我们的报价，让他们在与日立谈判时省了两千万美元。所以东莞彩管厂的生产线采购我们没有直接参与，但是让他们省了一笔大钱，作为把东莞市搞得两年都没有彩管厂这个事情的一点补偿。

"开拓奋斗"——吴邦国视察国营东莞福地彩管厂时的题词（20 世纪 90 年代）

之后，东莞国营彩管厂就建立了，命名福地（Fortune），前后共设有三条新的生产线：21 英寸、25 英寸和 29 英寸，日本日立的技术——其实是 50 年代末由美国 RCA 授权转让给日本人的。

1973 年，中国政府本来是要去美国买 RCA 技术的，然后发生了“蜗牛事件”——当时中国派出代表团到美国想购买彩管技术，RCA 和康宁玻璃（Corning Glass）一同接待中国代表团。RCA 的接待人员中有一位酷爱中国文化的年轻人，名叫赖维尔（John Neville），我之所以在此特别提到他，因为正是他后来于 80 年代批准把 GE 的 CPT 生产线卖给中国，使美国 CPT 技术进入中国，签约仪式在北京人民大会堂隆重举行。1992 年，已成为 Thomson 副行政总裁的他，又批准把 RCA 当时最先进的 29 英寸 CPT 技术卖给佛山。1998 年，已成为我精神导师的赖维尔，把我引荐给 Thomson 的主席 Breton。赖维尔更是 2002—2004 年 TCL-Thomson 并购案和催生 TGDC 的“教父”。

回到 1973 年，康宁给中国代表团每人送了个小礼物——一只玻璃蜗牛，谁知变成了政治风波，江青说美国人是在讽刺中国人做事像蜗牛一样慢，据此认为不能跟美国人交易，于是叫停了。“四人帮”下台后，中国本来还是要到美国去的，但 RCA 给日立的专利期 20 年，1977 年刚期满，可以转让给第三方了，而日本政府还提供如软贷款（Soft loan）等很多优惠，所以中国便直接跟日立买，用来建立中国第一家彩管厂——央企彩虹集团，那是时机问题。但我也认为日立的技术改良后比 RCA 还要好一点，可靠一点，所以东莞彩管厂用日立技术，提高了生产技术的可靠性，故能玩到最后，是有原因的。

蜗牛事件的“主角”——玻璃蜗牛（转引自中国国家博物馆网站）

至此，RCA-Thomson 彩管进入中国的第一阶段，即从 1988 年到 1992 年的技术进入阶段暂告一段落，接下来得进入第二阶段——品牌产品的引进，并成为畅销名牌部件。因为 RCA-Thomson 整体要进入中国，光是引进技术设备是不够的，必须引进品牌产品——产自欧美的彩色显像管，尤其是 29 英寸及以上的特大屏幕显像管（very large size，简称 VLS）。

20 世纪 80 年代末 90 年代初时，国内没有多少人知道 RCA-Thomson 彩管，从第一支到最后一支以 RCA-Thomson 的品牌在中国卖出的彩管，不论是进口的还是国产的，都是由我创办的新骏公司的团队独家负责推广销售的，20 多年来卖出的彩管共有 7000 余万支，价值数百亿元（从没有一分钱的坏账）。但这成绩得来不易，回想一开始时，我们便碰到一个难题：那时国内市场上卖的彩管都是 14 英寸、20 英寸、21 英寸，而法国、美国人给我的是 28 英寸、29 英寸，还有 34 英寸、38 英寸，我到处找中国买家都没有人要，怎么办？老外说："你们卖不动彩管，不如替我们卖电视机去吧！"但电视机更难，因为尽管当时 RCA 彩电在美国市场销量排第一，Thomson 在欧洲排第二，但那时候国内大屏幕彩电流行的都是日本的松下、索尼和东芝，荷兰的飞利浦（Philips）都卖不过日系，你汤姆逊的彩电怎么能卖得动？

RCA-Thomson 彩电品牌系列

那时整个中国的特大屏幕彩电（29 英寸及以上）市场，80% 都是外国品牌，中国大的彩电企业品牌如 TCL、创维、长虹和康佳等都卖不动，为什么？因为它们达不到特大屏幕的高标准和消费者心中的名牌效应。它们的电视机的彩管，主要是日本公司供应的，大多是进口，只在 1992 年开始，北京松下彩管（Beijing-Matsushita BMCC）才有在中国生产的 29 英寸彩管，供应给国内的近 200 家电视机厂，但不到 30 万支，僧多粥少。而且，你想一想，松下有自己的品牌电视机（Panasonic）在中国市场上销售，所以他们会以合理价格大量供应大屏幕彩管给中国彩电企业吗？北松是唯一中外持份相同的合资企业，还好一点。其他进口彩管的公司如东芝等更差，而索尼的彩管根本不卖，只给自己的彩电用。

我想通了这个问题后，就找汤姆逊的亚太区总裁说："你到底想彩管在中国卖到第一，还是彩电卖到第一？"他说两样都想。我说没戏。他说其实他最想卖彩电，我说："那更没戏，因为所有日本公司已跑在你前面，连荷兰的飞利浦也比法国汤姆逊和 RCA 品牌响得多，就连韩国人也跟上来了。"他问："那彩管有没有机会？"我说："有，但你要答应我一件事我才做，就是在中国你一台汤姆逊系列品牌[①]的彩电都不能卖。"他问："为什么？美国第一、欧洲第二的彩电品牌都不进入中国市场，不是吃亏了吗？"我说："你要牺牲整机，才能换来零件的成功。因为我的彩管要卖给 TCL、长虹等中国品牌，我不想你的品牌彩电跟中国的品牌竞争，这一点是关键中的关键。"

深圳 TCL 大厦（2004 年）

① 七个品牌包括：RCA（美）、Thomson（法）、Telefunken（德）、Saba（德）、Normande（法）、Brandt（法）、Ferguson（英国）。

我其实是没有把握能说动他的，但这位当年主管中国事务的汤姆逊总裁居然同意了（可能也是为势所逼下的最佳选择）。有了这个承诺之后，就保证了不会有汤姆逊系列品牌彩电与中国品牌彩电的竞争，我和我的销售团队便可以在国内逐家彩电企业去谈，和它们结盟，结成战略伙伴关系，并建立“Thomson Inside”策略。什么是“Thomson Inside”策略呢？那就是如个人计算机 PC 的“Intel Inside”概念一样——英特尔（Intel）只做芯片，不做 PC，但在每个由它供应芯片的高质 PC 上都标注“Intel Inside”，借此强调“Intel Inside”就是好的 PC。我们沿用此概念，在中国市场创立标注“Thomson Inside”的彩电便是好彩电的策略。我这是试图将电子产品彩管，当作法国香水来卖。

我先去找 TCL 谈。他们在 1992 年根本没有生产彩电，生产都是交给香港长城电子公司在惠州的工厂。我跟他们两家说：“你可不可以试试造 28 英寸、29 英寸彩电，部分外销欧洲美洲大洋洲，部分在国内销售，和日韩品牌对手竞争？”

他们反应非常积极，因为长城电子做的彩电本来都是出口的，他们内销只有一个品牌，便是和 TCL 合资的“TCL 皇牌”。1992 年，他们卖了大概近 30 万台 29 英寸在惠州制造的彩电，用的全是 RCA-Thomson 的彩管，部分出口，部分内销。我们两家一炮而红，“TCL 皇牌”成为国产 29 英寸彩电之王，而 Thomson 在中国也成为“29 英寸彩管大王”，创造了双赢的局面。汤姆逊 29 英寸及以上特大屏幕彩管（VLS），从零到市场冠军，而且是 90 年代的六连冠。从 1992 年到 1998 年，RCA-Thomson 29 英寸以上大屏幕彩管，占的市场份额超过 40%。以 1997 年为例，那一年，我们从欧美进口在中国卖掉的 29 英寸彩管共 150 万支，意大利有一条生产线专门生产 29 英寸的超平（超级平面屏幕 super flat，简称 SF）彩管进口中国（船运 3 周），美国也有一条生产线专门生产 29 英寸的普平（普通平面屏幕 normal flat）彩管进口中国（船运 4 周），两条生产线共进来 150 万支，我们并且是全国第一个从美国引进了 34 英寸的普平（very high performance，简称 VHP）彩管，从意大利引进 34 英寸超平彩管供中国品牌电视机企业使用。有了这一系列彩管，国产品牌大屏幕彩电便可以在中国这块土地上，跟日韩的品牌电视竞争。我们还让四川长虹和江门高路华等使用 RCA-Thomson 38 英寸彩管，让国产品牌进入当年全球最高科技、最大屏幕的 CRT-TV 市场。

1997 年我们在全国卖出 150 万支 29 英寸进口彩管，还有近 50 万支 34 英寸彩管。除了销售金额超过北松总产值外，数量上亦超过三星、LG、大宇三家韩国企业在华销售的总和。结果韩国人要找我算账，他们把我叫到香港中环中心三星的办事处，那里坐了三个韩国公司——三星、LG、大宇的代表。LG 的代表一见到我，就把我拉过一边，说："你别当汤姆逊的代理了，来当我们韩国人的代理吧，他们给你多少钱，我们给你更多。"我说："如果我今天可以背叛这个法国公司，我明天也可以背叛你，你要我干吗？"我心想，其实跟韩国人还是难以合作的。合纵连横之术，从来都是远交近攻的。

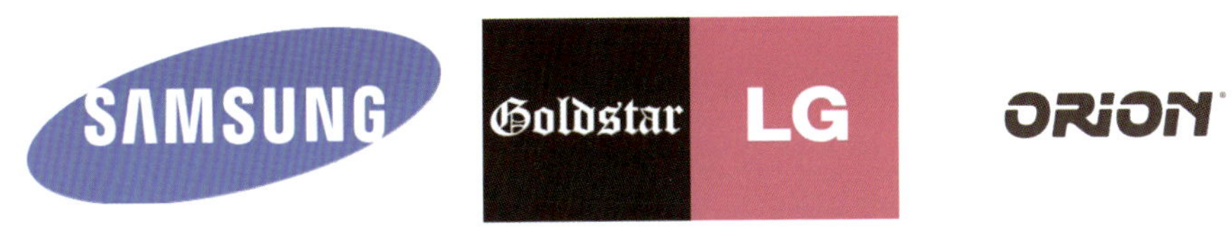

20 世纪 90 年代韩国三大彩管品牌

一计不得逞后，他们便不再转弯抹角，说："你们 RCA-Thomson 的彩管销量绝不应比我们三家韩国公司加起来都多。"我说："你们凭什么跟我算？我们是老大，是发明者，你彩管彩电的专利都是我们的，是美国 RCA 于 1953 年发明的，1986 年被法国 Thomson 并购了。五六十年代美国人首先把技术转给日本，然后日本人又于八九十年代才把技术转给你们的，你们是三手技术。直到今天，你们的 29 英寸彩管，还未能在中国解决调偏的问题，还要客户报告是在中国北方卖，还是在中国南方卖，不然磁场不符，会出现技术障碍。"

在事实面前，韩国人哑口无言，最后无奈地说："我们三家的销售总量必须比你们多。"我说："那不行，除了在数量上要比你们多之外，我们还要每支管比你卖贵 10 美元，而不是比你们便宜 10 美元。我们销量五连冠，不是靠打价格仗赢来的，我们卖得多，也卖得贵，这才是王者风范。几年下来我们的品牌已获中国彩电厂家接受为特大屏幕 CRT 的第一彩管品牌，建立了‘Thomson Inside’的策略和同盟。韩国品牌的大屏幕彩电正在跟中国品牌的大屏幕彩电血战，RCA-Thomson 的彩管要全力支持中国品牌和所有外国品牌竞争，所以，我们才是货真价实的中国品牌彩电的可靠同盟军。而你们不是，你们是他们的对手。”

结果，1992 年时市占率只有 20% 的中国品牌 29 英寸以上大屏幕彩电，到 1998 年市占率已达到了 80% 了。6 年时间，整个彩电市场的生态改变了，我们汤姆逊彩管与中国品牌彩电共赢。

除此以外，我最高兴的，就是在市场上第一回把韩国双雄——LG 跟三星打败。在彩管业来说，彩虹，国营央企，是我们的龙头大哥，其他合资企业也是我们的兄弟；我在彩管业里，近 30 年来，唯一的对手或者“敌人”是韩国人——LG、大宇不算，主要是三星。2007 年、2008 年美国人对中国彩管发起“反倾销”调查，三星向美国司法部举报了中国彩管业协会所有成员，甚至把所有同业都害了，20 多家企业，中国的、日本的、法国的、荷兰的，连 LG 都害了，说我们行业协会操纵价格是罪魁祸首。当然，因为三星自动举报并变成污点证人，所以它没事。虽然案件因缺乏证据，最后不了了之，但其间所有彩管企业都背负着官司包袱，在业务上畏缩不前，这便加速了彩管业的灭亡。

汤姆逊彩管在品牌引进完成后，便进入到第三个阶段，就是资本引进的阶段。刚被国家任命当上汤姆逊集团的主席、后来当了法国财政部长的布雷顿（Thierry Breton），1997 年底和 1998 年初两次到香港找我，说非常感谢我，因为本来法国国营汤姆逊集团亏得很厉害，眼看就要以一个法郎贱卖给韩国大宇的，但 1997 年我替他们卖了很多显像管到中国，令整个集团转亏为盈了。然后他问我觉得应否在中国做工厂？我说一定要，进口的事情不会长远的，最后一定要落地在中国才行。果不其然，很快，1998 年下半年，中国所有走私彩管进口都陆续停了。但是那时候，汤姆逊和佛山已开始谈判注资，当时佛山决心很大，认为中外合资是唯一的出路。佛山彩管厂已经停产，等待转型。1999 年 7 月 1 日，“汤姆逊—佛山彩管公司”（Thomson Foshan CPT Company）成立了，布雷顿亲到佛山，与省市领导一起主持成立典礼（布雷顿后来还被授予佛山荣誉市民称号)。法国汤姆逊自 1988 年引进技术设备后，1999 年才引进资本控股佛山彩管厂，真正落地中国，成为中国土地上中外合资彩管企业中的最后一家。

布雷顿主席(左)与梁绍棠市长(右)庆祝汤姆逊佛山彩管公司成立(1999.佛山)

汤姆逊佛山首任董事长瓦罗(原汤姆逊彩管总裁)(右)、汤姆逊佛山副董事长冯青(原国营佛山彩管厂主席)(左)向推动此法中合资项目并负责销售公司所产彩管的新骏公司总经理杨向杰，赠送汤姆逊佛山彩管厂的照片，祝贺新骏公司佛山办事处开业(1999.佛山)

创立中法两国“总统项目”的TGDC团队成员。左：布雷顿（前汤姆逊主席，前法国经济、财政、工业部部长，佛山市名誉市民）；中：杜鲁特（前汤姆逊COO、TGDC首任主席、前广东省外商协会副会长）；右：特邀出席杜鲁特荣获法国国家勋章颁授典礼的TGDC创办人杨向杰（法国经济部—2015年4月）

合资合同签了后，还未成立企业，我便先带汤姆逊彩管的总裁拜会彩虹，我跟所有汤姆逊的人说，在中国做生意，一定要尊重龙头大哥。彩虹是我们的龙头，它们是中央国企，永远不能跟它们对抗，跟它们对抗，我就不干，这是一个最重要的原则。

中国最早及最大的彩管生产基地——彩虹集团总部（1978. 咸阳）

第二个原则，是参加中国彩管业协会的问题。在“汤姆逊—佛山”成立之前，我不敢参加彩管业协会，因为我要躲起来，不能让人知道谁在操这个盘。当时协会秘书长杨国钧在报纸上开骂，骂汤姆逊是怎么搞的，进了那么多彩管，破坏了国产彩管的市场。我都不吭声。后来“汤姆逊—佛山”彩管厂成立后，问我要不要参加协会，我也对汤姆逊说：别参加。为什么？试想一下，我们只有一条生产线，去参加这个大家庭，去当老末，不是去找死吗？他们商议什么数量，参照什么价格，你有什么发言权？所以不要参加。佛山的人又问，那只当个观察员好不好？我说行。所以那个时候就找彩管业协会会长范文强和秘书长杨国钧，申请当个观察员，还不给老外去做代表出席会议，由我一人总代表去，这才能知道他们在会上谈什么，知道他们准备涨个什么价钱，我们才能涨得比他们更快。如果他们准备降价，我们就要降得更多。我是教给老外们中国的规矩，龙头大哥的话要听，彩管业同行的话不能全听，因为我们太小了，你发展要到一个程度才能参加。1999 年下半年，我以观察员的身份第一次代表“汤姆逊—佛山”出席彩管业协会会议的时候，杨国钧秘书长专门走过来，要看看这个杨向杰是谁。后来，我俩成了非常要好的朋友。

中国彩管业协会年会（2003 海南博鳌）。后右六：范文强会长（北京松下）；前左一：杨国钧秘书长（赛格日立）；前右二：詹宗庆（东莞福地）；前右三：马金泉（咸阳彩虹）；前左二：观察员杨向杰（法国汤姆逊 / 汤姆逊佛山）

2004 年 1 月，我们正式参加了，成了协会最晚加入的会员。汤姆逊正式收购合并东莞福地成功，并合佛山成立了 TGDC 公司后，我们用了东莞彩管厂的名额出席了，所以我们操盘法国汤姆逊进入中国，并没有自己再搞个新厂，没有增加市场产能激化竞争，我们只是用本来的资源整合后，变成彩管业协会的会员。

2004年1月汤姆逊成功收购合并东莞福地，是我们继1999年把法国资本引进佛山后的另一个很大的整合，改变了中国与世界彩管业的格局。其实这个收购战打得很惨烈，最初我们为什么要到东莞呢？原本汤姆逊搞了一条生产线注资在佛山之后，已经没精力再搞。但汤姆逊集团的主席布雷顿2002年到佛山官式参观访问时，广东省管工业的副省长游宁丰专程到佛山来，对布雷顿说："我们东莞还有一个彩管厂，是国营的，我们觉得要'国'退'民'进，你们外资既然来了我们佛山，可不可以再接手我们东莞那个彩管厂呢？"最初布雷顿是反对的，真正赞成的只有我一个人。然后我就动员法国总部彩管的总裁呀、佛山厂那个波兰籍的厂长呀等等，一起到东莞看看。一看，我们便觉得是最好最完美的组合：佛山那时候造的是29英寸，正准备从美国进一条34英寸和38英寸的日立旧生产线，东莞则已有三条线——21英寸、25英寸和29英寸，三个品种是兼容的。那么两个基地，加起来可以有一千万的产能，在那个时候，这应该是最好的市场组合，从21英寸到38英寸都齐全了。

2004年7月1日，广东省游宁丰副省长、Thomson的CEO Charles Dehelly、新骏总经理杨向杰在深圳TCL大厦见证全球最大彩管彩电企业TTE的成立

但是两个城市怎么搞？曾经试过佛山国营厂经营困难，广东省政府要佛山到东莞去求合作，但东莞竟要他们一块钱把整个佛山厂让给他们，然后佛山又想“报复”，这个“双城记”真难搞！

但难搞还是得搞，我琢磨，最好跟政府商量，让法国汤姆逊收购福地，然后再跟佛山合资。这件事我共操作了两年时间，中间最大的变量是：本来是我们独家谈的，我获授权跟主管谈判的东莞周志纳副市长握了手，同意价位是 4.5 亿人民币，但后来由于汤姆逊彩管总裁觉得只有一家去谈这个事情，要我去压价压到四个亿。完蛋！马上市政府就变脸，公开投标，结果所有人都过来——央企彩虹、国营康佳、韩国三星、做彩电的创维、造彩玻的安阳玻璃都过来了，搞到一共六家。后来，还有获银行支持的 MBO（Management Buy Out）也加入战团，于是，连法国汤姆逊在内，一共七家展开争夺战。那时候我们最大的对手是发迹和交税都在东莞的创维，创维董事长黄宏生很想要福地厂，他觉得一年能生产四五百万支彩管供他们自己生产电视机就可以了。

东莞市与 Thomson 签订并购福地彩管资产的意向书（2003）。后左六：周致纳（东莞市副市长）；前左一：杜鲁特（Thomson 彩管集团总裁）；后左五：T. Hans（汤姆逊佛山总经理）；后左二：杨向杰（新骏公司总经理）

出了这个问题怎么办呢？我只能跟“竞争对手”合纵连环、逐个击破。

我跟彩虹的马总商量，也跟康佳的侯总商量。所以呢，没有马总、侯总的支持，我们是没法成功收购的。为什么他们会支持汤姆逊收购福地呢？因为康佳知道创维如拿了福地，有了上游产品，康佳在广东就会输得很惨。然后彩虹也非常支持，其中一个原因就是，创维本来是他们的客户，但要是创维收购了福地，就意味着彩虹不单失去了一个重要的客户，更在南方增加一个强劲的对手了。

最后，彩虹、康佳都站在我们这一边，康佳还主动和汤姆逊协调报价。三星搞了个小动作，我们两三下就把他们赶走了。对我们重要的客户创维，则用了很多时间和君子之争才解决问题，结果收购价在一年时间内从四亿多提到六七亿，才让省政府叫停了。后来还发生了中国彩电在美遭反倾销调查，法国汤姆逊被对手诬陷是幕后黑手的事件后，连老朋友长虹也站到反对合并的行列。后来谣言虽然澄清了，但光是在商务部都搞了两三个月，为此佛山的市长跟东莞的市长也跑了很多次北京。最后国家发改委、信息产业部和商务部都一一批准了。

广东省常务副省长汤炳权（前左三）、法国汤姆逊 CEO 达哈利（前左四）及汤姆逊彩管总裁、TGDC 主席杜鲁特（前左一）出席汤姆逊广东显示器件公司（TGDC）成立大会（2004 · 广州花园酒店）

几番周折后，合并终于成功了，最后作价六亿六千八百万（这是我的最后一口报价）。2004 年 1 月 1 日，TGDC 公司诞生了。4 月份，我们在广州花园酒店搞了很盛大的活动，庆祝这广东省最大的显像管公司，也是法国当时在华最大的合资企业成立。广东省的副省长、佛山和东莞市的书记、市长，电子部的官员、汤姆逊的 CEO、法国驻穗领事都过来了。所以，TGDC 的成立是受到中国、法国各级政府祝福和认可的，也是中法两国元首亲自推动的项目。

我们最开心做了的事就是，整个福地在深圳 A 股的市值是一百个亿，然后我们把彩管资产的六亿六千八百万剥离出来，然后让市政府再将东莞的公路桥梁放进去，整个一百亿市值的公司又回到东莞市政府的手上，所以整个事情是很好的资本操作。省市府对消费性竞争行业实现了“国退民进”，让彩管行业交由外资控股，但路桥建设的基建项目又有了上市公司的地位，有利市场集资，这是双赢之局。

我们决定将合并的公司改名作汤姆逊广东显示器件公司（Thomson Guangdong Display Company-TGDC），总部在佛山，佛山市政府仍是股东，东莞市国有股则全面退出。但公司两个生产基地中，规模以东莞为大，而税则分两地交，符合两个市的利益，也符合广东省的利益。

最后一个阶段，是 TGDC 已经成立了，但是怎么保障汤姆逊在华的一千万支彩管的产能，把它造到最好、最后呢？有几个事情要做，而最重要的是进行整合。于是，2005 年 9 月，汤姆逊把全球彩管的资产与印度 Videocon（威迪奥控）公司整合，由印方控股，成为全球第二大彩管公司，仅次于 LG 和飞利浦 2001 年在中国香港整合成立的彩管公司（LPD），汤姆逊彩管总裁杜鲁特（Didier Trutt）专门飞到印度见辛格总理，因为这是印度 2005 年第二个最大的向外收购项目。就这样，TGDC 又成了中印法三国合资的企业，直至三年后法资全面退出，TGDC 才成为中印合资。但回看历史便知道，TGDC 是受到中、法、印三个国家最高领导的祝福的，所以我们决心一定要把它搞到最好、最后。我也很荣幸参加了整个操作，这操作就是应法印两方的要求，我要和中国政府协商，把印度人在 TGDC 的股份变成 90% 以上，佛山市政府的股份减少到 8%，并最终获国家发改委和商务部批准。

印度总理辛格（右）、Videocon 主席 V.N. Dhoot（中）、法国汤姆逊彩管集团总裁、TGDC 主席杜鲁特（左）一起祝贺法印彩管合资成功（2005）

为什么最后选了Videocon呢？因为显像管行业已步入黄昏，想玩到最后，便要在上游方面得到保障——彩管上游的彩色玻壳（Colour picture glass）至为重要。在彩管电视的年代，一个彩管占了一个彩管电视 70% 的成本，而彩玻又占去了一个彩管 30% 的成本，投资一个彩玻厂，要 1 亿美元至 3 亿美元不等，是重工业。技术上，全球也只有几个企业做到。Videocon 在印度只造彩玻和电视机，Videocon 牌电视机自 80 年代末已在印度市场占第一位了，其彩玻在印度有 100% 的市场占有率，但却从不投资彩管。2005 年，Videocon 还准备投资一个 400 吨的玻壳厂，预计 2007 年投产，这是世界上最后一个 3 亿美元投资的彩玻厂，因此我们就知道有了 Videocon 作为控股股东，玻壳此后八年都没问题了。Videocon 从来没有造过彩管，TGDC 便是这家印度企业在中国唯一的彩管厂。所以看，中国最后一个彩管厂，玻壳从哪里来？百分之百从印度航运过来。其他彩管的上游零部件，譬如咸阳的线圈、烟台的荫罩，还有彩虹的磷粉——CRT 生产不可或缺的化学品，全部由中国制造。要是没有他们支持，没有中国的彩管上下游厂家配合，我们也没有办法玩到最后。

中国部分彩管彩电品牌（20 世纪 90 年代）

除了上游以外，还有一个下游的问题。在彩管业这最后五年，你做好的彩管供应给谁？组装了电视机，又卖给谁？全球最高峰时共有 30 多个彩管厂，除了非洲和大洋洲没有外，南、北美洲，东西欧，俄罗斯，亚洲的泰国、日本、韩国等地先后多达 10 多个，印度有 4 个，中国则有 12 个。为什么全球最后一个彩管厂会在东莞？所以这个现在也可以解密了，正是为了能解决下游的问题，也是市场的地域问题。头一两年还可运去南非、南美和中东，最后三年则只能去孟加拉国、印度和印度尼西亚了。

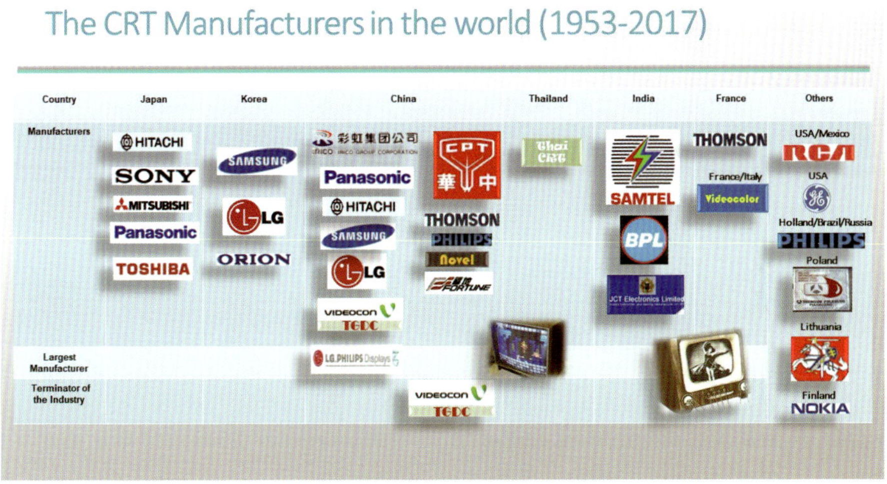

The CRT Manufacturers in the world (1953-2017)

全世界彩管厂分布图

21 世纪第一个 10 年，当我们做这整合时，也没有水晶球，之所以决定要这样做是因为：一、知道彩管业走进最后的岁月，要活到最后，要把最好的资源整合在一个对的地方。二、最后的生产和市场估计应在亚洲——不可能是在日本，但可能在中国和印度。三、具备上游下游和零部件配合，至为重要，因彩管电视业是组装的工业。据此构想，我们在 2005 年做了这个全球彩管业最重要也是最后一次的大整合。

而这个整合，我们估计会是彩管业最后的整合。果然，2008 年，LCD-TV 已经超过 CRT-TV 的销售总额了。那是一个转折点，CRT 很快就滑落。所以到 2009 年，位处中国的 TGDC 也要着手做整个结束的准备。首先，2009 年先关佛山厂，因为它是做大屏幕 CRT 的，市场需求及生产的竞争力不如东莞。佛山厂的租约问题印度人配合得非常好，我们还有很长的租约，每年交两千万的租金。我想提早交回给政府来发展，印度人不想，他们想自己搞地产。后来我跟他们说，这块地是工业用地，外国企业是做不来的。结果大概在关厂还地的四至五年后，有一天，我到佛山去，黄维郭副市长找我吃早饭，说要感谢我。我问，谢什么？他说：“今天早上，钱到位了。”我问：“什么钱？”他说：“就是佛山工厂的地跟绿地公司合作搞房地产的第一笔钱到位了。”我问：“多少钱？”他说：“70 个亿！”但佛山市府 20 年来投资在彩管厂总共才 20 多个亿啊！我惊叹：“这地竟卖了 70 个亿！20 多年前当我参加去选地时，那儿还是一块农地！”他说：“不止呢！我们市府还占整个项目 51% 股份的发展权，估算卖楼收益还可以分账 30 个亿左右。”所以佛山市政府 1988 年至 1999 年，用 20 亿元搞彩管厂，法中合资后，也没增资一分钱，最后竟拿回超过 100 个亿，在东莞 TGDC 这彩管厂还有股份，还可在彩管行业玩到中国和全球的最后。最初，1988 年，佛山市上彩管厂项目时，虽然被机电部和上级政府谴责，但现在坏学生变成了好班长，还有完美的结局。

佛山关厂后，北京松下、南京华飞等中国彩管厂家纷纷退市，2012 年中国最大的彩管企业咸阳彩虹亦退市，全球共有 30 家 CRT 厂纷纷退市，最后只剩三家——三星、LG、TGDC 东莞分厂。至 2013 年，深圳三星退市，2014 年印度尼西亚 LG 退市，从 2015 年 1 月 1 日到 2017 年 7 月份，TGDC 有两年半的时间是全球最后一间彩管厂。我们靠什么？除了提早作全球整合外，就是靠跟上游 30 多个生产厂家搞好配合，如彩虹的支持，我们在它停产前一次买过它两年的磷粉备用，没有这磷粉，便无法生产 CRT。还有下游，要保证有稳定的彩电厂客户。

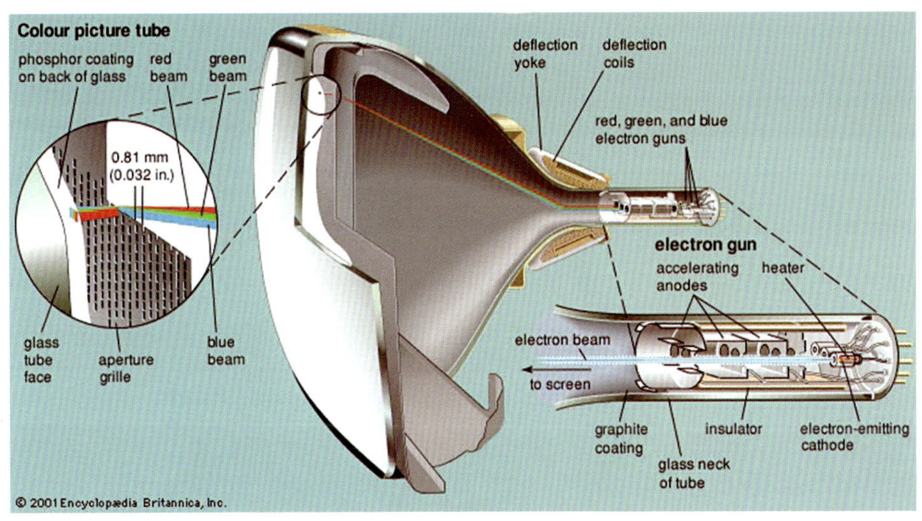

美国 RCA 发明的电视彩色显像管（CPT）解剖图（1953—2017）

所以我们在成为全球最后一间彩管厂的两三年前，已经准备了选择走到最后的合作伙伴。最后的上游在哪里，最后的下游是哪几家，这个要规划和培养，要大家合作的，所以我很感谢朝野公司的何总，他们是佛山的彩电企业，也是陪我们做到最后的彩电厂家，他们不光是将一些中国制造的彩管电视机出口到海外市场去，还把他们生产的机芯供应到印度尼西亚和南亚等地区。外国彩电厂除了用我们东莞的彩管外，还要用中国生产的机芯配套，没有中国机芯，也没有全球最后的 CPT 彩电。

中国最后一家彩管彩电机芯厂家——朝野科技（2017）

我们曾经估计最后的市场是中国跟印度，但我们错了，中国人超前消费，城市很快没有了CRT电视市场，连农村都不要、不买新的CRT-TV，而要LCD-TV了；也不光是印度，最后两年，印度尼西亚每年要一百万支我们的彩管，现在TGDC停产了，它很失落，还想要。然后就是孟加拉。我们也没有想到，有着74年历史的CRT家族中，能够生存到最后的一个品种是21英寸的超薄（Slim CRT）。10年前，我们以为能生存到最后的品种一定是14英寸的。所以很多事情我们是估算不到，但我们是根据这个大方向和路线去做准备的，得以成功。

我简单总结一下，就是：第一，我们最初好像是不"听话"，因为"听话"便没有TGDC的前身佛山彩管厂，但最后我们最"听话"，广东省政府要求合并我们就搞合并，代价高点也要做。我们一定要跟着政府方向走，他们要求我们做什么，我们就做到最后，我们一定要做好这个事情。第二个是在技术方面。我们很高兴1953年人类历史上整个彩管的技术和产业从美国RCA诞生，然后在60年代传到日本给日立，也跑到欧洲汤姆逊那里去，然后又从汤姆逊跑到佛山去，RCA的29英寸技术又直接从美国跑到佛山去，连这里TGDC—东莞也是日立的技术，当然其实也是从RCA来的，日立是RCA彩管技术青出于蓝的大弟子。日立技术在中国第一个和最大的传人就是彩虹，所以福地有80个彩虹人，一开始，这些"开国功臣"都在，他们技术力量非常强。TGDC的技术传承从美国到欧洲到日本到国内咸阳再到东莞，而完美的句号也是在这里。最重要的就是，我们建立了整个行业的和谐共生生态：我们的玻壳是自己的，从印度过来，但其他上游所需零部件都是在中国采购的，如荫罩等，我们跟这些上游企业建立了牢固的伙伴关系。下游除印度的Videocon品牌彩电采用自家的彩管外，我们也运到国外供给予他们的彩电企业，配合中国的彩电机芯组装彩电，他们也跟我们建立了良好伙伴关系。我们和所有上下游伙伴，共同走到最后。

TCL 与 Thomson 签署全球彩电业务合并备忘录（2003 广州白天鹅宾馆）。后中立者：广东省省长黄华华；前左：TCL 总裁李东生；前右：Thomson CEO 达哈利

TCL 与 Thomson 签署由中资控股的全球最大彩管彩电企业业务合并框架协议（2004 法国总理府）。右二：TCL 主席李东生；右三：Thomson CEO 达哈利；右五：新骏公司总经理杨向杰

签署仪式后，李东生和杨向杰在法国总理府门外合照

或者这里我再补充一下，下游的准备其实极为重要。我们在 2004 年 1 月建立 TGDC 到 2005 年 9 月，由法资变印资控股期间，做了一件很重要的事，就是让中国资本进入下游彩电企业。第一，就是 2004 年 7 月，中国 TCL 和法国汤姆逊把全球的 CRT 彩电业务合并，打造成全球第一间由中资控股、年产量达到 2200 万部，有欧美中三地市场的彩电巨企 TCL-Thomson Electronic（简称 TTE，后并入港交所上市的 TCL 多媒体）。从寻找合作伙伴到锁定 TCL 合作，从合同签订到股权置换，直到 Thomson 全面退出，前后经历五年，从 2002 年到 2007 年，都是由我全程具体操作，才最后达成的。而这家公司成立时，协议还规定了它每年生产的 CRT 彩电必须有不少于 50% 的彩管，要采用汤姆逊和 RCA 的彩管，年达一千万支，这对我们 TGDC 的销售有了很大的保证。第二，2005 年，应央企华侨城集团的要求，法国汤姆逊收购了华侨城在康佳 6% 的股权（A 股及 B 股），这不但令康佳集团国际化，协议还规定了康佳彩电三年内必须每年采购 150 万支 TGDC 彩管。这也令 TGDC 的销售有了另一保证，有了这两家中国龙头彩电企业的血缘关系和全力支持，为它走到最后奠定了稳固的基础。

从 1992 年开始，我们的 29 英寸及以上的大屏幕彩管销量在中国连续六年占第一位，这改变了什么？是中国的电视机品牌整个价值提高了。1992 年，国内 29 英寸大屏幕彩电，80% 是外国品牌，经过大家的努力，1998 年中国的品牌就上去了，整个中国大及特大屏幕彩电市场，中国品牌占了 80%。从 1978 年（彩虹成立的那一年）前，中国彩管彩电 100% 为进口，到 2017 年全球的彩管和彩电机芯 100% 是中国制造，这近 40 年的巨变是我们最希望看到的成就和贡献，当然不是我们一家的功劳，但我们很自豪能起了带动的作用。

中国的彩电厂家实际上是我们真正的合作伙伴，这是我们很高兴能做到这一点的，所以其实今天应该说，我 1988 年开始做这个行业，到 2017 年刚超过 29 年，彩虹 1978 年成立公司，到 2017 年 TGDC 停产，中国整个彩管彩电的历史是 39 年。如果从 1968 年中国彩管大会战开始算，到 2017 年，是 49 年了。从零归零，但世界彩管业经历光辉岁月，最后的荣耀也归于中国制造。有缘参与将中国的彩管业、世界彩管业做到最后，贡献了自己的青春，这是我做彩管的历史的完美句号。很荣幸近 30 年来，我跟国内外彩管业上下游的朋友一起工作，共同奋斗，都变成了非常好的朋友。行业虽然结束，但友谊长存！

全球最后一家彩管厂——TGDC 汤姆森广东显示件公司东莞分公司（2004-2017）

TGDC 退市会兼中国彩管业协会最后一次会议（2017 年 6 月 14 日，中国，东莞）。从右至左：范文强（原北松董事长、中国彩管业协会会长）、胡秋生（原 TCL 汤姆逊–TTE 执行主席）、H. Sood（苏德，TGDC 董事长）、季国平（原电子部彩管办公室主任）、马金泉（荣休彩虹集团董事长）、杨向杰（香港新骏公司主席）、王碧波（北京大学教授）

"三不朽"的中国彩管业

王碧波[1]

---

① 王碧波，北京大学总裁班国学主讲教授，博雅俊商学院副院长、企业制胜罗盘理论奠基人，法学、史学博士，长期从事经济法和法制史、财政史、文化史、帝王史、中国历史、企业文化落地的教学和研究。多次获邀前往我国台湾、香港讲学和文化交流。

技术能带来社会变化，但技术有个致命的弱点就是有周期性。中国历史上任何一次革新都是技术带动的，所以作为一代成功的企业家，应更关注技术的每一次变化，必须有敏锐而远大的眼光，而且中国传统文化有个进退盈缩的规律，今天已到了液晶电视的时代了，我们还能抱着彩管不放吗？该什么时候进，什么时候退，是一种智慧。

彩管业虽然落幕，但我们要给后人留下企业运行规律的经验——为什么显像管行业能够有 120 年的历史？为什么全球彩管行业有 64 年历史？为什么在中国的彩管生产周期能够有 35 年这么长？为什么能带动相关行业的发展？

今天我们要想把中国的经济真正弄好，必须研究一个行业。因为这个彩管业代表了中国经济的转型，从计划经济向市场经济转型的一个交锋点。如果说一个计划经济的东西到市场经济就死了，说明它是不成功的；能够在计划经济过渡到市场经济并能运行很长一段时间，它的价值在什么地方？我觉得这就是我们要察古今之变的经验。

企业家要有三不朽精神，《左传·襄公二十四年》里讲了，“太上有立德，其次有立功，其次有立言，虽久不废，此之谓不朽”。我们每个企业家都应有这种民族气节，有三不朽精神。

第一要立德，有德才能万世彰显，中国历史上只崇拜有德的人，没崇拜过哪个有钱人。中国人做事要讲仁德，《孙子兵法》里讲的最高境界，不是我要把对方打死，而是不战而屈人之兵，要实现全胜之法，你能活也得让他能活，你能得利也得让他得利，全胜就是今天我们要呼吁的良性生态环境。若只追求经济利益最大化，彼此都得死，要把自己的格局和胸怀放大，好的时候要谦卑收敛，不好的时候要坚守，相信柳暗花明又一村，问题总可化解。

第二要立功。彩管业已为中国立功了，让中国当时的11亿人口有彩电可看，让人民文化生活更活跃了。我记得20世纪60年代出生的人小时候还没有电视可看，我很幸运，小时候放学回家便可以看动画片《黑猫警长》，虽然那时家里的还只是黑白电视机，但已让我的童年非常精彩。彩管行业开创了整个时代，一谈到80、90年代的东西时，基本上都跟大彩电挂钩，哪个姑娘出嫁了，娘家要是给台大彩电陪嫁，这儿媳妇在婆家地位便相当高，因为娘家能给买大彩电，定是万元户。

所以，我觉得彩管行业开创了改革开放让中国更精彩的时代，是这行业最大的贡献，这就是立功。

立言，就是现在这部彩管史，这是一个很好的载体，把彩管业的一些精神，行业领导人的金言语录，整理成册，这很好。我建议还应该搞一个彩管业博物馆和彩管业研究会，创造一个彩管业的重要文化载体。

中国彩管五十年

陈伟中

前　言

1. 彩管的问世和形成产业过程

世界彩色显像管（简称彩管）业的历史，应从1953年彩管发明者美国无线电公司（Radio Corporation of America，简称RCA）首次批量生产彩管形成产业开始算起[①]，直到全球最后一间彩管厂中国东莞的汤姆森广东显示器件公司（TGDC）于2017年结束，共历经64年。[②]

1939年，美国康宁公司（Corning，创办于1851年的美国玻璃公司，在电子玻璃领域处于领先地位[③]），研发出9英寸的圆形彩色显像管玻壳，并交予RCA组装成彩色显像管，于当年的纽约世界博览会上展示。[④]在此之前，人类

---

① 据载：1950年3月29日，美国无线电公司成功地展示出一支全电子彩色电视显像管。但真正到了批量生产要自1953年底至1954年初。参考自：宋立志主编：《历史上的今天·三月（下）》，呼和浩特：远方出版社，2005，页193；又：美国广播公司网站，https://www.rcacommercialtv.com/，摘取时间：2019年1月26日，15:47。

② 志英：《全球彩管业"最后的莫希干人"谢幕东莞》，《今日中国》2017年10月号，总第34期，页40-49。

③ 参考自：美国康宁公司网站 https://www.corning.com/tw/zh_tw/markets/Display-Market.html，摘取时间：2019年1月15日，17:51。

④ 参考自：美国康宁公司网站 https://www.corning.com/tw/zh_tw/innovation/culture-of-innovation/the-history-of-corning-innovation.html，摘取时间：2019年1月15日，17:53。

已成功制造出黑白显像管，1860年一位德国人和一位英国人共同发现了RGB（红绿蓝）三原色后，很快彩色照片问世，然后是彩色摄影机，20世纪30年代美国便已有彩色电影放映，科学家下一个研究目标就是彩色电视广播，而彩色电视广播讯号的接收器是彩色电视机（简称彩电），彩电的最关键部件，就是彩管，彩管的最主要组成部分，就是玻壳。

康宁直至1948年才正式进军彩管玻壳市场，投资玻壳厂是成本极高的，约一到三亿美元（注：2000年的数据，视吨数和大小不同）。[①] 玻壳分两部分，一是屏幕（pannel），一是锥体（funnel），要分两个用耐火砖造炉壁的炉来烧制，这些炉一经生火后便不能熄灭，一直烧七年，因砖七年左右便被烧成灰烬，这时才能熄炉换新砖，如不换，炉便会崩塌。砖的成本占整个炉的一半，熄火换砖时称为冷修期。[②]

正是炉七年不能熄这特点，导致后来彩管电视机渐被LCD电视机取代，令对彩管的需求减少，继而对玻壳的需求量亦减少，不能支撑玻壳厂这么大的产能，只好停产。没有了玻壳，便没有彩管，于是彩管业步向消亡。2014年韩国LG（乐喜金星）在印度尼西亚的彩管厂停产，正是玻壳的问题，而非市场问题。那时印度尼西亚对彩管仍有很大需求，只因LG彩管厂的玻壳是日本NEG（Nippon Electric Glass）在印度尼西亚的工厂供应的，而NEG却要熄炉了，没有玻壳供应，彩管厂只好也关厂了。全球最后一家彩管厂TGDC在2017年结束，也基于同一原因。TGDC最后七年，因有来自控股该厂的印度威德昆集团（Videocon）提供其在印度生产的玻壳，才能继续生产一段日子，到威德昆的玻壳也要停产了，TGDC便无法不停产了。全球最后一个彩玻厂熄火，全球最后一个彩管厂也永久停产了。

在康宁的玻壳厂正式投产之际，RCA则正与当时美国另一广播业巨头哥伦比亚广播公司（CBS）就彩管技术的标准展开竞争。“二战”后的40年代后期，

---

① 参考自：美国康宁公司网站 https://www.corning.com/cn/zh/innovation/culture-of-innovation/the-history-of-corning-innovation.html，摘取时间：2019年1月27日，00:39。

② 据指：“国外先进的窑炉寿命可达7-8年，国产的玻璃长期以来都是2-3年的窑龄，存在很大差距。”建设部施工管理司编：《土木建筑国家级工法汇编》，北京：中国建筑工业出版社，1993，页396。

美国多家公司都研究出彩电广播讯号接收系统，但都各自存在缺点。初时 CBS 的系统占了上风，于 1950 年被美国联邦通讯委员会选为彩色电视广播标准。为此，时任 RCA 总裁戴维·沙萨诺夫（David Sarnoff）召集公司六个最精英的工程师和科学家一起攻关，誓要夺回“彩管王者”宝座，终于在六个月后的 1950 年 3 月 29 日向世界宣告，RCA 已造出了世上第一只荫罩（shadow mask）式三枪三束管彩管，[①] 成为当时技术最优胜的彩管，最终成为美国彩管的新标准。

彩管是物理和化学技术的综合体，是重工业，共 56 个工序，大屏幕的彩管重量几近半吨。彩管前面是一个玻璃造的屏幕，中间是一个钢造的荫罩，上有无数的点，玻璃与荫罩之间采用涂屏技术，涂上红、绿、蓝三种颜色的荧光粉显示液，后面是一个真空锥体，上面是一根电子枪，把所有接收到的电子讯号变为光束，经过一圆形线圈把光打散，再打在荫罩上的点，使红、绿、蓝三原色在玻璃屏幕上显示出影像。玻璃屏幕是一种特别的石英（silicon）玻璃，叫电子玻璃（简称玻壳）。[②] 荫罩也是采用特殊的 AK 钢。[③]

1951 年，加州大学伯克利分校（University of California，Berkeley）教授、诺贝尔得奖人恩内斯特·罗伦斯（Ernest Orlando Lawrence）发明了另一种彩管——荫栅（chromatron）式彩管，并在资助其研究的派拉蒙电影公司（Paramount Pictures）支持下，成立了“荫栅电视实验室”（Chromatic Television Laboratories），探索作商业性生产，并于 1952 年试产。[④] 这种彩管的电子束非

---

① 韩晓冰、陈名松主编：《光电子技术基础》，西安：西安电子科技大学出版社，2013，页 254。

② 周荣楣编著：《光电发射、次级电子发射与光电倍增管》，成都：电子科技大学出版社，2015，页 174。

③ 北京未来新世纪教育科学研究所编：《科学目击者——家电小知识》，乌鲁木齐：新疆青少年出版社，2006，页 14。

④ 按：这种彩管实属单枪三束显像管，又叫聚焦荫罩型彩色显像管或栅控彩色显像管，也就是通常说的“劳伦斯管”。这种管的特色是通过相邻栅丝之间电场的作用，使电子束产生局部偏转而完成选色功能的单束管，即单枪聚焦栅型彩色显像管。参考自：杨志平，李志强著：《发光与显示技术》，保定：河北大学出版社，2007，页 102–103。又参考自：LUISW.ALVAREZ，“NATIONAL ACADEMY OF SCIENCES：ERNEST ORLANDO LAWRENCE（1901–1958）”，BIOGRAPHICAL MEMOIRS（pp49–51），The article quoted from the：https：//escholarship.org/uc/item/16z2w74x.

如荫罩式那种是呈“品”字形排列，而是“一”字形排列。

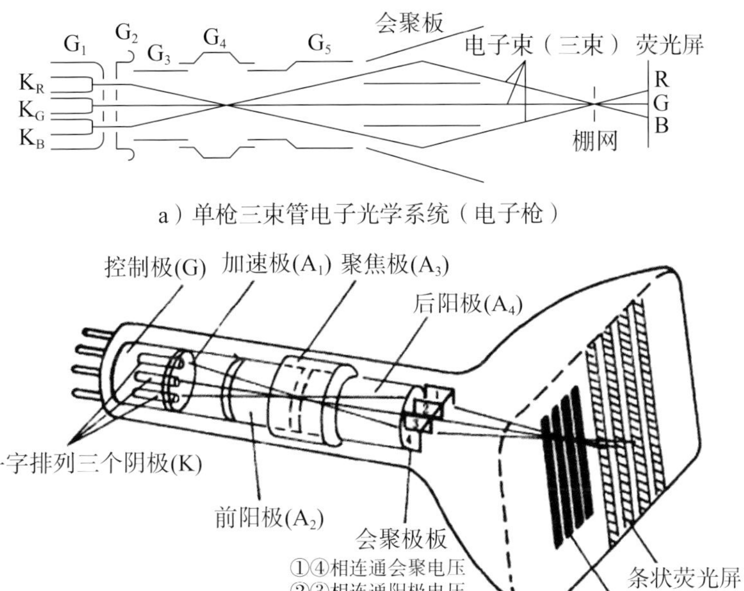

单枪三束显像管工作原理[①]

虽然这种彩管由于电子束的透过率高，所以亮度比荫罩式彩管高五到六倍，颜色也更鲜艳，且能更省电，却从未成功作商业生产，因为这项设计最大的毛病是有很大噪音，结果只能供派拉蒙用来作剪片时放映之用。

制造出荫罩彩管的原型后，1953 年，RCA 开始设计彩管生产线，成功生产出全球第一批彩管，然后美国生产出全球第一批彩电，再衍生出彩色电视广播业。

2. 彩管业的全球化

美国人做产业的目标和手法，一贯是要赚全世界的钱，汽车业如此，食品业如此，彩管业当然也不例外。开发了技术，制定了标准、专利后，便卖给全

① 杨巨友编著:《电视机维修实用大全》，北京：机械工业出版社，1991，页 189。

世界，例如福特汽车20世纪初设计出批量生产线后，便把技术卖给日本、德国，赚专利费之余，低成本国生产的廉宜产品还可销回美国，惠及美国消费者。

RCA令彩管业在美国形成产业后，即于20世纪60年代初即开始把彩管技术的专利卖给日本的日立公司（Hitachi），日立遂成为RCA的大弟子。[①]为什么先出售技术给日本？猜想除了因日本本身有一定的工业技术外，也因二战后日本驻有美军，易于控制，美国亦要扶植日本成为在亚洲抗衡奉行共产主义的苏联、中国和朝鲜的力量。

在美国本土，美国通用电气（General Electric，简称GE）也获得了RCA的技术，但涂屏技术（coating）却弃用RCA的湿涂，即用液态磷，改而采用一种干粉技术（dusting）。这种技术欠稳定，未算成功之作。

RCA在向其他日本公司出售技术专利的同时，容许各公司自行再发展技术，于是日本彩管业便因各自再发展而衍生出不同流派，如日立是粗锥管径（29.1mm，与RCA一致），东芝则是幼管径（22.5mm，因东芝认为管愈幼，影像愈清晰），还有三菱开发的品字形三枪，但却是最早被淘汰的，于90年代已停产。[②]

日本公司中，只有索尼不是用RCA的技术。话说索尼在日本已执黑白电视机的牛耳，但没拥有生产彩电的技术。它的产品代理一直催促索尼生产彩电，令工程部门备受压力，建议公司也购买RCA的荫罩彩管技术，但被索尼的创始人之一井深大拒绝，因他一向认为荫罩技术有根本缺陷。于是，1961年3月，他便与索尼另两名创始人盛田昭夫和木原信敏一起，前往美国纽约参观“无线电工程师协会”（IRE）举办的展览。那是木原首次踏足美国，他花了很长时间在会场内左看右看，忽然目光落在一支荫栅彩管上，实时

① 其实，日本自1952年开始已从美国RCA获得电视生产技术专利，同年即开始生产黑白电视机。及至1960年起，日本又从RCA获得彩电专利许可。到了1964年日本已可向美国市场推出14英寸和17英寸的彩电，且标价远比美国生产的低。此参考自：香港东南经济信息中心编：《迈向新世纪的国际经济》，海口：海南人民出版社，1989，页252。

② 陈建新编著：《国内外彩色电视机元器件互换手册》，合肥：安徽科学技术出版社，1992，页54。

“一见钟情”，立即拉上盛田和井深大去跟“荫栅电视实验室”的人接触了解，盛田更是马上约定翌日前往他们在曼哈顿的实验室视察。视察过后，盛田便取得荫栅彩管和彩电的专利转让，尽管实验室的人坦白告诉他们，这种技术存在致命缺陷。

1964年，索尼终于造出一支17英寸样板荫栅彩管，但批量生产时出现严重问题，成品可用率很低。尽管如此，井深大依然迷信于荫栅彩管，坚持在东京建新厂来生产荫栅彩管及彩电。初时，每产出1000支彩管只有一到三支可以用，这些可用的小量彩管被送去装配成彩电，每部彩电的成本因而高达400000日元。为保持市场竞争力，索尼把每部彩电的售价定为198000日元（约500美元）。问题一直得不到解决，到1966年，索尼濒临破产。这时，井深大宣布将亲自领导研发另一种替代技术，结果终于在1968年10月1日宣布研发成功13英寸特丽珑（Trinitron）单枪彩管技术，于当年即投产，证明是最好的彩管技术，故索尼所生产的彩电被全球公认为最佳彩电，售价比所有对手高出10%～20%，但依然受追捧。索尼更为保此优势，始终拒出售这项技术专利，[①] 绝不把自身生产的特丽珑单枪彩管卖给任何生产彩电的竞争对手。

索尼之外，彩管造得最好的日本公司是东芝，松下的技术也很可靠，日立则是主要以出售技术专利赚钱。松下90年代自行开发出29英寸超平面彩管，[②] 有别于美国的29英寸弯屏幕彩管，由于美国人住房面积一般较大，所以美国生产的彩管一直追求“大”，29英寸、34英寸直至38英寸，但日本人的住房面积不大，所以日本的彩管追求小而精。而松下的黑色显示颜色尤其分明，很适合亚洲人，故甚受欢迎，松下的技术更优于彩管始祖RCA。

日本公司的彩管技术专利转让限制在70年代末届满后，即先后把技术转售予中国和韩国。

① 此处参考自：杨浩然编著：《虚拟现实：商业化应用及影响》，北京：清华大学出版社，2017，页57。

② 沈兵、吴耕编著：《大屏幕彩色电视机电路分析与维修》，上海：上海科学普及出版社，2000，页10。

欧洲方面，RCA 在 1968 年把彩管技术出售给法国国营的汤姆逊集团（Thomson SA），与之共同成立了一家叫 Videocolor 的公司，在里昂设厂，生产 20 和 26 英寸彩管，为配合，美国康宁亦在法国设了一个玻壳厂（Corning France）。后因法国工资成本太贵，70 年代 Videocolor 转到意大利一个距罗马两小时车程、只有两千居民的小镇另设一彩管厂，雇用了两千多任务人，就是说几乎全镇人只有一个雇主，就是 Videocolor。该厂在 90 年代进入全盛期，21、25、28、29、34 和 38 英寸的彩管都有生产，产品运到那不勒斯港（Naples）出口外国。而里昂的旧生产线则于 1988 年售予佛山。[①]

RCA 亦把彩管技术出售给荷兰的飞利浦（Philips），飞利浦却改变了设计，放弃荫罩，直接在玻壳上涂磷粉，但事实证明质量很差。

1986 年美国出现了一宗很大的并购案——GE 与 RCA 合并。这两家本来是兄弟公司，合起来实力极其雄厚，但 30 年代美国政府推出《反垄断法》，把许多企业“巨人”肢解，GE 和 RCA 亦是其中之一。直至共和党的里根政府上台，撤销《反垄断法》，并为免业务重叠，着令 RCA 重新并入 GE。其后 GE 于 1987 年 7 月，经过一年多的谈判后，成功把 RCA 的彩管、彩电、音响及电话机头制造王国，售予法国的汤姆逊集团，GE 只保留了 RCA 旗下很赚钱的 NBC（National Broadcasting Co. 全国广播公司）电视台作为自己的资产。汤姆逊自社会党的密特朗政府上台后已被国有化，统揽军用及民用工业，规模空前，资金流巨大，故竟控制了法国国家巴黎银行（BNP）20% 的股份。GE 把上述那些业务售予汤姆逊的要价是十亿美元现金，另要汤姆逊把其全球负盛名的医疗器材业务作交换，而且 GE 所出售业务的专利，成立了 G.E. & RCA Liciening 公司，专利主权虽属汤姆逊，治权却仍归 GE，期限 22 年，所得利润汤姆逊得与 GE 瓜分。当时这美法两强之间的交易，十分轰动。[②] 但显然最

① 佛山市地名志编纂委员会编：《佛山市志・1979–2002・第 2 册》，北京：方志出版社，2011，页 1016。

② 柳援越编：《韦尔奇经商 69 个细节：管理大师面对面》，呼和浩特：内蒙古人民出版社，2005，页 44–46。

终赢家是 GE，因为汤姆逊接过的那些虽然当时在美国是称王的业务，但是后来终在时代发展中化为乌有，其全球彩管业务最后都售予印度的威德昆集团（Videocon），[①] 倒是 GE 至今实力虽江河日下，但仍可靠原属汤姆逊的医疗器材业务，与 GE 本身的业务合并后，继续生存并全球称冠。与此同时，GE 则把它自己的干粉彩管生产线卖了给中国。

中国彩管工业的发展

中国的彩管史，可从 1967 年在成都红光实验室造出第一支彩色显像管算起，到 2017 年东莞 TGDC 退市，刚好是 50 年。这 50 年我们认为可以“五个十年”来划分为五个阶段：

第一阶段是从 1967 开始，至 1977 年中央政府决定从外国引进生产线成立彩虹彩管项目，寻址咸阳。

第二阶段是由 1977 年咸阳彩虹成立算起，彩虹在 1982 年生产出中国制造的彩管，开始了中国彩管业的春天，至 1987 年，在中国首都北京，北京松下公司这中日 50∶50 合资机构的成立，显示中国彩管业由中央独资国营发展到中外对等合资，代表新的资本、技术、市场，新的开始。

第三阶段是 1987 年开始，外国资本和技术陆续进入中国，是中国彩管业炽热的盛夏，地方国营、外资控股、欧美日韩技术资金进入，百花齐放，直至 1997 年中国广东佛山市国营彩管厂自动停产等待引外资，说明市级独资国营资本，没有国外的最新技术及外国资本和国际市场的不断支持，最后出现严重问题。佛山彩管厂停产后，直至 1999 年获法国汤姆逊控股，成为汤姆逊佛山彩管厂后才获新生。

第四阶段由 1997 到 2007 年，彩管业进入秋天，也是彩管史上的战国时代，各厂开始为了生存而收购合并。2001 年，韩国的 LG 和荷兰的飞利浦

---

① 2005 年，电视制造商 Videocon 公司斥资 2.92 亿美元收购汤姆逊公司彩色显像管分部。参考自：上海财经大学世界经济发展报告课题组编：《2009 世界经济发展报告：金融危机的影响及其应对举措》，上海：上海财经大学出版社，2009，页 315。

合并成世界最大彩管企业 LPD（LG. Philips Display），注册及总部均在中国香港，却在 2007 年破产，由 LG 全面接管，证明此收购是失败的。期间于 2004 年出现了汤姆逊广东显示器件公司（Thomson Guangdong Display Co. 简称 TGDC）的成立，先由汤姆逊收购了东莞福地彩管厂后，再与汤姆逊佛山彩管厂合并而成，这是广东省最大和最后一家成立的彩管企业。2005 年汤姆逊把包括 TGDC 在内的全球彩管业务，售予印度威德昆集团，2010 年易名汤姆森广东显示器件公司，这是全球第二大彩管业收购合并项目，仅次于 LPG，也是西欧国家与发展中国家企业的合并。中资在 TGDC 仍有少量股份，TGDC 并成为全球生存到最后的彩管厂。

2004 年还有汤姆逊与 TCL 合并成全球最大的生产彩管彩电（CPT-TV）企业，并由中资控股，是全球首次有中资控股的国际合资企业。这也是自 20 世纪 50 年代美国开始的彩管彩电行业，经半世纪后，向亚洲，尤其向中国转移的历史里程碑。

第五阶段是 2007 至 2017 年，是彩管业的寒冬期，于 2001 年开始批量进入世界市场的 LCD（液晶体）电视机，一直蚕食彩管电视机市场，到 2007 年彼此销量已达平分的临界线，2008 年 LCD 电视机的销售量更首次超越彩管电视，从此全球彩管厂一个接一个被迫停产，全球最后三家退市的彩管厂，依次是 2013 年停产的深圳三星，其母公司早已转为生产 LCD 电视机并成为业界王者，但仍想继续生产彩管，可惜由于缺乏玻壳和市场，只好结束彩管业务。之后是印度尼西亚的 LG 彩管厂，LG 本是彩管业的王者，甚至可接管飞利浦的彩管业务，但仍因玻壳、经济和市场皆出现问题，而不得不于 2014 年结束。最后一家就是 TGDC，由于威德昆的加入令玻壳供应有保证，故当深圳三星、印度尼西亚 LG 退市后，仍可在往后的两三年时间内，成为全球唯一生存的彩管厂，不过产销量亦是每年在缩减，于 2017 年最终停产。

虽然世界已没有新彩管出产，但预期未来五到十年内，二手市场上仍会有可接收观看电视广播的彩管电视机，原因是：一、彩管电视机寿命可长达十五年甚至以上；二、旧机的显像管经清洗后翻新再用，可装配成翻新的彩电，卖到一些落后国家，由于本小利大，在一些非发达国家的乡镇，它的市场仍存在。

第一个十年（1967至1977）自力更生 上下求索　引进设备建基地

彩管业是复杂的工业，而中国彩管业则是中国第一个如此技术复杂和全面的产业，不但为千家万户所必需，且带动了上下游的轻工业，如摄影机、线路板、IC等。有了彩管才能生产彩电，有了彩电才会带动电视台进行彩色电视广播，有了电视台的彩色广播，政治、经济、文化才有宣传平台，观众才有娱乐，艺人才有工作。所以中国政府才会决定必须有自己的彩管工业，且不惜倾全国之力去实现这一民用项目。

中国彩管发展史的第一个十年，应从1966年底至1967年初四川成都773红光电子管厂造出了一支5英寸彩管开始算起。①

在之前的前言中，我们看到彩管技术如何于50年代初在美国诞生，然后传到日本和西欧。至于中国，当年只能生产黑白显像管和少量黑白电视机。1957年，时任南京电照厂厂长兼总工程师吴祖垲受命前往苏联考察黑白显像管生产技术，并向苏联订购了关键模具和设备，回国后领头技术攻关，成功

① 据吴祖垲先生回忆，那是1965年。参考自：中国电子视像行业协会编：《中国彩电工业发展回顾》，北京：电子工业出版社，2010，页15。一说是1966年，而这支5英寸的显像管，属圆形实验性彩色显像管，是由圆形玻壳作整管试验。有关试验工作在1967年下半年停止。参考自：四川省地方志编纂委员会编纂：《四川省志·电子工业志》，成都：四川科学技术出版社，1993，页196。

四川成都 773 红光电子管厂

造出中国第一支黑白显像管，送到天津无线电厂，于 1958 年 1 月装配出第一台国产黑白电视机。这台电视机被送到北京，于 1958 年 3 月 17 日晚，成功在中国试播电视节目。

曾于 1945 年赴美学习并曾进 RCA 工作过三年的吴祖垲，1948 年回国进入南京电照厂当副厂长。中华人民共和国成立前，国民党政府拟把包括南京电照厂等五家南京附近的重要工厂搬到台湾，吴祖垲用“拖字诀”成功护厂，并于中华人民共和国成立后把厂完好地交给人民政府，并继续领导该厂，并领头成功生产出黑白显像管。黑白显像管的大量生产，为日后彩管的试制，如玻壳模具的设计和制造、玻屏和玻锥的压制、电子枪零部件冲压及荧光粉的试制打下了基础。

1958 年 10 月，吴祖垲被调到成都，筹建由苏联援建的 773 厂（即红光电子管厂），担任第一副厂长兼总工程师。1960 年，苏联撤走全部专家，773 厂人自力更生，先后成功试制 35 厘米黑白显像管及示波管、电达指示管、摄像管，并于 1962 年大量投产。[①]

1960 年，为庆祝国庆，在北京电视台（即现时的中央电视台的前身），进行了一小段时间的彩色电视广播开路试验，作为广播接收器的彩色电视

① 有关吴祖垲的彩管经历，可参考：吴祖垲：“电视工业迎来五彩缤纷的春天——我国显像管工业的发展历程”收录自：中国电子视像行业协会编：《中国彩电工业发展回顾》，北京：电子工业出版社，2010，页 531。又见：张海英、杨秋红：“吴祖垲：中国荧光灯管及电子束管的奠基人”收录在：贾箭鸣编：《兴学强国 120 年 · 我们的交大学长》，西安：西安交通大学出版社，2016，页 216–220。

机，是进口的。[①] 早在 1958 年 5 月，电子工业主管部门便在北京召开了彩电攻关会议，并从 RCA 买了五支彩管，经香港运到内地，分给了五家工厂解剖仿制，红光得到了其中一支。吴祖垲调到红光后，便领导试制彩管，但当时正处于“大跃进”后的国家经济困难时期，红光 1962 年生产的黑白显像管售出了一万支，另一万支还在库房里，在这种现实情况下，彩管即使试制成功，也会无人问津。于是红光的彩管试制项目就下马了。[②]

20 世纪 60 年代中国发生了两件大事，一是 1964 年 10 月 16 日首次原子弹试爆成功，“宁要核子，不要裤子”掀起了一股要自力更生的精神。彩电涉及民生和宣传问题，政府和老百姓都在希冀自己国家能生产这种产品，以显示社会主义的优越。二是 1966 年 5 月，“文化大革命”爆发。在当时的政治语境下，引进彩管、彩电生产线的理由被描述为“更逼真地反映领导同志的光辉形象”。[③] 因为当时在中国的电影院里，已经放映彩色故事片和纪录片了，但电视节目还是黑白的，加快研发彩管、彩电成了政治任务。且彩管可用于民用电视机，亦可用于国防，例如雷达显示屏幕，如果能以彩色显示，一定胜于黑白。那时，彩管被称为“电真空器件的原子弹”。[④]

1964 年，四机部的王铮部长到红光厂视察，说：“彩管还是要试制的，因为洲际导弹返回的信号必须要彩色显示。”为此，红光厂又再埋首研发彩色显像管，终于在 1965 年至 1966 年，试制出 5 英寸点状荧光粉彩管雏形。四机部对此大感兴奋，遂于 1969 年发起“彩管研制大会战”，召集全国 13 家电子厂合力研制彩管。[⑤]

---

① 刘洪才、邸世杰主编、章之俭，刘国典主审：《广播电影电视科技发展历程回顾文选》，北京：中国广播电视出版社，2004，页 290。

② 吴祖垲：“电视工业迎来五彩缤纷的春天——我国显像管工业的发展历程”收录自：中国电子视像行业协会编：《中国彩电工业发展回顾》，北京：电子工业出版社，2010，页 14–15。

③ 姚维儒著：《暮色当歌》，北京：中国文联出版社，2012，页 122。

④ 吴祖垲：“我亲自重点抓过的几件事情”收录自：丛书编委会编：《与国外接轨·西安科教探索事例篇》，北京：光明日报出版社，2006，页 1。

⑤ 同上，页 115。

1969年，台湾地区宣布试行彩色电视广播，[①]大概这令北京对彩管产业化的推动更加迫切，于是彩管大会战加大了力度，到1970年1月更上一层楼，把全国分划成北京、上海、天津和四川“四大战区”，协作进行研发，由国家计划委员会、解放军通信兵部、中央第四机械工业部和邮电总局的领导组成广播电视协作指导小组统一指挥，办公室设在中央广播事业局内，决定仿制索尼的单枪三束管彩管，进口了几十支索尼的19英寸彩管，进行解剖、分析、测绘，然后再按自己的条件重新设计。

红光终于在1970年5月1日试制出19英寸的单枪三束彩管。南京741厂、上海电珠一厂和上海电子管二厂，石家庄等地都试制成功了彩管样品，但由于红光首先在涂屏曝光台用上了校正透镜，荧光屏发光的色纯最好，所以当时公认是773厂在全国试制成功的中国第一支19英寸彩管，这结论亦是电子工业部确认的。据吴祖垲后来分析，红光之所以能试制出中国第一支性能较好的彩管，是因为技术队伍完整，试制条件较好，有荧光粉试验室、彩管试验室，还有玻璃试验生产线，有27吨和5吨气压机。[②]

有了自己生产的彩管后，百分百国产的第一代彩电也生产成功，毛泽东试看后，称赞说：“很好，什么时候人民群众也能看到？”[③]

这真是把专家们问住了。由于国产电视机散热不好，用的元器件、玻壳和彩管的寿命只有几百小时，还达不到工业批量生产的程度。

20世纪70年代初，中美关系解冻。1972年2月，美国总统尼克松应中国邀请到中国访问，在他访华前，派了基辛格博士到北京会见周恩来总理，

① 袁军、哈艳秋著：《广播电视新闻系列教材：中国新闻事业史教程》，北京：中国广播电视出版社，2001，页352。

② 吴祖垲：“我亲自重点抓过的几件事情”，收录自：丛书编委会编：《与国外接轨·西安科教探索事例篇》，北京：光明日报出版社，2006，页81。

③ 此见孙秉光的回顾，详可参阅：金力：《孙秉光——倾情开拓中国电子彩显事业》，摘取网站：http://www.zghhzx.net/html/2012/binhaimingren3_1009/724.html，摘取时间：2019年2月1日，19：48。

基辛格首先问中国有没有彩电和原子能发电站。[①] 这引起了中央领导对彩管更为重视。1972 年 5 月，国务院在北京和平宾馆召开“全国第三次彩色电视广播工作会议”，时任国务院业务组副组长的华国锋和时任国家计委主任的余秋里等领导来听汇报后，明白到中国一时之间无法自力更生造彩管，于是接受了与会的四机部代表孙秉光的建议，引进外国生产线。会后孙秉光立即打了报告给余秋里。[②] 其后，国务院便批准四机部以 1000 万美元引进一条装配彩色显像管的生产线。

尼克松访华，会见了毛泽东，在上海发表了《中美联合公报》，中美关系正常化的大门就此打开。中美关系正常化后，西方国家亦纷纷欲与中国建交，当中行动最快的是日本。1972 年 9 月 25 至 30 日，日本首相田中角荣和外务大臣大平正芳访华，于 29 日在北京签订了《中日联合声明》，宣布即日起建立外交关系。

于是，正寻求向外引入彩管生产线的四机部，将目光转到彩电工业比较发达的日本。11 月，四机部、外贸部、广播局和国家计委调集了全国彩管和彩电的顶尖专家 12 人，到日本考察，先后访问了 27 个公司，100 多个工厂、研究所和电视台，考察彩管制造技术。跑遍了日本所有的电视机厂家，索尼、松下、东芝、日立、三菱、夏普等。[③]1973 年 2 月考察团回国，由孙秉光负责组织总结，并修改最终引进方案。

考察团先后向国家计委柴树藩副主任、外贸部李强部长等汇报，力陈：要想生产彩色电视机，先得要生产彩色显像管；生产彩色显像管光有组装线不行，还必须配套上玻壳、荧光粉、荫罩板、电子枪、偏转线圈等几条生产线，因此还需要增加 8000 万美元的引进费用，并建议从彩电工业比较发达

① 吴祖垲：“电视工业迎来五彩缤纷的春天——我国显像管工业的发展历程”，收录自：中国电子视像行业协会编：《中国彩电工业发展回顾》，北京：电子工业出版社，2010，页 15。

② 此见孙秉光的回顾，详可参阅：金力：《孙秉光——倾情开拓中国电子彩显事业》，摘取网站：http://www.zghhzx.net/html/2012/binhaimingren3_1009/724.html，摘取时间：2019 年 2 月 1 日，19：48。

③ 李明春、吉国著：《海洋强国梦》，北京：海洋出版社，2014，页 127。

的日本引进。[①]

国家计委批复：一方面同意引进两条彩管生产线，年产量为一百万支左右；另一方面同意引进配套的玻壳、荫罩、荧光粉、电子枪零件和装配、偏转线圈生产线及动力系统，预算总共8000万美元，要求四机部以部党组的名义报党中央。至此，完成了彩管项目引进谈判各项准备工作。

1973年春节后，日本东芝、日立、松下、索尼、NEC、三菱、旭硝子、NEG、大日本涂料、大日本印刷、大日本网板等公司先后应邀来华，与中方进行技术交流合作引进方案的初步讨论。到了5月，外贸部技术进口总公司再向日本各大公司发出邀请，请他们再到中国谈判彩管引进项目，但先后发出了三次邀请，日方各公司均回复说："仍未完成有关技术准备，抱歉见谅。"

苦等未果，四机部所属的中技公司遂于当年6月把注意力转向了美国的RCA（美国无线电公司），因为他们的各种技术一应俱全。对方在询价后，很快便于9月报价1.3亿美元。[②]

9月16日，周恩来、李先念、叶剑英、华国锋等国家领导批准了报告。李先念副总理在报告上批示："因为靠自己攻关时间太长，满足不了当前需要，进口这套设备促进我们自力更生更快一些，拟同意四机部的报告。"[③]江青等"四人帮"，最初也同意此报告。[④]

有鉴于此，中国旋即邀请美方来京商谈。与日方的拖宕不同的是，RCA在不久的11月，便派遣一个五人高级代表团到中国来谈彩管引进的事。

四机部对此颇感意外。原来RCA得知中国曾与日本洽购彩管生产线事，而RCA知道他们给日本公司的彩管技术专利限售期虽仍未届满，但很快届满，RCA怕错失时机，于是急忙派人到中国推销。双方磋谈顺利，美方很快

① 《"蜗牛事件"事件始末》，《国际人才交流》2004年9月6日，页15。

② 全国政协文史和学习委员会编：《新中国往事：特别事件》，北京：中国文史出版社，2011，页146。

③ 《李先念传》编写组编写：《建国以来李先念文稿·第三册》，北京：中央文献出版社，2011，页251。

④ 张星东：《"玻璃蜗牛"与中国彩电生产线》，《国企》2012年5月号，页12。

便修订计划，承诺以总价为 8300 万美元，替中方提供一条年产 20 英寸 50 万彩管的生产线，双方签约后便可于三十个月后投产，中方则只负责建厂房和选拔技术人员。

翌日，RCA 还主动演示了他们带来的两台 20 英寸的电视机。晚上，国家计委、四机部和外贸部的首长听取孙秉光汇报，孙秉光说："由于我方对美方的技术状况没有考察过，难以决断，希望可以派人赴美国考察。"翌日孙秉光向美方提出了考察建议，美方略加考虑后即表示欢迎，代表团团长可能忧虑中方仍属意日本的技术，故作拖延，以时间换空间，于是除了主动提出再降价 300 万美元外，又告诉中方人员：彩管技术专利属于 RCA，全世界任何国家的彩管企业，未经 RCA 同意，均无权向中国出售彩管成套技术。此时，中方人员才明白为何日本各大公司拒绝再到中国来交流谈判，原来日本各公司既因彩管技术专利的限售期未届满，亦未能取得 RCA 的同意，所以无法转售，那即使来了，不也是白搭吗？

1973 年 12 月 6 日，经周恩来总理批准，四机部等组团到美国 RCA 和提供玻壳的康宁公司考察，团长为原 741 厂（即四川长虹）厂长王治东，副团长为 773 厂（即成都红光）总工程师吴祖垲。他们先去了 RCA 在宾夕法尼亚州兰卡斯特市（Lancaster）的彩管开发中心参观，之后到普林斯顿（Princeton）参观 RCA 的戴维·萨诺夫研究中心，然后到斯克兰顿（Scranton）和马瑞安（Marion）的 RCA 彩管厂及康宁在塞克维尔（Circleville）的玻壳厂考察。

接待中国考察团的 RCA 代表中有位年轻人，名为赖维尔（John Neville），后来成为汤姆逊集团的高级执行副总裁，主导和参与了 1992 年 RCA 21 英寸彩管技术引进佛山、汤姆逊控股佛山国营彩厂项目，亦是 2004 年 TCL-Thomson 全球彩管彩电业务合并、汤姆逊佛山并购东莞国营彩管和佛山厂，最终打造成 TGDC 这两个项目的"教父"。

说回中国考察团在美国的考察，他们在访问康宁公司时，获十分热情友好的招待，更令人意外的是，所到之处，都特意悬挂五星红旗。而且考察期间中方代表团的食宿交通等费用一概由康宁负责。

吴祖垲（右三）一行访问美国 RCA（1973 年）

前排左三为团长王治东，是四川长虹（780 厂）第四任厂长，长虹是彩管时代的彩电大王；前排左一为副团长吴祖垲，是四川红光（773 厂）总工程师，20 世纪 40 年代曾在美 RCA 公司工作，人称中国彩管之父；后排左二为孙秉光，为机电部第一任彩管办主任，除助建咸阳彩虹外，还奉命到深圳组建了赛格日立，深圳现代（后三星）及中康玻璃（后赛格三星）；后排左六为陈遥驺，是佛山国营彩管厂第一任总工程师。

结果，考察团在美国的考察和洽商十分顺利。最后，中方便与RCA公司以7300万美元的价格，达成了初步引进协定。[①] 另外，考察结束时，正值圣诞前夕，康宁公司竟派专机送考察团回华盛顿，更赠送每位团员一只玻璃蜗牛及康宁的一本《1973—1974年圣诞节礼品目录》，玻璃蜗牛也列在目录中，标明价钱为54.4美元。

考察团回国完成了报告后，原以为彩管生产线的进口应很快可落实了。但谁也没想到一场大风波正悄悄在酝酿中。事缘考察团成员、四机部第一设计院的李湘，把带回的礼品和资料向全院展示，包括那只玻璃蜗牛。谁知第二天，四机部大院便出现一张大字报，贴大字报的是第十设计院政治处宣传科某干事，大字报说“美国人送蜗牛是讽刺中国人跟在美国后面爬行，考察团没有政治头脑，接受了这只蜗牛，等于自认爬行主义，受到侮辱还扬扬得意”云云。见大字报在四机部内没有回响，第三天，该干事便写信给江青，“告发”考察团接受蜗牛礼品的事。[②]

“四人帮”当时正欲借“批林批孔”运动，想把周恩来总理搞下马，故江青得到告状信后如获至宝，想以此证明周总理的外交政策是“叩头主义”，于是立即驱车到四机部，铁青着脸怒问：“蜗牛放在哪里？拿来！我们要向美国驻京联络处提抗议！要把蜗牛退回去！这条彩管生产线我们不要了！”

由于那天是星期天，四机部长王铮不用上班，但当然早已有人向他报告了江青到来拿走蜗牛的事。王铮心知不妙，当即在晚上召开党组织扩大会议，那个给江青写信的干事竟然在王铮旁边，与他平起平坐，扬扬自得。余秋里和李先念也先后来到，会议开了个通宵，会上许多人都顺着江青的调子，猛烈批判考察团和那只蜗牛，说是“洋奴哲学”“投降主义”“卖国主义”。之后，风波扩大到全国，都在谴责那只玻璃蜗牛。江青还指示，全国都要调查一下，那几年各部委、各省市、各单位都收到的外国礼品中，有没有污蔑中

① 全国政协文史和学习委员会编:《新中国往事：特别事件》，北京：中国文史出版社，2011，页146。

② 苏文林著:《译海生涯》，呼和浩特：远方出版社，2005，页126。

国人的东西。于是全国各地掀起黑风恶浪，都排查、举报、批判……结果，一机部赴日考察团因接受了一个插在乌龟背上的温度计，便被批为“爬行主义”，煤炭部赴德国的考察团，接受了一个象征煤铲的小工具，便被批判为持着“洋拐棍”。

而批判蜗牛和赴美考察团的大字报也在各单位铺天盖地出现，更有人荒唐地说：“第一次‘文化大革命’是赴德国考察团为突破口开始的，今次将是第二次‘文化大革命’的开始。”

考察团副团长、又是彩管专家的吴祖垲，当然清楚美国方面的真实态度，他指出，蜗牛是圣诞节礼品，明写在康宁的礼品目录上，他们同样会送蜗牛给其他国家的代表团，甚至国家元首。考察团全程受到最高礼仪接待，康宁在能源危机时期还派专机接送考察团，而且只消用常理分析，亦知道美方既然想跟中国做成生意，讨好准主顾都来不及，怎么可能以礼品来侮辱中国？

事情闹到这个地步，周恩来总理决定先澄清真相，致电纽约询问中国驻联合国大使黄华，蜗牛在美国的代表意义是什么？黄华回复：“蜗牛在美国是象征幸福的意思，客人临别，主人送蜗牛，含意为请客人慢行，并祝一路平安。”

外交部也查阅了资料，认为蜗牛形状的工艺品，在美国是代表吉祥顺利，是友好的表示，常作为礼品及摆设，美国还有歌颂蜗牛的诗。2 月 21 日，外交部把调查结论写成《关于美国人送“蜗牛”礼品等事的报告》，呈交周恩来总理。周恩来总理看过后，批示同意，并呈交毛泽东。毛泽东阅毕，在报告上圈示同意，并说这并不是侮辱，不能向美方提出交涉。之后，周恩来总理主持中央政治局会议，据说会上对事件的争论仍很激烈，最后还是毛泽东出来说：“这事不要再提了。”最终政治局作出结论：江青在四机部的讲话是错误的，不印发不下达，已印发的立即收回。

自知理亏的江青，得知政治局的结论后，只好悄悄把玻璃蜗牛退回给四机部，喧嚣一时的“蜗牛事件”终渐渐平息，中国避过了一场外交笑话。若中国外交部真的为此向美国发出抗议，并把蜗牛退回，中国除了会在国际间大出洋相外，刚改善的中美关系也会被扼杀在摇篮中。此蜗牛的照片现被收藏于中国国家博物馆，说明这被看作是国家发展路上的一件大事。后来“四人帮”倒台，江青于1980年被公审时，四机部考察团成员之一的孙顺兴，还作为控词的宣读人，在法庭上讲述了这桩荒唐案。[①]

据吴祖垲忆述，他们当时抵达美国华盛顿时，中国驻美联络处一位秘书便要他去密室看一份刚从国内发去的档案，档案要求“此次彩管考察团只能考察，决不能有什么承诺”。回国后，中国机械进出口公司的负责人对他说：“你们刚离京去美国那天，外贸部的一个部长便来电话，问考察团走了没有。如果没有，就不必去美国了。”他认为从这两件事，可看出“四人帮”自始至终都是反对引进彩管技术的。而当时“四人帮”仍十分猖獗，所以即使“蜗牛事件”风波已平息，但向RCA购买彩管生产线的项目依然被搁置，中国的彩管梦陷入了不明朗的境地。

1972年还有决定彩色电视广播制式的问题需要解决。中国耗时近一年研制出40多种制式方案，但受制于当时的条件，都存在缺陷。于是，1972年10月，中国派出考察团赴欧洲考察彩电制式，详细比较了欧洲使用中的PAL和SECAM两种制式的优劣，最后确定采用德国的PAL制式（是全球最好的制式，西欧各国多采用此制式。美国用的是NTSC制式，不是最佳的制式，易产生偏色，只有美国本土和日本采用。西欧中只有法国不是用PAL制式，而是它自己开发的SECAM制式，俄罗斯和东欧各国亦均采用此制式）。1973年5月1日，北京电视台（现中央电视台）开始（采用PAL-D制式）试播彩色节目，并于同年的10月1日正式播出。[②] 因此，由消费市场的供求关系来说，彩电工业的加速发展之迫切性，并没有因为部分政治集团的一时阻挠

① 有关“蜗牛事件”的经过，可以参考多篇文章及纪录。如：李中强：《“蜗牛事件”：让中国老百姓晚看了五年彩电》，《党风建设》2000年第2期，页17。宗道一：《安东尼奥尼事件和蜗牛事件》，《沧桑纪事》2002年1月·总20期，页23-25。张星东：《“玻璃蜗牛”与中国彩电生产线》，《国企》2005年第5期，页121-123。单兰：《江青导演的一出外交丑剧——“蜗牛事件”》，《党史纵横》2004年4期，页42。全国政协文史和学习委员会编：《特别事件》，北京：中国文史出版社，2011，页149。

② 中国电子视像行业协会编：《中国彩电工业发展回顾》，北京：电子工业出版社，2010，页532。

而抑制下来。

1976 年"文革"结束。在 1977 年的中央联欢会上，总理华国锋对原四机部部长王铮及副部长刘寅说："'四人帮'已倒台，'蜗牛事件'已澄清，为了发展我国的彩电事业，彩管引进可以提到日程上来。"① 有了 1972 年前的外访探寻经验，四机部不久便给国务院打了报告，由国家计委牵头，召集了国家建委、四机部、化工部、冶金工业部等相关人员，就彩管引进项目有关的厂址选择、生产规模、彩件零部件及原材料国产化等问题进行积极研究和讨论。

1977 年 4 月，国务院副总理李先念便亲自重新批准引进彩管成套技术，定名为"咸阳显像管工程"。咸阳彩虹显像管公司也在不久之后成立，由中央直接管理。"咸阳显像管工程"计划于 1979 年 4 月在陕西咸阳动工兴建彩虹彩管厂，1981 年 6 月投产。

在此过程中，由中国机械进出口公司代表方，频繁地邀请美国 RCA 和日本各大彩管有关企业到中国进行技术介绍和交流。RCA 虽也应邀出席，但因"蜗牛事件"的不愉快记忆，不愿意报价和承包。所以交流过后，四机部决定于 1978 年 1 月再组成彩管考察团，但这次不是去美国，而是去日本。② 其后又于同年的 2 月，先后在北京与天津与日本各公司谈判洽商。最终在 1978 年 7 月，四机部决定陕西咸阳彩色显像管厂的彩管合同与日立公司签订。彩管玻壳合同与日本旭硝子公司签订，荫罩合同与大日本网板公司签订，荧光粉合同与大日本涂料公司签订。有了外国技术的引入，加上政治因素的排除，中国彩管的研制和生产摒弃了"闭门造车"的草创时期，自此进入了新时代。

① 中国电子视像行业协会编:《中国彩电工业发展回顾》，北京：电子工业出版社，2010，页 18–19。

② 同上，页 20。

陕西彩色显像管总厂

彩管人话当年：中国彩管业规划、资本、生产、技术和市场的演变——访季国平

嘉宾：季国平（季）

杨向杰（杨）

全敏华访问（下称：金）

陈汝佳整理

时间：2017 年 6 月 12 日　地点：中国·广东省·东莞市·广彩城酒店

金：我们开始，季主任，因为今天是全球彩管行业的一个谢幕嘛，所以我首先想问问你，这个彩管行业过去在中国它经历过辉煌，然后起起落落，它的行业的发展对中国的彩电业，乃至整个工业体系留下了什么东西？

季：我在回答你的问题之前，首先就这个概念圈定一下，这个概念是在中国有八大彩管厂，八大彩管厂看起来是把我们天津三星跟深圳的麦克两家圈定是一个厂，实际上是两个厂，就八大彩管。所以加上天津彩管厂，加上佛山彩管厂就十个，但是我们还有一个索尼后来进入上海，它是做单枪三束技术的管子，跟人家不一样，是第十一个厂。

第十二个厂是中华映管，台湾的中华映管，在福建马尾搞了一个项目工程，它工程申报叫 CPT，也叫彩色显像管，但实际上它做的叫 CDT，是彩色显示管，它显示管做了一个高分辨率，这不一样，所以用途也不一样，因此这个加起来就是比较完整的十二个厂。

所以八大彩管厂也不对，十个彩管厂也不对，在中国真正我们作为国家来说是十二个厂，实际就把世界上各种彩管的技术都引入到中国来了，都能找到相对应产品。

那么彩管行业这一页应该到今天理论上已翻过去了，可能你们这两天还是彩管厂彩管公司的老总啊、董事长啊，在这个彩管制造企业上工作了10多年、20多年，会有很多经验想法要好好总结。但我是工作在政府管理层面上，所以我讲的是面上的想法，这样讲可能更有序，更有侧重。

彩管这个层面上的话题，其实昨天我也讲了，实际上我们彩管产业虽然是退出历史舞台了，但是它还是留下了辉煌的一笔，有价值的遗产很多，它为我们彩色显示器件铺好了路，打好了基础。如果说没有这个良好的基础，今天的彩色显示器，如LCD、LED、OLED就不会有这么好的发展及技术进步。当然我们时代不一样了，30年前跟30年后不一样。

金：技术不一样了。

季：不单这个，市场的需求也不一样，在国内来说主要是电子工业里面有两大块，一块是彩色电视机，一块是彩色显像管，这两个产业是相辅相成的，如果没有今天的彩色电视机的生产的话，老百姓家里哪有彩色电视，哪有那么清晰的影像？但是没有彩色显像管的发展，彩色电视机就是无米之炊，彩管是彩电的关键零部件，所以这两个产业是共同发展的。

当然说到真正的基础呢，彩色电视机也有很深的基础，但是它与彩色显像管相对比，彩管它的技术难度更大，真正掌握彩色显像管的这个技术的国家也就没几个，而当年我们国内有彩色电视机100多条生产线，后来经过这么几年轮回，慢慢就淘汰了，现在也就剩下不多的工厂还在继续生产。

应该说彩色显像管的生产提供了彩色显像管，给彩色电视机厂打下了一个很好的基础，电视赚钱大部分靠彩管，如果没有国内生产的彩管的话，从国外去买彩管，电视机的成本就很高，价格就没那么有优势，彩电厂也不可能得到这么好的效益。

金：竞争力也受到影响。我们回到最开始，为什么20世纪70年代末，中国百废待兴的时候，会选择投入那么多资金、精力来搞彩管，而且是国家宏观计划？

季：电子工业产品门类很多，但是说彩管彩色电视机它跟老百姓跟每个家庭息息相关，而且有非常大的市场需求，老百姓从黑白电视机到彩色电视机有非常大的市场需求。国内的彩电厂就开始引进生产线，我们批准一共引进 113 条生产线。

金：113？彩管生产线？

季：不是，是彩电。我说 113 条是彩电生产线。彩电生产主要是依靠买彩管，刚开始买国外的彩管进口来做，来维持产品制造。

那么彩色电视机长期依赖进口彩管，政府部门深知不是长远之计，彩管价格没法控制，如果等你彩电生产一形成规模了以后，他彩管提价，一提价以后电视机你做还是不做？价格卖得低你做不起，价格卖得高老百姓接受不了，那么彩电行业就是必须要有国产彩管支持。当时国家就研究了很长时间，决定把彩管作为突破，作突破口，政府就开始酝酿这个事儿。

从 1978 年谋划，就是改革开放以后，真正形成项目也就是 1982 年才开始建设，1984 年、1985 年才开始建成第一条彩管生产线。我个人觉得彩管发展应该说分成三个阶段。第一个阶段是我们起步阶段，就指的是 1980 年到 1990 年，这个起步阶段，其中主要是第一时间我们建成了一个彩虹集团，第一个国产彩管企业。当时由国家纪委，发改委，当时的电子部，一起谋划了这个事。

应该说第一个厂建成是很成功的，我们信息产业部曾经派了一个副部长亲自抓这个项目，还派了一个局长，亲自过去当厂长来抓这个事儿，看得出部里是相当重视这件事。彩虹的投产应该说是达到了预期的目标。但是它产能太小，还不够，所以我们相继后续规划，陆续建了四个厂，其中第一个是彩虹，就是彩虹集团，当时叫陕西彩色显像管总厂。

后来就有北京松下，它跟松下合资，上海永新跟香港合资，南京华飞跟飞利浦合资，建成后生产彩管。这几个厂布点基本上是 1987 年、1988 年开始，彩虹是 1984 年就建成了，它们其他是 1988 年、1989 年大概建成，能初步生产是 1989 年，所以它们四个属于第一个阶段。

第二阶段，我们 1991 年到 2000 年是最辉煌的阶段，四大彩管厂相继建成，这四个彩管厂建成扩大了产能，另外后面又建了八个厂，共计十二个厂，达到最辉煌的时期。那么这些工厂应该说通过技术的引进、合资及自主开发，就是把所有的产品从14英寸到29英寸、34英寸全部覆盖，最后中国变成一个彩管生产大国、彩管生产强国，产能与品种实现全球第一位。

第三个阶段大概是2001年到2010年，基本属于一个慢慢地衰落，变成夕阳产业的阶段。这个阶段我们也坚持了很久，但是还是被市场慢慢淘汰，最后彩色显示器就是TFT产业，主流就是LCD，技术慢慢成熟，市场也慢慢成熟。

金：从你刚才说三个阶段，其实我很想了解一下，一开始比如第一阶段你说的四个厂，显然是深思熟虑的，从地点上，北京、上海、南京。

季：大城市。

金：在大城市有什么优势？

季：人才及技术力量方面，经济基础方面等等。

金：比较密集的地方是吧？

季：资金力量，技术好等几个方面的优势。

金：就是后来到了第二阶段，也是最辉煌的那十年，它这些布点，当然肯定是国家发改委跟电子部的这种宏观上的计划？

季：后来主要是电子部。

金：有没有地方政府，比如是否有这种能动性的发挥及其他因素啊？

季：有这样的情况，因为坦率地说，当时国家布点，很多人就分析认为，你给哪个省建了个彩管厂，就是给这个省送钱了，为什么呢？它赚钱啊，效益好啊，那么各个地方政府都有信心了。中国的经济发展本来就这样，都想发展，慢慢就形成这种局面。

还有一个是区域经济，你看深圳发展得比较好，要坚决发展，另外广东彩管会牵扯到当时国家在这里定下来的战略规划。还有佛山彩管是抢先，政府考虑自己利益，它抢先上了个彩管生产线，也没错，各地只要有能力，都抢着做。

其他像麦克的工厂经营不善，靠三星来收购，包括收购以后它天津这个大城市也要生产，所以天津仪表跟他们也合资，这些都有。福建马尾现在是福建的前线，整个经济发展也挺快，有需求。当地人与台湾人他们都说闽南

话，比较方便，就在那边建了一个，这样中华映管也来了。（笑）

这个彩管虽然是一个产业，但是惊动了我们中央的领导了，包括电子部的历任领导都关心做这个事，当时彩管是最热闹的一个工程，比起彩电，比任何彩电项目都热闹得多。因为当时从开始的时候它是一个计划经济的社会，不像现在市场经济，放开了，当时国家还有个计划控制的权力。

金：有个宏观调控。

季：还牵扯到我们这个发展，怎么来，都要一步步走。还有好多配套，因为你彩管要配套，有很多事情，还是要国家及政府部门有周详的计划及规划。

金：刚才我们讲到十二个厂，你也讲到了十二个厂不同的特点，当时从宏观的角度，彩管业它到底能够带动国民经济多大的一个范围啊？

季：从全国来讲它带动作用还是很大，毕竟影响大，它本身产值啊、销售额也大，企业是连动对应的，而且真正带动一个后端的彩电业发展，这两个产业发展跟老百姓有关。电子工业就是靠彩管赚钱，彩管带动彩电赚钱。

地方政府从上而下的影响也很大，为什么各个省市重点工程，其中永新啊、松下啊都在各个省市都排在第一号工程，那可想而知各省市政府下的功夫多大啊。

金：回过头来说这个遗产的问题，就是彩管行业的发展它到底对中国今天显示器产业的发展留下了什么经验？或者说有什么我们可以反思。

季：这个很多，主要因为我们对市场影响，产品的发展是一步步来的，我们彩管来讲，先有黑白显像管，到彩色显像管，有彩色显像管下一步做什么呢？大家就都看不清楚，这时候液晶面板就开始来了。

那么面板产业它实际上基于参考彩色显像管的基础，没这个基础它发展不到今天。比如彩色显像管比较大，比较重，比较厚，所以我们现在慢慢发展轻的、薄的、时尚的，现在的液晶电视，就是这么来的。

那么彩色的原理啊，技术的人才啊，大量的管理者人才啊，都是要靠这个积累，彩管业就是一种积累嘛。另外就是我们彩管大的工程的建设，它对我们整个队伍都是考验，管理人员都是考验。那么现在都成功了，锻炼考验了一大批这方面人才并积累了不少的经验。

值得一提的是我们还有配套的产业，你一个工程，比如你做彩管所需要的玻壳等原材料都是国外引进的，那肯定是这个产业好景不长。为什么我们能够成功发展，主要靠我们当时步履比较清楚，电子部的领导很清楚——必须配套产业化。

我们也得搞配套，玻壳、荫罩、荧光粉，从我们彩虹集团，从中国第一个工厂开始，就考虑到必须有配套，一个工厂里面有好几个分厂，有电子枪分厂、荫罩分厂、有玻壳分厂，还有我们的荧光粉分厂，这几大部件全都引进，作为它的分厂，分厂就对总装厂是一个支持，全方位配套。

金：像这种随时整合的例子是不是在全世界都很少？

季：比较少，比如说彩色显像管、彩色电视，就是这种整合，有这样的，像三星啊、松下了，都是这么做的。但其他彩管厂实际上也有各干各的市场采购，那种互相配套。

金：从你个人的经历上来说，你刚才分了三个时期，有没有几个时间节点，对这个彩管行业的发展非常关键的，或者说是有关，或者说对它的发展是有很大影响的。

季：应该 1978 年是个节点，1978 年因为正好是中国政府提出改革开放，就提出要搞规划、谋划，谋划就想到了彩管，但真正地动手建，就是我们全国召集了很多专家，请的全国专家，这样的话从 1982 年开始，到 1984、1985 年建成，这是一个节点，大概 1978 年与 1982 年。

1988 年也是个节点，1988 年因为是觉得光有彩虹厂是不行的，上海、北京啊都要做，那怎么办呢？就重新规划，上海、北京，包括南京都是在 1988 年规划上定的事。

季：这是一个事儿，第二我们当时布局还牵扯到一个，彩管有了，那么彩虹集团是彩管内部配套，它东西不卖，其他彩管厂不能配套。那怎么办呢？我其他彩管厂首先有玻壳，要有荫罩，所以最后定下来安阳建第一个玻壳厂，最大的因素是什么呢？就是因为安阳有天然气。

杨：安阳是什么时候建玻壳厂的？

季：1985 年开始，也是到 1989 年吧。

杨：是属于电子部的计划还是地方的计划？

季：地方，各个省市要争这个事。

杨：我们听说是那个时候选点。

季：河南省内。

季：河南省发展也很重要，河南是中原大省，人口众多，经济发展慢。但是后来建设很困难，像我作为彩管办主任，一个主管领导，我去 50 多次啊，每次都要帮助企业解决问题啊，要配套啊，跟中介谈啊，跟上海永新谈啊，记得玻壳厂建设以后，成堆的玻壳放在工地上没人要，为什么呢？产品质量不合格。

因为东西生产出来后让人家试用，试用合格了以后再谈采购，当时永新就不用它的产品，就是质量老出问题，这个不行那个不行，后来得不断整改……

日本松下是我的老师，永新是我真正的朋友，永新第一批下订单，买它的玻壳了，因为永新看到了，玻壳如果老是不国产化，都从国外买的话，这工厂维持不了多久，必须配合安玻，给它下订单，支持它改进，不断改进起来。永新用了以后慢慢松下才用，松下永远是最严格的老师。（笑）

金：这种故事就特别好，就是你做了这么多年，一直是政府对这个彩管业的统筹、规划、指导。

季：不是我一个人，还有很多人，我部里的领导，部里有大首长，等等，但是我是具体干事的人。

杨：你是管理层面的，很重要，彩管办主任。

金：你有没有印象特别深的事情跟人，就是在这个行业里，你现在回过头来去想。

季：当时我们这边，有个领导在我们部里当副部长，他是我们副部长，叫张学东，他是很厉害的一个人，而且对彩管产业的发展是有不可磨灭的作用。他当时是电子部的第二把手，管这个事，基于电子部，他也是在管这个事儿，他工作要求很严格。

包括彩管工程，大的工程，一年要开好几次会，他亲自参与，坐镇指挥。他都这么样身先士卒，所以我们底下的人一定要跟着他往前走。他很坚决，而且有要求计划目标，如彩管设备国产化，必须达到百分之多少，都有具体比例，很厉害。彩管本来就是全套引进，而他要求有国产化计划，而且是要知道什么时候自己能生产的计划……

我们后来彩管能成功就是国内的设备的国产化，包括材料的国产化，零部件，这个很重要，他推动着我们这个产业，是完成了一个上游产业链的一个产业，否则的话是无米之炊，没有基础，而且每次会议都会一再强调。很多人有的时候对他有意见，但他从不妥协，的确他是很可敬的一个老领导。

回过头来想，如果没有政府领导支持的话，当时工作很难开展，当时的副总理等领导都很关心我们的彩管业的发展。你想想我们历任的电子部的领导，包括曾培炎、张学东，包括胡启立，都是亲自来抓这个事情，包括后来张今强、曲维之等等，历任的老部长都是行业的大功臣，彩管行业的大功臣。

还有一点，彩管在全国各地都是大工程，当地省市领导都出来，我有幸跟了多任部长共事，十几个部长，跟过十几个部长共事，走访了全国各地，包括我自己去，我跟老首长们一起去，清楚也知道领导的想法，应该怎么做，我们具体工作人员应该怎么做，怎样配合等等，对我以后的工作起到了很好的指导及帮助。

金：这个 30 年不是三个阶段吗？ 30 多年，正好中国由比较传统的计划经济向市场经济过渡、转变的这么一个阶段，那你觉得这十二个彩管厂中有哪些具体的经营者，你觉得他在转变中比较出色的，或者说他把自己的这个产业经营得比较风生水起呢？

季：其中一个做得最好的还是彩虹集团，彩虹集团当时的总经理叫张文义，张文义后来成为电子部副部长，他也是因为这个彩管起家，经营得很好，方方面面工作做得比较好，他的工作能力为大家所敬佩，1996、1997 年当副部长，所以是一个成功的人物。

其他还有一些不错的人物，像马金泉，后来接棒张文义以后也做了很多贡献，包括松下范文强，还有上海永新的周家春等，他们都是有名的人物，他们做得相当好。还有几个著名的人物，做得比较好的，华飞也做得比较好，很多很多好的……

他们的共同点应该说是能贯彻领会上级的意图，第二是要经营这个企业，在比较困难的条件下怎么做。企业政策的制定及执行，当时价格在计划经济的时候，价格是国家定的，这个是很重要的一条，如果没有政府出面，把价格制定下来，他赚不了那么多钱。当时是什么原因呢？因为我们要搞彩管，要建设，要投资，国家也没有很大投资，就靠地方政府借款，向银行借款。

借款以后他要还款所以他销售的价格略提高一点，高了一点他利润就多了，很快就把这个钱就还了，也有资金流了，企业进入良性循环。

季：你看那个彩管二十几亿元的，十几亿元的投资，完了以后两年左右能还回来，就是赚了钱能还回来投资。有利润后再扩大经营及科研技术开发。

金：你说二十几亿是一条线？一条彩管生产线？

季：对的，整个行业我们最高峰的时候大概达到了 3000 万支彩管的年生产能力，当年我们做 2800 万支显像管一年，大概从彩管来说能有 500 亿元到 600 亿元的销售额，但是我们玻壳啊、荫罩全部算上，大概 800 亿元。就是 2800 万支彩管，我们做了 800 亿元的销售额，最好的是 80 亿元的利润，这个数字很重要。

那么不只是彩管，彩管能赚那么多，玻壳也赚钱，荫罩也赚钱，荧光粉赚钱，电子枪还有其他的配套都赚钱，否则怎么形成产业链呢？你一个产业能不能成功，首先我彩管要成功，我自己要赚钱，当然我要彩色电视机也赚钱，如果彩管赚钱，彩色电视机亏钱，彩管也做不长。

其次彩管赚钱，玻壳也要赚钱，如果是彩管赚钱，玻壳不赚钱，那玻壳厂不做了，彩管也做不了。它是个产业链的问题，这个里头有的时候政府就要起协调作用，我们彩管办每年就要开会去协调，除了一个配套的方面以外，包括价格方面，价格太高的时候我们再放一放啊，调整一下。

有时候你站在彩管的角度觉得好像价格提高对我不利，但是站在玻壳、荫罩的立场，你产业要生存发展的话，必须要这么做。

金：这个到后期也是这样吗？

季：后期，每年都开会，我们每年开，一年都没有停。（笑）

金：比如现在这个东莞汤姆森工厂还在做彩管，那你们还协调吗？就是现在的这个，唯一做彩管的汤姆森。

季：早就没有了，2010 年以后基本上没有了，我们有很多事情要做，2005 年我们专门做 TFT 计划了，TFT 我们投资更大，比彩管投资更大，要花费的时间更多，工作更复杂。

那么这里还有一个经验，就是我们创新，创新是我们过去一个立国之本，我觉得创新还是很重要的，彩管产业能够坚持那么久，很主要的原因是不断创新，不是我引进一个产品，我就一吃到底了，这中间还要做新的产品，比如彩管从普平到超平到平面直角的管子，还有 25 寸的平面直角等等，29 寸也是平面直角，都有很多新的产品，这个都是靠自己开发，彩管厂要根据市场需求应变，不断创新，迎接市场的挑战。

你不想创新，墨守成规的话，早就垮了，垮得更早。我们 30 年能够屹立不倒，对产业来说是很不容易的，这么大个产业，一般来说很多产业几年或十几年就消失了，我们彩管能够做 30 年，非常了不起，值得好好总结。

金：你自己回想这 30 年的发展的时候，你没有想到过一些点，你觉得如果说当年那样做可能更好，或者说这个产业发展会更好呢？有没有？

季：遗憾总是有的，比如你深圳的项目搞好相对容易，对深圳来说它的这个发展只是个点，但对其他地方不一样，可能是大亮点，这个与价值竞争有很大关系，本身就是因为中国这么多的省，各省都有积极性，在桌面上我们政策大家一样的，不能够厚此薄彼，要体会到这个产业的重要性，大家一视同仁一起来共同努力做好这件事情。

季：咸阳是很成功的，理论上咸阳退市的话，它也应该最后。为什么呢？彩虹有配套，你不配套的话它就做不下去，咸阳它自己内部配套，包括自行研发了 14 种彩管，人家做的很多年，人家坚持，而且价格便宜，便宜就有优势。但是我们国内的价格里面有个价格战，彩管的死亡跟价格战有关系。

金：是彩管的价格战还是彩电的价格战？

季：彩管价格战，例如彩电厂说我价格也比较困难，一个 21 寸彩管卖 980 块钱，实际上我们国内的配套上去以后，彩管厂这个管子能赚 300 块钱。彩电厂说：不行，要打破 980，那么好，那要多少钱呢？他说一点点给你降，他一层一层剥，最后剥到了 400 块，彩管厂无利润可图或亏本了。

你往下降，降什么时候是个头？今年降到 800，明年降到 700、600、500、400，最后怎么办？结果都不想做了。所以它这个降价对彩电有贡献，但是在整个彩管行业发展是不利的，它最后结果必然导致了整个彩管行业的崩盘。

金：这是不是也是一种拔苗助长啊？

季：不是拔苗助长。对企业更多是一种伤害。

杨：降价直接影响了彩管的产品质量，低成本原材料的品质没法得到保证。

季：提到配套要求，尤其日本人选择原材料都是很严格的，那么这里面也有好多区域问题，彩色显像管我们后来也总结了，彩色显像管不能是一个封闭的产业，必须也和上游、下游产业相关。

所以这个东西我们掌握好度，经济上我们掌握好度，不是价格卖得越高越好，也不是价格卖得越低越好，要掌握好度，我质量要求高，那是好，但是也要关注它所成长的过程。

金：昨天饭桌上，我不知道是您还是谁提到，中国的市场的这种过于快速轮替，造成了彩管业有点让人难过的结局。

季：这是因为中国的消费者的心态，是中国人逐渐富起来了，在股票市场，其他的房产的市场获利以后，收入增加以后，都有钱了，中国人对这种手机啊、电视机啊这种要求是过分了，现在我们手机比国外资本家大老板要求都高多了，我们全是智能手机，一般人都用智能手机，普通手机都看不上。

实际上电视机也这样，很多美国的旅馆还是用 CRT 电视，中国早就把它甩了，中国还有一些私人企业，做电脑的，电脑以前是 CDT 显示。但是这个还没换，寿命还可以用很多年。但 TFT 来了以后说，TFT 比 CRT 辐射小，所以都淘汰，所以就不好的东西全扔掉，重新花大价钱买，TFT 与 CRT 相比，实际上工作效率差不多，所以这有点过度消费，过早地消费。

金：昨天那个范总（范文强）说他让自己家小孩看电视，是只让他看彩管电视，因为不会伤眼睛。（笑）

季：CRT电视色彩是好一点。TFT的闪烁还都很厉害。有的消费者也是提前消费，超前消费，实际上我们认为，在彩管行业如果当时一直是计划经济，就不是今天的局面，彩管会延长，至少延长10年，为什么呢？政府可以来协调这个事情，以后让市场自己去说话，市场就说我要TFT，我不买CRT。（笑）

那么这样对于一个产业来讲，必须引起重视，现在我国还引进TFT技术，我国还不太成熟的情况下，必须深思慎重研究，使得这个产业健康逐步发展、逐步成长。好多事情因素很多并相互制约，现在很多产业就是浪费，先走得太快，后面上得太慢。

但现在是已经完全TFT赚钱统治，没办法，市场主导。

杨：记得在1978年的时候我们整个国产彩管市场是零。

季：是的，1978年还没有。

杨：好了，最高峰是不是到2001年、2002年左右吧，最高峰我们能够达到生产量是多少呢？

季：3000万支左右，一年。

杨：总的3000万支左右，然后像3000万支占到世界总量多少比例？

季：世界总量我们占了应该是30%～40%。

季：40%，我们第一，全球比例来说。

杨：20年，从0到30%多，是世界的奇迹啊，是怎么能够做到？是不是因为中国实行双轨制政策，就是既有计划经济，又有市场经济，加上政府的介入支持，是不是有这个情况发生？

季：计划经济到1990年后慢慢就退了。1994年、1995年开始，后面就是市场经济。但是如果是没有计划经济的话，那你有可能不是十二个彩管厂了，很可能是成了五十个彩管了，有可能泛滥成灾了。

杨：后来就是市场经济力量大了经济好转后，还有地方，地方政府的，还想投资彩管呢。

金：后来有一点失控了吧？

季：像佛山彩管它抢跑，但企业出来以后政府最后总得保护吧，一开始是犯规，还是保护，还是承认它，你想能怎么办呢，它也是国有资产啊……

杨：另外我觉得在中国彩管公司里头有几个问题，全世界不同的国家，不同流派的彩管技术在中国集中地活下来，世界彩管史上不同种类技术的彩管只有一个地方能共存，就是在中国，而且全部是发生在20年以内，为什么会有这个情况，这个是好事还是坏事？

季：的确如此，第一，最早期是四大彩管厂，比较规范，比较正规的，那么逐渐就是人家看到这些厂有钱赚了，我这个地方比如广东，有电视机厂，没有彩色显像管，老依靠买人家的，还要长途运输运过来等原因造成发展障碍，所以它就得要做彩管。彩管就这么产生的。广东福地成立也是因为广东整个区域比较大，珠三角彩电生产能力大，光一个不够嘛，所以我要来上彩管是这么来的。

完了以后玻壳厂也一样，中康玻壳厂引进了康宁技术，也是基本上不行，领导亲自来开会支持，最后还是三星因为有彩管工厂，要配套搞玻壳，所以三星康宁就收购中康，成立了一个合资企业，最后三星实现了自我配套……

金：汤姆逊是季国平主任引进来的吗？

季：不是我，是杨总（杨向杰）引进来的。

杨：当时起源是因为我跟季主任他们一起去法国，访问时去了汤姆逊。

季：汤姆逊当时它的技术核心是落后的，所以佛山引进汤姆逊后也是很困难的，而且后来要做29寸，又第二次合作买了新的技术，买了技术设备再改造，但也很困难，也不行。福地与佛山这两家就是比较辛苦，做得比较辛苦，所以企业领导总挨批评，好像就是没做好。（笑）但其他地方彩管企业做好了都评模范先进了。

金：当时企业经营好，交税多政府就表扬你。

季：那时赚钱多啊，交税肯定也多。

金：对。

季：都当你是宝贝。

杨：刚才咱们季主任说最初佛山那个二手生产线是落后的，是真的，而且美国的东西水土不服，来这里也不行。有个情况，就是其实这个彩管的发展史上，第一个彩管是美国人发明的，后来的技术发展最大是在日本，这也是一个事实。

季：美国人搞成一个新技术，发明了，发明了以后他不能把这个产品做成产业化，因为产业化实际上是个什么呢？民用品，不用高精尖，民用品能大量生产，规模生产，所以能市场化，这个美国做不好。现在看来欧洲产品都是同样有这个问题。

杨：日本做得最好。

季：的确日本做得最好，后来韩国啊，我国台湾地区也大规模生产，中国大陆的也属于后面的大规模生产。

杨：可以看到这个世界上，好多东西都是美国人发明，比如彩管工厂，产品制造的 56 个工序，清清楚楚放在那儿，但是美国人做得不是最好的。你看汤姆森彩管厂，我们基本上是用的日本日立的技术。

季主任，你觉得世界最后一个彩管厂在中国，是历史的必然还是个偶然？为什么在广东的东莞？为什么还是日立的技术？

还有最后一个彩管工厂的股东，是印度人加佛山政府，地点是在东莞，技术是日本的，市场呢是在整个南亚跟东南亚，印度尼西亚啊等等。这个跟历史的发展，64 年世界彩管制造历史发展，与中国 35 年彩管制造历史发展密切相关，你有什么看法？

季：我座谈也讲到，因为像飞利浦，像汤姆森，他们做的产品本身也不差，它比较适应欧洲市场，它在欧洲市场做得挺好。但是进了中国市场以后它完全融入中国市场、日本先进技术，就匹配，就与之相适应。

那么汤姆森在佛山的事情也一样，汤姆森本身的技术也是很好的，但是汤姆森卖的是旧线，那跟人家买的新线比的话，他当然生产和各方面都比不过。所以佛山还要适应市场的变化，引入日本的技术、韩国的技术比较适应中国的大规模生产。

那么从刚才讲到的，我们这个彩管，为什么最后一个工厂在佛山在东莞汤姆森，因为它有比较完整的日立的技术，工艺各方面还是比较好，路线还是很正确的。中国彩管慢慢就都淘汰了，其中原因也有它本身的配套成本与企业体制。

杨：还有一个问题就是，你觉得中国彩管的历史，你说从生产第一个开始就是 1982 年，到现在 2017 年。

金：30 多年。

杨：35 年，整个世界彩管史是从第一个彩管生产开始，1953 年到 2017 年。

金：64 年。

杨：就是 64 年，中国彩管业在整个世界彩管业，你觉得它的分量有多少，而且它的地位是怎么样？就是据你的分析来说，最辉煌的时期一直到尾声阶段，10 年以前，基本上还是属于在世界的电视及显示产品中占重要的地位。

到 2001 年以后或更后的时候，市场都在走下坡，我们还在坚持，一直到 2010 年。所以你说的 2010 年到 2017 年的话，我们完全不算，为什么呢？基于中国没有了彩管市场。

季：2010 年以后，你能够生存，你就生存，我也不会反对，你有市场你也可以做，你配套东西你买人家的，直接付钱就完了。但是我不能说你这个做法很对，政府就要支持你。现在我只能说企业能坚持到今天，真不容易……

杨：彩管办（电子工业部下设的彩管办公室）的政府编制到哪一年啊？

季：基本上到 2004 年、2005 年，2005 年基本上就差不多，后面事情少了。后来我们每年开会协调，明年计划怎么样？做几条线？做什么产品？我们协调一下，做相应的配套，我们都是在做协调的工作……但实质可操作性不多，后来更多转向于 LCD 液晶工作及 TFT 计划工程相关的事情……

杨：非常感谢，季司长。时间关系到这。

季：好，谢谢。希望我们共同的彩管情结一直延续。

（访问完）

左一为金敏华；左二为李国平；左三为杨向杰

（以上内容，为嘉宾访谈个人观点）

彩管人话当年：从RCA到红光，从传统圆到纯平彩管——访罗诺锤（美）[①]

采访：高海洛（高）

嘉宾：杨向杰（杨）

罗诺锤（罗）

整理：黄志业（新骏公司彩管市场及销售总经理）

时间：2015年10月28日

地点：东莞TGDC/广彩城宾馆

高：首先欢迎罗诺锤先生到中国来。

罗：谢谢！很高兴来到中国。

高：我知道你在RCA任职很长时间，是什么时候开始的？

罗：确切地说，我是在1967年加入RCA的，即是说，是48年前了。RCA在宾夕法尼亚州兰卡斯特市有个电视彩管厂，是RCA开发彩管技术的总部，在我加入的十五年前，RCA的工程师便已把彩管技术完善了，正是这工厂生产出用于美国电视机的第一支彩管。那是1953年，15年后我才加入，即1967年，其实应是1968年。我在那儿只待了一段时间，便调到其他部门了。

后来我又回到了兰卡斯特总部，因为1985至1986年间，RCA被通用电气（GE）收购了，通用的主席和CEO让我为RCA彩管部寻找愿意投资的伙伴，因为他已决定，尽管通用收购了RCA，却不打算向RCA的彩管业务投

① 罗诺锤（Robert K.Lorch），美国人。前RCA彩管部负责人、法国汤姆逊彩管集团高级副总裁，现任Berkshire Hathaway Company、The Duracell Company全球营运总裁。

入任何资金。

于是我到日本去寻找投资者，我接触了多个有兴趣在北美投资的日本彩管企业，谈了十至十二个月后，终于找到了日立公司，日立同意与RCA在美国组成各占一半股权的合资企业，部分投资更是以现金支付。我回美国向通用的主席汇报日立的决定，但他说迟了，因为他已把RCA的电视和彩管业务卖了给法国的汤姆逊（Thomson）。日立听后决定自己直接在美国投资，在南卡罗来纳州建自己的工厂，生产大尺寸的彩管。

而我们则成为汤姆逊的一部分。也正是在1986年左右，通用把它的彩管业务卖给了中国。我们与汤姆逊继续开发彩管技术及把技术向中国转移。1991年，我跟随杨（向杰）先生再到中国来，与佛山市政府投资的企业谈判彩管技术转移，谈了54个小时后，终于签订了合同，向佛山彩管厂转让大屏幕彩电彩管的技术。之后两年，我们落实合同，转移我们的技术，让佛山彩管厂得以投产。

1992年，我成为汤姆逊彩管业务的北美主管，直至1998年，汤姆逊请我到巴黎总部主管它的全球彩管业务，那包括在全球各地共二十家彩管组装厂，及其配套零部件工厂。于是我举家迁到巴黎，我专注为汤姆逊继续发展其全球彩管业务，历时三年。这期间，平面电视科技问世，汤姆逊亦想寻找适合的伙伴合作开发这种新科技，但不是交我负责。这个项目最终未能成事，而我也觉得是时候离开汤姆逊及离开彩管业，去寻求新的发展。我在2002年进入Berkshire Hathaway（巴郡·哈萨威），并一直工作到今天。

高：1992年的时候，27V VHP（29英寸普平）在中国甚至在全球都已是十分先进，是很新的科技，是吗？

罗：是的，在我到宾夕法尼亚时，这种科技刚问世，之前电视屏幕都是圆的，我们花了很多时间讨论和研究造平面屏幕的恰当方法和是否能把现存技术应用在平面屏幕上。

高：所以，VHP就是very high performance，十分高性能。

罗：十分高性能。

杨：VHP也是very high price，十分昂贵。

罗：对，十分昂贵。我们是在被通用收购前开发这技术的，于 1984 年在美国推出，十分成功，其他公司也争相加入研发更平的屏幕，我们知道屏幕会愈来愈平，所以要研发愈来愈平的彩管以配合。

高：你曾到过中国很多城市，成都、绵阳、西安、咸阳，都去过吗？

罗：都去过，今次是我近三年来第一次再到中国，出发前一晚我和太太细细计算过去的二十五年中，我在中国待的日子共有多少，原来加起来足有差不多两年。不是每次都来谈生意，有时也是探好朋友杨先生和其他客户。我第一次到中国应是在 1988 或 1989 年。

杨：去红光？佛山？

罗：是香港，然后到广东省逛了一下。真正因彩管生意到中国来应是数年之后，1991 年到佛山。之后一年，或者两年后吧，我和杨先生到成都，其后一两年间我们来来回回去了很多次，想向四川红光厂（773 厂）转让彩管技术，但最终未能成事。

杨：红光甚至派团到兰卡斯特视察，还到华盛顿找世界银行谈贷款，我们与他们建立了密切的关系。

罗：对，他们来过美国多次，在四川我们也有到绵阳探访过他们的电视机客户——四川长虹。

杨：但最后四川长虹成了汤姆逊 RCA 彩管的积极合作伙伴，所以你在四川与红光接触的两年时间并没有浪费掉，因为你得以跟长虹建立密切联系，长虹是中国最大的电视机生产企业，他们开始用汤姆逊 RCA 彩管，向美国购买了许多 27V VHP，甚至是你们的 34 英寸及 38 英寸彩管在中国的首批买家，所以你在四川的多年时间并没有白花。

罗：对，最终有回报。红光和长虹还在吗？

杨：长虹之后还在生产优质彩管电视，但他们在新的显示行业“押错宝”，他们十年前转去搞 PDP（等离子显示屏），是十亿美元的项目，作为好朋友，我曾力劝过他们别搞 PDP，搞 LCD（液晶显示屏）还可以，PDP 我相信不会成功。历史也证明，PDP 于去年，即 2014 年，全球退市。

高：下一个问题，你认为彩管为何会消失得那么快？

罗：这是一个十分好的问题，我认为有两至三个因素。平面电视技术刚好与新一代平面计算机同时问世，后来还有苹果手机，这对平面屏幕的需求大增，生产成本便大大拉低，令超前投资在平面显示科技的企业，主要是中国台湾地区和韩国的企业大大受益，而日本和中国大陆则未能取得如当初在彩管生产中所获得的成功。

高：我知道你和杨先生跟赖维尔（John Neville）是好朋友，能谈谈赖维尔吗？

罗：当然，我是在48年前即1967年进入RCA时认识他的，我们都是一个计算机程序编写课程的实习生，我们成了很好的伙伴，一年后完成课程，我们一同进入RCA的彩管部，他进了印第安纳州马利昂（Marion，Indianapolis）的工厂，我则在兰卡斯特总部的工程组，之后各自调部门直至一同被派到俄亥俄州（Scranton，Ohio）创办那里的彩管厂，才第一次合作，但后来又分开了。再后来我们又在兰卡斯特重逢，他成为彩管部财务总监，我则是市场部总监。其后我们的职位都有多番变动，但从RCA到通用电气（General Electric, GE）到汤姆逊时代，我们都同在公司内，直至我离开汤姆逊，不久他也退休了。彩管业圈子很小，所以业内的人普遍能建立密切关系，就像我跟杨先生及跟赖维尔一样。

杨：你进入RCA时，它已在彩管业中称王了，但为何世人一想到彩管便只知道日本的品牌？大家都似乎不知道日本的彩管技术其实是RCA转移给他们的？

罗：你说得对，我说不清RCA把彩管技术使用权卖给日本人是对是错，RCA想卖使用权时，只有日本人有兴趣，他们造完收音机和手表后，便想造电子产品，所以自五六十年代，RCA便陆续把技术使用权卖给三家日本企业：日立、东芝、松下，日本人开发了自己的电视机技术，但彩管还是得依赖RCA，但后来索尼开发出它自己的技术，日本人更开发出录像机等，卖到美国和全世界，于是渐渐世人都在谈到电子消费产品时便只想到日本。其实美国亦有很流行的电视机品牌，像摩托罗拉（Motorola）。

杨：摩托罗拉也生产电视机？

罗：对，他们很早就在造了。

杨：他们的彩管技术也是来自 RCA 的？

罗：是的，但 GE 则是自己开发的，但毕竟 RCA 是始祖，是王。彩管技术是十分复杂的，你想想，荫罩上那几百万个点……

杨：是，混合了物理和化学技术，所以说生产电视机只是轻工业，而生产彩管却是重工业，我这样说对吗？

罗：绝对正确，而这是 RCA 发明的，后来的日本、韩国、中国、印度及其他新兴经济体的彩管技术都是来自 RCA 的，RCA 一直是业界的领袖。

杨：我们曾访问了一些人，请他们谈一下中国的彩管史时，发现了一件重要的事，是与 RCA 批出彩管授权生产证给日本人有关的。1972 年你们的总统尼克松访问中国后，中国向美国政府表达了想获得美国彩管技术的意愿，不是日本的，是美国的。中国派了一个约二十人的代表团到美国，接待人员中还包括了我们的朋友赖维尔。那时 RCA 没有自己造玻璃，而是由康宁（Corning）供应，所以康宁也派人一同接待中国代表团。他们在美国待了一个月，参观了 RCA 在美国各地的工厂，最后去参观康宁的总部，康宁向代表团成员每人送了一个纪念品，是一只玻璃蜗牛。你不知道，美国人看蜗牛觉得很可爱，但在中国人眼中可不一样，是对人呆笨迟钝的讽刺，所以江青大怒，说美国人讽刺中国人，下令停止跟美国人的一切有关磋商。直至 1976 年后，中国人想再到美国去继续谈买彩管技术，这时日本人插进来，因为 RCA 给日立的技术转让予第三方的禁制期将届满，他们的技术与 RCA 十分接近，能提供很优惠的价钱和条件，于是中国代表团放弃到美国，而转往日本，最终日立与彩虹签订协议，创立了中国第一家彩管厂。

罗：我未听说过这件事，有趣。就是说由中国代表团到 RCA 和康宁，到最后与日立达成协议，中间浪费了五年时间。

杨：中国对美国技术不看好是因为 GE，GE 派赖维尔到北京，成功把它的旧彩管设备卖给中国，但不知为何一套设备竟落户分三地，上海、深圳及香港，都不成功，深圳的脱身方法是把厂卖给了三星，三星当时想在中国设厂。深圳说，好，想得到批文，就把我的厂买下来吧！三星答应，得到批文后便把 GE 的设备全丢掉。所以，GE 在中国彩管业界的名声不好。

罗：买 GE 彩管设备是一项错误，因为 GE 已决定放弃彩管业务，当然不会继续投入去发展技术，只一心设法脱手旧生产线，不但机器旧，技术也旧，我在 1991 年卖给佛山的却是全新的特大屏幕彩管生产技术及设备，而且继续发展技术去支持。

杨：我记得作为汤姆逊和 RCA 彩管业务主管的你，曾做过一个很棒的决定，在 1995 至 1997 年，我们自美国进口的 27V VHP 在中国销情大好。那时三星和 LG 也在中国推出他们的 27V VHP 彩管，却搞不好调偏的问题，搞不好南北磁场差异的解决方法，所以要客户说明彩管是供应南方还是北方，并恳求你把调偏技术卖给他们，但被你拒绝了。为什么呢？这只金鸡明明可以生许多金蛋，就像五六十年代你的前辈把技术卖给日本人时亦赚了好一大笔，今次韩国相信亦会不惜代价的，你为什么不卖呢？

罗：因为我要维持我们在业界的领导地位，自 20 世纪 90 年代直至 2002 年，我们都能维持这领导地位，我们十分珍惜这种地位，有了这种地位，我们不必靠卖技术也能赚大钱，不必牺牲我们的领导地位。在另一个问题上我也觉得我做出了正确的决定，你知道我指的是什么……

杨：我记得，2001 年我们在香港山顶餐厅有一次激烈的辩论，我、你、那个法国人 Guy Urshel——汤姆逊集团亚洲区总裁、那个意大利人 Massimo Pellacci——你的彩管集团首席工程师，还有我们新骏公司的 Calvin，我们激烈争论了六个小时，从下午争论到夜晚，争论的是关于所谓“真平面电视彩管”（True Flat TF tube）的问题，将是汤姆逊彩管历史的转折点，兴亡的关键。当时人人都在研究如何造 TF tube，方法有两种，一种是用 AK Mask（AK 钢荫罩），另一种是用 Tension Mask（弹性荫罩），前者要用厚玻璃，很难看，但便宜，后者技术先进但困难，而且昂贵。汤姆逊应用哪种方法呢？我和 Calvin 实际地从中国客户的负担能力出发考虑，支持用 AK Mask，但你的首席工程师认为应用 Tension Mask，并引用很多数据去说明那是多完美的方法。我记得当时你没有表态，让我们辩论。我问 Parachy 他需多少时间才能成功开发出 Tension Mask 的技术，他说两至三年，我说韩国人的 AK Mask 技术半年后便能问世了。我再问他估计开发 Tension Mask 需要多少成本，他说比韩国人高 20% ～ 25%，但他坚持即使如此，亦应使用 Tension Mask，因为那是好的技术。我们的争论最终没有结果，而你们回到欧洲后，我得知最后汤姆逊还是决定使用 Tension Mask。我知道这不会是你下的决定，因为作出决定的永远是负责技术的那些人。

罗：对。

杨：而日本和荷兰的飞利浦也选择了 Tension Mask，结果演变出一场灾难，因为六个月后，LG 和三星便推出了 TF tube，中国和其他国家立即采用了，而日本的松下、东芝，飞利浦，还有汤姆逊 RCA 还在继续研究 Tension Mask，如是者搞了两年，没有人能成功，全部只好回过头来搞 AK Mask，但一切都太迟了，因为即使他们生产出 AK Mask TF tube，也卖不出去，韩国人已抢占了所有市场。这是一个转折点。两三年间，TF tube 便全面占据了市场，然后彩管的末日开始了，市场由全平彩管转向更平更大屏幕（40 英寸以上）的 PDP 和 LCD。但尽管最终被淘汰，但彩管自 20 世纪 50 年代初诞生到 21 世纪 10 年代后期全球最后一家彩管厂停产，这行业至少能生存了近 70 年，可是你看 PDP 电视，从诞生到死亡才不过 20 年寿命。

罗：是的，PDP 才 20 年寿命，成本太高了。我 2001 年离开彩管业时，PDP 电视和 LCD 电视才开始出现，蚕食彩管电视市场。

杨：PDP 电视的对手不是彩管电视，它是败给 LCD 的，但最可笑的是，CRT 和 LCD 的 IP 专利都是在 RCA 的手里。RCA 是彩管业界的领头人，你也是业界的先行者，当你进入这彩管业时，它的市场还很小，而你是看着这市场日渐壮大的，直到你离开彩管业时，这行业如日中天，我想问你当时曾否想过彩管业会在哪儿结束？

罗：我当时没有想过，但如果我有想，那我会猜是在中国结束。而我相信这正是今天的情况，在东莞。

高：谢谢！谢谢接受访问！

罗：谢谢！

（访问完）

左一为杨向杰；左二为罗诺锤

（以上内容，为嘉宾访谈个人观点）

第二个十年（1977 至 1987）彩虹成立　圆彩管梦　探索合资新路向

第二个十年中最重要的是前五年，重要是因为彩虹公司于 1977 年成立，是由国务院批准成立的，定点咸阳。中国彩管彩电业有三阳——陕西咸阳的“显像管之王”彩虹、中国最大的彩玻基地——河南的安阳玻壳厂（1984 成立）和 90 年代中国彩管彩电大王——四川绵阳的长虹彩电厂（1958 年建厂）①。

1977 年 4 月，引进彩管报告由副总理李先念批准，列为国家重点引进项

① 前身为国营长虹机器厂，位于四川省绵阳市，1958 年建厂，现已发展成为拥有机载火控雷达和彩色电视机等七大系列产品设计、制造能力的国家大型一类企业。1987 年 10 月，易名为四川长虹电子集团公司。参考自：中国企业管理年鉴编委会编：《中国企业管理年鉴·1991》，北京：企业管理出版社，1991，页 689。

目。[①] 他批示："彩色电视对工业、国防和民用都很重要。"[②] 华国锋、叶剑英等9位政治局委员一致圈阅同意。[③]

决定引进外国彩管技术，并起动"咸阳显像管工程"后，1977年8月，日本日立、松下、旭硝子、电气硝子、网板、涂料及印刷公司等来华参加技术座谈和议价、报价工作。[④] 四机部于1978年1月组织考察团到日本考察，[⑤] 因日本公司与RCA的专利转售限期已届满，[⑥] 而且当时中日关系友好，日本政府给中国提供软贷款等许多优惠。最先接触技术最好的索尼，但索尼拒绝转让，东芝的技术自行改良后，除管径（22.5mm）外，与RCA的原技术并无太大差别，也跟日立及松下交流过。回国后，中日双方继续交流，谈了一百多天，这段时间日元不断升值，价格下不来，谈判进展报告送到李先念面前，他果断地说："你们越谈越贵，赶快签约吧。"

最后终在1978年6月与日立达成协议，彩管合同由技术与RCA最贴近且管径一致（29.1mm）的日立公司承包，并与日本旭硝子（Asahi，硝子在古日本意为玻璃。日本有两大电子玻璃制造商，旭硝子外，另一家更大规模的便是NEG。两者的技术皆来自美国康宁公司，但它们经技术改良后，已超越了康宁）公司签订了玻壳技术进口合同，与日本网版公司签订了荫罩技术进口合同，与日本涂料公司签订了荧光粉进口合同。合同总金额约1亿5000多万美元，[⑦] 比1972年RCA要价的7300万美元，多出了近8000万美元，

① 参考自：中国电子视像行业协会编：《中国彩电工业发展回顾》，北京：电子工业出版社，2010，页534。

② 参考自：宋世振：《日立在咸阳》，咸阳：陕西人民出版社，2003，页1。

③ 参见：咸阳彩虹集团编辑委员会：《彩虹大事记1977-2002》，成都：彩虹集团，2002，页1。

④ 同上。

⑤ 参考自：中国电子视像行业协会编：《中国彩电工业发展回顾》，北京：电子工业出版社，2010，页534。

⑥ 1962年，日本人从美国RCA获得彩管的专利许可。参考自：港东南经济信息中心编：《迈向新世纪的国际经济》，海口：海南人民出版社，1989，页252。

⑦ 中国电子视像行业协会编：《中国彩电工业发展回顾》，北京：电子工业出版社，2010，页18。

都是拜“四人帮”所赐，如果当时没有发生“蜗牛事件”，与 RCA 签了约，1976 年便可投产，不但可省回这巨额的宝贵外汇，中国还可早 5 年时间圆彩管梦。

1978 年 4 月，咸阳彩虹彩管厂奠基。1979 年 1 月，中国广播电视工业总局正式成立。同年 7 月，彩虹厂破土动工。[①]

彩虹彩管厂为何选址咸阳？有多种说法。

第一说：历史意义——因咸阳乃秦始皇吞并六国、中国首次出现大一统后所定都之处，其后至汉才迁都至旁边的长安（今之西安），故咸阳对中国人来说别具历史地位。但咸阳和西安，在中华人民共和国成立之时，却是个经济落后的地方，唯一的优势处就是它的教育，西安有很多好的大学如西北工业大学、西安交通大学等。而咸阳市过去是个消费小城。1949 年仅有一个打包厂、一个油厂和一个倒闭了的酒精厂，以及为数不多的工厂手工业和个体手工业，工业总产值仅 992.5 万元。[②] 故咸阳被界定为工业城市，实和国家的规划有关。在第一个五年计划时期，国家在改造私人小手工业的基础上，投资 5580 万元发展纺织工业。由于建国初期的城市建设，主要是围绕城市工业区进行综合配套的建设，从而同步建设起完备的生产、生活和文教等设施，因而城市工业新区的建成，几乎就等于一座新城的建立。这一时期，国家重点建设的城市都是在原有城市建成区之外，另外规划新区进行工业建设，故而重点建设的工业城市所建设的一个或多个大型新工业区，必然导致城市建成区规模的扩大。[③] 在这样的理念之下，国家从 1958 年到 1978 年，国家和集体总计投资 3 亿元，主要用于纺织系列配套和技术改造，同时电力、建材、橡胶、机械、陶瓷、造纸等行业也有一定的发展。1979 年以后，在纺

---

① 中国电子视像行业协会编：《中国彩电工业发展回顾》，北京：电子工业出版社，2010，页 535–536。

② 《当代中国的陕西》编辑委员编：《当代中国的陕西・下》，北京：当代中国出版社、香港祖国出版社，2009，页 204。

③ 何一民主编：《革新与再造：新中国建立初期城市发展与社会转型 1949–1957・上》，成都：四川大学出版社，2012，页 224。

织业向其他行业深度进军的同时，着重发展了新兴的电子工业，特别是彩电业。[①]

第二说：战略位置——为何不选在当时工业力量最强的上海设厂？有说是鉴于美苏长期处于冷战局面，故“文革”前后中国上下都有一种悬念——会否发生第三次世界大战？基于这个担忧，所以重要工业都选择建在二三线城市或山区及西部，而不会建在沿海，以免在战时会成为轰炸目标。而陕西的咸阳正是个三线城市（正如四川的绵阳和河南的安阳）。

第三说：地理优势——是因彩虹是一个纵向整合的彩管厂，自行生产所有制造彩管所需的关键部件如玻壳和荫罩等。一支显像管，玻壳便占了成本三分之一，造玻壳需要玻璃沙，而咸阳附近有造玻璃所需的优良沙矿，所制造出来的玻璃，能达到玻壳所要求的那种透光度高、反光度低的质量。彩虹甚至自铺一条铁路直达沙矿，直接把沙从沙矿场运送到彩虹厂内。所以彩虹厂造玻壳便占了地利，如果在别处建厂，沙要从很远的地方运去的话，成本便大大增加了。此外咸阳城有渭河流经，足够供生产彩管之用水。

故孙秉光则说，当时的中央领导，考虑选址问题时，更多是政治和军事的因素。

彩虹厂番号4400，是世界少有的包括彩管厂、玻壳厂、荫罩厂、荧光粉厂的综合性工厂。[②]日立派出了一批日本工程师驻彩虹厂数年，协助建厂并进行技术转移，培养中国的技术人员。建厂期间，中日专家每周都举行一次碰头会，以便及时解决建厂中碰到的问题，大大促进了建厂的进度。[③]

电子部召集专家组集体商定，认为彩虹厂要引进两条彩管生产线——14英寸和22英寸一大一小两个品种。[④]可是日立没搞过22英寸彩管，而中方

---

① 《当代中国的陕西》编辑委员编：《当代中国的陕西·下》，北京：当代中国出版社、香港祖国出版社，2009，页204。

② 参考自：中国电子视像行业协会编：《中国彩电工业发展回顾》，北京：电子工业出版社，2010，页535。

③ 同上，页20。

④ 冯登岗、刘鲁风：《新中国大事辑要》，济南：山东人民出版社，1992，页241。

却颇坚持要有。好个日立，马上集中全公司的人才，专门给彩虹厂设计了一条22英寸彩管生产线，可见日立技术储备多么雄厚。

从1979年到1980年，彩虹分批送出技术和管理骨干到日立公司在日本的工厂学习和接受培训，前后共数百人，包括一些计划为彩虹工程做配套的国内原材料厂家。如被国家计委指定、为彩管特殊钢国产化配套单位的武汉钢铁公司，派了技术人员赴日立受训。①

1982年12月，花了五年兴建的彩虹厂竣工，经国家顺利验收，正式投产，所有玻璃和荧光粉原材料全部国产化，是引进、消化、吸收、国产化的典型代表，既节约了外汇又降低了成本，还带动了一大批相关行业的技术进步和发展。彩虹厂是国家投资建成的第一个大型彩管生产企业，具国际先进设计、生产、测试、计量设备，并集中了国内具一流技术水平的彩管研发科技人员，使中国彩管技术与先进国家的差距大大缩小，并为国产彩电技术水平和质量的提高作出了突出贡献。②

这五年对中国彩管业的发展至关重要，现在中国终于可以自行生产彩管，不再是只能靠进口了，中国的彩管梦实现了，填补了中国工业版图上的其中一块空白，而且为北京、南京、上海、长沙、深圳等地先后建设彩管厂铺平了成功的道路。

彩虹厂1983年产优质彩管58万多支，获利3000多万元，做到了当年投产，当年盈利，得到国家及陕西省的嘉奖。③其实彩虹厂在兴建期间，不少国内的人士都认为，鉴于RCA在波兰建的彩管厂营运失败，日立在芬兰建彩管厂也不成功，中国要建这样复杂的综合性彩管厂，失败的可能性很大，即使成功了，也会成为电子部的大包袱。连日立的一位专家亦曾对吴祖垲说："一个公司在海外建厂，未知数太多，如芬兰就有严寒回题，新加坡有湿度

① 参见：咸阳彩虹集团编辑委员会：《彩虹大事记1977-2002》，成都：彩虹集团，2002，页5。

② 参考自：（作者从缺）《企业技术创新院士行学术报告文集》，北京：中国工程院出版社，2000，页318。

③ 参考自：凌青波、李温编著：《工业的腾飞》，北京：华艺出版社，1991，页108-109。

太大问题，还有各地的情况与政策问题。”[①] 言下之意，似亦对彩虹厂能否成功兴建抱有疑虑。结果彩虹厂不但成功兴建了，亦成功投产了，而且当年便盈利了。彩虹的年产量逐年攀升，直至2012年停产前，彩虹一直是中国及世界彩管史上最大的单一彩管生产基地，年产彩管1500万支以上，所产彩管品种也从最初的两种增加至12种，就彩管企业生产规模而言，居业界第三，在国内则称冠。[②]

据吴祖垲忆述，彩虹投产之时，日本的放送协会电视台（NHK）向全世界广播说："中国咸阳综合性彩管厂建厂成功，是中日双方合作的产物，像那样复杂的工程，按国际惯例，应由一个大公司来承包，现在由中国人自己总抓，而且成功地全面投产，那是很不容易的事。"RCA还专门派人就彩虹厂成功投产一事采访了建厂初期任日方总代表的横井昭夫，横井深情地说："因为我们的合作方是内行，是专家。"[③]

有了自己的彩管，中国亦能生产出自己品牌的彩电了。有了彩电，中国的彩色电视广播亦从此日益蓬勃发展，带动了改革开放后的商业活动，令市场消费更加活跃，也丰富了中国老百姓的文娱生活。

像彩虹这样的纵向整合彩管厂，比较著名的还有一家在波兰。同是纵向整合，同是引进外国技术，但彩虹是成功的，波兰却是失败的。那是因为彩虹引进的是日本技术，日本人转移得很好，中国人也吸收得很好，所以成功。波兰是直接引进美国RCA的技术，结果证明美国的技术转移得不成功，波兰人的吸收能力也不够好，所以失败了，后来由法国国营的汤姆逊集团在20世纪90年代初向波兰政府收购了这家工厂，成功转型，再后来于2005年连同汤姆逊的全球彩管业务一起卖予印度威德昆集团。

---

① 吴祖垲：《我的回忆》，转引自：https://blog.csdn.net/zzwu/article/details/18674860033，摘取时间：2018年12月30日，23:00。

② 彩虹显示器件股份有限公司：《彩虹集团电子股份有限公司全球发售书》，香港：中国国际金融（香港）有限公司，2014年12月8日，页77–78。

③ 贾箭鸣、史瑞琼编：《兴学强国120年·我们的交大学长》，西安：西安交通大学出版社，2016，页219。

彩虹厂1982年投产后，翌年12月即开发出新产品，成功试制18英寸彩管，并通过了鉴定，受到好评。国务院副总理姚依林到彩虹厂视察后，也表示赞赏，说他从未见过一个新厂在投产不久就能试制新产品。[①]

吴祖垲总结彩虹厂成功的因素时指出，因全国彩管技术人员，自全国彩管研制大会战展开后，在不断地试制和改革过程中摸索出了一整套彩管的技术和成功与失败的经验教训，而他们中的精英由四机部统一调入彩虹厂，形成了一支完整的彩管技术队伍，对试制中遇到的困难非常清楚，这支队伍对彩管技术的引进和实现投产功不可没。

彩虹投产之时，正值国家落实“六五”计划之际，全国各地引进了百多条彩电生产线，年装机能力达1000多万台，那就是说一年的彩管需求量最少要1000多万支。但那时全国只有彩虹一家彩管厂，1984年的年产量亦仅96万支，彩管产业成了国家的急需，鉴于国家和企业资金的短缺，引进外资遂成必需的考虑。

于是，1984年，全中国便掀起一股大搞彩管项目的热潮，从南到北十多个省市都要求建彩管厂，并各自向外国公司接洽，[②]一时间禾雀乱飞，外国公司见到中国地方政府对彩管如饥似渴，于是也狮子开大口，胡乱要价，令报价愈推愈高。在此情况下，电子工业部决定成立全国彩管项目领导小组，由常务副部长张学东任组长，孙秉光兼彩管办公室主任。国务院还于1985年4月22日下达报告，要严格控制引进彩电和彩管生产线，规定必须在国家统一计划指导下进行建设，国家已确定厂点的，由电子工业部、经贸部组织统一对外，未列入彩管定点规划的地区，不得自行上彩管项目。[③] 由是外国公

① 参考自：中国电子视像行业协会编：《中国彩电工业发展回顾》，北京：电子工业出版社，2010，页20。

② 上海财经大学500强企业研究中心编：《中外500强企业创新体系研究》，上海：上海财经大学出版社，2009，页84。

③ 参考自：中国法学会研究部编：“国务院关于严格控制引进彩色电视机装配线和彩色显像管生产线的通知（1985年4月22日）”《工商企业现行法律法规总览》，北京：机械工业出版社，1990，页91。

司的要价大幅回落，甚至回落一半的都有。要不是国家及时管控，不知会有多少省市当了冤大头。

1986 年，电子工业部根据 11 个省市的汇报，就技术力量、资金来源、引进对象、运输能力、配套条件、能源供应、利用外资比例及地区协作能力等进行评估筛选，最后决定由上海、北京及南京建三个新彩管厂及彩虹扩建二期彩管厂。孙秉光建议“四统一”方针，即统一对外、统一谈判、统一技术标准、统一引进。国家根据技术、价格、优惠条件和合作态度四方面考虑，最后决定四厂都引进东芝的技术，[①] 电子部已与东芝签了意向书，但北京市表面同意电子部的意见，实际上已选择了日本松下公司为技术设备提供方，由于有邓小平与松下幸之助的合作“约定”，故电子部也没有干预。

至于南京市，与荷兰飞利浦早已谈了数年，故也提出希望国家允许他们与飞利浦合资，并找到吴祖垲帮忙当“说客”。吴祖垲以电子专家和全国人大代表的身份给中央领导写信进言，指出如果全国只引进日本一家的技术，对中国的彩管业后续发展没有好处，应作多元化技术引进。中央领导接纳了吴祖垲的意见，同意南京与飞利浦合作。[②]

在深圳，孙秉光早于 1983 年便电子工业部委派，到这个当时百废待举的特区发展电子工业。孙秉光很快组建了中国深圳彩电总公司，是电子工业部和深圳市政府共同投资的，当时是各中央部委在深圳的 13 家重点企业之一，并一手筹建了现代电子（深圳）实业有限公司（MAC，或称麦克）、赛格日立两家彩管厂和中康玻壳厂。后来（2002 年）这三家公司由深圳市政府下属公司全权经营。[③]

---

① 此见孙秉光的回顾，详可参阅：金力：“孙秉光——倾情开拓中国电子彩显事业”摘取网站：http://www.zghhzx.net/html/2012/binhaimingren3_1009/724.html，摘取时间：2019 年 2 月 1 日，19:48。

② 吴祖垲：“我的回忆”转引自：https://blog.csdn.net/zzwu/article/details/18674860033，摘取时间：2018 年 12 月 30 日，23:00。

③ 此见孙秉光的回顾，详可参阅：金力：“孙秉光——倾情开拓中国电子彩显事业”摘取网站：http://www.zghhzx.net/html/2012/binhaimingren3_1009/724.html，摘取时间：2019 年 2 月 1 日，19:48。

第二个十年另一件重要的事，就是1987年北京松下彩管公司（简称北松）的成立。1978年邓小平访日，期间与日本松下公司总裁松下幸之助见面，希望松下支持中国的电子工业，遂有了后来的北松。[①]

① 王志乐："松下公司在中国的投资"，《著名跨国公司在中国的投资》，北京：中国经济出版社，1996，页239。

彩管人话当年：倾全国之力，锻造央企彩虹——访马金泉

嘉宾：马金泉（马）

杨向杰（杨）

访问：金敏华（金）

整理：陈汝佳

时间：2017 年 6 月 12 日

地点：中国. 广东省. 东莞市. 广彩城酒店

金：马总你是怎么开始的？可以说是在早一点时间段，从彩虹之前就可以说。

杨：对。马总是我们中国彩管行业拓荒者，他最有资格。

金：马总你是怎么进入到这个行业来的？

马：我觉得咱们还是从这个彩管行业来说起吧。

金：好。

马：从哪儿说起呢？这样说，到现在我已经工作三四十年了，我有 28 年是在彩虹。彩虹集团原来的名字叫陕西彩色显像管总厂。

金：有没有咸阳呢？没咸阳两字吗？

马：没有，就是彩虹。它生产的产品，它的商标也是彩虹。所以说我这一辈子跟彩虹算是有缘分的，应该说把大部分的青春都贡献给彩虹了。所以对彩虹这个企业也好，对彩管业也好，很有感情。我就说这个彩管企业怎么开始的。

随着生产力的发展，人们的需求发展，看了黑白电视，都想看彩色电视。

我们国家当时在成都、南京，很多地方也都在研发彩管。但是都是停留在实验室，或者是实验线这个阶段。为什么呢？我原本是搞军工的，我大学毕业以后一开始就分配到宝鸡782厂工作，当时那里是搞雷达的。

金：也是机电部的？

马：电子，就是电子部搞雷达的，它是海陆空雷达都搞。海岸警戒雷达、潜艇攻击雷达、快艇攻击雷达。飞机上的高度表，潜艇机装的那个测距机什么，还有机场的盲降雷达，军用飞机什么样的天气都得起飞、降落，主要靠的就是盲降雷达，所以那是一个很重要的军工企业。我一开始在那儿干了十年。实际后来就是以这个企业为班底开始筹建彩虹了，筹建的目的就是生产力的发展，人民生活水平的提高，对彩管彩电需求也越来越强了。

实际上在很久之前，一些企业，一些研究所也在搞彩管研发，但是都停留在实验室的阶段。当我们调到彩虹，开始要为引进这条生产线做准备的时候，你知道我们原来都搞军工的，对这一无所知，后来我们就到这些研发所研究室，在做彩管的那些企业的生产实验线上学习，他们起码还有这些基本的东西。

金：就是你因为彩管大会战的需要，把你抽到那儿去的，实际上你对彩管是没认识的？

马：一点也没有。那时候搞彩管的人全国应该说是估计有几百人就很了不起了，都在实验室里面了，或者小的生产线，是这样的，没多少人。那要建这么一个生产线需要几千人，怎么办呢？所以就从各个企业调，主要是电子部下属企业，五湖四海调，我就是调过来的。调过来了以后为这个做准备，然后把日方这些资料进行消化，还有一些日语，自己学习看书理解翻译。因为啥？你全靠翻译员哪有那么多翻译？因为每一个人的工作工艺流程等都不一样，每一个人都要有一个翻译员的话，哪有那么多翻译？

金：那时候你工作十年，是30岁出头？

马：我上学上得比较晚，我去的时候应该是三十四五岁了。有比我年纪还大的，四五十岁的也有。因为彩虹厂对专业有要求，对能力有要求，各方面的要求。那些调来的都是一些搞这个专业的，离这个专业比较近一点。然后我们学日语，消化日方已经给我们提供的一些准备资料。然后再到我们这些实验室，在实验彩管的时候再去对照着，哦！这叫什么东西，那叫什么东西，一步一步才有一个初步的认识。

金：这完全是从头学起？

马：完全是从头，从零开始，甚至是从负的开始。绝大部分人是没接触过彩管的，没接触过电真空技术，对里面的这些元器件、零部件的名称，对于设备的名称都搞不清楚，工作原理什么的更不清楚。但是我们到这些实验室、这些实验线去了解一下，就是更直观地了解这些东西，大同小异。在那儿学了以后，逐渐地又派到日本去实习，对口实习。在这儿分了哪个工序，那你到日本就到哪个工序去实习。

金：你们第一批出去学习去了多少人？

马：分期分批去，彩虹彩管厂，是我们国家改革开放以后引进的第一个大的项目，全国引进的第一个大项目。所以说国家都非常重视，那决定这些任务的都是什么人呢？国务院总理、副总理，什么发改委，当时叫经委主任，计委主任，都是这些人在负责。省上起码是副省长在负责。

当时全国这个项目组织有一个领导小组，现场还有一个现场指挥组，你建一个工厂有工厂领导组织。关键的是由建委，建委有个副主任，电子部的副部长，整天蹲在那儿，现场指挥。所以那时候搞个项目很不容易，那时候我们的外汇是很稀缺的，项目投入投资这 7.5 个亿里边应该说有一半以上是用外汇。那时候我们国家工业什么东西还很不发达，世界上的彩管企业它基本上是一个组装生产线，最多再配一个电子枪，电子枪的生产组装装备。还有一个给你再配一个偏转线圈的装备。而彩虹不是，彩虹是把它配套的东西全部一套引进来，放在一个厂里面，所以它是一个总厂。在其他彩管厂外边都是很多个配套公司去合成一个彩管企业。

比如说这个玻壳，外面的彩管生产企业，有玻壳这个彩管配套的是很少的。绝大部分没有，都是从外面配套公司再进来的。像荧光粉，像低玻粉，偏转线圈有很多没有的，也是从外采购的。有的连电子枪都没有，做电子枪的零部件，做偏转的零部件，做这些东西更是从外面买的。但是彩虹因为当时在国内找不到供货点，没有人能给你供应这个技术，我们的配套能力很差。所以说就全靠引进，所以是个集大成的企业。所以这个企业跟其他不同的地方是，世界上的彩管企业大部分是以组装为主，最多配上一个两个的配套厂。彩虹是全套引进，当时引进的时候不光产品，零部件配套引进，当时建这个厂的时候，大部分的建材，除去砖头、水泥不引进外，包括地板、墙壁、房顶都是引进的……

当时我们国家像这样的地板，就是防尘的这种塑料地板，防尘的墙壁，防尘的屋顶，都没有。那时候 1977 年、1978 年，你想想哪有这些？那时候我们穿的、戴的什么的，那都很少。所以连这些东西都一起引进，包括管道什么这些更不用说了，全套引进。所以说彩虹跟其他的不同的就是它是真正一个彩管集大成的企业，属于这个零部件配套生产企业。

这是我们国家投资的，刚才杨总说的，他不是某一个企业投资的，那时候是国家集全力去投资这么个企业，所以说你看领导都是部里面派的，建委里面的一些副部长、副主任来具体抓这个项目。那厂长、书记就是当配角，在具体管理的，真正指导这个项目的。所以当时这个企业建设过程当中，算是很顺利。因为国家从上到下很重视，我们刚刚改革开放，那些技术人员，包括我们，是在红旗下长大的。这些人员进行培训，世界观的培训，思想道德方面的培训，所以到这儿来担负这么重要的任务，大家都是非常尽心竭力地去干。

我们三四十岁的、四五十岁的都在学日语，从头学，从字母开始学。我们那时候在学校学的都是俄语，现在从头学日语，但是后来绝大部分的技术人员这个日语能到什么程度呢？就是专业的资料都能自己看了，对着日本技术人员，很多情况下不要翻译了。因为什么呢？他都是学专业名词，又守着这个机器，守着这个零件，就这样说，这样弄着，所以说就学习领悟得比较快。

最后我再总结，就是这个企业在成立了以后，算是按时完工的，第一年投产，第一年达标，我们引进当时是每年 96 万支的产能，第一年我们定的是 58 万支的产量。

杨：哪一年生产？

马：1982 年。

杨：就是 1978 年开始建厂？

马：1978 年。

杨：1982 年投产？

马：应该讲是 1977 年立项，1978 年就开始筹建，1979 年破土动工，1979 年打第一根桩。1981 年出彩管，1982 年国家验收了。实际上 1982 年，国家验收的第一年就定了 58 万支的目标，所以第一年投产，第一年就盈利。第一年还出口，我们国家抓的这个气候很准，这些彩管一出来以后就供不应求。就是正好跟这个改革开放同步了，老百姓的生活水平一提高以后，黑白电视都想换彩色电视了。所以供不应求。

杨：你们的彩管做的是供应国内的彩电厂是吧？

马：国内的，绝大部分。

杨：例如国内的黄河、海燕？

马：大部分国内的，因为当时彩管企业就一个彩虹，当时因为老百姓需求彩色电视很迫切，各个省都在上这个电视机生产线，所以都用彩虹的管子。一开始都用彩虹的管子。但是为了国际影响，也是为了换点儿外汇，尽管自己不够用，还要出口一部分。

金：当时出口到哪儿了？

马：东南亚，还有欧洲是个别的了，主要是东南亚。

金：彩虹 1982 年的实际产量是多少？

马：58 万支。

金：58 万支？就达到了？

马：96 万支的产能，因为那时候设备运行还不是很正常，验收的时候是到年底才验收的。所以说当年是 58 万，就是当年投产，当年盈利，当年出口。当时我记得全国宣传的时候，说投资很成功，我记得国家计委派人下来总结，当时我谈了几条意见。我记得有其中第一条，我说国家重视，部领导在这儿蹲点。而且那时候充分也显示了社会主义的优越性，所有人可以集中办大事。

金：大会战的形式。

马：一定了这个任务，一分派下去以后，全国的人、财、物都往这儿集中，当时咸阳的这个大街小巷的马路上，体育场，操场什么的，堆的都是彩虹的设备。所有的酒店都住满了来参加彩虹建设的人。住不下，有新建的澡堂，对他说你不要开澡堂了，就住上我们的人员吧。我当时住在一个破窑洞里边，这是原来搞医院的一个窑洞，这个医院搬走了。所有的招待所、酒店，能找的房子都找了，全部住的都是建设彩虹的人，几千人进来。

金：当时员工有多少？

马：当时一开始进来的时候，就是在筹建的时候，1981 年、1982 年那时候也得两千人左右。因为它这个流水线生产，你只要一启动，人必须得到位。而且他这个设备又是不能停的，必须得三班倒。还有我总结就是国家重视，社会主义的优越性，全国的人才，那中央一点名，人才都来了。也有愿意来的，当然也有不来的。也有从北京来的，也有从上海来的，也有从南京来的，都往这儿集中。国家一声令下，人才、物资也来了。人来了好办事，那真是社会主义的优越性。

当时我还总结了一点，就是从工人到厂长，都要到日本去学习。生产的骨干，技术骨干更不用说了，全部要去。厂长、科长、处长全部都要去。它的正确性在哪里呢？回来不存在一个二次传教。我说如果是厂长去了，科长去了，车间主任去了，组长去了，组员没去，你回来要去说服这些人，怎么样干，怎么样什么东西等等，那经过二次转教以后，就失真了。好就好在从厂长到工人全都去了。

金：每个岗位都有人去？

马：的确如此，大家都是一个老师教出来的。所以大家有共同语言，有共同的基础了。就是上下一个指令，一个声音，而且当时有日本专家在。日本专家在彩虹最多的时候到三百多人。

金：那我们到日本去了多少人，前前后后？

马：那就多了，那应该是一千到两千什么的。因为经常跑。

金：这个是彩虹提出来的呢，还是日方提出来的？

马：不是，因为第一批的时候，我现在没有这个数字了。就是说包括生产线的骨干工人全部都去了。后来，我们干了之后，一看数量不够，品种也不够，那时候做了 14 寸，当时 14 寸是给老百姓看的，20 寸的准备是给机关领导的，结果后来就是 22 寸又大了点儿，14 寸小了点儿，又马上订 18 寸。后来有 21 寸，然后有平面直角 25 寸、29 寸。这个下一步我要讲，就是我们国家在这方面，就是这个消化吸收的能力，跟我们国力有关系，跟我们经济体制有关系。我们就一代一代这样引进，每次引进或多或少都要再去学习，陆陆续续出去很多人。这个到最后我们谈教训的时候我们再谈这一点。

这个就是从厂长到工人都有，都要去学习。再一个就是说，我当时说我们不足的是什么东西呢？也很多，也是一个现实，就是我们国家的工业基础太差，当时也想到尽快国产化，材料、零部件国产化，否则全部通过引进这个成本太高了。

我举这么一个例子，当时跟我们一起实习的时候，日本人都不知道，就说我们需要要求非常精密的，非常纯的纯铁的钢板、钢带，为了生产这个钢带，从钢厂派了人员跟我们一起去学习，当时跟我们在一起的就是武钢的，武钢因为当时是叫 1.7 米轧机，他当时搞得比较先进。所以把这个任务交给这个最先进的企业，你派技术人员去跟着他们一起去学这个东西，回来就解决这个企业用的材料，就是这个钢带。它是一种高纯度的纯铁，结果这个难度，我们厂 1978 年建设的，1982 年投产的，但是到 1998 年的时候，这个厂还没出来，这个材料还没研制成功。这事说明一个道理，这个彩管它是一个技术含量非常高的，它是个技术集大成的。

它那个行业，我当时在这一个，我算是负责一个组，技术主管也是我，组长也是我，我这个组里面牵扯到大的工艺专业，就有压力加工，叫隐性加工，压力加工，表面处理，还有焊接，还有热处理，就四个大的专业，当时承包我这个组的设备就 20 多套，20 多套是日本的 7 个公司给配套，就是这个彩管是一个技术密集型的产品。后面我说它还是一个资金密集型的产品。它对技术的要求含量很高，当然说了，这个彩管在电视机里面 70% 的成本是在它身上。就像现在的液晶电视一样，实际上这个液晶屏也基本上占了液晶电视的 70% 的成本。它的技术含量很高。

这个材料，我说的这个武钢去研发的这个材料，一直到二〇〇几年，这个材料它才干出来。但是有一家一看这个，我们国家的彩管当时已经占了世界的 50% 以上了，这个需求量这么大，都在进口，有的企业在自己研究，太原的，太原没跟我们一起去日本学，但是太原出来的比武钢还早一点儿。太原好像到 1997 年、1998 年就开始提供我们试验了。

在这个之后比如说 2001 年这个武钢才出来。就是这个技术难度是很大的。我们国家的技术基础、工业基础、材料基础，决定一个国家制造能力的真正是材料、零部件、关键零部件。你看我们这个电视机，电视机里面最重要的是那些芯片，截止到现在，我们的电视机有几家有芯片的，据我所知，现在除去海信以外，其他家都没有自己的芯片。

金：都是进口的？

马：海信现在研制出来了自己的芯片。除此之外大家还都没有芯片。你看过去我们组装那个 CRT 彩电的时候，都说我用的是东芝机芯，用的是飞利浦机芯，或者是日立的机芯，松下的机芯。都说这样的东西，原因就是我们没有国产的。所以我们国家，所以你们搞舆论的，真的要宣传宣传这个东西。我们国家现在提出创新，包括工匠精神。我是全国人大代表，我在开两会的时候，很早就提了这个问题。

谈到全国人大代表，我是 2003 年到 2008 年做人大代表，好像是 2003 年，第一年还是第二年，我提的提案里面就有这个问题，我那时候提出我们国家要支持质量战略，我说的是质量战略，现在提的工匠精神也是个质量问题，创新也是质量问题。就是如果我们国家，我当时那个报告里面，说我们七八十年代到日本去的时候，那时候我们很穷，国家很穷，一穷二白，刚刚开始改革开放的。我们是抱着学习态度去的。

但是我们的人格，日本人很尊重，人家对你很尊重。改革开放几十年以后我们口袋里有钱了，大家也比较富裕了。但是我们的人格下降了，人家反而看不起中国人了。就是你的品德，你的这些纪律，这些方面人家反而看不起了。而且坑蒙拐骗，假冒伪劣，变成中国产品的代名词。当然现在我们也开始慢慢地好起来了，过去人家说你中国产品，中国产品在日本、在美国没有进入大商场去的，我们的表是在地摊上卖的，是按斤卖的，是按包卖的，是这样的。

所以说材料、模具等关键的零部件是决定一个国家的工业基础。说到模具我举个例子，我们国家的模具你像钳工叫修修配配，一个芯柱装到这个孔里面，它是靠钳工去打磨，装不进去再磨磨，装不进去再磨磨，是这样进去的。外国不是的。

在美国我去参观过它一个模具公司，人家就是把这个孔加工好，把这个轴加工好以后，就是也不是很松，也不是很紧的精度。这个模具要做到这个水平，你不是这样，你从这个修修补补这样配合起来的这个模具，这个寿命很短，因为它那个接触面很小。那接触面一磨损以后就要宽了，宽了以后精度就不行了。

这个彩管里面用的模具，一副模具多少钱呢？就 45 万美金，一副模具就是这样的，因为它太精密了。我们都要进口。所以我说这个彩管是一个技术密集型的产品。刚才说了，决定一个国家的工业基础，材料，关键零部件，还有一个就是模具，制造机器的模具就是关键的精度机床。

我在日本，那时候在日本学习，正好有一个机床展，我也下去开开眼界，结果我一看，我们的中国也有机床在那儿展，但是放在角落里，没有人去看，我们还是拙的。没有搞出高精尖零件的设备，没有关键的材料零部件，你想法上天了，但那些东西里面，耐火的材料，耐磨的材料，你没有这些东西能上天去吗？你像那个飞船回来的时候，没有那个耐烧的材料下落时都给你烧化掉了。所以这些是基础，很重要。

没有这些基础，我们国家永远上不去。所以我当时给计委的同志说了，我说我们这个企业虽然干得很成功，但是我们国家要想发展，必须要发展这些基础的东西。但是我们人小事微，我们的话不一定起作用。但是后来证明我的这个，包括质量战略的问题，包括要发展这些材料零部件的问题，实际我们国家现在在这些方面仍然很滞后。这和我们的价值观，和我们现在国民的素质很有关系。

现在我们国民是都在等着一夜暴富，走捷径，走近路，怎么样富得最快。我觉得现在提工匠精神确实很好。工匠精神实际上也是磨炼一个民族的性格，这对磨炼一个民族的性格很重要。一个民族的性格是在认真地打磨，去精雕细刻一样东西，这个民族就沉下来了。现在全民浮躁，都想尽快地发财，都想一口吃个胖子，但是这样的目的是达不到的，所以就是时间流逝了，民族还是落后，国家还是落后。所以说我觉得提倡工匠精神，提倡要创新，提倡这些是非常有必要的。

现在你说这个创新，当然现在也有很大的进展，但是我觉得差距还是很大。这个后边咱们再谈。所以我觉得就是作为彩虹，就是一期工程为我们国家带了一个好头，今天不是说了吗，后面的这些彩管企业没有一个是没有彩虹的人的。

杨：很多彩管厂前期建设都是有彩虹的人。

马：你们这里东莞福地彩管当时那个厂长，第一任厂长就是从彩虹调来的。

金：深圳那个麦克彩管也是吧？

马：麦克也是。麦克，包括赛格日立，包括北松。

杨：佛山也是？

马：对，绝大部分都有彩虹的人。这也很难怪，你是第一家，因为这个东西如果是没弄过的人，就是你想象不来的，你必须要有一些人做过东西的。它就比较实了，否则的话它很抽象。所以真是培养了我们国家第一代第二代的制造彩管的人才。

后来就是逐渐地合资企业引进来了，引进来以后彩虹受到很大的挑战，因为人家进来的都是合资企业，合资企业它的用人机制、工资制度都不一样。这些企业一般没有社会包袱，后来这些国资企业都要甩包袱，把社会负担要甩出去。再一个就说工资，彩虹当时利润很大，很高。但是你职工拿不到，当时彩虹在我们这个彩管行业里边我们的工资是最低的。因为什么？国有企业是1984年还是哪一年才搞工资改革。工资改革之前，彩虹人涨一分钱工资的权利也没有，要电子部批准。没有电子部批准一分钱没有。我们利润很好的，但是工人拿不到。

那引进来的企业人家在这儿比着，同样是彩管企业，人家收入那么高，对我们来说也是很大的威胁。所以在这种情况下，彩虹是边学习，边改革，比如工资改革，KPI 考核，加强管理。北松、永新它两家基本上前后差不多一起起来的。他们一开始生产，就比我们的良品率高。

金：为什么？

马：因为它是合资企业，它都有外方的各方面帮助，你像北京松下的人，它就松下的人直接在那儿参与生产，他们一起搞。没有内外之分，我们引进的时候，那日本人总还要留一手，那很有区别的。

金：但是北松还说得过去，上海永新差不多是形式合资，跟香港的？

马：虽然是合资形式，但是我们毕竟是老的设备，它引进又过了四五年、五六年了，它的技术也是新的，设备也是新的。另外它机制管理、分配又很灵活。

杨：而且进口免税。

马：对，你就说永新，永新虽然是形式合资，但是它享受合资的政策优惠，对不对？工资发多少不太受影响，人的动力就来了吧？

马：而且税收比我们低，没有那么多社会负担。所以它的收入都比我们高，所以这些东西我们后边也是慢慢地改，想办法改善。在这种情况下，彩虹没有败下阵来，我觉得这还是我们彩虹的骄傲。在那个大西北地区，做彩管，有人说就是和灰尘做斗争。原来一开始用我们的话说，如果是生产不正常，他说没有诀窍，就打扫卫生就行了。把卫生打扫干净了，这个产品就好了。因为灰尘是无孔不入的，彩管的生产是最怕灰尘的。大西北尘土飞扬，记得有一次，就在我们那年投产的时候，来了一次沙尘暴，那次沙尘暴还比较大，那个沙尘暴来了就像黑天了一样，起码就像傍晚，或者黎明那个时候，就是人看不见了，满天都是尘土了。当时日本人说这样的地方怎么能生产彩管？他们提出来说这个有问题，要搬厂。当时就要把我们厂要搬到无锡去。政府也有一派要搬，那日本专家更要搬了，因为这边的生活也不如那边，不如华东那边好。他们也要求搬。

杨：那么为什么最终定点在咸阳？是不是跟那个做玻璃用的沙子有关系，做那个玻壳有关系？

马：不是，政府当时的考虑我觉得就是说考虑到老根据地，老解放区，延安地区，延安不能建，太偏僻了，延安那个交通也不好。之所以选在陕西，意思是回馈老根据地。

金：环境没多大考虑？

马：对。当时地点都选好了，说搬到无锡去。最后他们讨论来讨论去还是没搬。也就是说，我说这一点就是说我们在陕西建一个彩管企业，和在上海、北京那是差别很大的。就是克服的困难更要多，另外那个地方也不是人们很愿意去的地方。虽然在大西北里边它算好的，相比宁夏、青海、西藏好一点儿，但是从全国来说，那些西北地区，从生活水平各方面人们也不愿意去。所以在这么一个地方，后来进来的都是彩管企业。而且到最后世界上的大的彩管企业全部进入到中国。要么是合资的，要么是外商独资的。纯国有的只有彩虹一家。而且彩虹在这种情况下，地理位置不好，体制上受影响，社会负担很重，等等，在这种情况下，彩虹始终能够存活下来，而且后来应该说我们的竞争力还是越来越强。很多国外的友人去看了以后，他们非常吃惊，说在你们国家的大西北地区，能有这么一个国有企业，国有企业经营得这么好，彩虹的管理，我不是说的跟他们比，管理水平，虽然他们是合资企业，彩虹技术一点儿也不比他们落后，甚至于有一些是很先进的东西。所以说克服了这么多的困难、问题，它始终保持了比较旺盛的生命力，也有很强的竞争力。就是我主持工作是从2001年，2001年到2005年，大概四年多的时间。在这个期间，我们的盈利水平在彩管行业里边都在前茅。体现在我离职的那个审计里边，就是对这边的工作评价是很高的。因为我这个阶段，我接手的时候也基本上是彩管行业到了一个往下落的时候了。我们搞的企业文化在国资委，国务院下属的部门国资委介绍经验，而且评价很高。

全国的企业文化建设的研讨会还在彩虹召开，把彩虹作为一个样板。

金：是行业的还是？

马：全国的。

金： 全国的？

马： 对，国家级别的企业文化，全国的质量管理标杆。

金： 也就是说你们形成了有自己风格的这个管理？

马： 是管理水平。全国的质量管理工作会在彩虹召开。所以彩虹在管理方面，国家确实对我们有相当高的肯定。

杨： 就说它跟北松不一样的，北松是一个合资的样本，彩虹是一个国有企业的样本？

马： 国有企业。国有体制元素基本都有。

杨： 而且其实它是个小社会，有学校，有医院，公安局等等都有。

马： 对，我们就是这样子。

金： 就彩虹直属企业有多少人？

马： 我们要那样说的话就是职工将近三万人。除大学没有，从哺乳室一直到高中，医院、公安局这些都有。

金： 那咸阳其实就是一座彩虹城？

马： 对。实际上咸阳就是彩虹城托起来的。

金： 没有彩虹就没有咸阳。我就有点奇怪，你说其实那个时候中国刚改革开放，是百废待兴，有很多事要做，那时候更应该引进比较大的项目，比如像宝钢这些就很好理解。

马： 宝钢比这晚。

金： 比这晚？那是 1980 年左右对吧？

马： 宝钢应该晚多了。

金： 还要晚多了？

马： 宝钢我记得，对，对比彩虹集团项目，宝钢的引进应该说很晚。

金： 那你说为什么，就是我们国家在一开始改革开放的时候，他引进的项目是彩管项目呢？其原因与目的是什么？

马： 这个就是我前面一段没说。实际上就是说全世界人家都在开始看彩色电视了，那我们还没有。我们现在还在看黑白电视。老百姓的生活水平需要这个东西，需要这个东西要拿外汇买，但是我们没有多少外汇。所以就靠自己生产。

实际上它开始得很早，中间不是出了一个“蜗牛事件”？那个应该是在1972年、1973年就开始搞了。就是去考察，考察后美国康宁公司送了个蜗牛作为礼品。人家蜗牛是代表吉祥，结果江青闹了，闹了以后就停下来了。“四人帮”一粉碎，赶快就开始上了。所以说就1977年，好像调查是从1975年、1976年就开始了。就吴老总（吴祖垲）他们带队去调研，调研完了以后1977年就是立项了，就马上批准了。1978年就开始建设，是这么一个过程。

为什么要引进，就是百废待兴，为什么先要搞这个项目呢？其他可能是，就是高和低的问题，钢铁我们已经有了，其他汽车什么的，有了，就是说一个先进落后的问题。从这个黑白电视到彩管电视这是很大的一个跳跃。

金：就是有质变？

马：对。很早就在搞了，后来受江青的影响，把它搁下来了。打倒“四人帮”后彩管、彩电又去赶快上了。

金：你说从这么低的一个起点，到后来世界上所有的包括超大的彩管企业都进来了。

马：这个主因就是跟我们国家有10多亿人，本身这个市场很大。中国的人口红利，劳动力很便宜等有很大关系，所以在中国生产的彩管，在中国生产的一个电视机，有市场，成本低，那你不就都搬来了吗？先把彩管搬来，后边电视机也搬来，所以说发展到最后，彩管和电视机我们都是世界产量的50%、60%。最后应该都超过60%了。电视机也超过60%了，彩管也超过60%了。到后来就更高了，后来越来越高了。我在任那时候就到了60%了。

杨：你看它从这个1977年、1978年开始，到20年以后，就是1997年，一直再到2000年，就是大概用25年的时间，从零开始，到全球产量的50%到60%都多。相当厉害，且真不容易。

马：我们国家的市场一直是占世界市场的三分之一、四分之一。

杨：而且是个理想市场。

马：我记得那时候有个数字就是美国一年是两千多万支，欧洲两千多万支，中国两千多万支，其他加在一起两千多万支，就是这么个比例，电视机消费市场。

杨：我们是世界最大的消费国。

马：消费大国。（笑）

杨：哪怕就是说飞利浦来，它做了彩管，那么飞利浦在彩电也可以在这里再组装了。然后就是上下游结合，这也是奇怪，这十大彩管厂不同的技术，不同的国家都进来。

金：这会不会有问题呢？比如技术标准，质量标准等等。

马：不，它虽然都进来了，东芝是东芝的标准，松下是松下的标准，飞利浦是飞利浦的标准。各自是各自的标准。但是就是到装电视机的时候，就有点儿大同小异了。就是一个电视机厂，北松也用，彩虹的也用，永新的也用，都用。大同小异。但是线路上要做一些更改，不会是完全一样的。但是那时候因为彩管，在我们国家大部分时间彩管的供应是紧张的，过剩的时候也有，大部分是紧张的。为了从各家都能拿到这个彩管，我都要在技术上做一些更改。哪一家的管子我都能装，那装出来的型号是不一样的。电视机的型号是不一样的。

金：你现在如果回头看的话，就是你从 20 世纪七十年代末到你当家的那几年，这个彩虹在走过来的关键的几个点，你能不能简单讲一下？

马：关键的点，当然了彩虹它是第一家彩管企业，第一家就是创造了一个很好的基础。它向外也输出人力人才，一直是国家很重视的。当时是电子部的企业，后来就是国资委的企业，央企。所以是国家很重视。当然也负担了很多社会的责任，但是国家也很支持，各方面都很支持。我觉得还是一届一届的领导班子都有一种不服输的拼劲与精神。

我当时主持工作的时候，我就说，为什么国有企业就没有民营企业那么精心地去运作呢？当年我当那个组长从一进这个厂，那真是全身心地投入，没有白天黑夜。到我主持工作的时候也是，我都养成了一个习惯，都是晚上一两点钟睡的。

杨：他们彩虹人很正派，很努力。这是跟合资厂，跟民营厂都不一样。我觉得他们树立这个企业的文化，这是真的为国家，为人民服务，这是很艰苦的。真的，我们很佩服他们的。

马： 彩虹的企业为什么被国资委作为样板，全国的企业文化研讨会在彩虹召开呢？就是我觉得我们的企业文化，主要在我这个期间总结出来的，但是它的形成是从建厂初慢慢形成的。但是这个东西要有个总结，总结肯定有一个提升。

就是说我们这个企业文化它不是写在纸上，挂在墙上的，真正是跟生产、经营、职工的思想、职工的生活联系在一起的。就是指导生产，指导你的经营，服务于职工，服务于职工的生活。这个企业文化里边，我很少看到一个企业文化里边还有体育健康文化。我们把企业的文化，把它概括成一棵大树，这个根是我们的经营理念，这个树干是指导思想，那个树冠，树冠是由很多组成的，我们的安全文化，客户文化，质量文化，其中有健康文化。很少企业有健康文化，所以我们彩虹的锻炼风气很浓，我是带头走路的。我说我希望大家身体好，彩虹与众不同的就是大家生产也在一起，生活也在一起，隔一条马路，这边工作那边生活。所以我说我们锻炼身体，利用上下班时间锻炼身体，走路，我带头走路。

彩虹人的锻炼风气很浓，后来在福利区都装了很多锻炼身体用的设备。

金： 这个也是因地制宜。

马： 对，就是这样。我们有保龄球场，我们有体育场不说了，我们还有体育馆，我们还有俱乐部。咸阳市开市运会什么的，都有我们的俱乐部。所以真正是体育强企。（笑）

金： 其实你与其说是厂长，其实什么都要管。

马： 对。

杨： 是这样的，就是说2000年你们一个企业的GDP等于这个咸阳市的多少呢？

马： 那时候不光是咸阳市，这个具体数字我记不清楚了。就是省上、市上这个税收不够了，就来找彩虹。那时候彩虹这个彩管大部分时间供不应求，也有过剩的时候，过剩的时候这个效益就下滑，在下滑的时候，市长、市委书记就来找我了。他说你这下滑一点，所有的企业都补不上。所有的企业再怎么都补不上。所以那时候真的，这个企业不容易。当然了人家对我们也很尊重，我记得有一个书记刚上任不久，到我们那儿去开座谈会，我提了几个问题以后，第二天市长带队，到我们那儿来具体落实这个问题。

就是政府对你也是很支持的。领导都很重视很关心！

金：马总，2005年后来你退了，其实我觉得这个其实也是比较幸福的一个事儿。因为你见到了这个行业的比较高的一个点。那你觉得像这么投资其实也不小的这么一个行业，这么早结束，它中间有没有什么问题呢？

马：就说这个企业是吗？

金：就说这个行业吧。

马：行业？我这样，我简单地把这个说一下，就是说，刚才你说后来这么多合资企业，彩虹一直保持了一个比较强的竞争力。就是说一届一届的班子都很尽职，都很重视自己的工作，都很为国家负责，为老百姓负责。我记得让我主持工作以后，在第一次职工大会上，我就站起来代表我们班子，就是叫誓言，也叫宣誓。我就说第一我们为国家负责，就是资产要保持增值，国有资产保持增值。第二个就是为职工负责，职工的生活越来越好。其中一些很具体的，比如说我们要好好学习，好好接受监督，努力工作，要改正自己的缺点。就是一届一届的班子大家都很敬业，都很尽心竭力地搞。当然也有问题，我们也有的班子出了问题。但是总体来说这个企业还是保持一个很旺盛的竞争力和生命力。

你刚才说的这个行业为什么这么早就结束了。这个行业的结束不是它自愿的，它是被迫的。就是有更先进的东西来替代它，就是后面的液晶电视出来了。液晶电视杨总今天也说了，它的诞生跟这个CRT是在一个家庭里面诞生的两个兄弟。CRT诞生是1867年的时候。

杨：彩色显像管是在1953年由美国RCA创办的。1958年又开发了LCD技术。它在1968年已经是成熟的技术了，即15年后就有了，但70年代交由日本量产。RCA公司很伟大，这个第一代显示，第二代显示都在它那儿诞生的。第三代显示最终不知道谁来完成了，第三代就是说OLED的这个。我把它叫作第三代，就是能感应的。

诞生了以后它没有继续往深了研究，后来把这个专利卖给夏普了。夏普从接收研制到产品化，就是能拿出这个产品来，用了 30 年的时间。那么这儿我要说一个什么问题呢？就是说因为技术的发展，社会的进步，一些更好的东西出来了，它要替代。好像手机一代一代的，你看这 iphone3、iphone4……iphone8 不是马上要出来了吗？对，那它的一开始的时候还有很多的不足，很多问题，它慢慢地在完善。以彩管为例，大家感觉到原来的那个有点太笨了，太大了。然后就研究这个东西，原来那个很难做得更大，最大的做到多少？好像有个做到 40 英寸的。

彩管的极限是汤姆逊跟那个东芝就是 38 英寸，那个索尼是做的 40 英寸。这是极限的了，我们那个不能做太大，做太大很重的。没办法安装。所以说起来，马总我也说 LCD 是有极限的，现在说是一百英寸我不相信，我觉得 85 英寸是极限了。到了一百英寸一定有个新的技术代替，现在拼命地投几千亿元，我就不相信它永远可以搞上去，这不可能的。早晚有一天好像我们彩管一样，有结束寿命的决定。

马：对。现在这个海信，海信现在研究出来的那个投影的，它那个投影的不是背投，是正面投，离得很近，就是可以做到一百英寸了。现在这个做到六十几英寸是比较可以的，做到一百英寸以后这个价格也是很昂贵了。所以后边你做不到，我就想另外一个办法做到。海信现在做出来了，就是用正面投影的办法，有的人在家里面就像看小电影一样，它直接投到白墙上就可以看。甚至可以，躺下来放到顶上都可以看。

对，就是说人们有这样的需求，但是你这种技术达不到了，那就另外一种技术诞生了。这个诞生不是说一下子就能成功，经过了千辛万苦，夏普用了 30 年。30 年是怎么呢？它才做成了产品，那真正来替代这个东西的时候，那还用的时间更长，将近 40 年的时间。

那么说有这个新的出来了，这个转折点在哪里呢？这个点就在 2004 年、2005 年。2004 年彩虹在上海 A 股上市，又在香港 H 股上市，上市内容是啥呢？就是彩管。我们当时去推行这个路演，去推这个股票，这些大的投资公司对这个专业的研究都很深很透，他说什么呢？他说你如果这次融资的钱继续去做彩管，我有可能买你的股票，如果你拿这个去搞液晶，搞等离子，我肯定不买你的。那时候你看是在 2004 年呀！我是 12 月二十几号上市，他还都看不透。

杨：当时才 10% 的市场是 LCD，当时主要还是我们 CRT 的。

马：他说你要拿去搞那个东西，那现在是，等于钱都是打水漂的。所以我就不买你的股票了，你要拿去继续搞彩管，那时候的彩管它叫啥？叫黄金油，很挣钱。那时候为什么，刚才范总（范文强）也说了，2004 年是全行业利润最高的，彩虹一家就十多个亿，最高的时候。

金：利润？

马：利润。但是到了转折点，这个转折点，他说再晚一年我们这个彩虹就上不了市了，或者说再晚一个月都不行。过了年以后，电视就是淡季了。一淡季以后马上就反映出来了，彩管业开始下降了。另一个 LCD 把很多技术问题解决了，虽然还不完善，色彩还原程度不如彩管。LCD 当时视角、能耗等原因看了以后还不太舒服的。但是有一些追时髦的人，新结婚的人就去买那个时髦的，摆在家里很漂亮。每年中国结婚的人就八百万，这八百万三分之二的人买也五六百万台了。这就把这个市场托起来了，每年五六百万。所以这一买它就投入得就更积极了，就更大了，它改进得就更快了。所以到了转折点。所以 2004 年、2005 年、2006 年这几年是液晶发展很快的时候。应该说到了一个拐点。

拐点就是性能上达到相当了，比如说我成本比它低，我更便宜，那他也买它的。还有一个，我虽然贵，但是我这个外观漂亮，或者是哪些性能超过它，他也买它的，还有一些赶时髦的人。

当它达到拐点以后，发展更快了，有人投资了，发展更快了。所以它技术的进步就越来越快了，它和那个彩管的电视比，它的优势越来越明显。所以说它很快就发展起来了。那人家替代你了，你就得减产，所以这时候彩管投资慢慢少起来，慢慢就问题多了，彩管这个没人买了，就得关闭生产线。这个替代就是这样产生的。

金：彩虹是哪一年开始减产的？或停产？

马：彩虹，不，2012 年就关掉了。我指的是彩管生产。

金：不做彩管了？

杨：2012 年就不做彩管了，就做液晶？

马：不是，是液晶的玻璃。不是做这个显示屏，只是做里边的玻璃。我就说这个玻璃。你别看这个玻璃，这不是一般的玻璃。从这个玻璃水流下来，宽两三米，流下来这么一个玻璃板，要求平整度，上面不能有气泡，不能里面有渣子、灰尘，这都不能有，还有一个就是平整度要很好。多少年来美国的康宁一直占着 90% 以上的市场，直到后来，因为彩管不行了，日本有几家是专门做彩管的玻壳企业。那你彩管不做了它怎么办？还可以去做这个玻璃，但是有这个技术障碍，它怎么办呢？我用它原来的办法，用浮法玻璃的老办法，做成厚一点的，然后再磨，硬把它磨薄了。这个液晶玻璃一开始的时候是 0.5、0.3，现在要做 0.2。这么大的一片玻璃，这个玻璃是很大的玻璃把它裁小，一开始下来的时候是很大的玻璃，比这个玻璃还要宽，那么大的（比画着），再把它裁成一小片一小片的。

金：2012 年彩虹停产的时候，你去厂里看了吗？

马：没有，我是听到这个消息的。因为我当时在的时候，我曾经说，我们彩虹应该是最后关闭彩管的企业。为什么呢？我说配套能力这么强的，这是世界上没有的，只有彩虹几乎能完整地配起套来。就是从自己配套厂里买来材料以后，它基本上全部能自己装起来。

金：能自己装起来？

马：全部靠自己。所以我们有很强的竞争力。但当时比较早就关掉了，很重要的一个原因是过早投入了 LCD 玻璃，把精力放在那里。没有钱再去运作彩管了。实际说彩虹应该是可以站到最后的。

金：而且它有这个能力与条件是吧？

马：有条件干到最后，它玻壳什么自己都有。你看杨总，汤姆森彩管这个玻璃是从印度运来了，光运输成本多少钱？

金：他就很辛苦？（指着杨总）

马：对。他要增加多少成本？

杨：我们要运那个玻壳过来，做了彩管再运回印度尼西亚去。

马：这个运玻壳，有人说就像运空气一样，很占体积。

金：而且很小心。

马：这个运输费有的是按重量，有的是按体积。要不你一个集装箱装不了多少，人家就按体积来给你算钱。

金：其实马总说得对，他们应该是做到最后的。

马：我们是应该做到最后的。

马：另外最主要是后来我不在位了，公司把精力用在基板玻璃上，投资太大。但没做成功，一下子建了三个厂，又到张家港去建了一个，合肥建了一个，这是投资的大忌。没成功，而且这不是一般的不成功，康宁为什么90%的市场搞了那么长时间？日本旭硝子是用这个浮法玻璃的办法去做。你没有这个技术，必须知道关键所在才行。

杨：马总分析得非常对，我觉得其实要好好分析为什么彩虹就是到2012年以后马上整个变化了。你本来是第一、龙头的，后来你变成什么都不是。这个是企业要总结的最重要的一个点。

马：对，办企业你一定要有竞争力，任何时候都要。

杨：所以马总那个时候他还是保持龙头地位，这很重要，永远都要保持龙头地位。

马：在企业经营里边，说起来有很多很细致的东西，因为彩虹不是配套的能力很强吗？他们就不主张把我的材料零部件除去满足我的要求以外，再卖给别人。卖给别人不是支持了我们的竞争对手吗？我说没有你卖，别人不是买不到就不生产了，他就会去买别人卖的了。我说我们把这个卖出去以后，我们在这个地方还有一个利润。我们那些配套的零部件利润率很高的，像荧光粉、低玻粉，偏转线圈，包括这个汇聚磁环利润都很高的。

杨：所以其实我们整个工厂，做到最后一家，有他们的功劳，没有彩虹我们做不了。为什么？我们做这到现在，最重要的除了玻壳的材料就是有这种荧光粉，最后一家还在生产的就是他们。全球最后一家。我们能到现在还是要感谢彩虹。

金：就是现在还在做吗？

杨：没有，我们一次买足了两年的货。因为他们有计划不做了。所以说没有彩虹我们也活不到现在。

马：彩管这个项目在全世界就是这样，比较起来的话，彩虹已经做到第三了。像低玻粉、荧光粉都是世界第一，偏转线圈做到世界第四还是第五了。就说这些配套零部件也都发展起来了，也都是一个很重要的盈利点。所以这个经营里头有很多的问题。

然后刚才说的话，就是说这个产品替代的问题，在这个行业里边，我原来跟杨总说过这个问题。就是说这个彩管怎么这么惨？等于是都倒闭了。第一个彩管是一个专业性很强的生产，就是它的设备，甚至于厂房，厂房要做其他用的时候不能兼容，也只是用个壳子，其他也用不了什么东西。那些设备，没有任何能用的，只能是一些钢铁，在拆一些零部件，像马达、电机你可以用一些，其他都没用了。它专业性太强了，所以说不生产彩管的，这个企业基本上就关门了。或者是你把它这个房子地方变成做其他的东西，去装汽车也好，去开餐馆也好，就做其他用。你那些设备，那些技术，那些东西是完全没用的。跟它的第二代，跟那个液晶，在技术上是没有任何兼容的东西。

它本来跟等离子还有一些兼容的东西，比如荧光粉了，低玻粉了这些还有很多共同的东西。但是和液晶就完全不一样。

金：等离子自己也死了。

马：等离子也死掉了。

杨：死得比彩管还早。我们做过研究，整个生产等离子的历史只有 19 年。大概三四年前松下跟长虹倒了，我们还在生产。我们彩管生产历史是 64 年，实际它只有 19 年。所以当时虽为先进技术，但我们 CRT 比它寿命长很多。

马：对，等离子就是一开始因为 CRT 尺寸做不大，但是等离子和液晶尺寸都能做大，所以这两个都在发展。在一段时间内它的显示能力，它的成本，它的技术，比液晶还成熟。大家都还比较看好它。彩虹当时就是说液晶投入太大，投入不起。所以彩虹就投入了等离子。彩虹在中国是等离子做得最好的，40 英寸和 50 英寸，45 英寸当时都开发出来了。1.9 个亿卖给长虹了。

对新产品，不是一开始就看得很准，很大程度上真的是碰，比如说押这个宝，对等离子来讲，押宝最后的就是松下。松下是瞄准，当然它液晶也在做了。后来它的液晶跟东芝合了，以东芝去做液晶，它集中力量做等离子。国内来说就是彩虹和长虹两个“虹”来做等离子。但是最后也没竞争过液晶。你就说松下人就不聪明吗？这东西真的很难说，有时候那个技术就一层纸，一捅破就突飞猛进地发展，没捅破之前，茫茫然不知所想。

杨：说现在所有人在说 OLED，OLED 能赢出来？不一定。你全球现在卖的电视机不超过一百万台，OLED，说是容易，但是真的生产到市场的时候，谁能把握？

马：关键就是它能不能有所突破。

杨：对。

马：成本的突破，技术的突破。你替代就是性能、价格变高了。你没有新的价格优势，你永远替代不了它。没有那个是不能解决的问题。

杨：还有一个问题，就是你技术好不一定能赢的。夏普就是例子。夏普首投 20 世纪 70 年代第一家、第二家做 LCD 生产，我觉得它 LCD 的技术做得很好，我们全是 RGB，红绿蓝三原色，它用了黄色。真的，它可以做出黄色。所以它是 RGBY，就是 yellow，最后怎么样？还是卖掉了。

马：我们应该站在这个行业的角度去总结经验教训，哪些东西我们做得对，哪些做错了。做错的不是有意做错，做对的当然是有意的，但是不是很主观地自觉地说我就看中了液晶肯定比这个等离子强，还有我投了等离子，他投了液晶，跟买彩票，买股票这种很相似。

杨：我们没有水晶球的。大家都是，所以我们都是很平等的，大家都没说出来。我们没有所谓对错，就是总结经验教训而已。

马：最后我再说一点，这个事我觉得要总结经验教训，我们国家这个彩管，我刚才说了，一代一代地演进，但是韩国的 LG 和三星，彩管的引进跟我们几乎是同期的。从日本引进的。但是韩国的这两个企业很快就不引进了，人家就自己研发了，然后第二代 LCD 虽然是成功在夏普，但是收获我觉得是 LG。在液晶上收获最高的是三星、LG。我国台湾地区后来也跟上了。

金： 你说这是什么原因呢？

马： 我就分析这个原因，第一个就说我们国家的体制。一个民族，一个国家的创新能力是全方位的。比如说这个专利保护。国外的很多技术为什么不敢到中国来呢？中国模仿能力太强了。比如说现在提“大众创业，万众创新”，或者是搞工匠精神，还得下面要具体去落实。

韩国跟我们不同的，我当时就是总结两点，第一个，韩国虽然起步晚，但是韩国政府就是要瞅准几个企业，就不惜一切地去支持它。对你这个企业没有什么考核，没有什么是负债率的要求，我就要求你把这个东西给我拿下来。这是韩国人在这一点上我们不得不佩服。

韩国在开始生产出来彩管以后，为了要争取外汇，再去买其他零部件什么东西的，国内先不满足，先出口彩管。汽车也是这样。汽车也是先出口，而且汽车是不进口的。韩国很长时间没有进口汽车，或者只有极个别的，坚持用自己的汽车。所以这就是一个过渡。亚洲经济危机时候，韩国人能够把金银首饰拿出来捐献给国家，这就是一个民族，一个爱国情怀。你看我们国家现在的汽车，我们民族品牌有几个呢？你虽然是生产大国，钱都让人家拿走了。现在咱们的总理不经常说吗？朱镕基总理也说，我们生产的东西，我们是赚了个辛苦钱，赚了个零头，关键钱都让人家赚走了。GDP 有多少是外资的企业，在你这个国土上生产的，都是人家的。

所以说还有一个区别，我们在引进人家技术的时候，我们就是合同上规定了派几个技术专家来支持我们，其他没有了。然后你学习，几个人次。在韩国、日本的工程师，叫周末工程师，周末人家就到那儿去服务，你有什么技术问题，帮你解决。到后期，我也用了这个办法，我把他们一些退休的人聘请来，帮我们技术攻关起了很大的作用。

但是人家在初期那个阶段，人家就能用这个办法，技术上很快就上去了。后边人家就不再重复引进了。我们的彩管还是引进了一代又一代，直到最后，我们开发得还是很少。北京松下主要还是从松下拿来的，北京松下是个生产企业，研发在松下，到后期逐渐有了一些（研发）。主要是松下研发完了以后到你这儿来生产的，彩虹没办法，彩虹自己做了。但是我们的基础很差，技术含量不很高，不是很容易出来的。一个国家一个民族没有创新，没有工匠精神是不可想象的。

彩管企业研发这些新产品，研发是个资金高投入，人才高投入，时间高投入，夏普 30 年研究出这个东西来。实际上 30 年出来以后，还没有完全替代这个，真正替代的时候已经用了 30 多年的时间。

我在 20 世纪 80 年代、90 年代到日本实习的时候，东芝和日立这两个企业当时的年收入基本上都在 600 亿美金左右。他们基本上每年是拿出 5% 用于新品研制，5% 就是 30 亿美金。我们国家有几个公司、有几个企业营业额达到 30 亿美金？本身都是小公司，实力不强，研发却是一个资金高投入、人才高投入、时间长久投入的事情。

马：所以在这种情况下，我呼吁，一个公司应该力所能及地（做研发），华为就是一个很典型的。华为任正非从开始就很注意研发，一开始的时候恨不得把全国应届大学毕业生尖子五千人全部收过来。然后他就筛选，不行的出去。方法尽管很残酷，但是成就了一个伟大的企业。现在他在世界上有发言权，有话语权。那这就是他掌握了人才。

马：有了人才，然后来投入，他的产品就慢慢出来了。还有一个是资金的问题，小企业根本就拿不出那么多钱来，怎么办呢？我在很多场合下提出来，这就要发挥社会主义的优越性，国家要投资。我们国家能把一个原子弹搞出来，把氢弹搞出来，上天入地都能搞出来，却怎么一个笔尖都做不出来呢？怎么一个芯片都做不出来呢？一个机床都做不出来呢？关键看我们重视了没有。如果把这个看成是民族的存亡所在，下决心去开发电视机的芯片，我不相信我们开发不出来。所以我希望媒体一定要呼吁国家拿出钱来，支持高投入、长时间的投入，支持搞研发。

金：好，谢谢！时间关系，到这。

非常感谢马总、杨总！

（访问完）

左：金敏华；右：马金泉

（以上内容，为嘉宾访谈个人观点）

第三个十年（1987 至 1997）
北松滥觞　外资汇流　百花齐放大时代

这十年是中国彩管史最重要的十年，中国彩管业发展到巅峰，先后共有13 家彩管厂成立或投产，计为：北京松下、上海真空、上海永新、深圳麦克（后被三星收购成为深圳三星）、深圳赛格日立、东莞福地、佛山国营彩管厂、天津三星、上海索广、福州中华映管、南京华飞及长沙 LG 曙光。

北京松下彩管公司（BMCC–1989）

当中最早成立的是北京松下彩管厂，于1987年成立，1989年投产。[①]1987年，全国只有一家彩管厂——国营的彩虹彩管厂，虽有另几家其他地方的国营彩管厂正在筹划中，但皆未正式成立。这令北松彩管厂的成立显得别具意义，因为在此之前，中国彩管工业只是引进外国的技术，北松却是首次引进外国资金，由北京市政府出资与日本松下公司合资而成，代表一个新里程的开始，真正有技术、有市场、有资金的外国企业同中国国营电子机构合资，共享技术、资金和市场，成为典范，是中国彩管史上一件标志性事件，宣布了中国彩管史全盛时期的开始，也是中国和世界电子业的一件大事。

当年日本最强的电子公司是索尼，但它专注的是海外市场，本国市场占有率不高。松下在国际上只是排名第二的日本公司，但在亚洲却享有盛誉，因为它是电饭煲的发明者，改变了全世界尤其是亚洲食米族的煮饭方式。松下的创办人松下幸之助有优秀的工匠精神，公司产品力求完美。松下先生商业品德也备受推崇。以香港代理权为例，他把松下产品给予香港的信兴公司，从头至尾没有签过正式的合约，只与信兴创办人蒙民伟作过“勾手指尾”的承诺，便信守至今。即使两位已先后作古，后人亦继承父辈的这种美德，代理权不变。

所以，当年邓小平选择与松下幸之助合作，是英明的。

1978年10月，时任国务院副总理邓小平出访日本，这是“二战”后中国高层领导人首次访问日本。邓小平此行主要目的是参观日本企业的现代化生产情况，而在他眼里，现代化首先是电子工业化。被日本产业界誉为“经营之神”的松下幸之助，早对这位中国政坛传奇人物、中国改革开放的总设计师深感兴趣，希望有机会与他一晤，故一直密切关注邓小平的这次行程。而邓小平同样对松下也很感兴趣，他在日本访问的第三家工厂，正是松下电器的大阪茨木电视机厂。

参观当天下着微雨，但早已退居二线、83岁高龄的松下幸之助仍冒雨

① 王志乐：“松下公司在中国的投资”，《著名跨国公司在中国的投资》，北京：中国经济出版社，1996，页239。

在工厂大门外迎接邓小平。邓小平下车，拾级登上台阶，老远便向来相迎的松下伸出手，两人右手紧紧相握，邓小平还把左手按在松下握着他的右手上。这时，松下赶忙向邓小平鞠躬行礼，然后把他引进工厂。

在车间，邓小平慢慢走着，对每一件产品的生产流程都观察得很仔细。最后来到了微波炉面前，这是当时最高科技的产品之一。厂方工作人员还展示微波炉的操作，把一盘中国点心“烧卖”放进炉中，几秒钟后，便端出来一盘热气腾腾的“烧卖”。邓小平伸手便拿起一粒“烧卖”放进口中，工作人员很意外，禁不住有点紧张，显然没有料到他真的会品尝。邓小平品尝过后，神色怡然地说：“味道不错。”在场所有人都松一口气，并开怀大笑。

松下幸之助也随着高兴地笑着，觉得这位中国领导人做事务实，不会只停留在表面印象，而是敢于尝试，对他更为佩服。

参观过后，邓小平与松下举行了会谈。邓小平坦承中国的工业仍很落后，此行是抱着请教的态度来参观日本的先进企业的。他表示，今后我们要搞现代化，在自力更生的基础上，准备吸收外国的技术和资金。没有电子工业，便无法实现现代化，所以希望松下的电子企业到中国去投资。

邓小平如此坦率，令松下倍感亲切。当邓小平问他能否为中国的现代化建设帮点忙时，他当即不假思索便答：“无论什么，我们都将全力相助。”

邓小平十分高兴，立即邀请松下幸之助到中国考察，松下亦欣然接受邀请。

1979 年 6 月，松下到了北京，是中华人民共和国成立后第一位访问中国的世界级企业家，他受到国宾级接待。

邓小平与松下在北京两度会谈，松下对邓小平说，将会联合日本电机和电子企业，一同帮助中国电子工业迅速迈上一个台阶。

回日后，松下果真约见了日本一些电子工业巨头，并接受日本记者采访，谈他对中国改革开放政策的看法。松下说：“中国领导人对实现国家现代化的热情，谦虚而求实的态度，处理问题的灵活性，都令人感动。日本和中国同是亚洲国家，又是邻国。在两千年的历史长河中，日本受到中国文化影响，许多先进技术都是中国传授的，没有中国的帮助，就没有今天日本的发展。”

但由于日本电子业界当时对中国的情况不了解，企业间也存在竞争，故一时间未为松下之言所动，并没有一同协助中国建设现代化的打算。松下的助手建议他写信把日本企业界的态度告知邓小平。但松下认为，正因为无法实现约定，更必须当面说明。于是，这时已 85 岁的他，再次踏上访华之路，亲向邓小平致歉。邓小平对他说，事情没办成不要紧，但情谊仍在，只要彼此有合作的愿望就行。松下很感动，表示他的公司将独立与中国合作，在北京建彩管厂，为其他日本企业树立一个中日合资的典范。

合资的彩管厂要放在北京，本来不是合适的地点，因北京并非工业重地。但为了显示中日合作的巨大意愿和全球这么大规模的日系企业落户中国的重要性，故而选址北京，而且不必定谁来控股，平均各占一半股权，完全建基于双方对彼此的信任和真诚合作，股权分配 50∶50，是中国彩管业唯一的一家。中方的人当董事长，日方的人当厂长。日本负责技术、资金和海外销售，中方负责土地、行政批文和本土市场。北松更是中国第一家被认证向美国出口彩管的生产企业。

与松下合资，中国不但可吸收、引进外国的资金和设备，而且可在技术上面向国内和国际两个市场。北松引入松下的经营管理制度，表明合资公司并非仅仅是双方共同出资而已，还要确保公司有足够的能力对应激烈的国际竞争，经营管理方面的诀窍亦要配套引进。

由于当时日本加入了美国等西方国家成立的“输出管制统筹委员会”，所以北京彩管厂的建设，困难重重。但松下幸之助态度坚决，亲委时任松下商社社长山下俊彦亲自处理这个项目。随后数年中，山下俊彦在中日两国政府间多方奔走。终于，1987 年 5 月 22 日，松下与北京市政府和电子部等有关单位的四家企业合资的北京松下彩色显像管有限公司（简称北松）正式宣告成立，合同签字仪式在人民大会堂举行。国务院副总理李鹏还会见了前来出席签字仪式的松下电器产业株式会社社长古井昭雄一行。

1988 年 4 月 28 日，北松综合办公大楼工地奠基。建设期间，李鹏等中央领导人一直关注着进展，多次到工地视察。

松下幸之助当时已病重，但在病榻上一直仍关注北京彩管厂的情况，当工厂竣工的照片被送到他面前时，老先生脸上不禁露出满意的笑容。

北松的成立，创下了两项纪录：一是双方投资达到248亿日元，是当时投资规模最大的中日合资企业；二是北松当年投产便当年盈利，引起了日本业界轰动，其他日本公司纷纷到北松参观，并随松下的脚步陆续进入中国。[①]

1989年6月3日，中国第一支21英寸平面直角彩管在北松诞生了。[②]

北松生产出21英寸彩管后，松下很快便于1991—1992年把最新开发出的29英寸纯平彩管的技术引入中国，成为中国彩管的标杆企业，带动中国其他彩管厂都想造29英寸。[③]但初时因未看通中国市场的潜力，故年产只有30万支，不够供应市场，此所以后来汤姆逊的29英寸彩管进口后能有很大的市场占有率，但这只属销售上的成功，真正带动中国彩管发展模式的是北松。松下在一九八九年春夏之交的政治风波后的留守及继续发展，也给世界其他外商发出重要信息，令他们有信心到中国投资。因此，中国彩管业协会（一个民间组织）多年来一直推举北松的董事长当会长。

从1990年到1996年，北松产品销售额从6.5亿元增加到29.4亿元。而中国改革开放30年来，中国经济持续高速增长，松下电器亦分享着红利，中国成为松下最大的生产基地，贴着“Made in China”的松下产品，一半销往全球市场。[④]

北松的成功，与松下公司的文化有不可分割的关系，北松在引入松下的经营管理的同时，亦引入了松下公司可贵的文化。北松提出口号：问题，要预防在先，一旦发生了，要努力使同样的问题不发生第二次。公司还认为，

---

① 上述北松公司的发展以及有关邓小平和松下幸之助之间的交往等，主要参见：新京报社编著：“松下幸之助和邓小平有个‘君子约定’”，《日志中国：回望改革开放30年·第5卷》，北京：中国民主法制出版社，2009，页43–49。

② 北京·松下彩色显像管有限公司社志编委会：《北京·松下彩色显像管有限公司社志1987.7–2000.12》，深圳：深圳宝峰印刷有限公司，2001，页29。

③ 志书编委会编：《北京工业志丛书·电子志》，北京：中国科学技术出版社，2001，页288。

④ 参见：新京报社编著：“松下幸之助和邓小平有个‘君子约定’”，《日志中国：回望改革开放30年·第5卷》，北京：中国民主法制出版社，2009，页49。

要激励职工的积极性，光靠物质手段不够，关键是要把职工培养成具有使命感与责任感的现代产业人。所谓使命感，就是人想干一番事业的那种积极性。为此，公司制定了“目标”和“十精神”，不但挂在办公室墙上，还印在每个职工的工作证上。每早工作前，全体先朗诵一遍。每个周一，全体列队进行爱国主义教育，升国旗唱国歌，升北松社旗和松下社旗，唱社歌，令职工心中油然生出荣誉感。每个月第一周的第一天早上，中日双方的总经理都要站在公司大门口迎接职工上班，以此向他们的辛勤工作表示感谢。

北松首任日方总经理蜷川亲义，在开厂初期便发表了有名的“船论”，提出对北松员工的具体要求：要把公司看作是一艘大舰艇，因为大，便易被认为它安全，但其实舰是浮在水上的，所以经常有着沉没的危险，海也非总是平静的，会有风浪，即使平静时，若操作不当舰艇也会沉没。每一个人都应是优秀的职工，全体职工要相互协作。[①]

而首任中方副总经理张仲文亦向全体员工提出要求：去掉国营企业“等靠要”的臭毛病，加班加点不计报酬。

尽管现代化工业管理需要员工绝对地服从领导，但北松从不提倡一味地服从，而是鼓励下级向上级提意见和建议，公司设有每月一次的恳谈会，就是提供机会让职工给公司提意见和建议，培养有创造性的人才。[②]

北松多次获评为“优秀外商投资企业”“北京市年度十佳外商投资企业”“全国十大最佳合资企业”，所产彩管亦屡获中国电子质量协会的“产品服务质量用户双满意”称号。[③]

北松厂直至2009年停产时，松下秉承一贯的君子风度，把自己对厂房

① 王超逸、马树林编著：《最卓越的企业文化故事：软实力与企业文化力》，北京：中国经济出版社，2009，页172。

② 有关北松的公司文化和成功因素，参见：中央电视台社教部、中国经营报社编辑部等：“北京松下显像管有限公司的内部管理”，《走向市场：转换企业经营机制方法谈》，北京：中国统计出版社，1993，页290–296。

③ 刘光明主编，高静、黄克凌、楼明星副主编：“本章案例：松下集团的‘质量文化’”，《工业文化》，北京：经济管理出版社，2015，页289。

土地的一半拥有权也送给北京市政府，这块地到2017年时每年租值是四亿元人民币，即是说松下每年送给北京市政府两个亿。现在北松原厂址内设有一个永久的松下纪念馆，无论中日关系有何波折，中日商界的友谊是长存的。

北松以外，中央政府见彩虹厂十分成功，觉得中国生产的彩电有条件在供内需之余，也可外销赚外汇；地方上，也由于彩虹的成功带动了一连串的工业，故其他城市也研究是否要建彩管厂来启动自己的工业和经济发展，开始各显神通。

当时中国工业的中枢是上海，故上海自然也希望拥有自己的彩管厂；南京一直是华东的电子基地，已拥有华东电子厂，对彩管工业当然也不甘后人；已成特区的深圳，也伺机而动。

深圳虽已划为经济特区，但此时没有人才技术，尽管如此，深圳在20世纪80年代初已在考虑要建彩管厂。为什么要在深圳搞彩管厂？是因为深圳的地利，产品除了可满足中国南方地区的需求外，还有利出口。当时已有香港厂家生产14英寸和21英寸小屏幕彩电，供应欧美及东南亚市场，因欧美彩电厂家此时只生产大屏幕彩电，而亚洲在电子产品消费上一直比欧美落后至少十年。深圳若生产彩管，便可供应给香港的彩电厂家。

但由于深圳本身缺乏人才和技术，于是找上与彩虹合作的日立。深圳知道日立对彩虹只提供技术，几年后日方便撤走技术人员，彼此再无关系了，所以要求日立跟市政府属下的深圳电子集团（Shenzhen Electronic Group，简称SEG，音译为赛格）[①] 搞个合资彩管项目。因为只有长远的合作，才可保证技术不断得到更新改良。但日立老谋深算，虽然合资后所生产的彩管品牌被称为“赛格日立”，令日立可在中国打响品牌，有助其品牌彩电在中国的营销，但它对深圳这个彩管项目的前景仍多少存疑，故只想卖技术赚钱而不想

① 据载：“深圳赛格集团公司前身为深圳市电子工业总公司。1985年，深圳市电子工业总公司改组成深圳电子工业（集团）公司，成为当时深圳市政府直属的大部分电子企业的控股公司。同年，深圳电子工业（集团）公司更名为深圳电子集团公司。1988年，深圳电子集团公司易名为深圳赛格集团公司。”管跃庆等编著：《企业改制上市融资》，南宁：广西人民出版社，2004，页199。

投入太多资金，只肯占 25% 的股份。由是深圳赛格日立彩色显示器件有限公司于 1989 年成立，由中方控股，获国家支持，由第四机械工业部直接派人到深圳协助成立，由彩虹调派人才前往协助，于 1991 年投产。[①]

图片出处：建设部勘察设计司：中国建筑工业出版社主编：《中国建筑设计精品集锦 1》，北京：中国建筑工业出版社，1999，页 171。

深圳同时引进康宁技术成立了中康玻壳厂，本来也邀请康宁合资但遭拒绝。美国人一直的宗旨是，可以提供技术，可以协助产品出口，但不会合作投资。[②]

① 据载："该公司注册资本 3600 万美元，其中深圳赛格集团公司占 45%，中国彩虹电子集团公司占 30%，日本国株式会社日立制作所占 25%，合资期限 30 年。"参见：管跃庆等编著："深圳赛格日立彩色显示器件有限公司"，《企业改制上市融资》，南宁：广西人民出版社，2004，页 199。

② 据载："该公司于 1989 年 5 月由中国电子信息产业集团公司、深圳赛格集团公司、香港康贸发展有限公司合资经营，经国务院批准成立的。1992 年 10 月正式投产，是全国电子工业史上一次性投资规模最大的企业，为广东省特大型工业企业，深圳市高新技术企业，也是国家第一个出口创汇的玻壳企业。经过产权调整，股东为深圳赛格集团公司、深圳彩虹集团公司、赛格（香港）有限公司。1995 年，董事长由赛格集团公司董事长王殿甫兼任。"广东省地方史志编纂委员会编：《广东省志·电子工业志》，广州：广东人民出版社，2000，页 245。

深圳除了赛格日立外，还于1987年搞过另一间国营彩管厂——现代电子（深圳）实业有限公司，英文简称（MAC），音译作“麦克”，并于1989年正式投产。麦克的故事，要追溯至发生在上一个十年（1986年）GE与RCA合并一事，合并后，GE派出赖维尔（1972年“蜗牛事件”中出现过的那位年轻RCA接待代表，现时已成为RCA高层）找到一位姓叶的美籍华人作中介，成功把美国通用电气（GE）所有的彩管生产线卖了给北京，签约仪式在人民大会堂举行，中方负责的是第四机械工业部。这中介人把GE那批设备分割成三部分，分别落户三个城市——最大的28英寸大屏幕生产线归深圳麦克，但麦克在1989年正式投产后，因所产彩管合格率太低，低于50%，所以1993年便要停产，只有短短4年的寿命；[①]第二部分，据彩管办主任季国平指出，那是不完整的生产线，本给了湖北宜昌准备做彩管，但因技术落后而一支也没有投产；第三部分给了上海，1949年前上海已是中国的工业基地，拥有优秀的工程师和技术人员，当时中国质量最好的手表、自行车、收音机等工业产品，都产自上海，故在彩管工业上也不甘落后。由成立于1987年的上海真空管厂（简称上海真空），用中央分配下来的GE的14英寸小屏幕生产线生产彩管，于1990年正式投产。但跟麦克一样，由于用的是GE的残旧设备，产质欠佳，故1996年便停产了。[②]由于法国汤姆逊接收了美国RCA的彩管业务，也一并接收了原GE彩管的零部件业务，故香港的新骏公司自1989年至1996年一直协助汤姆逊把RCA的GE型彩管零部件进口给上海真空。

这三个厂的失败，究竟出于何故？有理说不清。美国人说是因为中国人学习技术未过关，故美国专家撤走后，中国自己便搞不好。而中国人则指GE的干粉技术欠佳，因而日后对美国技术都心存忧虑。平心而论，GE的干粉技术在美国曾成功生产了三十年，只是到了中国后便失败，可

---

① 该公司投产和停产时间，参见：深圳市地方志编纂委员会编：《深圳市志·第一二产业卷》，北京：方志出版社，2008，页427–428。

② 翁征洋、林起章主编：《探索上海科技与经济优化组合之路》，上海：上海科学技术文献出版社，1989，页182。

能是橘越淮而枳的又一例子。这例子还证明了纯购买外国技术，但对旧设备、旧技术欠缺足够认识的情况下，技术转让难以成功。这是一个巨大的教训。

彩虹是例外，因彩虹用的日立技术是很好的技术，是 RCA 彩管青出于蓝的大弟子，彩虹的技术人员又学习得很好，素质很高，加上彩虹厂是纵向整合，整体引进，用的是自己的玻壳荫罩等配件，令成本大大降低，故而成功。可惜地处内陆，不利出口，中央才会有在深圳另设彩管厂的计划。这亦是中国最后两家彩管厂都在广东的地缘因素。

上海工业底子厚，大学多，人才多，人机灵，估计到 GE 的旧设备和技术不行，于是早做打算自行再搞另一现代化彩管厂，得到中央批准，并决定采用东芝的技术，因东芝的技术非常好，尤其是大屏幕彩管，甚至优于彩管始祖 RCA 汤姆逊。考虑到国营厂进口设备要付关税，于是上海想找东芝合资，但东芝只想卖设备，无意在中国投资。上海市政府转而找来香港的沪籍纺织业家族曹光彪的香港永新技术开发有限公司入股 25%，取名上海永新彩色显像管股份有限公司，于 1987 年底成立，合资期 15 年，享受中外合资的“三减两免”优惠，两免是免进口设备关税和免首两年的所得税，三减是第三年开始的三年减半征利得税。虽说是沪港合资，但永新厂却是 100% 由上海管理。[①] 曹光彪 1920 年生于上海，祖籍宁波，50 年代到香港创办毛纺厂，1985 年与“船王”包玉刚联合创办港龙航空公司。2001 年获授“上海荣誉市民”称号。[②]

① 翁征洋、林起章主编:《探索上海科技与经济优化组合之路》，上海：上海科学技术文献出版社，1989，页 184–185。又参见：申银万国证券股份有限公司撰：《上海广电电子股份有限公司重大股权、资产出售交易报告书》，上海广电电子股份有限公司，2005 年 11 月，页 9–10。

② 罗炳枝主编:《上海人走出国门》，贵阳：贵州人民出版社，1994，页 337。

上海永新彩色显像管股份有限公司

上海永新因得到东芝的技术，十分成功。1990 年正式投产，后来发展到生产 21 英寸直至 29 英寸，技术十分完整，年产能力达 850 万支。① 至于上海真空，虽然 GE 的技术不济，所产彩管质量略为欠佳，但因为上海本身有生产内地优良品牌的电视机，所以上海真空生产的小屏幕彩管也不愁出路。后来上海市政府把上海真空行股份制，并于 1987 年在上海 A 股上市，开国有控股公司上市的先河。②1992 年，上海真空再开先河，成为第一家在上海 B 股上市的国有控股公司。③后来红光也成为四川第一家在B股上市的工业集团，南京熊猫也于 2004 年成为在香港 H 股上市的第一家内地工业集团，这些“第一”全都跟电子有关，可见电子业在中国工业史和金融史上的重要性。

在 1993 年停产的深圳麦克，于 1996 年遇到了重生的契机，当时韩国的三星想进军中国的彩管市场，原想在比较接近韩国的天津设厂，但中国机电部设下条件，三星可在天津注册合资企业，但只可先造通信器材设备。至于

① 参见：申银万国证券股份有限公司撰：《上海广电电子股份有限公司重大股权、资产出售交易报告书》，上海：上海广电电子股份有限公司，2005 年 11 月，页 9–10。

② 范永进、强纪英主编：《回眸中国股市：1984–2000 年》，上海：上海人民出版社，2001，页 340。

③ 参见：金德环主编：《当代中国证券市场》，上海：上海财经大学出版社，1999，页 214。

彩管，则要三星先接手已停产的深圳麦克，传闻三星要付8000万美元才可拥有原麦克的生产许可证和设备，至于厂房和土地，乃至合资公司的股权，深圳赛格集团仍拥有20%股份。①

当时中国为了保护自己的彩管业，故所有外国进口彩管都需要向中央申请批文，申请外汇向外采购，并要向海关付进口关税。生产彩管亦需向国家计委及机电部等中央部委申请许可证，进口生产设备亦要海关批准——付税或减免。要得到这些批文许可证并不容易，而且外资投资彩管厂，所产彩管内销比例只能等于外资所占股份比例。三星为求落户中国，接受了所有条件，麦克成了“深圳三星电管有限公司”，后于1997年改名为“深圳三星视界有限公司”。②后来于1993年成立的天津三星厂亦于1998年获准生产彩管，于是三星在中国便拥有一北一南两家彩管厂，是很完整的战略，也是中国唯一有南北两个生产基地的彩管企业。③

三星当时看似吃了亏，但韩国的彩管技术虽然来自日本东芝，④是很好的

---

① 据载：“1993年9月，MAC公司因管理不善导致严重亏损而停产。1996年9月，又被三星电管（香港）有限公司和深圳市投资管理公司共同收购，重组为深圳三星电管有限公司，总投资6.05亿美元，其中三星电管公司投资4.84亿美元，占80%股权。企业进行技术改造并引进韩国三星公司的生产线和技术，年产20寸、21寸彩色显示管（CPT）225万支，14寸彩色显示器（CDT）182万支。同年10月，赛格日立公司32寸以上大屏幕彩色显像管后工序生产线进行技术改造。1997年8月，三星电管公司（后更名深圳三星视界有限公司）投产。翌年6月，赛格日立公司又投资8.15亿元，进行年产40万支34寸超大屏幕彩管项目改造。至于2000年末，全市生产彩色显像管的企业有2家，年产能力800万支，当年实际生产553.85万支，占全国同类产品总产量的13.9%；实现产值37.5亿元，产品远销美国、韩国等地。”参见：深圳市地方志编纂委员会编：《深圳市志·第一二产业卷》，北京：方志出版社，2008，页428–429。

② 参见：深圳市地方志编纂委员会编：《深圳市志·第一二产业卷》，北京：方志出版社，2008，页429。

③ 参见：干春晖主编：《并购案例解读》，上海：上海财经大学出版社，2005，页178–179。王志乐主编：“三星公司在中国的投资”，《2001跨国公司在中国投资报告》，北京：中国经济出版社，2001，页271–276。

④ “三星康宁和赛格三星都是采用美国康宁公司的设备”参见：齐安甜著：《企业并购中的实物期权与博弈分析》，北京：中国金融出版社，2007，页538。

技术，却毕竟是三手的技术，当时在世界彩管市场上落在美欧日之后，连彩虹都比不上，若非靠接手麦克实现在中国生产彩管，后来也不会靠纯平彩管一炮而红、大赚特赚，现在韩国三星更成了LCD电视机的王者，其在深圳的原彩管厂厂房的地价更升至天价。

接手麦克后，深圳赛格三星实时投产，但初期只是从韩国进口彩管组件，到深圳略做加工便推出市场，而非真正在深圳生产，直至将全部GE的设备更换成三星彩管设备后，才真正地生产三星技术的彩管。

南京电子技术底子也很好，南京生产的熊猫牌黑白电视机一直称霸中国，所以自然也希望能拥有自己的彩管工业。欧洲电子业界中，向来以荷兰的飞利浦称冠，法国的汤姆逊居次，于是南京拉来飞利浦合作，于1988年建立南京华飞彩色显示系统有限公司，于1990年投产。公司由飞利浦控股，是中国第一家由欧洲资金控股的彩管厂。[①]韩国的LG亦于1994年在长沙与长沙曙光厂合资成立了长沙乐金曙光电子有限公司，于1996年投产。[②]

南京华飞彩色显示系统有限公司

① 中国建筑第八工程局志编辑部：《中国建筑第八工程局志·1966–1995》，济南：山东友谊出版社，1998，页215。

② 文辉抗、陈清林、李万青主编，卢瑞莲、毛朝辉副主编，中共湖南省委党史委编著：《湖南五十年大事记述》，长沙：湖南人民出版社，2000，页554。

在这十年中，所有要进入中国的有技术、有品牌的外资彩管企业基本上都全进来了：日立、东芝主要是技术引进，美国 GE 和法国汤姆逊是旧设备；资金进入控股的有飞利浦、三星、LG（1994 年在长沙与国营的曙光合资），松下在北京是 50/50 对等合资合作。还有两家纯外资的：1995 年索尼在上海成立了一家独资彩管厂，产品不得在中国销售；1994 年在福州成立的台湾中华映管于 1998 年获准生产彩管，① 同样不得内销。

国营厂除彩虹外，1987 年中央亦批准一直作为深圳工业大后方的东莞建一彩管厂，取名广东彩管公司，已批出生产许可证，但资金要由广东省自筹，人才则可从彩虹借调，技术方面看中汤姆逊在里昂的那条旧生产线。1988 年 4 月准备到法国采购，谁知被佛山中途截走，用来成立佛山彩管厂。省政府谴责并惩罚了佛山市政府和佛山彩管厂所有高层领导，才平息了这场风波。后来东莞决定另引进日立的技术，于 1991 年成立了东莞福地彩管厂，于 1993 年投产。佛山在里昂生产线争夺战中看似胜出，但东莞后来获得更佳的日立技术，可靠又够全面，结果在竞赛中笑到最后。佛山国营彩管厂到 1997 年因技术得不到更新而产效不佳，且缺外国资金和国际市场，被迫停产。后来于 1999 年被汤姆逊入资控股成汤姆逊佛山彩管公司，2004 年汤姆逊收购东莞福地，与汤姆逊佛山彩管公司合并成 TGDC。

在这个十年中，中国的彩管工业由之前十年的只有中央直接领导的纯国营央企彩虹，进展至现在有中外合资、有国营，百花齐放。有全国营的彩虹（中央）、佛山彩管厂和东莞福地彩管厂（地方），有中外合资但由外资控股的如深圳赛格三星、长沙 LG 曙光、南京华飞、天津三星，有中外合资但由中方控股的如上海永新，有中外各占一半股份的北松，有纯外资的如上海索广和福州中华映管。在这中国彩管业的巅峰时期，全国彩管年产量达数千万支。而下游的彩电工业受惠于彩管产量的充裕，亦大大发展，不但供内销，还有余力可供应海外市场。中国遂成电视机生产大国、消费大国和出口大国。

---

① 福建省福州市地方志编纂委员会编：《福州市志·（第 3 册）》，北京：方志出版社，1999，页 460。

1997 年国营佛山彩管厂的停产，[1] 成为这十年的终结大事，是继光大厂的成立失败及深圳麦克停产后，又一家纯国营厂的失败，象征纯地方国营彩管厂在日趋激烈的技术、生产规模、资金、市场竞争中，不求变便被淘汰。而且中国彩管业从无到有、从小到大、从计划经济到市场经济，适者生存，不适者淘汰的规律正起作用。

① 佛山市地名志编纂委员会编:《佛山市志・1979–2002・第 2 册》，北京：方志出版社，2011，页 1016。

彩管人话当年：
中日共建北松，齐享技术市场——访范文强

嘉宾：范文强（范）

杨向杰（杨）

访问：金敏华（金）

整理：陈汝佳

时间：2017 年 6 月 12 日

地点：中国·广东省·东莞市·广彩城酒店

杨： 中国彩管史最兴旺最辉煌的阶段，从北京松下 1987 年成立时开始，（当时）掀起了中外合资合作的风潮，到我们汤姆森广东成立则是最后一个阶段，退市的阶段。从阶段性来说，彩虹是开天辟地，奠定基础，只有松下出现以后，整个中国彩管业才百花齐放，外国资本、外国技术、出口市场所有都进来，这很重要。所以你的面前是两种身份，其一是北京松下的董事长范文强先生，还有我们中国彩管业协会的最后一任会长，范会长，我们跟其他彩管企业都是会员。

范：（笑）我这会长不如我旁边杨向杰先生，没有东莞彩管厂，彩管行业 10 年前就已经结束了。

杨： 我们行业坚持了 10 年（因为彩管协会会员在 2007 年开始陆续退市）。

范： 因为这个东莞彩管厂还存在，这个协会起码才有这样一个基础，全世界还知道，还关注咱 CRT 行业。大家其实一直在想，它到底能坚持多久，会不会一两年之后、两三年之后？结果一直到了今天，这是一个奇迹。这个不光是中国彩管行业的奇迹，世界 CRT 历史的一个奇迹，恐怕也是世界企

业发展史中的一个奇迹。您可以去考证，就是一个行业能够生存到最后的那个企业，应该是企业当中最伟大的企业。很少有企业能做到，举例说，美国的汽车行业鼎盛时期也是200多家，现在就剩两家了，就剩福特、通用。你好好总结福特、通用，他们为什么能生存到最后？然后你再回来，你再看我们这个CRT的汤姆森东莞工厂，我觉得他们更不容易。

因为汽车毕竟在美国有那么大的市场需求做支撑，可是CRT中国没了，你得在全世界来找它的市场，甚至于刚才你们采访的时候，已经都介绍了，有多难，恐怕要十天十天间隔地来切换生产，这对于大工业生产是更难想象的。那么多的配套企业，零部件，原材料，谁会为你着想，你想生存到最后？谁会陪着你生存到最后。因为企业生存最怕是没有批量、规模小。所以我想我们要总结一下，收编进即将出版的《中国彩管史》。相信这个《中国彩管史》，不仅仅是杨总完成了他的一个情结。当然我很支持他这个事，而且还给后人留下一个念想，留下个纪念。不完全是这样，但主要是这样。

不但如此，更主要的是通过这个梳理，对这段历史的梳理，怎么来的？怎么做的？后边怎么结束的？我觉得这三个问题怎么结束，是我们这次研讨会重点讨论的，会为今后各类型企业的经营，都会有很大的启发。如果市场很大的时候，我们就做不下去了，人家在市场很小的时候，还坚持了那么长时间，把CRT生产的历史从1897年CRT的阴极射线管拉到2017年，容易吗？

杨：如果是彩色显像管就是1953年从美国RCA开始，到今年结束刚好64年历史，是人类历史上“显示行业”最长的一个。我最高兴就是把那个PDP等离子打死了，你说新的一代技术，但是从PDP生产到最后一个样板出来，就19年历史，所以要说它的技术比我们先进，我不承认的。如果它先进，它死在我们前边？它三年前已经在日本松下和中国长虹宣布全球退市了，我们CRT还生存到现在，所以这才是一个奇迹。

范：你是否还记得，应该是彩管业协会在2005年的时候，举行过一个全国的大型的记者发布会。那次来了特别多的媒体记者，当时就是在讨论CRT会不会在明年（当时是2005年，预测2006年）就会被平板电视全面取代。但那个时候我们不得不出来和那些记者一起，大家在北京开了一个会，郑重地对外宣布彩管优越的技术和这些配套整个产业链人的努力，我们有信心坚持得更久。甚至我当时说了一句狂话——那时候大家都不相信，我说也可能平板电视会倒在 CRT 前头。他们说我有点说梦话，不可能。但事实像我们说的，起码我做到了一半以上。（笑）

就是平板有两大类：一类是等离子的，一类是液晶的。等离子的退市在我们前面。然后液晶这个企业也关了好多了，在彩管退市之前关了好多企业，当然现在主流主要是液晶，但是起码我们一半以上还是说准了。所以这次来参加这个活动，我觉得挺好，我们梳理梳理。简单说彩管业协会是 1999 年成立的，实际上成立彩管业行业协会之前有一个背景。大家都知道，长虹囤积彩管事件，是世界上一个非常受关注的中国案例。

这个彩管史中也有非常详细的记载。之后彩管企业痛定思痛，实际上如果彩管行业协会早两年成立，我们那时候以整体的协调的意见来跟长虹对话的话，有可能更好地与长虹交流。也就是我们的力量足够到有可能会提早提示长虹，适时做好方案。但由于那时候我们是分散的，我们是分别在跟长虹对话，所以没有力量阻止长虹一直把这个事情玩到结束。真正结束是 1999 年的 4 月 2 号，长虹宣布大幅度降价，开始结束整个事件。我们彩管业协会是 5 月份成立的，那时候真的是彩管行业一片悲哀，或者叫混乱。不知道经营方向往哪儿走。

杨：我们汤姆逊佛山厂 1999 年 7 月 1 号才成立。

范：所以后来协会成立了之后，大家开始在一起积极沟通、积极协调，效果很好！我们这个协会成立这么长时间，从来没有被国家、被报纸批评过。其原因就是从一开始就非常地注重规则，不搞行业垄断，我们在一起就是沟通市场和一些技术发展，以及全球市场的情况。特别是你代表汤姆森进来之后介绍全球市场这一块，以前我们更多地关注国内，您来了以后，我们就开始关注全球，这个对大家的影响非常大。而且从不同的角度进行分析，每次我的印象当中，您的发言总是有独特视角，甚至一点儿没有迎合大家，完全是为这个行业健康发展发表意见，争论也很厉害，但是最终大家都是受益者。因为大家辨清了形势，找准了方向，所以这个行业是一种非常典型的竞合的关系，既有竞争，也有合作，健康发展。现在有汤姆森彩管坚持到最后，恐怕也和这个过程当中的作用有关系。一直到最后结束，大家并不是恶性竞争，并没有完全进入那种状态，也就是没有让这个行业伤筋动骨，包括其他原材料供应企业等等一个一个都是有序地退出。

我想这个彩管行业在中国的行业协会历史上，应该实质的第一。在这之前基本上行业协会是政府办的，而真正由行业自己办，我们彩管行业协会这应该是第一个。

金：最多的时候协会有多少会员？

范：10 家，因为在中国基本上就是这 10 家彩管企业。

杨：这 10 家全世界最大的全概括了，还有几家自己进来了，没有入会，还有中华映管出口的，好像没有参加。

范：中华映管后期是参加了。

杨：索尼一直没有。

范：索尼没有市场行为，生产完了自己用。所以我觉得这个行业，虽然明天最后一天东莞厂也退市了，但像您也有很好的建议，这个关系还是要保持下去，我们要成立联谊会，现在变成了大家的一个情结。这个行业大家在一起，有一种难以言喻的兄弟感情。

杨：我们真的是兄弟。

金：同享过福，同患过难。

杨：我们非常团结。此外，就行业来说，我们受到 LCD 的冲击，我们应该怎么办呢？团结一致，我们只有团结。

范：而且也是为消费者负责任，我们当时认为是好东西，才会来做，因为阴极射线管的技术从开始到成熟，它的画面、画质、色彩、对比度、亮度等等指标都非常好，它只是笨重了点。在市场营销炒作上被时尚所替代，包括 CRT 的耗能低都是有优势的，大家一直努力把 CRT 这个技术完善，到现在 120 年历史，坦白说，CRT 真的是好东西。

金：范会长，您是不是也是做了一辈子彩管？

范：我 27 岁进入了北京松下彩管。

杨：你总共做了多少年彩管？

范：我做了 22 年彩管。

杨：我们都不够刚才讲话的苏德先生（汤姆逊东莞厂厂长，印度人），40 年。

范：当然，苏德先生是一个最有资格替这个行业说话的人。松下彩管在合资企业阶段，它是第一家。原因也是因为邓小平在 1978 年去日本，访日的时候，他去了两家日本的企业，一个是日产，一个是松下。走访松下的时候，他的感觉非常好，因为什么呢？就是松下幸之助跟他的见面不是接待式的、礼节式的，松下幸之助是听了他说在中国准备改革开放这个想法。明天我会有一个视频，我会给大家放一段视频，给你们特别热烈的感觉。为什么呢？因为松下幸之助当时在日本他有一著名的论断，他说 21 世纪是亚洲的世纪，当时没有人相信。怎么可能是亚洲的世纪，肯定是欧美的，但是他就坚定地这么说，而且还当着记者。当着小平同志的面，他正式地公开说出来。但是他其实心里面在见邓小平之前，他也没底，因为光靠日本撑不起亚洲世界繁荣中心的位置。但是中国要改革开放，他一听非常兴奋，他说，那行，中国要是真正做，他这个论断能成立了。

他没把这个当成外交接待，而是当成了一个特别大的机遇，所以 1978 年第一次见面，第二年他马上就回访了邓小平，来了中国。回访的时候，他深受这个鼓舞，跟邓小平说，他回到日本后，会动员日本的企业来中国，帮助改革开放这个伟大的事。因为他是日本经企会的会长，所以他是有这个资格，有这个能力向日本企业推介中国。但是实际上，让他非常失望的是，他回到日本说了很多次，做了很多工作，最终没有一家日本企业来中国。大家觉得中国当时的社会环境、政治因素、经济能力等，中国怎么能投资呢？

杨：那时候国内“文化大革命”刚刚结束。

范：基本条件都不具备。后来他没办法，他就跟松下公司说，“我们去吧，因为我答应邓小平先生了，我不能不去帮这个忙，开这个头”。但是松下内部的风险评估也过不了，他后来就自己出钱来做了这个事，当然名义上是松下公司。所以他 1981 年第二次再来访问邓小平的时候，他就跟邓小平说松下带头，下决心了。邓小平说谢谢，中国非常需要国外的技术和资金，更需要他们的管理。他说好吧，那他们就给中国做一个松下的样本式的企业，引入松下的管理。1984 年开始确定了彩管，然后漫长的申请过程，那个时候搞合资企业太难了。我查过我们的档案，得知当时的情况，做董事长我可以看最原始的那些东西。

当时你知道我们公司进口两辆丰田车，要国务院总理和副总理在内 5 个人批准。没有政策，汽车怎么从日本进来，怎么批准、怎么报关税、怎么管理等等，都需要总理、副总理批准。外经贸部在我们公司 3 个月开一次现场会，什么问题，出什么政策怎么对应，那时候就是这样。应该说松下幸之助对我们的改革开放真的是带了一个好头，国家领导人也给他很高的评价。你想松下来合资，为什么他能够第一个开工生产？是和大背景有关系的。当然也和国家整个的政策支持有关，彩管从 1968 年开始就是国家领导人关注的项目，最早周总理都提出要在中国建立彩管项目。

电视不仅能听见，还能看见，所以中国政府对这一块还是非常重视。你要做电视，它的心脏就是彩管，彩管相当于汽车里的发动机，没有它，其他的东西都是外围的一些支持的零部件，有彩管才有电视，所以中国政府从一开始一直非常重视彩管这个事。为什么松下幸之助和邓小平达成了要给中国做一个样板式的企业，因为那个时候不知道做什么企业，只是这样一种承诺：要做一个企业。最终选择的是彩管，他一定是跟中国政府的希望是相关的，我想应该是这样。

杨：1978 年开始央企彩虹集团引进彩管的技术，你觉得这个分别在哪里呢？ 1978 年中央已经搞彩管，基地是咸阳彩虹。我个人觉得松下先生也不光是随便挑一个项目，其实是有目的要这个项目。因为彩电在那个时候是中国的第一大电器产品，是支柱、基础。配套工业很重要，而且国家想要研发一个合资的模式出来，会不会有这个成分？

范：从我当时了解是这样，一个是彩虹，当然在大规模地建设发展，但是彩虹模式是国家出资之后，整条生产线、整条技术链的引进，其实中国更希望的是新技术不断出来。事实你看从松下彩管诞生之日起，19 英寸、21

英寸，也就是平面这个概念，是松下彩管带领的。因为它是第一个做 21 英寸平面直角的，超平也是松下第一个代表的。包括后来的大尺寸的 34 英寸、29 英寸的，几乎都是松下。也就是说技术在中国从一个追随者变成一个同步发展者，是我们的一个追求，我们不希望老是跟着人家后边，人家不做的我们整条线买进来。我们希望把研发超前的引领市场的技术引进过来。再一个就是管理。你会发现中国现在很多家大企业，在他们的企业精神当中，第一条都是产业报国，但是这个词最早引进来的就是从松下彩管。是我们第一个把产业报国这口号挂出去，然后新闻媒体、国家各部委来参观，来宣传，广泛地宣传，产业报国这个词最早是日本引进过来的。

不仅仅这些理念，更重要的是管理模式。松下的这种事业计划管理模式，被中国很多的企业拷贝，包括京东方。京东方最后能够得以健康地发展，它就是全面地导入了松下的事业计划管理体系，所以才能有那么多的企业，它还能够控制得了。否则像我们在这种大行业当中，你要想保持不败，保持生存和发展，光靠努力管好钱是不够的，这个需要管理体系的建立。松下在日本比较突出的是这种管理体制，松下幸之助被称之为经营之神，是因为他发明了这套事业计划管理，我在这套体系当中学习了 22 年。出来之后，我把这个体系在鹏博士、富胜科技都做了简单复制，全复制做不到。它是一套完整的体系，简单复制以后效果非常好。

所以外人不太清楚，我当时跟他们说，你放心，因为有这套事业计划管理体制，它能非常快地实现有效的管理。果然事实上就是这样。

金：当然，资金还是重要的。

范：当年很重要，当年你想想我们投资的时候，松下是真金白银的现金一次性打到北京松下账户上。我们成立后一办好银行账户，人家现金全额打进来，全额注册。

杨：合资公司是 1987 年成立吗？

范：1987 年成立。

杨：何时生产？

范：生产是 1989 年。

范：6 月 3 号生产出来的第一支彩管。

杨：它不是技术转让，而是自己的企业，是北京与松下合资的彩管公司，不像彩虹是买日立的生产线及技术，两码事，这个厉害，真的是结合在一块。

范：股比是 50 比 50，两家都是 50%。

金：这其实也是有一个特殊背景。

范：因为邓小平和松下幸之助有一个约定，就是在中国改革开放开始的时候希望得到松下帮助，松下做到了。

金：国内企业大多要 51% 对 49%。

范：50 比 50，特批。而且当时我们公司的名字，中间有个点，北京·松下彩色显像管。

金：也是为了体现平等，是吧？

范：对，那个点实际现在都不让注册。但是那时候就是有一个点，就是别误认为是松下在北京的企业，而是北京和松下的企业。听说这个点当时是老领导谷牧提出的，一开始是一个横道，很难看，最后谷牧说北京·松下。（笑）

金：您说到 22 年。松下是有辉煌的，是吧？

范：有辉煌的，非常辉煌。

金：也有悲壮。

范：非常困难，非常悲壮的，但是它的结束非常负责任，到现在大家回忆起来都很感动。松下是因为合资期到了，20 年，之后有 2 年的结束期，但实际上 20 年到期之前，他们就提出 20 年到了 CRT 不再延长了，因为后边再做彩管没什么意义了。然后就开始谈，谈的时候主要就是员工怎么安置，4500 多名职工，松下非常负责任地把所有员工都安排离开。特别讲一下我们的补偿金，我们给员工的补偿金，到现在北京市没有一家企业超过我们，额度之高很难想象。然后松下象征性拿了 100 美金离开了。目前，院子出租收益很好。

金：就是租给民生博物馆？

范：还有很多，民生、鹏博士、百度，里边很多大型企业，租出了以后效益非常好。为什么数据中心都愿意建在那个院子里？百度的数据中心、鹏博士数据中心都建在那里。就是它的电，北京市只有两个企业有 11 万伏变电站，北京市政府给建的，一个是首钢，一个是北京松下彩管，它的电有足够的容量，又足够便宜，11 万多伏变电站下来的电，是比你用 1 万伏下来的市电便宜很多。所以在那里做数据中心成本低，而且大厂房大空间，一个厂房通底 3 万多平方米，在里边鹏博士搁了 6500 多个机柜，非常实用，规模效应一下就出来了，因为数据中心主要成本就是耗电，电费一便宜，成本低，效益高。

金：可能也赶上北京的好时候，现在北京的房子、地非常值钱。结束时，好像还搞了个纪念碑，是吧？

范：对，纪念碑就是为了纪念松下幸之助和邓小平的“君子约定”，所以为他们俩的那段佳话，弄了个碑。至于门口的那个，那是一开始就有，那是张彭同志设计的，原来北京市常务副市长，也是这个公司第一任董事长。北京市常务副市长张彭同志任北京松下彩管第一任董事长也是中央特批的。

金：今天不可能出现这样的事。

范：张彭是正部级，张彭虽然是副市长，但他是正部级。

金：他这个非常特别，北京松下非常特别。

范：当时李鹏总理给题词，把“北京·松下彩管公司建成世界一流企业，合资企业的典范”。所以北京松下彩管在相当一段时间，是参观的热点地方，那时候宣传口号叫工业学大庆，农业学大寨，合资企业学北京松下。都来这儿，一走廊一走廊的，就是想了解松下的管理，我们都是让日本人在解说，我的投资环境怎么样在改善，政府怎么支持，成为一个宣传的东西。那时候外经贸部为什么三个月一次现场会？说白了也在摸索经验，就是合资企业在中国到底怎么样能够健康地发展？有哪些地方是需要政府改变政策？很多政策都是在我们发展的过程中，国家逐步完善修改过来的。

金：但整个经营还是你们自己主导，是吧？

范：经营就是刚才说了，是合在一块儿的，我们的结构是日方都是正职，但是所有岗位都配中方副职。

杨： 北松做得很好，好像董事长是他，厂长是个日本人，都是实际在工作的，不是挂名的，但有些合资厂咱们中方是挂在那里的，外资方才是实际操作的。

范： 我们非常平等，因为股比是 50 比 50，中方都是副职。一开始，我们认真地去学习人家的管理经验，学好了以后，日方主动让权，中方当政。

金： 那中方的干部是不是都是选出来的？

范： 我们当时在国内最轰动的一件事，就是我们 1987 年开始一成立，就派了 250 个实习生出国，坐着飞机去日本，平均培训八个半月，你知道那时候外汇多紧张。

金： 这个举动在当时很奢侈？

范： 松下幸之助他的名言就是：事业成败在于人，为人投资绝对是回报率最高的。所以他一开始就给大家树立了人才是最宝贵的理念，送到日本，平均培训八个半月。我是这 250 名当中的第一批，5 个人。那个时候去了以后，他们没有任何的保留，反而松下怕你不学。你现在都很少见到那种情况。他给你配的一些专家、老师们，你要什么他都给你什么，教你什么，没有保密没有保留。

金： 现在我要在报纸上写这个，估计现在的年轻人都不相信，因为现在中日关系完全不是那个时候那种情况了。

范： 当时确实是。我觉得松下公司，松下幸之助到现在为止都是诚信的。按理说人家离开，人家有 50% 的股份，资产要评估，按理 50% 现金要分给人家，但人家象征性拿了 100 美金，剩下全留下来。

金： 如果要算账的话，松下能拿走多少？

范： 当时我们现金存款 6.5 亿美元。

金： 他也没分一半。

范： 就拿 100 美元。

金： 这个也是难以想象。

杨： 对，这说明人家的企业道德多高尚。

范： 他说我们一块儿合资了 20 年，20 年结束了，他要离开了。他所有的都留给中方，说白了，跟我们说的两口子过日子，最后离婚了，裸退，很像。

金: 所以我现在也理解了，为什么你们的情感会深，肯定是有很多原因的。

范: 包括我现在，也还在帮他们，现在成立松盛元科技跟松下合资，帮他们在中国做合作，都是在相互帮助，为什么？我喜欢他们这个负责任的精神，真的是这样，你很难再找到这样的伙伴。如果在分手之前，他说好，我把 4500 名职工交给你中方处理，我裸退，那也可以理解，因为中方要安置这么多职工，复杂程度，风险等等都有。人家不是，人家帮着你安排，剩 40 个人了，人家拿 100 美金才跟你说再见，人家就这样走了……

杨: 真的是不容易啊！

范: 中方后来在松下走了之后，职工都安置完了，分了 3 个多亿现金。

杨: 其实合资的时候，公司内的土地是不是大家共同拥有呢？

范: 都是合资公司的。

杨: 整个北京松下历史就是 1987 年到 2009 年，就是 22 年的历史。

范: 22 年。

杨: 刚才范会长说的，北京松下不光是带动了整个中国彩管业，中外合资的开始，开始如三星、飞利浦进来，股份就是外方他们控股，也有国家中央企业控股 100%，外方少数技术入股，也有地方政府控股，其他都有点虚的。我认为北松成立才是真正的合资风潮开启了。而且不光是彩管行业，对整个中国的合资风潮影响更大，松下这个世界级的企业，真正的合资，对中国的合资企业在 20 世纪 90 年代开启并发展壮大很重要。

范: 那时候是给大家树立了样板，比如对员工的照顾、关心。第一培训，250 人赴日本学习时震惊了一下。每人都有宿舍，我们都搬进去了，每人一居室、两居室、三居室，根据不同的年龄，都有住的地方。那个时候在北京，就这两件事吸引人，有房子住，能出国。所以我们招聘，每次招聘 100 个人，应聘来的人太多了，得来 10000 人，大家都希望进这个企业。

客观原因是什么呢？让中国的企业明白了原来我们也要培养员工，也要在培训上下本钱，因为事业成本在于人。培训人员是回报率最高的，这些理念进来，在中国落地了。

范：资金那么紧张，公司拿出钱来盖房子给大家住。然后管两顿饭，在国内企业管两顿饭也不容易。

杨：用现在话说是天堂一样。

金：工人日常用餐方面最多管几顿？

范：现在管几顿都有了，在当时没有。当时福利最好的国营企业最多就是便宜的福利食堂，比如说买的饭、菜比较便宜。但是松下彩管是早饭、中饭免费，为什么免费？松下一开始也不是免费的，都是参照国营企业的优惠，低价卖给大家。但是工作的时候，有员工头发晕。问他为什么。这些孩子不吃早餐，不吃早餐出来干活，可不是容易晕吗？一发现，马上干脆在公司两顿饭，全部免费随便吃，再没晕的了，员工吃的一个个胖胖的。最后很多人离开彩管到别的地方工作，回来你问他说，你离开彩管你最想念彩管什么？就那两顿饭，我到现在都是，我在我们食堂早上吃油饼，我敢吃，吃一个，吃两个都行，那油很干净，出去不敢吃了，怕那地沟油不好。所以现在好长时间不吃油饼了……（笑）

杨：在你记忆中，从 1989 年生产第一支彩管开始到结束，总共生产了多少彩管，有没有概念？

范：我们应该有这个数字，大概 1 亿 1000 多万支彩管。

金：就是 22 年，其实 20 年。

范：生产就是 20 年。

金：有两年干啥？

范：还有两年前面的，1987 年到 1989 年有一生产设备安装，大概是生产 18 年，应该在 1 亿 1500 万支左右。

杨：生产总值大概是多少？

范：这个数字没有记住。

杨：整个中国彩管行业是通过彩管这么多年生产，我们生产了多少彩管，中国整个彩管产值，以及有多少行业的从业人员，这方面有没有统计一下？

范： 直接的这个有，行业直接的，就是生产彩管和它的主要的零部件，比如说玻壳，这些有，估计十五六万人。但是你要是说跟它相关的人，彩电也相关，然后销售环节都算，肯定过百万人。

杨： 不包括电视机厂？

范： 包括电视机厂，上下游相关产业肯定过百万。

杨： 应该是第一大产业。

范： 对，第一大产业和支柱产业，当时对彩管彩电企业夸赞就因它是支柱产业，那个时候没有别的。轻工业都不行，我给你一个数字，长虹在中国电子百强光做彩色电视机，在中国电子百强当中排第一。

范： 关键是中国人这个习惯，受社会时尚牵引，爱攀比。

范： 当年你没一台电视机娶不来媳妇。就像现在你没房子娶不来媳妇一样的，那个时候就电视是刚性需求，但现在是房子……（笑）

金： 当时是电器三大件，是吧？

杨： 超前消费，我有个 21 英寸，你就要 25 英寸，他要 29 英寸，越攀比越厉害。

范： 彩电当时是时尚风潮。

杨： 反而大家说印尼、印度的边远地区的地方彩管电视坏了还容易修理，可以用十多年，但中国就没有这个修理观念。

杨： 其实我们 CRT 的指标，比 LCD 还要好得多，耗电量、辐射什么，我们很多性能都比它高。但是没办法，潮流就是这样……

范： 潮流就认为液晶好，在我们北松关门之后 8 年，汤姆森它能把这个显像管坚持到现在，真的要好好总结。说北京松下彩管只是说我们那段合资企业那一段，还是因为是带头的，说出它的样板性。但是实际上我更感兴趣汤姆森彩管生存到最后这一段，所以我想听明天杨总总结这一段（东莞彩管退市仪式）。

杨： 明天就说一点点。（笑）

范： 我最近事非常多，我拿出 3 天时间，专程来就为这个活动。

金： 范会长非常重视，非常感谢！

杨：我们范会长要主持最后一次彩管协会的会议。

范：有这个情结，我觉得我跟杨总，我们可能都是有这种情结。

金：我刚才在路上还跟杨总说，这跟人有关系，这个行业有的时候就这么几个人，要有牺牲精神，然后他要有带头大哥的风范，这个也很重要。

杨：我们做实业的都比较实在，我希望有个好的开始、好的结束，我们可能是对手，但是我们也是同一个团队。

范：我们是把竞合关系演绎到极致了，但是这种合作和竞争，维护了行业的健康发展，而且做到极致了。

金：不管是对手还是敌人，大家都还有点惺惺相惜。

范：我们不对抗，你看我们跟电视机厂从来不对抗，我们成立完协会，第二年彩电业也成立一个协会。我们的基础是合作。

杨：收集《中国彩管史》资料是我的想法与概念，没有我的好朋友范会长支持，根本没有这个事情，他是会长，而且是北京松下的董事长，真正在国内的实业家，在行业里头搞来搞去，没有他根本没办法搞这个事情。

范：因为杨总这个想法特别有意义，一说完我就支持他，包括把彩管重量级前辈孙秉光挖掘出来，让他跟杨向杰谈，写出来回忆录，才叫珍贵。

范：杨总咱们要抓紧，为什么呢？这有点抢救性发掘了，时间飞逝，年华渐老，若这些人都不在了，就麻烦了，会失去很多记忆！

金：我觉得你们两个都有这样的想法，这事肯定能做好。

杨：很重要，没有他，我做不了。

范：咱俩就是牵这个头，把《中国彩管史》搞好。

范：这个必须好好弄，里边好多内容可以大幅度消减取消都可以，为什么？一定要把史这个事体现出来。因为它毕竟是彩管史，要突出重点……

范：希望大家抓紧时间，把《中国彩管史》编好，期待有好消息。

杨：谢谢范总，一定一定。（大家握手）

（访问完）

左一为金敏华；左二为范文强；左三为杨向杰

（以上内容，为嘉宾访谈个人观点）

第四个十年（1997至2007）汰弱留强
市场整合　显示行业分水岭

在过去十年中，从北松于1987年成立起，就是中国彩管业由一家国营厂独大到百花齐放的年代，年产量达到高峰时期的数千万支。但兴旺的背后，就是技术和资本市场的竞争加大及产量过剩的隐忧。

在这种激烈竞争的淘汰战中，第一个倒下的就是国营的佛山彩管厂，于1997年因严重亏损，连银行贷款的利息都还不了，资本要靠借贷，产品又只能内销，未能打开国际市场，甚至内销都因质量问题而困难重重，但同时又要养着2000名员工，只好宣布停产，但员工不解散，只是停产停薪。

这似乎是必然的，因为佛山引进的是一条已有20多年历史的旧生产线，只能生产在亚洲已不通用的20英寸彩管（亚洲当时通用的是21英寸）。

1992年，中国出现对29英寸彩管的需求热潮，但当时能产29英寸彩管的只有北松，产量太少，彩电企业只好从国外购买。可是，中国对进口外国货品是有限制的，必须要有进口批文及外汇，关税也很高，超过20%。这种情况便导致走私猖獗。走私活动涉及所有品种的外国商品，但以彩管为最大宗，因为彩管是高价货，一支29英寸彩管价值百多美元。

于是汤姆逊于1992年通过其中国总代理新骏公司，把在美国工厂生产的原装RCA 29英寸VHP彩管，及在意大利工厂生产的29英寸超平（Super Flat）彩管直接销到中国。1993年开始与中国众多彩电公司结成了战略伙伴，销量直线上升，占据了这品种彩管的大部分市场。

佛山彩管厂也于1992年再花了3380万美元引进了美国RCA的29英寸VHP技术，是很好很新的品种，但佛山彩管厂自成立至今已投入了约25亿人民币了，故为了省钱，未有引进新生产线，而是用旧线兼容生产，从20英寸到29英寸，跨度太大了，结果两个品种的质量都欠佳，产品卖不动了，只好停产。

佛山彩管厂停产，另一个目的是想汤姆逊入股，认为只有中外合资才有出路。原来早在1996年，新骏公司已带着佛山彩管厂的主管们前往汤姆逊在波兰的合资工厂Polcolor参观了，发现本来已要倒闭的波兰国营厂，自汤姆逊投资并接手管理，从技术到资本和市场都大革新后，竟起死回生，扭亏为盈，不但成为波兰的重要企业，也对波兰的经济复兴和对欧洲的彩管彩电业作出了重大贡献。

佛山彩管厂的主管深受触动，此时已萌生停产为搞中外合资铺路的意念。与此同时，广东省另一彩管厂东莞福地，因是新的生产线，技术好兼品种齐全，从21英寸到25英寸到29英寸都能生产，经营手法也好，因而风生水起。于是省政府示意东莞福地收购已宣布停产的佛山彩管厂，但这两个城市因1988年佛山抢在东莞之前“截”走了里昂的生产线而结下“宿怨”，故而一直关系欠和睦。省政府叫去收购佛山彩管厂，福地厂的厂长于是便跑到佛山去，提出用一元的价钱收购。佛山方面当然拒绝，转而对为他们引进生产线的新骏公司说：这条法国生产线既是你给引进来的，你现在当然要负责为我们引进法国的资金。

于是，在新骏公司牵线下，佛山展开与汤姆逊的合资谈判。汤姆逊于1997年底换了新主席，由政府指派布雷顿（Terry Breton，后来成为法国电讯公司主席及法国财政部长）出任。汤姆逊在1995、1996年亦陷入危机，曾几乎以一法郎的价钱售予韩国的大宇集团（Daewoo），已签了意向书。布雷顿临危受命，上任后第一个举措就是让汤姆逊集团从国营转为股份制，重新上市，并引进美国微软、日本NEC等国际大企业成为汤姆逊的策略性股东，令汤姆逊出现了一个朝气蓬勃的新气象。此时，新骏公司代理汤姆逊的彩管销往内地的成绩节节上升，令整个汤姆逊集团扭亏为盈。为此，布雷顿于1998年亲自到香港会晤新骏公司的总经理杨向杰，向他表示感谢，并说新骏已是汤姆逊的一部分。即是说对于汤姆逊来说，再不只是普通代理的关系，而是团队的一部分。布雷顿并问杨向杰，既然汤姆逊的彩管在中国如此畅销，那汤姆逊有否需要在中国建厂？这显示原来他亦已有意资本进军中国，大概因见其欧洲唯一对手飞利浦亦已在中国建了合资厂南京华飞，而日本各主要彩管企业亦全都“钱进中国”了，连本来瞧不上眼的韩国三星和LG也跟了上去，汤姆逊岂甘后人？

杨向杰的回答是：虽然设厂的回收期很长，但亦应在中国设厂，因为几乎所有外国彩管公司都已进军中国。如果汤姆逊不在中国设厂，只靠进口，迟早会出问题，因为进口要批文，要关税，且价钱一定不及在本地生产的彩管便宜，民族情结也会令大家选用本土生产的产品。

事实上，新骏的其他同事对杨向杰建议汤姆逊在中国设厂亦持反对意见，因为新骏是汤姆逊彩管的中国唯一代理，一年进口额达30亿人民币，超过北松2000名工人一年的28亿人民币的总产值，29英寸以上大及特大屏幕彩管（LS & VLS）占了中国彩管市场的60%，1997年销量达150万支，超过三星、LG和大宇这韩国三雄销量的总和。1997年汤姆逊还引进在欧美厂生产的34英寸和38英寸彩管到中国，连续六年成销量冠军，故进口生意已足够令他们赚大钱。如汤姆逊在中国设厂生产，这样一来，直接自欧美进口的彩管数量便会大减，亦即是说侵蚀了新骏的代理利润。

但出于对生意伙伴长远利益的考虑，杨向杰还是很坚定地告诉布雷顿，汤姆逊一定要在中国设厂。布雷顿听后，即请新骏公司为汤姆逊筹划在中国设厂，杨向杰建议不如收购现成的佛山彩管厂。初时布雷顿有疑虑，因知道佛山彩管厂问题不少。但杨向杰说，已跟佛山彩管厂的人一起到波兰考察了Polcolor，并向佛山政府推荐了这个“波兰模式”，指出若由汤姆逊收购佛山彩管厂，不但资金和技术有保证，将来的产品就是“Thomson”品牌，已是国际知名品牌，内销外还可出口到泰国供应汤姆逊的彩电厂，市场便有了保证。佛山政府亦觉得这建议有吸引力，才允许佛山彩管厂停产等待收购合并。

布雷顿同意了，请新骏公司协助安排收购事宜。杨向杰欣然应允，但提出了一个附带条件，就是将来合资厂的产品要交由新骏公司负责国内市场的销售，以弥补新骏失去部分进口生意的损失。布雷顿考虑了一下，觉得既然新骏一直为汤姆逊赚钱，而汤姆逊自己也不熟悉中国国内市场，那日后中国工厂的产品继续交给新骏销售，也是双赢的事，所以最终答应了。一家彩管工厂的产品，销售却由另一家独立的毫无股权关系的公司负责，这在世界上可能是唯一一家。

当然新骏不可能拿汤姆逊的彩管去炒卖，因为工厂会先与下游伙伴协商好要货量和价格，新骏只是赚取固定佣金，卖出多少才收多少。在这情况下，新骏虽是独立公司，但其实与汤姆逊是利益相关的一个团队。事实上新骏代理销售以来，从未出现过一分钱坏账。其他厂由自己的销售部门去销售，反而常会发生销售人员与下游厂家串通吃价，以及收不到货款的情况。

收购佛山彩管厂的谈判于 1998 年展开，1999 年 7 月 1 日，佛山彩管厂凤凰再生，汤姆逊佛山彩管厂正式成立。[①] 至此，彩管的发明者、专利拥有者及全球第二大生产者 RCA 汤姆逊，自 1972 年中国首次派团考察但合作最后因“蜗牛事件”而告吹后，今次终于落户中国，组成了中国最后一家合资彩管厂。汤姆逊首期用了数百万美元现金收购佛山彩管厂 55% 股份，之后亦继续投下巨资去改进技术。截至 2002 年，累计投入了 6900 万美元，注入近 5 亿人民币作流动资金。[②] 汤姆逊佛山彩管厂的成立，轰动一时。因为当时“Thomson-RCA”品牌的大屏幕进口彩管，已在中国彩管市场销量六连冠，成为大屏幕彩管王者，现在汤姆逊还进军中国彩管资本市场，王者回归，故汤姆逊佛山彩管公司的成立大会，法国驻广州领事和全中国的彩电企业代表

① 佛山市地名志编纂委员会编：《佛山市志·1979-2002·第 2 册》，北京：方志出版社，2011，页 1016。

② 周致纳：“福地彩管战略发展案例之研究”，华南理工大学硕士学位论文，2006，页 22。

都出席了。

在汤姆逊与佛山市谈判合资期间，1998 年下半年中国发生了一件大事，就是反走私。当时许多人都以为这只是又一次文过饰非的动作而已，但原来却真的雷厉风行，沿海省份过去十分猖獗的一切走私活动，包括汽车、香烟、手机等，当然也包括彩管，便从此绝迹。没有了走私货的供应，遂令本地生产活动，在市场需求激增下，变得非常蓬勃。

这又触发了另一件大事的发生，就是所谓“彩管囤积大战”。[①] 事缘国产彩电老大长虹集团。走私路断了，正常进口又有重关税，再加上 1998 年，国务院提出“按保护价格收购农民的粮食，不得打白条”，因此，长虹认为在 1999 年的春节，农村市场的购买力一定会有所增强。

其实早在 1988 年前后，彩管供应指标不够，长虹预期彩管会紧俏一段时间，于是向正在建设中的咸阳彩虹彩管厂投资了 4000 万元，与之建立了伙伴关系。后来彩管果然紧缺，别的厂家都求购无门，只有长虹有可靠的货源。今次长虹大概想重演这一幕。而其他彩管厂之所以签订协议，其出发点不外是想把彩管的价钱炒高，于商而言也无可厚非。

1998 年 11 月 6 日的《深圳投资导报》对彩管囤积大战有过这样的报道：“往年，即使是各彩管厂摆酒抛单，也未必请得动有头有脸的彩电大户，而今年 9 月底形势却发生了戏剧性变化，彩管突然成了抢手货。海信集团两位副总裁亲赴深圳赛格日立登门买管；创维集团总裁黄宏生飞赴南京华飞现款提货；康佳集团总裁陈伟荣亲至东莞福地以确保彩管供应万无一失；TCL 王牌（惠州）电器有限公司总经理胡秋生也辗转各地忙于购管。老总成了采购员，成为 1998 年中国彩电业岁末一景。”

---

① 以下有关“囤积彩管大战”参考自：刘世英主编：“价格屠夫——倪润峰”，《十大风云人物·解读 10 位风云人物的激情回望》，北京：中国铁道出版社，2013，页 75–84；陈幼基编著：“四川长虹：彩电‘老大’三次掀起价格大战”，《中国企业战略评析》，上海：中国纺织大学出版社，2001，页 34–42；黄雁主编：“中国彩电霸主——倪润峰”，《谁改变了中国》，武汉：长江出版社，2005，页 264–267；林军著：《大企业病》，杭州：浙江人民出版社，2003，页 154–158 等。

舆论对囤积事件褒贬不一。信息产业部对此明确表态说：长虹买管完全是企业行为，不能偏激地给长虹戴上“囤积”的帽子，政府不予干预。

但其他彩电企业因打击走私且买不到彩管，故不可能坐视被宰，便联合起来向信息产业部告状。1998 年 12 月 31 日下午，国家信息产业部邀请全国八家彩管厂和七家彩电重点生产企业到北京举行会议，商讨解决彩管短缺问题的对策，主要讨论是否要进口中小屏幕彩管（尤其是 21 英寸彩管。因为当时市场的购买力和消费喜好，此类型最受消费者追捧）。考虑的焦点是：如果不放宽进口批文，那众多彩电企业，尤其是中小规模的彩电企业，将被迫进入停产或半停产状态，但若批量进口彩管，对国内的彩管厂将有莫大影响，也当然会给长虹带来致命打击。①

故长虹当然对进口彩管持反对意见，同时反对的也包括不少彩管生产企业。他们指出，彩管紧俏只是暂时的虚假现象。而且长虹与各彩管厂所签的合同，期限只是到 1999 年春节。春节过后，随着彩电市场淡季的到来，彩管的供求自然趋于平衡。若现时放宽彩管进口批文，而彩管的技术来源在外国，成本本来就较低，则国内的彩管厂将要面临积压和亏损。但对其他彩电企业来说，如何面对眼前无彩管可用、春节前生产便要停顿的危机，却是更迫切问题。最后各方都为自己的利益坚持立场，令会议最终无法取得共识。

虽然长虹事后认为自己的操作只犯了宣传的错误，当时中国加入世贸组织已成定局，若长虹不占领市场，洋货就占领（详见本书倪润峰访谈），但这似乎忽略了一个至关重要的问题，彩电企业其实并非独家垄断，而是寡头垄断，而且企业利益与企业所在地方政府利益是一脉相承的。中央和地方政府怎能视若无睹，坐视不管？也就是说“宏观调控”的手最终会介入。

会后，信息产业部等继续做长虹的工作，希望长虹可以出让部分彩管，但长虹认为当初自己不惜高于平均市价积累的彩管，犯难冒险，本身就为了巩固自己彩电企业的龙头地位，眼看计划将要奏效，岂能拱手让人，徒看功败垂成。结果，信息产业部不得不下批文允许扩大进口彩管量。而且，

① 林军著：《大企业病》，杭州：浙江人民出版社，2003，页 171。

据知当时媒体一直有报道说长虹囤积了300万支彩管，将会再度降价。于是，消费者的购买意欲大减，观望坐等减价的可能，长虹割喉式减价的操作早有先例。因此令长虹想在春节前后，透过垄断彩管、冲高销量的计划折翅告败。结果长虹囤积的彩管因市场的滞销，便用不完。更有报道指，长虹因滞销而令货仓也不够地方存放，只好把彩管放在露天空地上。这更强化了消费者的观望态度。

事实上，长虹把大部分购下的彩管暂存在各彩管厂，后来各彩电厂家到各彩管厂“抢货”。为求生存，各彩电厂家出价不仅可能追上长虹，更可能会比长虹高。由于长虹并没有与所有彩管厂结成战略联盟，且只是短期买卖行为，彩管厂见有利可图，不愿放弃也无可厚非。更何况长虹一统江湖，没有了多元竞争的下游市场，最终自己也会受损。故在商言商，一方面便可能偷偷把本属长虹的彩管卖予其他彩电企业，另一方面也可为满足各彩电企业而加班加点生产（因为所签之协议没有涵盖此部分）。有报道指，到长虹察觉市场上的彩管并没有出现如它所预期的短缺时，心知不妙，忙到各彩管厂要求提货时，便只得到82万支了。结果，长虹花了购买300万支彩管的钱，却只得到82万支彩管。①

在市场残酷争逐下，各方为求生存，向市场和媒体大放长虹将可能降价的消息。由于滞销，为了解决由此带来的贷款压力，长虹便真的降价出货。而各家彩电企业为求生存，只得跟从。各彩电企业的降价竞销的行为，不仅令企业本身的毛利大减，生产意欲迟缓，故此又反过来向彩管生产业压价。再加上此前电子部放宽彩管进口批文，彩管供求紧俏现象便果然转瞬即逝。结果彩管的价格很快便大幅回落。但降价令不少彩管生产企业无利可图，不少彩管厂因资金不足，被迫退产。结果长虹的垄断操作，虽然的确令一些小型和不良的彩电厂和彩管生产企业淘汰退市，一定程度地缓解了市场供过于求的问题，但不仅自己没有得益，甚至亏了大本（形象和销售量），其他彩

① 林军著：《大企业病》，杭州：浙江人民出版社，2003，页172–173。但本书的倪润峰访谈中，说法与此有些出入，聊备一说。

电企业在此役也受到伤害，毛利大减，最终也打击了整个彩管生产市场和彩电企业，埋下各彩管企业纷纷退市的诱因。此案例某程度可以看作我国在改革开放首20年，企业发展在计划经济和市场经济之间所承受的矛盾。

整个事件，某种程度证明汤姆逊决定在中国设厂的明智，因为反走私之后，进口彩管数量下跌了许多，说明光靠进口确非长远之策。

汤姆逊佛山厂初期只沿用佛山彩管厂那条旧里昂生产线，后来再引进一条34英寸的美国日立彩管厂的旧生产线，成为生产大及特大屏幕（29、34英寸）的生产基地。但这组合并不算最理想。彩管最小是14英寸，外国都由14英寸起步，但中国彩电却是由21英寸起步的。国际上本来由21英寸便跳到29英寸，但中国觉得这跨度太大，认为中国消费者会较接受循序渐进，于是下令先生产25英寸的。但北松却率先在北京生产29英寸超平彩管，同时新骏亦在这时大量进口了29英寸汤姆逊在意大利和美国生产的彩管，抢占了这个真空市场，其他彩管企业纷纷加入市场，令25英寸彩管成为一个尴尬的品种，以致在中国的寿命短于21英寸和29英寸彩管。

后来汤姆逊和东芝进口34英寸彩管，同样十分成功，之后汤姆逊和东芝协议一同进军38英寸彩管这个别的公司不打算进的市场，但由于造价高昂，又大又重，不如在美国那样受到消费者的欢迎，打不开局面，虽然成功进入，催生了国产的38英寸彩管电视，但产量不多，不算成功。事实上从技术层面看，彩管到了40英寸已是极限，装配成电视机后，要几个人才抬得动，彩电企业都不要40英寸的彩管，彩管公司当然也就不会生产，只有索尼生产来供应自己的彩电。事实上汤姆逊和东芝造出38英寸的彩管，大型货车每次只能装运两支；装配成电视机后，也大到交给客户时，根本无法进大门，要拆除窗户，以吊重机吊进屋内。因此，走到极限的彩管，必然会被另一种新技术取代，即等离子电视（PDP）。

1982年，中国的彩电产量只有28.81万台，而自1994年彩电产量首次超过美国成为全球最大的电视机生产国后，中国一直稳居全球产量第一。到了2000年，全球彩管生产重点更已移至中国，世界彩管总产量是每年一亿五千万支，中国的产量是三四千万支[①]，占了近三分之一。根据中国电子视像行业协会的统计，中国彩色电视机产量从2004年的7673万台上升至2012年的1.39亿台（2013年突破1.4亿台，同比增长0.4%）。2013年，中国彩电出口5959万台，出口金额约110.52亿美元。[②]所以中国已被认为是全球最理想的彩管和彩电生产基地，而中国产的彩管和彩电亦打进了国际市场，带动了整个中国电子工业的蓬勃发展。

2001年是世界经济形势发生巨变的一年，美国的IT行业持续不景气，引起了世界市场需求锐减，日趋激烈的全球竞争进一步加剧了通缩，令因美国“9·11”事件而变萧条的世界经济更加低迷，彩电彩管市场亦不能幸免，消费萎缩，价格临近成本边缘，甚至低于成本，各大彩电厂减产，迫得彩管厂都要调低产量，甚至阶段性停产。

正是在这样的一种背景下，2001年8月，汤姆逊集团主席布雷顿访问佛山，本来是为了接受佛山市政府授予“佛山市荣誉市民”，但广东省副省长游宁丰会见了布雷顿，陪同的还有汤姆逊佛山彩管公司总经理韩达德（Han Tadeusz，波兰人）和项目及销售总代理新骏公司的杨向杰。在会谈中，游宁丰赞扬了汤姆逊收购佛山彩管厂后成效显著，向布雷顿建议汤姆逊在广东扩大投资，说：“我们还有一家国营彩管厂在东莞，国有资本有计划退出，请你们考虑，帮帮广东省，接手东莞彩管厂。”

东莞的福地彩管厂1993年投产，1997年以“广东福地科技股份有限公司”名义在深圳A股上市，注册资本11.65亿元人民币。是国务院重点扶持的300家国有大型企业之一，也是国家“八五”计划彩管重点项目和广东省“八五”重点建设项目，[③]是个市值100亿人民币的企业，属国有控股公司，有三条彩管生产线——21、25和29英寸普平及超平，都是日

① 何郁冰：《中国制造业开放式自主创新与国际竞争力提升》，北京：社会科学文献出版社，2015，页234。

② 同上，页234–235。

③ 毛蕴诗、汪建成：《广东企业50强：成长与重构》，北京：清华大学出版社，2005，页140。

立的技术，还正与日立洽谈要进纯平管技术，但当年的经营状况已明显下滑。[①] 当时东莞市政府认为福地公司前景不乐观，要想更好发挥其上市公司的资源效用，把彩管业务移出上市公司，置换入东莞新远高速公路发展有限公司。[②] 这公司同样是市属国有资产公司，投资营运路桥项目，属垄断业务，盈利稳定。

游宁丰的建议完全在布雷顿的意料之外，故当时未有表态。会见过后，杨向杰送布雷顿回酒店途中，大家谈到收购东莞福地的建议时，布雷顿这时才发话，一口拒绝，理由是“佛山厂自己的事还没做好，只有一条 29 英寸生产线，年产能只有百来万支，今年的销售情况也不太好，还有库存有亏损，对今后的路向，是否要发展超大屏幕（VLS）的考虑还未有定论，所以暂时不可能分心去考虑收购另一家工厂了。”

但杨向杰却有不同看法，他是一手将汤姆逊彩管从技术设备到欧美所产彩管引进中国成销售冠军，又协助法国资金入主佛山厂的人，自然从整体战略布局和市场销售方面考虑此事。他对布雷顿说，正由于佛山厂只有 29 英寸一个品种，才会出现销售困难，如果收购东莞福地，他们有三条生产线，21、25 和 29 英寸，加上佛山正考虑进的 34、38 英寸 VLS 线，那基本尺寸的屏幕便都齐全了，年产量将达 800 万至 1000 万支，是个完美组合，产品多几个品种，能满足彩电客户的需求，销售便容易多了，协同力量很大。

韩达德亦支持杨向杰的想法，但布雷顿仍是不置可否，杨向杰见布雷顿仍有疑虑，便提议先去东莞福地实地考察一下，这次布雷顿同意了，并说一切交汤姆逊的全球彩管营运法籍副总裁杜鲁特（Didier Trutt）负责。

2002 年 1 月，杜鲁特到东莞福地考察，对考察结果很满意，回去后便给汤姆逊高层打报告，同意收购。因日后两厂加起来年产量可达 1000 万支，

---

① 毛蕴诗、汪建成：《广东企业 50 强：成长与重构》，北京：清华大学出版社，2005，页 154。

② 有关公司的资料，可详细参考：周致纳：“福地彩管战略发展案例之研究”，华南理工大学硕士学位论文，2006，页 28–29。

便能挤进中国彩管业三强位置（另两家是彩虹和三星），且让在欧美彩管市场占优（欧洲第二、美国第一）的汤姆逊彩管加强了本来薄弱的中国元素。

2002年5月31日，布雷顿再到佛山，正式告诉游宁丰，汤姆逊同意并购福地。并购的筹划马上展开，但并购行动本来由汤姆逊一家展开，后来竟引来“七雄争霸”（详情已见前面杨向杰所撰《从零归零》一文）。原来东莞心中的底价是5亿元左右，但汤姆逊觉得自己是被邀请来并购的，当然处于优势，于是只开出4.5亿元的报价。东莞感到这报价距自己的底价仍有一段距离，便要求继续就价格进行商议，岂料多次谈判后，汤姆逊不但达不到东莞心中的5亿底价，反而把价格愈压愈低。东莞政府觉得只跟汤姆逊一家谈才会如此被动，决定另寻潜在买家，结果便变成“七雄争霸”。

2002年年底，布雷顿被调任法国电信的主席，由另一法国人达哈利（Charles Dehelly）接任汤姆逊集团总裁（CEO）。他上任后决定必须优先处理两件事：一是让汤姆逊逐步退出彩管业务，二是为了更好地退出，必须先行壮大业务规模，以进为退，所以必须并购东莞福地。

既然目标是“必须并购东莞福地”，故汤姆逊便不得不把收购价提高，才有竞争力。要提多高？他们获得“情报”说最强且志在必得的对手创维，报出了6.5亿元的高价，因此汤姆逊把报价提高至“5.88亿元至6.88亿元之间”。拉锯仍在继续之际，东莞方面报告，福地上市公司资产置换申请已在一个月前上了“中国证监会”，估计4月份会审核通过，届时彩管资产置出后，必须同时进行转让。当时已是三月中，时间非常紧迫，故虽然那时中国正发生“非典”疫情，全世界都视到中国为畏途，达哈利还是“冒着生命危险”前赴广州拜会省长黄华华。

4月6日，达哈利抵达广州，广东省和佛山市政府对他在那个非常时期亲自到访，十分重视，安排了超高规格的接待。7日早上，省长黄华华及常务副省长汤炳权与达哈利洽谈。

除了取得省政府“背书”外，也经过背后的许多合纵连横，把对手逐一清除。最后一个最意想不到的助力，竟然来自汤姆逊的大本营——法国。2003年6月11日，应邀出席巴黎八国集团峰会的中国国家主席胡锦涛，在峰会前先与法国总统希拉克举行会谈。希拉克在会谈中提到：法国公司在中国有两个项目正在进行，一个是汤姆逊收购东莞彩管厂，另一个是汤姆逊彩电业务与TCL公司合并，希望胡主席帮忙。

为何汤姆逊能出动总统当他们的说客？原来最初负责收购福地项目的原汤姆逊总裁布雷顿，后来虽调任法国电信总裁，但仍担任汤姆逊集团的战略委员会主席。他与当时的法国总统希拉克原来是“忘年之交”，所以布雷顿在公在私，都要请希拉克在与胡锦涛会谈时，重点提一提汤姆逊与中方的两大合作项目。

此由法国倡议合作的两大项目，还被写进了首脑会谈的正式文件中。得到中法两位元首亲自加持，还准备作为中法建交40周年（2004年）的献礼，汤姆逊最终得以在东莞福地收购战中胜出。收购谈判很快便进入实质磋商了，照顾到东莞与佛山的“宿怨”，汤姆逊一直只以“法国汤姆逊集团”的名义，而非“汤姆逊佛山彩管公司”的名义参加并购谈判，并保证合并后两家工厂仍相对独立运作，分两地缴税，地位平等，不存在“佛山收购东莞”的问题。整个谈判过程中，也从没有佛山市政府的官员或佛山合资公司的中方股东的代表出现，避免刺激东莞官方和企业职工的情绪。

2003年7月18日，汤姆逊与已在置换协议中接管福地厂的东莞新远高速公司签订《关于广东福地彩管厂资产转让协议书》，汤姆逊将斥资6.68亿元收购福地彩管厂三条生产线。[①] 与此同时，达哈利亦在巴黎向当地媒体发布了消息，指出：“整个世界彩管行业处于整合之中，中国明显处于整合和增长的中心，汤

① 周致纳：“福地彩管战略发展案例之研究”，华南理工大学硕士学位论文，2006，页22。

姆逊必须继续其在中国的投入和增长。福地是彩管领域备受瞩目的公司，联手福地有助我们对重要业务的改进和发展，在中国这个充满希望的地区继续实现战略扩张。”

2004 年 1 月，汤姆逊佛山厂正式与福地厂合并，成为“汤姆逊广东显示器件有限公司（TGDC）”[①]。有别于其他合资厂都是新建厂房，汤姆逊进入中国却是使用原有地方国营厂的资源，收购佛山彩管厂时是如此，现在并购福地亦如此：带进了外国资本、先进技术、国际市场，却没有增加本已出现过剩的中国彩管生产力。

2000 年至 2004 年，出现了彩管工业最大的一个转折点，就是技术上由较圆的普通平面发展至较平的超平面（supper flat）继而向全平面（true flat）发展。[②]

---

① 佛山市地名志编纂委员会编：《佛山市志・1979–2002・第 2 册》，北京：方志出版社，2011，页 1030。

② 根据学者分析：“从彩电产业技术发展轨迹看，2004 年是 CRT 彩电技术和平板彩电技术发展的分水岭：第一，从整个彩电产业角度观察，代表新技术轨道的平板电视虽然早在 20 世纪末就开始出现在国内市场上了，但是由于其本身性能和价格的原因，在 2003 年之前都未能取得迅猛的发展。随着时间的推移，液晶、等离子电视技术（即本文的平面电视）实现了长足地发展，成本也大幅度下降，取得了对纯平彩电、背投等 CRT 产品的竞争优势。加之受到消费者收入水平不断提高、住房条件持续改善以及其他相关产业拉动等因素的综合影响，市场需求开始爆发。……（及至）2004 年，液晶平板领域日、韩以及中国台湾地区三强局面已经形成，构筑了相对中国企业的进入壁垒。”参见：付保宗等著：《我国工业领域的产能过剩问题研究》，北京：中国计划出版社，2014，页 76。

这次技术革新出现两个分支：韩国人专注造AK钢荫罩全平彩管，很低的技术，很厚的玻璃，很丑的外形；而美国RCA、法国汤姆逊、荷兰飞利浦和所有日本公司等，则投向另一种技术——弹性荫罩（Tension Mask），玻璃可以很薄，但技术很复杂很昂贵。新骏公司的杨向杰曾与汤姆逊的彩管部总裁美国人罗诺锤（Lorch）和彩管部总工程师Massimo Pellacci，曾在香港就应发展哪一种技术而进行了六个小时的激烈辩论，杨向杰从市场需求出发，倾向廉宜速成的AK钢荫罩技术，但总工程师说欧美日联合固执地开发弹性荫罩，认为他们的研发队伍强劲，没理由放弃高技术而采用低技术。结果这场战争竟然由低等技术胜出，韩国人自2000年开始开发AK钢技术后，2002年已成功投产并推出市场，三星和LG纯平彩管全面占领市场，大赚特赚。而弹性荫罩此时还远未研发成功，尽管已集中了全球最优胜的技术队伍，欧美日联盟全面失败。这是韩系企业在显示业上的第一次胜利，亦是今天能成为显示和彩电王者的第一个转折点。这次彩管技术战的成败影响至大，带来很大冲击，催化了彩管市场的整合。

在汤姆逊于广东省进行了两次整合——1999年控股佛山厂及2004年佛山厂与东莞厂合并成TGDC这全广东省最大的彩管公司的同时，另一个全球最大的整合就是韩国彩管老二LG和欧洲称冠的荷兰飞利浦于1999年开始酝酿合并他们的全球彩管和PDP业务，成为各占一半股权的合资公司“LG飞利浦（LPD）”。负责这个项目的是汤姆逊派驻佛山公司的第一任项目经理、后来的Polcolor的厂长——法国人宫伟立（Phillip Combes），他在波兰待了数年后，被调回巴黎出任汤姆逊集团的欧洲彩管业务总裁，1999年被飞利浦挖角去负责寻找彩管业务的合并伙伴，最终选定了韩国的LG，因为韩国人拥有欧洲没有的AK钢荫罩技术，且彼此都在开发PDP这种新显示技术，是很理想的合并伙伴。整个合并项目都由他一手策划，到研究未来合资公司总部应设在韩国还是荷兰又还是别的城市时，宫伟立考虑到中国是彩管重要的生产基地和市场，故建议总部设在中国，因LG和飞利浦当时在中国都已有与中方合资的彩管厂，而由于当时香港已回归中国，LPD最后落户在这个既属中国又实行“一国两制”的中国特区。2001年，

LPD在香港注册，宫伟立成为LPD的首任CEO，他在负责汤姆逊的佛山项目时，便已跟香港新骏公司的经理杨向杰认识并成为好朋友，这次因LPD项目，两人又在香港碰头，杨向杰向宫伟立建议，飞利浦的主席在到香港出席成立典礼期间，应拜会特区行政长官董建华，以示国际跨国企业、全球最大的彩管企业对回归祖国后的香港特别行政区的支持。宫伟立接受了建议，和荷兰飞利浦的主席一同去拜会董特首。[①]

宫伟立（左二）陪同飞利浦主席（右一），拜会香港首任特首董建华（左三）

两个世界500强企业在回归祖国后的香港成立显示公司总部，这是对中国的前途投下了充满信心的一票。

LPD虽实现全球合并，但在中国，由于合资对象不同，仍分散经营。事缘LG早于1994年便在湖南与长沙曙光电子厂合资成立了长沙LG曙光彩管厂，并于1996已投产。[②] 而飞利浦亦于1988年与南京合资成立了南京华飞彩管厂（1990投产），[③] 所以虽然LPD规模和实力都称冠，但因分散经营，拥有三个品牌而削弱了竞争力，和汤姆逊在广东整合佛山、东莞两厂时不同，东莞市股份全退，佛山留到最后，管理全是汤姆逊，中国销售全归新骏公司，统一品牌有协同力量，而没有互相削弱的情

① “香港获外资企业选定为环球总部”，香港政府《新闻公报》2001年7月5日，摘取网站：https://www.info.gov.hk/gia/general/200107/05/0705331.htm，摘取时间：2019年2月23日。

② 文辉抗、陈清林、李万青主编；卢瑞莲、毛朝辉副主编；中共湖南省委党史委编著：《湖南五十年大事记述》，长沙：湖南人民出版社，2000，页554。

③ 中华年鉴编辑部：《中国年鉴·1995》，北京：中国年鉴社，1995，页659。

况。但飞利浦因与LG合并，得以分享AK钢的纯平彩管的生产技术和市场。但可惜彩管在显示行业的演进中，已走到了生命周期的后期了。

纯平成全平，意味彩电屏幕的全平化，这是彩管进化的必然，但也正是导致彩管最终灭亡的原因——消费者拥抱全平电视，且会追求更大的屏幕，而彩管在技术和生产上有极限，强如索尼亦只能造至40英寸，且很笨重很贵，而当时新兴的PDP电视屏幕（按：即等离子显示器）已可达50、60甚至70英寸，市场占有率渐超过10%。日本和韩国人开始投资在PDP技术上，用惰性气体造的PDP，可以造很大的屏幕，画面质素亦佳，但耗电严重，初期产品需要风扇散热，因而有很大噪音，且那些惰性气体会随年月渐渐泄出，几年后画面质素便大不如前，所以这种曾让人以为会全面取代彩管的电视技术，从生产到消亡只有短短的19年。

这时，又有更新的显示器技术问世了，就是LCD（液晶）电视——2007年后彩电的王者。

东西方整合及技术的分界，成为这一个十年结束时的特点。LPD合并时，以为PDP会是前沿项目。谁知这是个短命的技术，结果累得LPD要在2006年宣布破产。[①] 而这破产是有迹可循的，因为在寻找合资伙伴时，飞利浦的潜目的其实就是要逐步退出彩管业务，令这当时全球最大的彩管企业只有短短五六年寿命。LPD破产后，LG接管了两公司在全球的彩管业务，令原本在世界排名仅下游的LG，拥有彩管、PDP和LCD的生产和业务，一跃成为了显示器工业的强人。

其实汤姆逊于2004年把佛山厂与东莞合并成TGDC时，已有适时退出彩管行业的打算，所以扩大在中国的产能，TGDC年产彩管逾千万支，与汤姆逊在欧美厂的总产量看齐。这是一种以进为退的策略，将生产和市场最有潜力的中国业务做大了才能吸引合作者接棒。TGDC成立后，即与彩虹和永新洽谈全球合并的事，但不成功，彩虹本亦有意，但当时他们的首要任务是让彩虹集团在香港H股上市，故不能进行任何新的并购计划。最后来接棒

① 张莉："LG飞利浦公司破产殃及1.7万员工"，《南方日报》，2006年2月13日。

的是在印度因成为政府指定和英国石油公司合资开发印度海上石油而赚了大钱、控制了三家彩管公司的玻壳供应的威德昆集团（Videocon）。这个同样是不涉现金的交易，汤姆逊获得价值三亿美元的印度威德昆集团股票，然后把自己全球彩管业务并入。2008 年后全数出售，正式退出彩管行业。TGDC 亦由“Thomson Guangdong Display Co.（汤姆逊广东显示器件公司）”改为“TGDC（汤姆森广东显示器件有限公司）”。

威德昆愿接棒，主要是被汤姆逊的中国业务吸引。因为当时中国在产能上是世界彩管大国，而汤姆逊和威德昆都认为彩管的最后市场不会在欧美，应在亚洲，尤其可能在南亚和中国及东南亚。在 2005 年这个全球最后和最重要的彩管业整合中，新骏公司应印法的要求，说服佛山把在 TGDC 的持股量从 45% 减至 8%，在得到商务部最终批准后，印度人正式入主 TGDC，公司生产的彩管品牌沿用“Thomson”，直至 2010 年，再改为“TGDC”牌，至 2017 年退市。而新骏的独家中国内地销售代理角色不变，这是汤姆逊出售股权的条件之一，目的是让新骏在政府关系和市场销售上为它监察住 TGDC 的营运，确保往后数年内继续盈利及不出乱子，好使汤姆逊三年后脱手股票时的获利得到保证，亦让仍属汤姆逊的“Thomson”品牌保持质量。这也由不得印度人不同意，因为在中国，业务上要与官方沟通，和客户合作，谁能代替新骏？

在与 TCL 的合并上，汤姆逊采取的却是以退为进的策略，宁愿当细股东，让中方控股，但获得了全球彩管彩电王者的地位，然后引退，换取在香港上市的 TCL 多媒体（HK1070）价值三亿美元的股票，禁售期三年，成为香港 TCL 多媒体集团的第二大股东。禁售期过后，逐步出售股份，然后正式退出彩电业。值得一提的是，此全球彩电史上历史性由中国企业控股的案例，从 2002 至 2004 年，亦是由新骏公司作为独家项目代理，合并后，杨向杰陪同两位汤姆逊人员，在 TCL 董事会任监事三年，平稳过渡，直至股份全数售出。

总结在这十年里中国彩管业的情况是，1997 年佛山彩管厂的停产，宣告了中国彩管业经历了百花齐放的蓬勃发展后，于残酷竞争下首先被淘汰的是一个没有技术、资本和市场的市级国资厂。① 大家预期彩管业会从生产力过剩、被新技术取代等因素下，逐步走向衰亡，因而纷纷整合扩大自己去抵御。这些整合中，一个是广东省的内部整合，即 TGDC 的成立（2004）；另一个是国际整合，如 LPD（2001）及威德昆和汤姆逊（2005）。1997 年，市场上的电视机，彩管电视占了 95%，PDP 只占 5%，到 2007 年，PDP 加上 LCD 电视机的销量已超越彩管彩电了。

中国彩管业协会秘书长杨国钧于 2007 年初接受《中国电子报》访问时，也谈到了彩管业的整合，指从全球的角度来看，2006 年全球彩管行业整合进一步加深，相继有 LPD 在欧洲的工厂、韩国大宇在墨西哥的工厂、东芝在印度尼西亚的工厂、泰国彩管厂、松下在马来西亚的工厂、汤姆逊在墨西哥的工厂等全部或部分关闭生产线。而中国彩管行业国际竞争优势进一步加强，虽然自 2001 至 2003 年间，由于原材料涨价、下游彩电滞销、外国彩管厂相继关闭释出大量库存和产能过剩等原因，出现过多次价格大跌及回升、停产限产又扩产的“过山车”，但 2006 年市场基本保持平稳。预期在可见的未来，还会有部分韩国和东南亚的彩管厂关闭，令彩管生产会进一步向中国集中。②

① 佛山市地名志编纂委员会编：《佛山市志・1979–2002・第 2 册》，北京：方志出版社，2011，页 1016。

② 邱华主编：《管理经济学》，哈尔滨：哈尔滨工程大学出版社，2007，页 35。

彩管人话当年：在计划经济与市场经济的矛盾中称王——倪润峰畅谈长虹：军转民（从雷达到彩电）、价格战、囤积彩管大战……[①]

嘉宾：倪润峰（倪）
杨向杰（杨）
整理：朱永杰、黄志业（黄）
时间：2019 年 3 月 10 日
地点：中国·四川省·倪润峰家
（本文略有删节）

杨：倪总，很高兴您因为《中国彩管史》整理撰写工作接受我们的访谈。首先恭喜倪总月前荣获习近平主席亲自颁给你改革开放 40 年百位改革先锋中的“军转民”杰出贡献奖。

倪：其实这勋章有一半是属于你的。

杨：倪总言重了，我没有那么大的功劳。

倪：要不是 90 年代中你给了我那 120 万支 29 英寸、34 英寸和 38 英寸彩色显像管，长虹牌根本达不到那领先的地位。

---

① 倪润峰（1944–），山东荣成人，曾任四川长虹电器股份有限公司董事长兼总经理、党委书记、董事局主席，教授级高级工程师。1967 年毕业于大连工学院（现大连理工大学）机械制造专业。1985 年 5 月任国营长虹机器厂厂长，1988 年 6 月起任四川长虹电器股份有限公司董事长兼总经理。是中共十四大代表、十五届中央候补委员，第八届全国人大代表，第十届全国政协常委。四川省人民政府原顾问。2018 年 12 月 18 日，倪润峰同志被党中央、国务院授予改革先锋称号，颁授改革先锋奖章，并获评企业“军转民”实践的创新者。

杨：当年我们在美国和意大利各有一条专线生产 29 英寸彩管，历四到五个星期才运抵长虹，当年中国国内除了北松外，还没有其他彩管厂生产 29 英寸供应中国市场，我们供应 29 和 34 英寸彩管给长虹，确令长虹得以大发展。记得当年在中国是你们长虹首先使用我们 29 英寸和 34、38 英寸超平彩管的，所以 RCA–Thomson 也很感谢长虹，没有了长虹成为中国彩电市场冠军，汤姆逊也不能成为中国大屏幕彩管市场冠军。

杨：你刚才提到你是 1984 年进工厂，1985 年升任长虹的厂长。为什么你能那么快便当厂长？

倪：我估计那是因为改革开放需要“四化”干部，一个年轻化，第二个知识化，第三个专业化，第四个是革命化，所以要选拔一些年轻人。恰恰那时候我进长虹。虽然已 41 岁了，倒也算是电子部最年轻的厂长了。

从一张黑白的老照片说起

杨：我想请教你一个问题，为什么长虹厂又叫 780 厂，而红光厂则叫 773 厂呢？

倪：其实中华人民共和国成立后有一段时间，所有曾生产军用、电子的工厂，都才有类似的编号，便于识别和管理。

杨：我在搜集彩管史的资料时，在一张记录中国第一个去美国考察彩管业务的访问团的照片（见本书 88 页）中意外地发现，那时的团长竟然是你们长虹厂的厂长王治东。后来发生“蜗牛事件”，这是怎么一回事？

倪：1974 年是吧？当时王铮部长（四机部）提出我们要上彩电，于是他委托下面那个 780 厂即当时我们厂的第四任厂长王治东为团长……而副团长，我记得是成都虹光（773 厂）的总工程师吴祖垲担任，由他们带团到 RCA 及康宁去考察。你看到的照片应该是我在 90 年代中，请你安排我到美国 RCA 访问时取回来的。当时接待我的人，就是你的老朋友赖维尔（John Neville），他和我说，他有一张珍藏了 20 多年的照片，其中有我们长虹厂的厂长王治东。没想到 20 多年后，他又迎来了长虹厂的第八任厂长，即是我。

杨：世事真是悬妙了。现在想来，大家后来的缘分原来早已有迹可循的。

因为长虹厂长和红光工程师在1974年到美国访问，虽然最后没有成事。但这已为我在20多年后的90年代初，获RCA委托到中国与红光谈彩管合资、与长虹谈彩电合资，铺好了重要的基础。也正因如此，我才有因缘和倪总成为了非常好的朋友。

倪：哈哈！这对你来说一段因缘际会，对我来说何尝不是？虽然因为“蜗牛事件”，我们和美国的合作没有成事，但1995至1996年我到美国RCA考察了当时年产600万支、全球最大彩电生产基地，令我下定了决心，要在绵阳建立一个全球最大的彩管彩电生产基地。

军转民

杨：虽然我们自豪能将彩管业做到了最后，但不过话说回来，你们第一代彩管、彩电人真的了不起。我们有兴趣知道：那个时候你当厂长，怎么会想到要做彩电，是你想出来，还是王治东的时候已经想做，但是做不了，那么你那个时候做雷达的，雷达当然也是通信的一种了，怎么会变成彩电？就是长虹的彩电，最初是做黑白的，还是彩色的？是哪一年才开始做？

倪：我和其他造彩电都是这样，一开始都是黑白，很简单，这块市场，中国也没有。对吧？另外我告诉你，中国人是最喜欢看热闹，所以一开始大家上的是黑白，最后是彩电，所以黑白一开始也是和日本合作。

杨：比较简单的技术。

倪：黑白管的生产，红光、大连，还有几家，包括安阳，那么长虹的上电视机，也是军转民的一个选择，因为这个市场量分析比较大，另外长虹的技术力量它来衔接，还有一点条件。

杨：是不是很多工程师派到你们那里去？

倪：对，我们这里头本身就有一些也在搞雷达的，一个是雷达的显示器，也是从黑白开始，转到彩电。

杨：也是从黑白开始也是这样的。

倪：彩电提出要搞的，应该是第六任厂长胡正兴。胡正兴这个人也还是有些历史，也算是老革命，华鑫山游击队，重庆大学毕业，重大新闻系，和你们是同行，他在学校毕业后参加华鑫山游击队，那时候重庆还没解放，搞地下工作，后来四川解放以后，他是广安县的第一任县长，广安县是邓小平的家乡。后来因为他本身就是大学生，再加上国家经济建设需要一批干部。解放军的一些干部很多文化水平可能都不高，但是要搞经济建设，特别是牵涉到一些技术领域的，需要培养一批干部，所以他就被调干，成都电信工程学院现在叫成都电子科技大学，他是学校的第一届学生。

杨：哦。是这样子。

倪：那时候他去学习，学了四年，然后就分到 780 厂，他带来的头衔就是总工程师。

杨：是这样子的？你不说都不知道，还有个打游击的，毕竟要学电子，然后当了你们 780 的厂长，这真的太好了这个故事，然后他是哪一年制作黑白？他那个时候是先造黑白的？

倪：先造黑白，那就是 70 年代末，约 1978 年、1979 年。

杨：就彩虹的彩像管，他们 1982 年才生产第一批彩管呢！你们上黑白的管子从哪里来？

倪：我没听说彩虹有黑白管，那个时候黑白管的来源，一个是红光的，另外一个安阳的可以搞一点，还有进口。

杨：安阳有？我真的不知道它做过黑白管。

倪：安阳有个工厂生产黑白管。

杨：绵阳其实就是彩电大王，安阳是彩玻大王，彩虹咸阳是彩管大王，这是中国彩电的三“阳”开泰。

倪：后来胡正兴年纪大退了，所以第七任厂长是王金城，实际王金城那时候就开始提出上彩电，正好一个什么机会呢？四川省进出口公司做经济部。

杨：属于外贸部的？

倪：是外贸部门，按照业务上这一块，我跟你讲的，当时它和日本松下有一个 5000 套的大 SKD（按：Semi Knock Down 半散装件）的生意。

杨：还进来过 SKD？

倪：14 英寸彩电是的。对，所以是四川省外贸公司在做，所以长虹知道这个信息以后，就干脆我们也介入进去，一个在松下考察一下，业务上也咨询一下，另外一个这5000套我们来给你组装吧，于是长虹就和松下之间建立了关系。

杨：是82年、83年一开始和松下合作了是吧？

倪：真正和松下合作是83年、84年，就这段时间。

杨：太厉害了。

倪：所以松下其实也想打入中国市场。

杨：他当然想。

倪：所以他也很早派一些技术人员过来，双方了解的彼此多一些。

杨：其实松下的彩电技术是非常稳定。

倪：但那个时候，国家各个省引进彩电线已经不少。长虹是最后一个，那个时候这很难批，就85年、84年，84年10月份的时候，这很难批的，已经封口了，国家计委已经封口，所以那时候怎么办？

杨：是不是给四川批了一条？

倪：所以，还得找电子部照顾一下。所以我们是最后一家，严格说没有钱，比如说搞彩电这个项目还得建个厂房，对吧？没钱，那时候地方政府也支持，于是，银行给你贷款。企业自筹100万，所谓企业自筹100万，就固定资产折旧，这大家都知道，长虹再怎么穷，还有点固定资产，就这样批下来了。然后，第七任厂长王金城，他85年担任绵阳市市长。他出任市长后，我就接他的班。

杨：那个时候你是工人还是工程师？还是……

倪：我是副厂长嘛，副厂长之前当了六天厂长助理，然后在那之前是设计所的副所长。这之前的话，军品的产品设计师。我原来是搞产品设计，搞雷达的。

杨：你有没有上过大学？

倪：我是六七届毕业的，我毕业的时候正值“文化大革命”，所以我1968年才离开学校，我毕业分配的时候，就分到780厂。

杨：你是进了工厂才自学这些东西，真的很厉害。

倪：那时候工厂没有什么生产，派性对立情绪很大，我们来的时候是没派性的是吧？所以那时候也没人管，后来我们就要求他总得给我们找点事干，后来就安排在车间当工人。一年多以后，科技人员归队，回到设计科，从事军品的设计工作，然后就开始进入到设计领域。后来改革开放了，因为要发展民品，所以本来设计一所和设计二所，一所是搞民品的，二所是搞军品的。我就是一所的副所长，干了一年多，完了呢，长虹换副厂长，但调令还没下来，所以去叫我去当厂长助理好移交。后来 85 年，刚才我不是说我们的老厂长就当市长，我也就当了 780 厂的厂长，可以再继续把老厂长遗留下来的工作要做好，就是说引进松下彩色生产线。

杨：哦！第一条生产线是松下的，是 14 英寸兼容 21？

倪：是 14、18。

杨：其实为什么有 18 英寸？在日本都不太流行的那时候。

倪：所以这里才会有一个问题，你比如说彩虹，你去研究一下彩虹？彩虹当时建厂安排的项目，80 万支 14 英寸彩管。

杨：对。

倪：20 万支 22 英寸，22 也不是通用规格。

杨：亚洲不通用，欧洲才有。

倪：归根到底，这里的计划经济观点所致。搞多大规模，拍脑瓜想，买不起那么多，对，14 英寸，够了，中国住房小，那定多少支呢？ 80 万支吧。

杨：所以你转到民用产品还是对的，你再走下去，没路走了，你的工人都没饭吃了。

价格改革

杨：那个时候在中国买彩电，有没有要彩电券才能买？

倪：彩电的市场销售应该是很不错的，因为什么？前面我已经说了，周围人喜欢看热闹，另外一个，大家对政治都很关心，彩电是一个媒体工具，所以大家很需要，所以形成一个什么？年轻人结婚，必须有部彩电，改革开放以后，在 80 年代，是一个三转一响（按：原指自行车、手表、缝纫机，都是会转的；一响是指收音机），彩电、冰箱、洗衣机，所以这样一来的话，市场是好的，对吧？问题在哪？计划经济！对市场怎么看？对商品怎么看？于是当时国家计委，就管彩电这个行业的，因为什么？需大于供的时候，市场将出现倒卖的现象，批发的价格是国家定，市场需求大，如果我刚需，你的价钱再高我也要来买。

杨：彩电的卖价，还要国家定？

倪：为啥彩电零售价定 998 块钱？

杨：依据什么来定？

倪：一般的家庭还得要经过一年的积蓄两年的积蓄才买得起。计划经济的指挥，18 英寸彩电 1400 元。

杨：1400 ？现在 24 英寸 LCD 才 900 多块钱。

杨：那时候工资多少钱？

倪：大概是 1985 年前后，一般工资才 30，实际工资还低。

杨：几十块钱，你算一下一千要多少个月的工资。

倪：攒多少年？他必须买，要不然儿子不能结婚，但是问题在哪呢？需大于供，所以怎么办？为了儿子结婚，加一点价我也要，于是流通环节里头就加价，加了多少呢？ 3000 块。

杨：不是开玩笑，3000 块钱一个 18 英寸彩电。

倪：于是有的人就给国务院写个报告，这报告啥内容呢？建议彩电还有摩托车什么，开征消费税，你批发价格才 1400，零售价定在 1800 应该可以了，好，你卖到 3000，这中间差价多少？

杨：对，一倍以上。

倪：1200 的话，消费税征收 600 块，你看多好，站在政府的立场，政府征收税收，马上就批了。

杨：推动销售税的功臣。

倪：还有一个，理顺市场秩序，现在怎么回事儿？百货商店都在卖彩电是吧？于是呢，彩电有专营。就是专营的商店才能卖，不能随便卖。

杨：好像烟跟酒一样，有个专营局。

倪：你听我说，专营，这个文件下来了，谁来执行呢？国家工商行政管理局。

倪： 一开征消费税，消费者不满意，所以消费税的规定，14 英寸彩电 400 块。18 英寸以上的 600 块。从文件下达日起执行，你想想，大家都是穷哥们，好不容易盼到了这钱攒够了，你要涨 600 块？第二个专营商家不满意，不敢进货，我没拿到专营许可证，我进货多我卖不出去，我卖了它违法了，于是彩电厂家的东西卖不出去，但是还要生产，库房积压。哎呀！那段时间最难过。

黄： 那是什么时候呢？

倪： 大约 1989 年。然后工厂卖不出去。政府给工厂施压，因为你卖不出去的话，工业产值上不去，所以地方也有压力，另外一个主管部门也有文件，谁销售不好，削减谁的彩管进口，彩管计划分配嘛，你说怎么办？工厂怎么办？我那时候真的压力很大。苏州孔雀彩电厂的技术员跑到长虹来，说来考察来学习，我爱人也是搞设备的，去接待他，大家技术交流完了以后就聊天，我爱人说这东西卖不出去。孔雀电视机厂的人说，哎呀我们那儿好卖得很呀，汽车在厂门旁排队进货，你们怎么卖不出去？

杨： 结果发现是什么问题呢？

倪： 我就在琢磨，电子部的文件，彩电专营计划，还有地方政府的压力也不少。所以很多厂家干什么呢？

倪： 电子厅是我们的主管，就喊我去成都开会，开会不外乎是挨批评嘛，你家那么多库存，怎么怎么的。我有压力了，坐汽车去成都时，我一直在想。晚上在成都吃完晚饭往回走的时候，我就想那天是 8 月 8 号，我想，看来只有降价了，不能再拖了，因为当时呢，中秋节，还有国庆，是个结婚的日子，你降价，能降多少？ 600 块你降得起吗？好，你能降，降 300，你不赶到消费的日子，他急着要娶媳妇要结婚，是吧？他还可以降，我降 300，我这过两天说不定降 400，再过两天说不定就全免了，他还是不买，你的决策就失误了。商家也不怕你降价。但是一次定位，成功就成功，不成功就失败，你再降都没用了，你还是价格战的罪魁祸首。

杨： 那是国家允许你这个价格变动吗？

倪: 你听我说。

杨: 又犯错误了？

倪: 回到家，你看怎么安慰自己，再琢磨，所以降价触犯了刑律的，要进班房的。但再想想，不降价也不行，我的销售人员都在川内，库存积压了那么多了。

杨: 长虹基本上就是 80 年代末 90 年代初都是在四川发展了。

倪: 对呀！库存已经那么多，20 多万了，不能只有一个渠道，你必须开通全国渠道，于是我就派人出去，派人出去还得培训嘛！那原来在车间里头的，你说那支票也没见过，汇票也没见过是吧？销售政策，和人打交道，你都得要培训，培训完了还得赶到各个市场上去，另外你还得做商家的工作，就 8 月 31 号以前，必须到各个市场，后边还有一个月。

杨: 是哪一年？

倪: 89 年。第二天爬起来上班，就从通知厂主任销售员到我这办公室来开会，然后就说，降价！从今天开始降，然后搞人事的，抽调销售人员，然后开始培训，全国地图拿过来研究，就开始消化。

杨: 那倪总终于要出川了，你那个时候多少个销售人员？

倪: 抽掉以后算了一下，有一百多个，那里头很多是中层干部，做动员嘛，另外一个做准备，做培训嘛，最后，那时候哪有飞机坐？包括去新疆、黑龙江都坐火车，要求 8 月 31 号必须赶到你所在的地点。

杨: 厉害，这样一来你也出川了。

倪: 我也出川了，我是 8 月 30 号出发的。

杨: 你跑北方还是华东？

倪: 我到东北嘛，先到东北。

杨: 为什么是东北？

倪: 东北当时的封建意识呀，那儿娶媳妇没彩电，我跟你讲，中秋节还有国庆，我为什么要 8 月 31 号以前赶到，所以这一降 300 块，他没观望时间是吧？所以我 8 月 9 号宣布降价，紧接着 10 号收到我们竞争伙伴们分别告状。

杨: 肯定啦。

倪：说我率先降价。

杨：搞乱市场。

倪：对，我跟你讲，那边成功了。

杨：是不是20多万全脱销了？

倪：他们是过了国庆才开始降价，我比他们早了一个多月的时间，人家也不能等到元旦春节结婚，就这一个多月是我取胜的一个关键。于是那一年我的利润结算出来多少，可能有一个多亿，但我88年的利润目标是两个多亿呀，所以还是差了八千万。

杨：部里头或者是其他部门这么多人告你的状，为什么你可以平安？

倪：在这之前，包括各部也都向国务院打报告，然后传出消息，说哪一天哪一个月北京开了会了，最后就说了，五一降价减一半。到了第二年，90年，国务院取消彩电特别消费税。[①]

杨：好像大禹治水一样，取消增值税，取消专营，让价格可以在市场上浮动，这个也是说明了计划经济最后是顶不住市场经济。

① "1990年3月5日，《国务院办公厅转发国家计委等部门关于调整国产彩色电视机特别消费税和价格请示的通知》：'按不同规格和档次适当调低国产彩电的特别消费税税额。每部彩电征收特别消费税税额的调整意见是：14英寸由400元降低到100元，减少300元；18英寸和22英寸由600元降低到300元，减少300元；20英寸由600元降低到400元，减少200元；21英寸（平面直角）由600元降低到550元，减少50元'。1990年3月8日国税局函发'国家税务局关于对特别消费税的执行情况和企业欠税进行一次检查、清理的通知'，要求各省、自治区、直辖市税务局、各计划单列市税务局对各地特别消费税执行情况的检查和清欠结果于5月中旬上报。其后在3月14日国家税务局颁行'关于执行《国务院办公厅转发国家计委等部门关于调整国产彩色电视机特别消费税和价格请示的通知》几个具体问题的补充通知'：下调整国产彩电的特别消费税的税额，而，对进口的应税彩色电视机的特别消费税仍按原税额执行。1992年5月22日，国家税务局转发《国务院关于停止实行对彩色电视机专营管理及有关问题的批复》的通知：一、从1992年4月24日起，停止征收彩电特别消费税，在此之前已征收入库的彩电特别消费税不得退库。二、对1990年3月以前的遗留问题的处理，待有关部门确定具体办法后再行通知。"参见：《中国物价年鉴》编辑部编《物价年鉴·1991》，北京：中国物价出版社，1991，页363；国家税务局编：《税收工作文献汇编（1978–1992）》，北京：法律出版社，1993，页335；中国人民银行国库司：《国家金库制度选编·第3辑》，北京：中国金融出版社，1993，页883–884。

倪: 所以后来彩电价格在中国就基本市场化了。

囤积彩管大战

杨: 倪总，很多报道说你发动囤积彩管大战。

倪: 我跟你讲，它是这样，1997 年的时候，东南亚金融危机，然后 10 月份开始韩国金融危机。所以当时韩国的总统金大中，动员国民捐献黄金。

杨: 1997 年到 1998 年的时候。

倪: 所以韩国的国民就把自己的金戒指、金首饰都捐献出来，帮助国家渡过难关。而那个时候大宇解散，彩电实际上都卖不动，但是国家国门关不了，进口彩管还得进，那就是说更加过剩，但是怎么渡过这个难关？这是我考虑的。

杨: 倪总您考虑就是大局，宏观的大局。

倪: 于是的话我就来分析，彩电市场的突破口在哪，分析来分析去，我自己拍脑瓜想，21 英寸。一个 21 英寸含金量低。第二，21 英寸，大尺寸的管子，产量不可能再扩。我分析了一下市场的需求关系，供和需之间最好是平衡，或者是需大于供，这就赢了。所以过了春节，98 年春节一过，我就叫了秘书在富乐山国际酒店，租了个会议室，然后是国内的彩管厂家分别来，就在富乐山国际酒店跟厂家一起交流，然后确定你这一年生产什么产品，数量大约有多少。谈完了以后我把它归纳起来，就 21 英寸，供和需之间供大于需，大约有 100 万过剩。如果说我把这 100 万控制住，控制到 120 万。你要知道，不像现在做网购，那个时候没批发商，工厂批发给批发商，批发商给零售商。生意难做的是单一品种，因为你客户没那么多，如果说你品种是全的，你的客户踊跃到你这儿来，特别是中国最大的市场就是春节这块，到那个时候将见分晓。因为农村市场，21 英寸，城里的贫困一点也是要 21 英寸。21 英寸有可能成一个香饽饽，你离开我你拿不到 21 英寸，但是你想要 21 英寸，那我的 29 英寸，34 英寸就都一起来了。于是我就把计财处的处长叫到我办公室，最后就给他下达计划，我说呢，跟厂家们商量，反正 21 英寸彩管有库存的，咱们把它都买下。我说目标买它个 150 万，150 万，说句实在话，一支彩管 500 多块钱，也就是说五六个亿，六个月的银行承兑，这资金我承受得起，然后我就把这意图和他说，我说注意保密。后来他给我汇报，说对不起，只搞到了 80 万，我说够了。

杨: 那些彩管厂还不全卖给你?

倪: 里头又和我的质量部门也有关系，我的质量部门这时发号施令，所以这件事我纠正了一下，也把我们管资料的，喊到我办公室，我说你别去吹毛求疵，你这样来的话，你就让厂家很难办。也就是说我们的线路也要征求一下人的管子，不能说我们搞了一个线路这样的，你就必须造我要用的。我说可以做些少改动，很简单地改一下就可以了，所以这个 80 万就够了。之后，全国销售商家就开始来，在我们新建的开发区商贸中心开会，然后他们就向我汇报，说沿海的，特别是广东那一带的商家，说我们只有靠长虹了，他们都没有 21 英寸管的，只有你们常规的品种，所以我们离不开你们长虹，然后签的单子都很大。这个事已经验证，我的直觉是对的，因为历史上战争中有一两拨千斤的这种战略，我没那么大财力，我可以用小的东西来控制一个大的局面。后来的话我看，到了 12 月份我的一天出库量已经到了 9 万台。所以我和我的秘书说，我说按照这样的一个进度，我再隔两天的话就超过 10 万。到年三十，腊月二十九，不，腊月二十三，库存全部销完，确实我们的利润是 40 个亿。结果就在我日出库 10 万台的时候，有个小报的记者，给我们的一个市场策划部的部长，这部长还是个博士，给他挂了个电话，说有一篇文章，你们看登还是不登，什么内容呢，说长虹十天内肯定降价，他是想长虹给他点“广告费”。

杨: 那不是等同勒索?

倪: 我那个博士气昏了头脑，他不知道轻重。于是他当时就给人家回答，你愿意登就登，不愿意就别登。说完了也没给我报告。第二天就登了，大伙在转载，这一转载消费者怎么看，商家怎么看，离春节还有多少天，还有 20 天。这事一出，我非常火爆。第二天接到这个消息以后，我们就开会吧，就说: 将计就计。就降 10%，就丢掉一些利润，但是一想，已经出了那么多货，并不见得都在消费者手中，还在商家手上，离春节还有 20 天，商家的库存是个麻烦的事，是耽误时间的事，要影响你销售，20 天的时间，库存都不够，所以就不能降价。

杨: 真的两难局面。

倪: 本来中央反走私，从香港地区和海外计划进口的21英寸彩管是需批文和缴足关税才能进口。由于不能再走私，据我所知，当时大概有600万支囤积在香港地区及海外。好了，这样一来春节这块市场本来是很好的一块市场，大家都发财的市场，丢了，库存积压。海外还有那么多管子要进来，就带来了灾难。就是这样。所以当时你的那位朋友还有一篇文章，先不给他告状，说大树下没小草还是什么，哪能那么说话?

杨: 他们不是跑到北京去拿批文，要进口21英寸?

倪: 我因为这个事专门到了北京，我到了北京，到了部里头，还到了外经贸部，我就和他们阐明了利害关系。他们当我们面也表了态，认同我说的有道理。要控制这个，就这样。但是后来，他们又在其他彩电厂和地方政府的游说下，发了彩管进口的批文。部里头又到我这儿来，叫我把囤积的彩管拿出来，其实我有多少囤积的彩管?那80万支彩管，在我库房里头没剩多少，而厂家还偷着卖我的彩管，我没给他钱，还给他六个月的银行承兑，他偷着卖，但是这个市场的势头已经带来了，很火，所以你们干脆就跟着出货去吧。

杨: 这个事情整整21年了，我是第一次听这个事情……其实，说长虹囤积，搞来搞去才几十万支彩管，而当年全国的彩管产量已有几千万支。

倪: 而且进口的21英寸彩管，多数都在韩国、日本和中国台湾地区的厂家手里。

杨: 我首先声明，在“囤积”彩管大战里头，汤姆逊跟我新骏公司都没有介入，也没有得益。因为我没有卖21英寸的，我是卖29英寸、34英寸、38英寸的。[①]

倪: 过去我承担了很多冤枉的，我们甘愿。

---

① 另有说法指:“1998年，长虹与国内八大彩管厂签订了垄断供货协议，将国产76%的21英寸、63%的25英寸和几乎所有29英寸及29英寸以上大屏幕彩管买下。”参见:叶素贞著:《敢想敢干敢挑战·白手起家创业行动手册》，北京:中国经济出版社，2007，页165。所以和倪先生、杨先生的说法有所出入。

杨：倪总当年是彩电市场的老大，所以他是规矩的制定者，其他的人用种种方法来挑战。

倪：我这一计不算是失败，或者说那是一个没有理由的计策。这一计，在商战史上是可以上书的。

（访问完）

左为倪润峰展示习近平主席亲自颁授的军转民改革先锋证书；右为杨向杰

（以上内容，为嘉宾访谈个人观点，有关彩管“囤积”大战的论述又见本书的第四个十年内容）

彩管人话当年：中国如何成为彩管彩电的王者——访胡秋生[1]

嘉宾：胡秋生（胡）

杨向杰（杨）

访问：金敏华（金）

整理：陈汝佳

时间：2017 年 6 月 12 日

地点：中国 · 广东 · 东莞市 · 广彩城酒店

金：很多人喜欢访问你，为什么？

胡：我故事多。（笑）

金：彩电比我们彩管显赫得多……

胡：彩电这个战争呢，的确更波澜壮阔。

杨：因为彩电的特点嘛，就是最终消费市场。

金：对，作为这个彩电业拓荒者，你可以算是更大程度上的行业先行者代表。

胡：可能吧！哈！

---

① 胡秋生（1959-），广东惠来人，1982 年毕业于华南理工大学无线电技术系。历任 TCL 集团高级副总裁、部品事业本部总裁，创维集团总经理，TCL 海外事业本部总裁、TCL 王牌电子（深圳）有限公司副总经理、总经理，河南 TCL —美乐电子有限公司总经理，TCL 集团 TV 事业部总经理、多媒体电子事业本部总裁，TCL 集团董事、高级副总裁，TTE（TCL- 汤姆逊电子）董事长。2006 年 6 月辞去 TCL 集团董事、TCL 集团高级副总裁、TTE 董事长等职务。

金：好，我觉得作为这个彩电业这个拓荒者先行者，你怎么看这个彩管业的发展？中国彩管业的发展，彩管作为彩电生产上游企业，它对中国彩电业发展带来的一些影响是什么？

胡：应该这么说吧。这个彩电制造业的发展，它有两个核心的部件。一个就是 CRT（彩管），另外一个就是集成块。这两块是最核心的。如果没有彩管这方面的支持，那中国的彩电是发展不起来的。这跟中国整个市场经济，发展有很大关系。包括我们消费市场，从以前很小的一个规模，到之后发展成为全球第一大制造业及消费市场。

所以我觉得两者还是相辅相成。还有一个，我觉得很重要的一个，就是当时的中国政府领导层决策的决心，也有很大关系。当时负责行业政策制定实施的电子工业部，作为振兴中国电子工业领导部门，当时有一个非常大的行动，就是中国电视工业的一个国产化的大运动，就是在彩电生产制造初始阶段。所以政府是起了决定性的作用。那我们当时也是处于改革开放的时代，也是有政府这么一个引导，来创造一个很好的环境。我们当时是尽了自己的一份力量。所以我们中国的彩电行业的发展，应该说跟中国的政府领导、主导是有密切关系的。

金：政府领导，国营？

胡：那当然了，这个产业发展政策，我觉得也是跟中国的电子工业发展战略有关，奠定了非常好的基础。

胡：很多人才的概念，很多市场竞争的意识，都在彩电的整个竞争里面，表现得非常充分。还有一个因素，彩电也是当时大家很关注的家电首选。

胡：家庭购买电器，一定要先买彩电这样的电器。

金：对。

杨：电器三大件，三大件之首。

胡：对。而且当时初步信息化，中国的节目源也越来越多。电视台也越来越多，节目也越来越丰富。

金：对。

胡：当年我们也是通过电视来娱乐，并作为主要的生活娱乐的一个来源。

同时也是获得信息的主要平台。所以大家都非常重视。消费者也非常有热情。这也推动了我们彩电的发展。另一因素，超大的市场消费因素。

金：从你个人的经历，你 1982 年到深圳入职陆氏电子。那时“三来一补”，都在外资市场吧？

杨：不是。

金：也有国内市场？

胡：不是。我当时就是陆氏电子，不是三来一补，陆氏（港资企业）本身是一个港资投资企业。

杨：香港的。

胡：它是一个很完整的彩电企业工厂。我们当时来的时候，大学毕业。我是 1977 级的。我第一次分到陆氏电子，有很大的心理因素。原因很大程度因为陆氏电子是一个资本家的公司。我去学一些新的东西。

杨：港资。

胡：港资企业。我当时是国家干部，但我还有这份勇气啊。

金：您跟陈伟荣跟李东生是一个班的吗？（陈伟荣是前康佳集团总经理，李东生是 TCL 集团董事长）

胡：我们是同一个年级的。

杨：同一个年级的？

胡：对，跟李东生是一个班。跟陈伟荣是同一年级，不同班。还有黄宏生（创维集团主席），我们几个人华南理工大学毕业，属于部级，中国内地第一批彩电的人。

胡：所以后来中国出现了很多彩电企业，如长虹。长虹是我工作了 5 年之后，才来陆氏引进我们这个 SKD。就是机芯组装。机芯是彩电生产的基础，一些关键的工程技术的研究人员是在我这里培训的。所以我是他们的师傅。当时我是很多先进材料及机芯的研发，后来就是咱们引进了设备，帮很多任务厂引进了设备。还有那个当时国产化还没开始，我在陆氏，陆氏电子的港资身份有很大优势。

胡：很多零件、组件都要进口。当时就很多国内电机厂都必须引进，不引进他们就没有产品技术，没有零部件什么的，彩电整机无法生产。

金：做不了？

胡：做不了。所以整套引进，包括引进生产设备，生产技术，采购主要零部件。那时候我就是被派去到处建厂。所以我在国内很多彩电厂搞建设。包括我后来的太太也是在建厂时认识的，后来把她娶回来了。哈！

胡：还有就是东北，沈阳电视机厂，还有东北大连星海。还有好多。我当时就带队，我带队就负责全部的。

金：你数过没有？建了多少条线？

胡：经我负责有十几条线吧。

胡：有十多条线。

金：十多条线都是你去负责建设？

胡：是。

胡：那一年代，只要有批文，你就可以引进，当然还要有外汇。（笑）

胡：当地政府支持，引进就必须得找我。我们当时还在香港有两家，一个就是那个港华，一个就是陆氏。

胡：陆氏后来 1997 年就给 TCL 兼并了。那兼并其中一个关键的因素也是因为有我。因为我是陆氏的总工程师。所以在公司跟老板都很熟悉。他们对我也很信任。然后这边 TCL 李老板对我也很信任。当然应该说这个时候人才还是比较欠缺的。但对这个兼并能不能成功还是有疑问的吧？我说，我去，我肯定去。陆先生对我也非常关心，非常非常信任。很重用我。

金：当时中国彩电，内地彩电与香港彩电业分不开，港华建立康佳，TCL 收购陆氏。

胡：没错。

金：这个一开始在八十年代的时候，在中国这个土地上，大的那个彩电公司是港华。港华呢，后来就是建立了康佳。那过了 10 年以后，康佳还在，TCL 还在，十年河东，十年河西。

胡：陆氏一直在，在后来，陆氏组成了一个合资公司叫华发。

胡：在汇一城对面。

金：华发？

胡：对。陆氏坚持到后来呢，就是也提出要兼并了。TCL 兼并了，主要 TCL 的管理和经营。他成为股东，后来 TCL 上市之后，他逐步就在市场上退出了，就没有再出现了。

杨：但是现在他们在越南哪个工厂，还是陆氏。

胡：对，是这样的。实际上我们 TCL 还是逐步脚踏实地，实实在在，而且当年，也是在几乎跟国际上的品牌竞争。它那品牌比如说日本品牌最强，当年的韩国品牌还不是那么强。日本品牌强，但是后来从结果来看呢，还是中国的产品品质、技术逐渐改善了。在某些地方就明显地超过日本品牌了，之后就在中国最后的产品市场，就成了以国有品牌为主导，一直到现在，就是这样。后来从 CRT 转入平板之后，国产品牌优势就更明显。所以在产业竞争过程中，锻炼了我们整个行业竞争的气氛，能力的竞争和人才的竞争。我们适应了这种竞争及环境变化。你看后面的转平板就转得比较顺利，而且还开拓海外市场，也是以 CRT 市场渠道作为主体。兼并汤姆逊，是全球第一大彩电。当年全球第一大彩电 2200 万台 / 年。

杨：对啊，以前我们出口的主要的地域都是发展中国家。兼并汤姆逊之后，就进入了发达国家，欧洲市场、北美市场。所以给我们的锻炼，给我们带来一个新篇章，过程当然是很辛苦，也走了不少的弯路。但是现在回头看起来，就像你们 TCL 主席，李东生先生所说的，虽然在交了学费，但当时还是有很多的收获。所以现在以 TCL 为例，他可能就能大胆地在平板上做一些投入。还有现在整个市场发展的态势也不错，也挺好，起码现在回头看是这样。

金：收购汤姆逊是哪一年完成的？ 2004 年，是吧？

胡：2004 年 7 月 5 日。

杨：2004 年开始谈判嘛。

胡：不，是 2003 年 7 月份，我们在那个摩根史丹利公司里面去见面。杨总想起来了吧？

杨：对对，想起来了。

金：TCL 与汤姆逊合作起源现在怎么看？

胡：最早的合作？当时我们在1992年，我们大家都是1992年、1993年开始交往合作，而且当时我们两家合作前已经是各自市场的赢家了。

杨：对对对，我先说一下。TCL当时生产所需要用的彩管全部是长城电子公司负责任，汤姆逊彩管就是那个时候进入中国，29英寸我还没有卖得动，我就拿28、29跟长城电子公司合作，1993、1994年它一炮而红，一卖卖了20万～30万个，29英寸大屏的。TCL因此成为国产品牌的大屏幕No.1，我们汤姆逊的彩管，也变成大屏幕彩管No.1。所以我们走到2000年。大家是从1992、1993年开始，到2000年两家合作是赢家。

金：那如果往回看，回头看就是说2004年这个时候，签这样的一个合并协议。这时候实际上是CRT彩电行业的尾声了，是吧？

杨：算是尾声，也是顶峰。

金：也是顶峰？从哪方面？

杨：我说顶峰是技术，是市场份额。

金：你现在回头看你觉得这样一个合并，是做好还是不做好？

杨：当然还是要做好，肯定是要做的，而且是必须做的。但你不做的话，No.1那个椅子让给你坐你还不容易坐？就是这样子的东西。就是顺其自然地走也存在危机，不是说我故意要去想挑中什么，是他们自己一看不行了有危机了，他就要把这个市场转移。因为他们知道自己的能力。

胡：对。

胡：汤姆逊他们自己的战略意识还挺强的。

杨：一定转到中国来。

胡：它一定觉得它自己做其实很有前途的。

杨：对。

胡：所以要趁稍微值点钱的时候，是吧？还能值点钱的时候，就把它交给TCL了，而且它们也看到TCL有这个需求。但是我们觉得是有这个需求，当然了因为经验的不足，肯定也是有些损失了，这个过程有些损失。但是我觉得这个很正常，所以你一定要强起来，我也觉得还是要做，而且是必须做。

金：如果不做会带来什么损失？

胡: 不做，一个企业这样子，就是你不做这个事等于你不敢提，你想打退堂鼓，不想向前更进一步。

胡: 就等于你不想做 CRT 彩电或向更高科技领域 LCD 发展，你不想做。你不想去争取机会去求发展。

杨: 这个我要补充一句，有些现在人说，说当时 TCL 上了当，跟汤姆逊合作，这个说法是胡说八道。整个事情是这样子的：2002 年开始，我就接了一个任务，就是汤姆逊把它美国第一大、欧洲第二大的彩电业务转交给中国公司。但是他们申明的不收现钱，不是卖，而是合并。合并要中方控股。过几年后呢，它就拿着股份走了。刚开始我经历了一个很漫长找对象的过程，我就找 TCL，TCL 不理我，后来半年后才知道，他们在跟飞利浦谈。飞利浦要求控股，所以我们一开始我找 TCL，但是没有谈成。然后我找创维，找黄宏生，黄宏生说，你不要开我的玩笑，我市场价值才 20 多亿。他也不行。然后我找长虹，长虹很快和我们开始谈判了，那已经是 2003 年。

胡: 就是长虹有兴趣?

杨: 当然有兴趣，现在是谁拿了我这一块，谁就是世界第一。

金: 老大？市场老大？全球的！

杨: 合并后马上是美国第一位，有 RCA 品牌。欧洲第二位有汤姆逊品牌，我还有很多品牌，是这样。长虹跟我们谈的三四个月，我叫停。因当时长虹是 A 股上市，我没办法去交易。于是我就打个报告给汤姆逊总部，叫停长虹谈判。后来就找康佳，康佳有 B 股，有 B 股，就好像有交易条件。然后我就谈了几个月，快签合同了。但是我还想一个问题，我问康佳，那个 B 股，一天可以卖多少？回答说 100 万美元，天啊！我拿着 3 亿美元的东西，每天只交易 100 万美元，要到什么时候完成交易？也不现实，那我要保证可行及最后要善后的，要妥善处理，所以我最后还是打了个报告暂停谈判。我记得是大概四五月份，2003 年，我打了个报告给巴黎总部。我跟汤姆逊说，其实只有两家公司合乎客户条件：创维和 TCL。

那创维已经知道不可行了，TCL 要不要再找它，我们就开始再思考，但是他们还没有答复。直到有一天就是那个摩根史丹利公司，那个竺先生，他负责跟TCL与飞利浦他们谈合作项目那个竺先生。他打电话给我，他说他们项目告吹了。吹了？飞利浦吹了就好了。我们可不可以再变成合作伙伴？于是他们约TCL，我们就约汤姆逊，又重新开始新一轮谈判。其实各方都是很熟悉的。就是2003年7月份就跑到香港总部，大家见面谈，大家都是熟人。很快4个月后我们在广州白天鹅宾馆，我们签了一个合作备忘录。三个月后，就是2004年1月份我们在法国巴黎，胡锦涛主席出席中法建交40周年纪念活动，国事访问法国的时候，在总理府跟法国总理，当着胡锦涛主席的面签那个合资协议。我在场呢。竺先生也在，就TCL李东生去了。之后搞了很长时间，22个合同，谈得我们都快累死掉，哈……这也是一个重要因素。

胡：对的。

胡：杨总你记不记得两家谈判时，汤姆逊当时首席代表是谁啊？我记得我是TCL集团首席代表。(笑)

杨：对啊，胡总是首席代表。汤姆逊那边是莫理斯。

胡：后来我们就在7月1日，TCL大厦开张那一天，我们就那天就是整个成交，就要合了,TTE公司，就宣布成立。之前我们还在香港搞了一个活动。深圳TCL大厦开张那一天，我们的领导也来了，他就是八十年代TCL前董事长——李鸿忠先生，时任深圳市长（现任天津市委书记）。

胡：对于TCL并购汤姆逊项目，这里可能有个细节要更正一下。当时呢我是TCL首席谈判代表，我们谈判团队非常强大。顾问公司是世界一流的公司，好像摩根史丹利公司、麦肯锡等。

胡：还记得我们两家有一次谈判的时候是封闭式的，在蛇口，20多天。在那里每日三餐，封闭式的。就在那里大楼里面封闭了20多天，高强度的20多天。真正谈判，最后成立的时候，公司名称定为TTE。

杨：回头看，并购给TCL带来什么东西？

胡：你要看是哪方面的，我认为第一个是品牌效应，品牌一下子上来了。第二个呢当时大概也就是对企业规模有帮助，当时我记得央视新闻联播，就有这么一个标题，“中国企业首次兼并世界500强企业”，作为新闻联播一个重要新闻来说。

杨：基本上就开启了一个新篇章，从中国国人来讲呢，就等于是开了第一枪，一个发令枪一样的。

胡：难度很大。

杨：所以这个重要性很大，而且是一个合适的时间节点上。所以李东生说得好，第一个吃螃蟹的人是最勇敢的。其结果是你可能成为烈士，也可能成为勇士。他们付出，为中国企业做了很重要的贡献。

胡：所以从这一点来讲，当时是我很敬佩我们那个李东生董事长的。真的是比较勇敢。

金：说说品牌的效应？

胡：第一个，我说第一个是品牌效应。其次这个也给我们整个国家，也有一个振奋的作用吧，从精神意识层面。

金：对，绝对认同。

胡：合并当然对我们公司内部提出了更高的要求，因为我们以前都是本土为主。但是企业的能力是这样的，企业的能力是你要有需求，你要有想法，你才能去学习的。而且中国企业还是有很多整天不想学习的人，你要找差距，刚才说差距。你发现了差距就去学习，提高，缩短差距，总是要付出代价的。最后还是付了很多代价，但是对企业来讲，你不能看短期的，要看长远发展。最终还是走出来。

金：你记得合并以后，你们总的员工有多少？第一次合并的时候，还有多少工厂、实验室啊？

杨：你记得有多少？汤姆逊是 1 万。

胡：汤姆逊当时 1 万多一点吧，我们 TCL 当时 3 万多，加起来接近于 4 万～ 5 万个。

金：4 万～ 5 万个人，很大了，总体而言是很大规模。

胡：研发是增加了，你看在当时研发地点很多，美国有个研发中心，德国有，法国有，是吧？还有我们中国也有。全球有四个研发中心。

金：那工厂呢？

胡：工厂增加了。

金：分了不同的国家。

胡：泰国之后呢就是法国。

杨：波兰。

胡：波兰，还有墨西哥。增加了四个工厂。

金：就真的变成全球性的。

胡：布局上面就填补了很多空白。而且现在很多任务厂还在用，比如波兰啊还在用。

金：波兰的工厂还在用?

胡：还在。

金：对啊，所以没有失败。

胡：这次的中欧班列通车，咱们习主席去波兰出席通车典礼了嘛。那趟列车运的是我们去波兰的产品。

金：什么产品?

胡：就 TCL 的，我们国内的。液晶。液晶元器件、部件，从这边运到那边去组装。

金：很重要。

胡：这一趟中欧列车其实就是我们的专列。

杨：我记得，我介绍过那个波兰的总统。

胡：对对对，总统，当时的波兰总统杜达（Andrzej Sebastian Duda）。跟他见面，我就跟波兰人说，波兰这个工厂是欧洲最大电视机厂，还是现在整个波兰国最大的彩电工厂，还是属于我们中资体系。哈!

杨：对，在欧洲嘛，欧洲最大。

胡：我们做了以后给欧洲市场销售。

杨：欧洲最大的工厂。

胡：它还是用汤姆逊品牌。TCL 跟汤姆逊品牌同时可以使用。

杨：也用 TCL 品牌?

胡：也是用。

杨：联合品牌。

胡：都是用汤姆逊跟 TCL。

金：因为时间不多，就是我想问一下……因为中国的彩电市场在过去 20

多年，一度是非常热闹，就你现在如果回过头来看，你觉得哪些事件，你脑子里现在一想就能想起来的，对中国彩电业的发展，生死攸关。或者今天想起来，你会发现，就是不能忘却？

胡：生死攸关，怎么说呢？这个我倒是……因为产业的发展是中国大势所趋。所以国内对每一个工厂本身，每一个单位本身有生死攸关，但是对整个行业没有。因为有国家的布局，在调控。

金：美国反倾销对你的影响？

胡：反倾销对我们影响也是很大，但是好在我们在美国销量不太大。还有就是质量、产量优势。最后应该兼并汤姆逊后，对化解这事件起了关键的作用。所以如果说大事件，我想起来就是有这么几个大事件。

杨：另外，其实他们合并以后呢，在西欧有工厂，在北美也有工厂，所以避免两个地方的反倾销，对彩电，很重要。那其实元器件都是在中国做了，运到那边生产去，就避免了反倾销。

胡：现在据我的观察，现在情况就是彩电行业在从 CRT 转为平板，就是很顺利的。从 CRT 转为平板。其实彩电行业 CRT 的那个市场影子还在。现在好多问题都还没有水落石出。就是彩电那个行业里面，竞争所带来的一些问题，还在等待结果。

胡：还有一个叫企业结构。企业结构现在我们产业也非常奇怪。有民营的，现在生存下来的。好像都有合资的。这个国有的都有。外资那时候也有。非常奇怪。那么这个东西呢，将来还是没有结论的。现在还在继续当中。看看，再看看。这个答案还是延续将来。当时呢，有一些，以前是一些落后的，不及时改进的。竞争力不行的，早就淘汰掉了。现在就剩那几家。我想还在等待。

金：就是什么不行，已经基本上有大案要案，但是什么行不知道。

胡：对。而且现在互联网已经进来了，对产品的一些形态又发生变化。而且企业现在做彩电，以前做硬件为主。现在都做了软件了。还要服务，要不然跟不上，对吧？还有智能。相信未来 10 年真的是智能的天下。所以接下来不是说平板、CRT 那么简单了。智能是未来的关键，所以现在我也挺担心的。首先我在工作过的企业，关系非常亲密的企业，我都挺为他们担心的。所以，真的不排除有些非彩电业会成为领导彩电的一个企业。这个可能性很大。

金：比如说彩电业。

胡：内容是大数据的提供者。这些都可以再跟智能有关，跟软件有关。硬件的重要性实际上比重降低了。它变成是一个产品的一部分而已，变成基础设施。而且它变得不是核心了。当年不一样，当年 CRT 行业，这个行业里面的核心，就是一个，就是 CRT 彩管。

金：所以也要明白这个问题，过去我们电视机是单一娱乐的机器。现在是个互联互通世界的一个硬件跟软件……

胡：互动的。

金：所以这个东西如果不能够搞互联互通，一定会消失的。彩电在将来一定会变的，大家一起拭目以待吧！

（访问完）

左一为金敏华；左二为胡秋生；左三为杨向杰

（以上内容，为嘉宾访谈个人观点）

彩管人话当年：我在中国的两个“孩子”——TTE 和 TGDC——访达哈利（法）[①]

嘉宾：达哈利（达）

访问：金敏华（金）

整理：黄志业

时间：2018 年 6 月 8 日

地点：奥地利维也纳酒店咖啡厅

金：汤姆逊是什么时候决定进入中国的？

达：当中国彩管业要整合，想以在地生产代替进口的时候，汤姆逊和新骏公司一起推动了汤姆逊的里昂彩管生产线进入中国的项目。那条生产线是 20 英寸的，而汤姆逊在欧美的工厂正生产更大屏幕的彩管，所以较细屏幕的彩管便适宜在地生产，较大屏幕的彩管便进口，我们先让 21 英寸彩管在地生产，将来再发展更大屏幕的彩管，应是聪明的策略。

后来我们想把汤姆逊的电视机业务跟中国一家大电视机厂家作策略性合并，我和汤姆逊彩管进入中国的唯一代理新骏公司的杨向杰先生紧密合作，跑遍了中国去寻找合作对象，最后我们一致同意应选择 TCL，并达成了一个“无现金”协议。杨先生协助把协议落实，他点子很多。你知道中法之间存

① 达哈利（Charles Dehelly），法国人。前汤姆逊集团首席执行官（CEO）。在任期内，成功进行两个影响中国乃至全球的彩管及彩管彩电的并购案。一是收购东莞福地，打造了广东省最大的彩管企业——TGDC，亦是全球最后一家彩管厂；二是与 TCL 彩管业务全球合并，打造了全球第一家由中资控股的最大彩电企业——TTE。

在文化差异，中国人与法国人的思维方式不一样，杨先生协助双方做出合理协调，俾能合作，所以他不仅仅是卖彩管的代理。

金： 去年东莞的 TGDC 彩管厂结束了，你当时对这个是觉得惊讶，没想到它能坚持到去年？还是伤感？因为毕竟你在这个项目也投入过很多精力。还是有别的一些感觉？

达： 我对那工厂能生存到那个时候感到意外，因为电视机由彩管电视转向平面电视，这是历史的发展，彩管的生命到了尽头，虽然我们设想不到，但上天是这样计划了，我对东莞厂的结束不感意外，我只对它能生存那么久感到意外。

金： 你会感到有点伤感吗？因为那到底也是你的“孩子”？

达： 不，我认为这是科技的演进，彩管仍可生产但不是主流了。我认为那只是工业的演进，工业总是令人兴奋之处就在于老是会有新构思冒起，我认为我们必须由一种科技走向另一种科技，然后再走向另一种科技，这样才能令人类不断进步，这是一种推动力，凤凰在火中毁灭后才能再生。

金： 你怎么评价 TEE 跟东莞 TGDC 当年这两个项目？

达： 我认为那是“在恰当的时间进行的恰当的项目”，我只能这样说。我觉得 TEE 是个十分具野心的项目，汤姆逊和 TCL 的合并是个创举，在此之前，中国从未跟外国达成过这么大的合并项目，这是个令人兴奋的项目，带出很多后来者，像 IBM 和联想等。所以那是在恰当的时间进行的恰当项目，并且很成功。我觉得李东生先生干得很出色，因为在巴黎有一个很大的 TCL 广告，我每次见到这广告都会有点激动。

金： 那也是你的“孩子”。你为此感到自豪吗？

达： 当然，没理由不感到自豪，当我在大商店看到一件 TCL—汤姆逊的产品，一部平面电视机时，我在心中会说……好啊！仍在那儿！你知道，或许不知什么时候它们就不再存在了。

金： 这都因为有你。

达： 我不敢这么说，但至少我参与了这个项目，你知道，如果法国足球队赢了世界杯，每个队员都会获认同他们的贡献。

金：你是领头人。

达：是整队人的功劳。

金：你因何想到要令世界最大的两家彩管彩电公司合并？为何会选择一家中国公司？

达：当我在 1998 年加入汤姆逊时，电视机业务占了汤姆逊总体盈利的三分之二有多，但由于面对两大技术变革，这业务面临大危机。这两项变革就是：一、电视广播制式由仿真制式转为数字制式；二、由彩管显示转向平面显示（液晶）。

要化解这危机，汤姆逊必须转型，这转型分两个阶段。

第一个阶段就是发展其他业务，减少主要依赖彩管电视来盈利的局面，至少减至只占总盈利的三分之一。我们分三个方面去实现这目标：

首先是收购美国的 Technicolor，令我们也能拥有数字技术；其次是收购飞利浦广播及 Grass Valley，还有大力发展有线电视译码器和宽带网络产品，令我们可发展影视网络产品；最后是从考虑到消费者需求去发展汤姆逊和 RCA 品牌的其他影音产品。这样一来，汤姆逊便拥有多元业务，能保证可持续的增长和盈利。

第二个阶段是为我们的电视和彩管业务找寻一切可能的发展选择。所有我们的欧洲对手（飞利浦、根德）都面对着同样的危机，但要是跟他们任何一家联手，都会抵触欧洲的反竞争法。于是我萌生出一个看来是“疯狂的梦想”，就是与一家大的中国电视机企业合并，令彼此获得足够大的规模，这样便可在财政上支持由生产彩管仿真制式电视业务转向生产数字和液晶电视业务。

为什么我会觉得这条路可行？因为首先我预见中国的彩管电视机市场仍能有许多年的快速增长，那时数字电视机和液晶电视机在中国仍超出大部分消费者的购买力。其次是，我相信中国的电视机制造商，会有兴趣通过汤姆逊的强劲品牌和在欧美的分销渠道得以进入西方市场，也可得以借助我们强大的研发力量、技术和专利投资组合，尤其是在数字和液晶方面，去为未来铺路。再次是中国提供了全球最具竞争力的成本基地，令汤姆逊加中国的组合能赢得电视机王者的地位。最后，还有第四个理由，就是百分百的液晶面板生产商都在亚洲，韩国、日本、中国台湾地区，令亚洲成为建立下一个电视机时代的最正确选择。

我向汤姆逊的董事局说明这个概念，他们对与一家中国公司达成合并的可能性抱有疑问，因为从没有这样的先例，但听了若找对合并伙伴所能得到的结果，又变得跃跃欲试。于是我得到了实现那“疯狂梦想”的绿灯，感谢新骏公司和杨向杰先生，我们成功了。

金：你为何在六家候选中国公司中最后选择了 TCL 呢？

达：因为 TCL 的李东生主席表现出的企业家精神，以及我们很快便抱有同一个“梦想”，就是携手建立全球最大电视机公司这个梦想。我们接触的其他公司，比较傲慢，他们只想接管汤姆逊的业务，而没多考虑组伙伴关系，亦没考虑汤姆逊电视机业务所雇用的员工的未来。汤姆逊董事局亲自会见了李东生主席后，即接纳了我提出的与 TCL 合并的建议。

金：在合并过程中哪件事令你最难忘？

达：许多事都很难忘，但有两件是特别难忘的。第一件是当我们在中国首次会见李东生主席和他的公司主管成员，他们最后决定 TCL 接受汤姆逊的合并建议。第二件是我们在巴黎签署合并协议时，中国的国家主席和法国总理都出席了，令我真的意识到合并双方团队的辛勤工作，的确做出了世上独一无二和对世界有重大影响的事。

金：有人说汤姆逊在合并这件事上欺骗了中国人，你是怎么看的？

达：我不知道说这种话的人是什么意思，我能说的是在我担任汤姆逊总裁的期间内，汤姆逊从没有“欺骗”TCL 或世上任何其他公司。不过明摆着的是汤姆逊在签了合并协议之后，便立即改变了策略。从得到汤姆逊董事局批准去进行合并谈判的第一天开始，我便代表汤姆逊向李东生主席承诺，要一起打造这个全球性企业，事实上，在杨向杰先生的协助下，我们早已跟 Foxconn 的主席和地方政府讨论下一步如何开展液晶电视机业务及逐步由生产彩管彩电转向生产液晶电视。我不知道的是当我全力去让与 TCL 的合并成功落实之际，汤姆逊的董事局主席弗兰克·当舍尔（Frank Dangeard）却对我发动了阴谋，目的是要取代我成为总裁。我在签了合并协议数天后才在董事局会议上得悉，当舍尔在秘密地进行着一个要推高汤姆逊股价的计划。计划包括把拖低汤姆逊股价的彩管和彩电业务全部脱手，其次是邀请私募基金Silver Lake成为汤姆逊的最大股东，因为市场会对此表示欢迎，从而可推高汤姆逊的股价。

我毫不掩饰极力反对这计划，因为第一，它会完全摧毁像汤姆逊和RCA这样世界知名消费电子产品品牌的价值；第二，会阻碍我们的专利投资组合和消费电子产品的研发作为公司首要任务的可持续性；第三，切掉汤姆逊三分之一盈利会带来巨额重组费用；第四，会完全推翻彩管彩电全球伙伴关系的策略。但董事局成员一致支持当舍尔，由于我无法接受这样的计划，董事局决定撤掉我的总裁职务，给当舍尔全权负责执行他们的计划。结果Silver Lake最后并没有成为汤姆逊的股东，它拿回投下的全部资金，还收取了高昂的手续费。汤姆逊因重组业务和灾难性的收购而欠下巨债，不到几年便倒闭了。当舍尔被革了职，汤姆逊后来卖掉许多资产去避免破产，并易名为Technicolor，但市场资本只有我任总裁时的十分之一了。

我丢掉了在汤姆逊的工作，但成功重整旗鼓。李东生结果要独力去管理这家全球性企业，但我很高兴见到TCL现在是一家成功的全球性液晶电视机生产企业。

金：关于TGDC，为什么汤姆逊要把佛山和东莞的彩管厂合并？

达：我一向赞成通过合并和巩固我们买来的公司，以优化管理、销售和成本，节省经常开支。

金：当你到佛山去谈合并计划时，中国正受到SARS袭击，我听说你是戴着口罩去见广东省长黄华华的，这项目重要得你愿去冒生命危险吗？

达：那不是“战区”，广东省并没有要疏散或作检疫隔离，我觉得既然几千万中国人都仍生活在那儿，我所冒的风险也算在合理范围之内。我太太嘱咐我采取最高度自我保护措施，不要到人多的地方，要戴口罩，喷“防病毒”喷雾。我在飞机上还把喷雾借给同机的许多中国人。没有人知道疫情什么时候才会完结，我决定还是应在尽可能安全的情况下继续做需要做的事，不能浪费时间，因为时间就是成功关键，作为一个企业家，冒一定风险是生活的一部分。

金：你在 2004 年 1 月成立了 TGDC，但两年不到便把全球彩管业务卖给了印度人，为什么？

达：这确实与我们的一贯策略不一致，而是当舍尔要把汤姆逊消费电子支柱业务脱手的决定的直接影响，我那时候已离开了汤姆逊。

金：谢谢你接受访问。

（访问完）

TCL 主席李东生（左）2003 年 11 月与法国 Thomson 行政总裁 Charles Dehelly(右)在香港公布双方计划全面整合全球电视业务，打造全球最大的彩管彩电企业——TTE

（以上内容，为嘉宾访谈个人观点）

第五个十年（2007至2017）全球退市 中国独存 TGDC成绝响

第五个十年选择以2007年开始来划分，是因为在这一年，全球彩管电视机的销量与LCD和PDP电视机合起来的销量刚好平分秋色，其实确切点说，就是彩管电视机的市场被抢去了一半。而自2007年之后，彩管电视机的市场份额便如江河日下了。①

这是无法避免的，因为进入千禧年后，全球的消费者对电视机的要求是屏幕要够大和平，而这是到40英寸便达极限的彩管技术的先天制约，却是LCD和PDP电视机的优胜之处。再者，电视广播制式亦渐从模拟技术（画面由700条线组成）转向数字技术（画面由1098条线以上组成），数字广播技术需要更稳定的大屏幕来显示，故这两种技术的放映效果，在小屏幕上分别还不算大，但在大屏幕上却是优劣立见。

此外，2007年还发生了一件大事，就是全球最大的显示器件公司LPD

① 及至“2008年上半年，日本、韩国等国外品牌的液晶电视在中国的市场占有率达到53.3%，国内品牌的市场占有率则为46.7%；在一、二级市场，三星、索尼和夏普三家份额加起来超过30%，而零售量份额超过10个百分点的国内企业一家也没有；零售额方面的差距更加明显，日本、韩国品牌的零售额份额达到63.2%，国内企业的份额仅为36.8%”。参见：胡洪森：“日韩企业掀起价格战，平板电视需防不正当竞争”，《中国电子报》，2008年7月3日。

宣布破产重组，飞利浦全面退出，由 LG 接管飞利浦的全球彩管和 PDP 业务。这家由韩国的 LG 和荷兰的飞利浦合并组成的公司，虽已纳入了 PDP 的新显示技术，却仍是仅生存了短短六年。

LPD 虽挟着全球最大彩管公司之名，但它的早夭其实有迹可循。LG 本来在彩管行业中一直排在较后的位置，技术自 20 世纪 80 年代才自日本转来，直至 2001 年与三星一同造低技术含量但快速进入市场的纯平彩管才成功战胜欧美日同盟，大赚一笔，才后来居上。至于飞利浦，虽是百年老店，但它的彩管技术只有部分来自 RCA，却弃用了荫罩，故其彩管技术一直不太稳定，享誉不如日系彩管。两种不成熟的彩管技术的合并，注定不会成功，更何况两家公司整合后，还各自在中国都另有彩管厂——LG 长沙曙光和南京华飞，分开经营，互相竞争。结果，LPD 于 2007 年破产后，LG 长沙曙光亦于 2008 年停产了，只生存了 12 年。1990 年投产的南京华飞，在 LPD 破产，飞利浦的全球彩管业务由 LG 接管后，转归 LG 所有，但亦在 2010 年宣布破产，破产时，数千员工还上街示威追讨赔偿。

但 LG 在 LCD 和 OLED 电视机业务上十分成功，与三星并称韩国双雄，[①] 而 LG 在印度尼西亚的彩管厂，亦一直生存到 2014 年，是全球倒数第二家结束的彩管厂。

LPD 破产传达出的重要讯息，就是全球彩管业的转折点已出现，开始步

① 按：OLED 全名为 Organic Electro-Luminescence Display，在不同的国家有不同的称谓，在中国和日本被称为有机电致发光显示（即有机 EL 显示），而在美国则被称为有机发光二极管。OLED 被认为是极具发展前途的新型平板显示技术。OLED 有超轻、超薄、高亮度、大视角、低电压、低功耗、快响应、高清晰度、抗震、可弯曲、低成本、工艺简单、使用原材料少、发光效率高和温度范围宽等优点，现已广泛应用到手机中。参见：赵坚勇编著：《有源发光二极管（OLED）显示技术》，北京：国防工业出版社，2012，页 1–2。又：此两个韩国公司的成功，和韩国政府在平板显示产业和技术上，所持的积极角度有关。韩国平板显示技术来源是在一定的产业基础上，先进行关键技术引进，购买专利，后续注重自主开发，强调研发投入。为了推动平板显示器产业的发展，韩国政府部门积极介入，企业财团积极投入，政府和企业凝聚共识，形成共享机制，并由政府的角度制定了发展蓝图和研发计划。参见：李钢、杨娟、常少观、程都、王茜编著：《平板显示产业现状与发展前景》，广州：广东经济出版社，2015，页 36。

向衰亡。在往后的十年中，中国的彩管厂逐一结束。如前所述，是 LCD 和 PDP、OLED 这些新显示技术的兴起取缔了彩管技术，令彩管业步向衰亡。另一方面，随着中国加入了世贸组织，进口彩管关税由中国入世前的 20% 水平大幅下降，LCD 屏进口关税则下降至 5%，这也加速了本地彩管厂市场优势的消失，加速了彩管业的灭亡。

同是在 2007 年，7 月 19 日，日立只占 25% 股份的深圳赛格日立宣布永久停产（1991—2007），打响了以国营资本为主体、外资提供技术的中外合资彩管厂结束的第一炮。[①] 虽然日立的生产技术很稳定，产品质量也高，但其品牌彩管在国内市场缺乏竞争能力，又没有国际市场，是率先退市的主因。

上海索广映像有限公司

同年的 12 月底，独资的上海索广彩管厂，虽生产的彩管主要供应索尼在上海的彩电装配，但亦获中国批出优惠的少量内销许可。[②] 由于上海索广的彩管在中国彩管市场所占份额很小，所以其结束对市场的影响不大，

① 周劲、付保宗等著：《我国工业领域的产能过剩问题研究》，北京：中国计划出版社，2014，页 120。

② 同上。

但对心理的影响却颇大，因索尼代表一个高端品牌，当年上海引入了索尼，曾令上海人十分自豪。索尼是中国人心目中的彩电冠军品牌，在中国彩管大会战时，是以索尼特丽珑彩管技术来生产样板的，因它的技术有别于其他所有对手，而且证明十分成功，索尼彩电的品牌誉满全球。而且为保存其产品的独特性和技术独立性，索尼一直拒出让其技术，并拒销售彩管给其他彩电生产厂家。现在索尼也退出彩管业了，故所造成的心理影响很大。

2009 年共有三家彩管厂结业——北京松下、天津三星、TGDC 佛山厂。但后两家的结业均只属有序撤退，向南撤退。

北松当年在中国彩管业中，开了中外合资的先河，2009 年宣布结束（1989—2009），据北松末代董事长范文强忆述，北松结束并非资金问题，因为结束时还有 6 亿多美元现金，只因日方说，当初定的合资期是 20 年，现在到期，决定不再续期了，松下在日本已不再生产彩管彩电，全部集中生产 PDP 电视机，所以宣布结束北松。[①] 另一方面，也因北京方面亦决定应退出彩管业，另组公司生产新一代显示技术的 LCD 屏，更吸纳了北松许多管理人员，是中国少数可以新形态变相延续下去的显示器件企业。北松结束时，松下只拿走 100 美元，把 6 亿美元留作遣散员工之用，厂房一半拥有权也送给中方（中方代表已由当初的北京市政府转为市政府属下的京东方电子公司）。

第二家是纯外资的天津三星（1993 年成立，先造通信设备，1998 年开始生产彩管），停产彩管，转而生产手机（2018 年结束）。三星在中国共有两家彩管厂，一南一北，南是深圳三星，北是天津三星，是很好的布局。天津厂的产品供应华北地区，深圳厂的产品则供应华南及国外市场。现在由于彩管彩电市场的萎缩，故三星决定保留仍可兼顾出口及保证玻壳供应的深圳厂（原中康玻璃厂，美国康宁彩玻技术引进，后变为赛格三星玻壳厂），结束天

① 据载：“2009 年 10 月，北京松下停产，松下撤出合资，将其持有的股份全部转让给京东方。”周劲、付保宗等著：《我国工业领域的产能过剩问题研究》，北京：中国计划出版社，2014，页 121。

津厂的彩管业务。[①]

2009年结业的第三家彩管厂，就是TGDC的佛山厂，因该厂只造29和34英寸的大屏幕彩管，第一条线是1988年从法国引进，第二条线是2002年才自美国日立引进的超大屏幕二手生产线，只生产了七年，但亦没有办法，因彩管彩电最快被淘汰的正是面对LCD和PDP竞争的大屏幕品类，所以TGDC决定关掉佛山厂，保留生产小屏幕的东莞厂，况且东莞也较便利于出口，而自印度来的玻壳，运到东莞也比运到佛山方便。

2011年有福州中华映管厂结束，对中国彩管市场影响亦轻微，因是台资独资的公司，生产的彩管全部出口，而且生产的以计算机的显示管为主，但这家台资显示工业的全面撤出，也构成一定市场影响。

2012年发生的最大事件，就是史上全球最大的彩管生产基地、中国国营独资、属中央企业的彩虹集团要停产彩管的决定（1982—2012），中国唯一一家能持续生产30年的彩管厂，本来还可以继续生产一些时日，但这家纵向整合的厂，其玻壳厂的最后一个炉已到了冷修时候，更新炉砖需耗费最少5000万美元，换砖后可再生产7年的话，也是划算的，但以当时彩管业濒危的状况，怎可再坚持7年？如未能再生产7年，则5000万美元的成本太贵了，所以从财政、市场的角度看，结束是正确的。

2012年，全球只剩下中国的彩虹仍生产造彩管所必需的荧光粉，所以仍在生产的TGDC，眼看彩虹要结束，立即向彩虹购下可供几年用量的荧光粉。不久，彩虹的荧光粉厂亦结束了，但TGDC用彩虹生产的荧光粉做到2017年才停产，所以，在这个意义上，彩虹既是中国第一个彩管生产厂，也是走到中国和世界彩管生产最后的一家。2005年已在香港股市上市的彩虹，现在转而生产电子玻璃和环保产品了。

2013年“显示器之王”韩国三星在全球的最后一家彩管厂——深圳三星宣布停产，除了因市场缘故，也因为供应玻壳给它的原中康玻璃厂——赛格

① 商务部外国投资管理司编：《中国外商投资报告·政策与环境》，天津：南开大学出版社，2013，页245。

三星，也因炉到冷修期而决定不再投资换砖，要关厂，没有玻壳继续供应，深圳三星只好停产退市，是全球倒数第三家结束的彩管厂，也是中国倒数第二家结束的彩管厂。此前，印度四家彩管厂已全部结束，泰国皇家彩管厂亦结束了，原 RCA-Thomson 在墨西哥和波兰的厂结束了，飞利浦欧洲和巴西的工厂亦结束了，供应市场的新彩管就剩下 TGDC 的东莞厂和 LG 在印度尼西亚的彩管厂，总数已少于 1000 万支，而当时全球年产电视机已达 2 亿部，已绝大部分是 LCD 和 PDP 电视机，彩管彩电的份额已少于 5% 了。

2017 年下半年 TGDC 退市，在此前的四年间，全中国只有一家彩管厂，就是 TGDC。能够在最后三年中占领全球彩管百分百市场，部分原因是全球倒数第二家关闭的彩管厂、LG 在印度尼西亚的彩管厂，同样因为没有了 NEG 玻壳的供应而于 2014 年底结束后，原本属于它的订单，都到了仍有印度供应玻壳在中国组装彩管可继续生存的 TGDC 手上。现在，它亦要停产了。TGDC 将全部库存材料耗尽，生产供应客户后，只好宣布退市。至此，中国的彩管业，真正画上了句号，而世界彩管行业的生产周期亦宣告正式结束。

历史会记载：

中国和世界最后一家彩管厂——TGDC 东莞厂。

中国彩管生产的生命周期——从 1982 年彩虹量产至 2017 年 TGDC 退市，共历 35 年。

世界彩管生产的生命周期——从 1953 年 RCA 量产至 2017 年 TGDC 退市，共历 64 年。

中国第一家彩管厂——咸阳彩虹和最后一家彩管厂——东莞 TGDC 的设备技术来源，都是日本日立公司，而日立彩管技术是师承全球第一家彩管生产企业——美国 RCA。

1982 年前，中国彩管 100% 由外国进口，2015—2017 年，全球彩管 100% 由中国制造。全球彩管业最后三年，印度尼西亚、印度、孟加拉均用中国制造的彩管和机芯，组装彩管彩电。

全球最后一个彩管号是 21 英寸超薄——是 TGDC 以 RCA-Thomson 和日立技术，再据市场需求变化而自行开发的产品。

TGDC从1988年佛山国营厂，1992年的东莞国营厂，1999年汤姆逊佛山，2004年并购东莞，2005年由法中合资到印中合资，2017年光荣退市，前后共走过29年的生产周期。

彩管人话当年：从佛山到波兰到LPD——访宫伟立（法）[①]

嘉宾：宫伟立（宫）

采访：金敏华（金）

整理：黄志业

日期：2018年6月18日

地点：奥地利维也纳酒店咖啡厅

金：你是什么时候开始跟中国结缘的？

宫：我和太太早在1982年便已在中国生活过，那时我受雇于一家叫Schlumberger的能源公司，负责成立、扩充和结束分公司，经常会到北京、上海和广州，我们在上海有办公室，在浦东有个货仓，那时浦东还是个乡村，很脏，到处是泥泞，从上海要坐小艇去。虽然上海当时也很落后，火车站和机场都很旧，我们不会讲中国话，但都很喜欢中国文化，假期时会到中国各地去游历，成都、西安、乌鲁木齐，等等等等，所以我在认识杨先生前便已认识中国。我见证着中国一点点地变化，像许多人一样，对中国已另眼相看。

金：你当时是要去佛山是吗？那个时候的佛山有让你惊讶的地方吗？

宫：我1988年离开Schlumberger，加入汤姆逊，我与汤姆逊的彩管集团主席瓦罗（Bernard Varaut）早就认识，是他邀请我到汤姆逊的香港分部工作的。我先花了四个星期去熟识彩管业务的方方面面，然后1989年初，我和

① 宫伟立（Philippe Combes），法国人。前汤姆逊彩管集团佛山项目经理、前汤姆逊彩管集团波兰彩管厂厂长、前汤姆逊彩管集团欧洲彩管部总裁、前LG飞利浦的首任CEO。

杨先生首次到佛山，我们跟佛山市长坐着一部丰田小车，走在一条泥路上，坑坑洼洼的，一路颠簸，只见稻田，没有高楼，甚至没有电线杆，什么都没有。杨先生说我们要在这里建工厂，我只能对他……哈哈哈！

在佛山的体验是很特别的，队伍中有法国人、意大利人、美国人、中国人，你要让这来自四面八方的人一起合作，是一种挑战。而且生产线来自汤姆逊在里昂的工厂，要知道里昂工厂的厂房在市内，不是为生产线而专门设计和兴建的，而是把设备逐点迁进已有的非工业用途建筑物，所以不能像正常工厂那样什么都按逻辑摆得齐齐整整有条有理。里昂工厂更像是一件现代艺术品，像在一座密封小屋中培植的蘑菇，不明白这点你便无法理解把这工厂搬到佛山当中所面对的困难，那有点像好莱坞的电影《不可能的任务》。

我们小心翼翼把工厂内的生产线拆卸，装上一艘货轮运到香港，没有泊港口，而是在海中把货箱移到驳船，从水路运至佛山。这些货箱本来装箱时都编了号码，但后来发觉有些号码不对，我们只能像拼图游戏那样按生产线原样拼出来。问题来了，欧洲人坚持像在里昂厂那样重组生产线，不能更改任何设计，否则可能是个大灾难。但中国人说，他们的厂房跟里昂的不同，正规很多，为什么不能简单直接一点？

大家都对，大家都坚持，这就需要靠杨先生了，你知道，在 1989 年、1990 年时，外国人不明白中国人的思维方式，不知道中国文化的忌讳，不知道永远不能令领导没面子，尤其来自官方的领导，不能直说他们错了，得用方法去让他们明白错误。而杨先生就有点像个交响乐团的指挥，利用他的耳目，他对中国官方人士的了解，当事情要出大岔子时，在有人要爆炸前，他就会把他们拉过一边，细语开导，有时也会把我拉出去，让我冷静下来。或者建议大家暂时先去吃饭或者度个周末。其实大家都只是想把事情做好，但概念不同，又不能接受对方的不同意见，而这时杨先生便起作用了，他明白情况而且能找到解决方法，最后令佛山厂成功了。这就是我们成为好朋友的原因，因为我尊重他，尽管我们之间也发生争拗，而且有时更颇为激烈，但我们都坦诚，虽意见不同但接受解释，谈就是达成一致意见的第一步。因为队伍组成复杂，所以我带上了几名退伍法国海军水兵，你知军人组织力强有纪律，直来直往不争论，收到命令便动手。你要是对那些意大利人安排工作，讲上半天，什么也没给你做出来。为什么是水兵？因为他们入伍后经常数个月被困在船舰中无法与亲人联系，他们习惯这种工作情况，意志坚强。这就是我的决定，做出最恰当的管理以肯定一切能够成功。

我在中国学到很多，佛山的成功，是我们在开始时即使分歧很大，但仍能找到办法去协调。1991 年我离开佛山去波兰，我是带着微笑离开的，因为佛山的工作很成功，之后我回来过很多次。

金：可以谈谈你在波兰的经验吗？在佛山三年的经验，对你管理波兰的工厂有帮助吗？

宫：我记得当时瓦罗叫我到波兰去，我拒绝了，我不懂波兰语，不了解波兰文化，不可能做得像认识波兰的其他英国、法国和意大利同事那样好，我要求留在香港。但瓦罗不肯放弃，他找上我太太当说客。我太太当时在德国，但我们约好在巴黎会合度假，就是在巴黎，太太企图说服我，说波兰要开放了，要改变了，能去亲身见证和体验，将是极好的机会。于是我同意了，你知道，你必须唯太太之命是从，哈哈哈！即使不同意也得听命。但我提出条件，就是提前到波兰亲眼看看，于是我们更改了度假目的地，从巴黎飞到华沙，到汤姆逊与波兰政府合资的工厂 Polkolor 去，与管理层见面，与政府人员见面，视察车间。那儿是个全配套厂，玻壳、荧光粉、铁素……足有 100 公顷，是佛山厂的四五倍，如果每早运进来 200 吨沙，然后傍晚就可以有三四千部电视机出厂。厂内有警察，有银行，有报纸，什么都有，全厂共 9600 人，简直是一个城市。可是我去了，见到这 9600 人什么都不做，不生产，没产品，没顾客，所有人来到厂里坐到放工，月底领回政府发的工资，有部传真机被锁在柜中，从来不用。这样的情况原来已持续了一年半，而汤姆逊的挑战就是让机器重新转动，让工人重新有工作的动力。我在车间走了两到三个小时，看到一切都静止着，禁不住对太太说，这是不可能的任务！

第二天，我跟工厂的工程师、技师和工人倾谈，意外地发现他们都是受过很好教育的人，甚至太好了，有些还是大学化学系教授，到工厂来是因为大学没钱发薪水，他们也不想没事做白领工资，都有工作的热诚，都希望向世界证明自己是能干的，甚至比德国人、意大利人和法国人更能干。那天晚上我对太太说，我打算留下来。结果这间厂从一个灾难变成汤姆逊的金蛋，产品供应德国的根德（Grundig）、美国的劳氏（Lowe）和丹麦的铂傲（B&O），很赚钱，我很自豪。其实 Polkolor 有点像佛山的延续，善用人的自尊和正确的协作方法，结果我成功了。

金：那就是说，佛山的经验，对你在波兰的管理还是有帮助的，是吗？

宫：对，因为在佛山的三年中，令我对彩管的认识加深了许多，对所有这些技术人员那种自尊意识了解得更多，明白到如何令所有人接受你是领导，如何令你的团队明白你的指示不是来自“高层的决定”，而是来自“常识”。你知道，管理人生、管理公司、管理人，首重的是——常识。

金：能否请你讲讲你跟 LG 的事情？

宫：我上司瓦罗退休后，我成为行政副总裁，负责汤姆逊的彩管部，在布赖顿主席（Terry Breton）手下。汤姆逊的彩管业说大也大，但说小也小，在世界排名第五或第六吧，排在前面的有飞利浦、索尼等等。有天我接到猎头公司的电话，荷兰飞利浦（Royal Philips）的主席想我过去当他们彩管部的总裁和主席。飞利浦是彩管业的老大，占全球市场约 18%，是汤姆逊的四到六倍，就是说，我负责的业务量比布赖顿还要多。我口头承诺了，但未签字，我必须先知会布赖顿。当时整个汤姆逊内只有他知道我要离开。我向布赖顿说，虽然我是汤姆逊的决策层，熟知汤姆逊的一切，但你知道我的作风，在我离开汤姆逊那天开始，我就会忘掉这一切，无论飞利浦用什么手段都不会自我处得到一丁点汤姆逊的机密。我做出了保证，也遵守了承诺，因为信用决定一个人在他人心中的重量。布赖顿对我的离去感到很苦恼，苦恼是因为队伍中失去一员，我深信这世上是没有任何人不能被取代的，他的苦恼只是因为要花时间和精力去找寻替补人。

我到飞利浦是要负责“扫垃圾”。飞利浦的彩管业务当时已创立了近半个世纪，一直由荷兰人管理，设计和技术都很强大很成功，在全球有 110 间工厂，5 个设计中心，雇用着 25000 员工。但这几十年来，一直墨守成规，世界却已不同了，你不禁要问，为何设计中心都在荷兰？为什么亚洲没有？为什么拉丁美洲没有？怎样能更好地服务客户？这些问题过去一直没有被提出。我们必须重组业务，在 2000 年初，飞利浦董事局已觉得彩管虽还不算是弥留的工业，也是个“挤牛奶”工业了。所谓“挤牛奶”工业，即你必须把焦点移离这工业，虽仍要生产出顾客喜爱的产品，但不必注入太多创意，只需靠它创造利润，然后把赚到的钱来发展新技术，在彩管业来说，新技术就是 PDP、LCD 电视等。

飞利浦董事局以为彩管业会逐步走下坡，被其他科技取代，他们交给我的任务，就是想办法把彩管业务分拆出去，去找一个有财力的伙伴，把飞利浦的彩管业务慢慢移给新的合资公司，这样飞利浦的价值和股价就可以上去，因为股票投资者认为成本低的业务更值得投资，而彩管却是重资本工业，而且是个夕阳工业。要找合资伙伴是个挑战，因为荷兰人的哲学有点复杂，他们搞合资一定要控股 51% 以上，要保留一切控制权，不肯做任何妥协。我要向新上任的主席和全是荷兰人的董事局解释妥协的必要。别忘记我是个法国人，而法国人和荷兰人一向不是那么友好，哈哈哈！而且我这个法国人还要去教荷兰人该做什么，他们当然不高兴。我现在是要全球彩管业的老大，去与老二或老三或老四老五合伙，去找出让这行业可继续下去的方法，要发掘飞利浦的优势，再发掘对方的优势，然后把两者融合使实力更强，再然后在完全不同的企业环境中管理和壮大业务。但飞利浦的文化是：我们是顶级的，我们不管对方如何。

开始我们尝试与日本人谈，索尼、夏普、东芝等等，谈了很久，但不成功，因为日本人都是老鹰。然后我们想找中国的公司，但飞利浦的人对中国公司有点忧虑。之后我们找韩国人谈，与三星和 LG 都谈了很久，在 2000 和 2001 年，我每年都要在韩国待上三四个月，那里成了我的第二个家。三星和 LG 都对自己的技术很自豪，觉得自己比飞利浦更棒。但 LG 愿意妥协，三星却不那么愿意，所以最后我们选择了 LG。LG 要求合并后的公司总部要设在首尔，飞利浦则当然想总部依旧在荷兰的埃因霍温（Eindhoven）。我要说服 LG 和飞利浦的主席，如果要给社会、给大众、给股东和给业内对手一个强烈讯息，那就必须让飞利浦把总部从埃因霍温迁到香港，让 LG 总部从首尔迁到香港。这事说起来容易，但你要知那都是一些骄傲的大人物，我在 2000 年下半年和整个 2001 年，共花了整整一年半的时间和精力去做这件游说工作，逐一找大人物谈，让大家明白个中道理，才终于成功，这是令我自豪的成就，因为这是实现 LG 飞利浦（LPD）的重新定位。

在香港我们十分荣幸得到当时的特区行政长官董建华接见（这是我老朋友杨先生悄悄建议的），发布会在半岛酒店举行，所有媒体都着重报道了消息。这是触动人心的消息，因为彩管业的领头者都从自己的国家迁到回归中国后的香港来，是向世界显示中国在全球的重要性正在起了变化。但那时最佳的妥协地点不是上海或北京，而是香港，因为她既是中国的一部分，却同时又在中国内地之外，可受惠于中国庞大的市场，但又可规避中国内地法规的某些限制，此所以获各方接受。我对此十分自豪！

黄：为什么不是新加坡而是中国香港？

宫：好提问！我们考虑过新加坡，考虑过北京，还考虑过曼谷甚至美国等其他地点。新加坡金融业很发达，坦白说，如果我是公司的主席，只考虑成本问题，那新加坡是较合算的，当然现在可能不是了，但 18 年前情况确是这样。但新加坡太细小了，又远离我们的许多决策人物，18 年前我们的概念是世界会因决策而改变，而政治上我们考虑到中国会逐渐强大，我们像赌博，我们相信未来二三十年中国会比新加坡更强大。还有，我熟悉香港，在香港有很多朋友，加上在佛山的经验，所有这些元素加起来，都令我深信在当时，对像飞利浦和 LG 这样规模的公司来说，香港是个恰当的选择。

金：这个阶段你跟杨先生是否又恢复联系呢？

宫：我 2001 年成为 LPD 主席，又碰到杨先生。我们是竞争对手，但那不阻碍我们成为好朋友，有些业务秘密必须守，但我们也有讨论的时候，我们成为朋友是因为我们有些共同的价值观，例如对贪污的看法，你知道我在印度尼西亚搞过业务，而印度尼西亚的贪污……你知道。当我 1982 年被派到印度尼西亚时，是要做开荒牛，公司一无所有，手下没一个人，我要自己找合作伙伴，成立合资公司，建厂房，找客户，创造利润。但五年内，我们抢去了东芝和富士通等30%的市场，成为亚洲电力市场的领袖。

我没有行贿，为什么？因为我不认同那种做法。但不认同不代表找不到其他方法，我们也得面对现实，怎么办？我现在可以告诉你了，因为是很久以前的事了。在印度尼西亚，你必须找到正确的“中间人”，我们给他们明码实价提供服务费，让他们为我们摆平问题，例如顺利把货物通过海关等，而这一切都是透明的，合法的。

这些年来我一直与杨先生都有联系，即使在我成为了LPD的主席，以及仅仅四个月后又辞职了。

黄：真可惜。

宫：不！为何可惜？

黄：我很想知道原因。

宫：跟你打个官腔吧，我对这合资公司的融资和管理方法持强烈异议。

黄：原因呢？

宫：我不能太详细透露，后来还上了法庭……不是我的缘故，是其他人……

黄：那你是不同意飞利浦与LG的这个合资？

宫：噢！不，我只不同意融资的方法。我绝对同意飞利浦与LG合资，因为那是我促成的。我与合资双方意见完全一致，而且本来要出任公司总裁兼主席两年的，然后轮值到LG那个职位与我对等的人接任总裁兼主席。我们也研究出公司第三、第四梯队的平衡安排，韩国人当财务总监，荷兰人当市场总监。我不同意的是融资的方法，本来谈好的是由两母公司各出资三亿到四亿美元，这样公司财政便会很健康。别忘记彩管是要有点现金起动的，否则赚到的钱便会全部落到借贷银行的袋中。2000年和2001年，世界经济情况有点复杂，“互联网泡沫”爆破，飞利浦的财务也较前稍微复杂，致使最终LPD的起动不是靠母公司拨款而是向银行借贷，令公司一开始便背了重债，二亿到三亿美元的债。我不同意但我是个好士兵，不能伤害公司，这就是现实！更何况这公司是我的“孩子”，所以我接受命令，竭力去跟各大银行周旋借贷，直至借贷成功了，公司起动了，我也便功成身退。我现在可以坦白这一切，因为已过去 18 年了，而当年我向飞利浦主席承诺会保守秘密，公司主席离职并向传媒解释是因他不相信公司的财务良好……

黄：这合资公司会马上倒闭。

宫：很不幸我是正确的。LPD 公司在 2001 年成立，2007 年破产，这史上最大的彩管企业，六年便倒闭，亦成了全球触目的大事。

黄：LPD 倒闭是不是因为你的离去？还是因为市场？

宫：是市场。事实上有许多不同因素，首先是一开始的错误融资基础，赚多少便要付银行多少利息和还款，公司全无流动资金，这第一点就很不妥了。其次是市场发展比预想中快，从彩管到 LCD…… LPD 有发展 PDP 电视，但相比 LCD，市场细得多，技术也复杂和昂贵得多。LPD 对市场对彩管的需求估算也误差太大，需求下跌得很快，价格相应也下跌得很多，赚的还不够还银行的债，就接近破产了。我曾向我的继任人建议，在不太迟之前，立即重整业务，把一些旧工厂结束掉。但你需要一个够强悍的主席才能当此重任，因为假如你想结束的是飞利浦的厂，飞利浦的人会说："不！你去关 LG 的厂吧"，反之亦一样。最终是议而不决，你知道议而不决只会让一切变得太迟，迟了，就是死亡，就那么简单！做生意一定要决断，而且得快。

金：最后一个问题，在这 30 多年的职业生涯里，你很多时候都站在历史的战场，从 30 年前刚改革开放的中国华南，到刚转型的波兰，然后到香港地区搞欧亚两大电子巨企的合资并购，刚好都在这个产业的一个转折点，现在回过头来，你怎样看佛山的三年呢？

宫：我觉得让不同的文化一起合作是一种奇妙的体验，我可以忘掉工业的事，忘掉财务的事，但最好的体验和学习，最好的纪念，都跟人有关。这方面我又再次要倚仗杨先生了，不单是我，我们队伍中很大部分人都要设法理解这些"差异"，设法理解文化行为的元素，这不是容易的事，初时大家互不接受，但只要我们聆听和谅解，就变得虽不可接受但亦可理解，我很欣赏在佛山工作中所学到的这一切，这有助我对后来的各项新工作新环境新业务的适应。总之，在佛山的经验很奇妙，那已是很久之前的事了，但有时又好像只在昨天。

黄：谢谢！

金：谢谢！

（访问完）

宫伟立（右三）在佛山陪同时任佛山市委书记叶谷（右四），视察国营佛山彩管厂安装法国汤姆逊彩管设备的进度（1989）

（以上内容，为嘉宾访谈个人观点）

彩管人话当年：中印合资的汤姆逊（森）广东显示器件公司为何能笑到最后——访苏德（印）①

嘉宾：苏德（苏）

杨向杰（杨）

访问：金敏华（金）

整理：黄志业

日期：2017 年 6 月 12 日

地点：东莞 TGDC/ 广彩城宾馆

金：苏德先生来东莞也有六七年了，作为全世界最后一间彩管厂，你的公司 Videocon Group（威迪奥控集团）2005 年 9 月份签约接管汤姆逊的全球彩管业务，包括汤姆逊广东显示器件公司（TGDC）的时候，有没有想到 TGDC 结束的这天那么快便来到？或者是没想到这天会那么晚才来到？

苏：我是在 2007 年加入 Videocon 的，被派到汤姆逊在波兰的彩管厂当厂长，到 2008 年的时候，汤姆逊在意大利的，还有在墨西哥的工厂，都陆续停产了，因为彩管在欧洲的市场已跌至零，不单是汤姆逊，连美国、日本和韩国的彩管厂也全部停产了。我就在那年被调派到中国来，因为汤姆逊还有两家彩管厂在这儿。那时，每个人都告诉我，说彩管和我们的厂可能只会多生存一年或最多两年，没有人预期到 TGDC 能生存那么久。我到东莞来时，为自己定下了目标：尽力让工厂能最多继续生产五年。但我知道这目标，对于我来说，是十分十分艰巨的挑战。但来到之后，尤其是跟这儿的人接触沟

① 苏德（SOOD），印度人。前 Videocon 波兰彩管厂厂长，前中国 TGDC 主席兼总经理。

通过，目睹过工厂团队的工作表现后，渐渐我便建立起信心，觉得我可以令工厂继续生存一段长时间。结果她真的继续生存了九年。

当然，我自杨向杰先生处得到了许多支持和指导，所以在中国工作的日子，是很好的体验。说真的，你知道我们的其他竞争对手，像 LG、三星、彩虹等，都是实力强大及规模很大的公司，我们是在跟很多巨人竞争，但 TGDC 有很勤奋的团队，故令我们能成功跑到终点。

杨：干得好，苏德先生！所以你是全世界彩管业的最后王者。

苏：这并非我个人的功劳，TGDC 的团队都很勤奋。我们碰到许多挑战，但大家都一一把它们克服了，结果我们生存到最后。

金：市场有不同层面的需求，面临平面电视机的竞争压力，你为什么看到彩管电视机能生存到今天？你觉得今天彩管电视机到底还有没有存在的理由？

苏：根据我们的分析和向客户了解到的讯息，知道即使在今天，彩管电视机仍能在发展中国家的偏远地区、乡郊和小村落生存，主要是因为在这些偏远地区，即使你能买到 LCD（液晶）电视机，但要是出了故障需要维修，在当地也没法维修，你要把电视机带到大城市去才找到维修公司。但彩管电视机呢，即使在偏远地区或小村落，亦可找到会维修的人，这就是彩管电视机在印度尼西亚、孟加拉国、印度和泰国的偏远地区仍有需求的原因。

杨：所以这也与彩管在全世界的最后市场有关。

苏：其实 LCD 电视机和 OLED 电视机这种产品，是不预期你会去维修的。当出现故障后，你会将之丢弃，然后买个新的，但发展中国家偏远地区的穷人，仍不相信坏了便丢的概念，他们要求东西坏了应可以维修然后继续使用，所以他们不会要坏了就丢的 LCD 电视机，而继续选择可维修的彩管电视机，这是一个主要原因。

另一个主要原因，是因为平面电视机机身薄，只能藏体积细小的扩音设备，所以 LCD 电视机的音响不佳，可是乡郊和农村的环境很嘈杂，需要把电视机的音量调到很高，又例如印度人很喜欢热闹，爱把电视的音量放至很大，彩管电视机的箱形外壳，可以容纳较大体积的扩音设备，令发出的音量很大，如果用 LCD 电视机，他们便需要配外置扩音器。

第三个原因是，在偏远地方，广播讯号一般不是那么好，在广播讯号不佳的情况下，LCD 电视机的画面清晰度便欠佳，但彩管电视在讯号不佳时，画面质量仍然良好。而即使在今天，农村的人仍是用天线来接收电视广播讯号，没有有线电视之类，所以这亦是彩管电视机的优势所在。这三个就是彩管电视机能继续生存那么长时间的原因。

金：我很想知道，既然彩管电视机仍有市场，那彩管工业能坚持下去吗？

苏：虽然彩管电视机的市场还存在，但确实一直在萎缩，市场萎缩得差不多了，就很难生存下来。彩管厂能否继续生产，供应链便是要克服的问题，因为供应彩管配件的工厂，本来是供应给很多彩管厂的，产能都很大，但后来只剩下我们一个客户，如果只生产那么少的数量，他们便根本无法生存，所以他们要求我们提前下单，然后一次生产出来给我们库存，之后他们便关厂。

杨：彩管需要多少配件？

苏：大约 56 个。另一个问题是，生产彩管电视机，还需要机芯，机芯只有三洋、东芝这些大厂能生产，但他们的产能是 15 天生产 500 万枚，而我们一年的总需求量才不过 500 万枚，即是说他们只需生产 15 天便够供应我们用一年了。于是他们要求客户提前下单，然后他们在停产前一次生产出来让他们库存，可是大部分电视机厂都摸不准彩管电视机是否能继续生存，所以不敢下单，只有小部分下单，但这样小的批量，机芯厂也不想再做了，根本不接单了，现在想买机芯也不易了。

彩管业的另一个困境就是要面对翻新旧机的竞争。在很多城市，用家买了液晶电视机后，丢弃的彩管电视机便被人收走了，拿回去翻新再卖，成本很低，性价比是新彩管无法匹敌的。

杨：这是完全想不到的，彩管电视机的寿命很长，10 年 20 年都可以，所以翻新旧机的市场比新机的市场还大。LCD 电视机寿命却只有三至五年。

苏：是的，彩管电视机寿命很长，你要是现在去调查一下，便会发现有些彩管电视机虽已用了 15 年，但仍然处于很好的状态。去年的数据是，翻新机的市场是新机的两倍。拿印度为例，新彩管电视机一个月约能卖5万部，但翻新机却能卖15万部。去年的数据是，印度大概从中国进口了250万枚机芯，但进口的彩管不到100万支，就是说，市场上有150万部机是用旧彩管，是翻新机。在过去四个月更厉害，大概每个月都有10万枚机芯进口，但我们这边过去的彩管连1万支都没有，即是市场上有9万部彩管电视机是翻新机。连计算机的显示器也被翻新成电视机了，我调查过，发现五年前很多计算机转用LCD显示屏，于是那些旧彩色计算机显示管（CDT）都被改装成供电视机用的彩管（CPT）。

金：你从波兰调到中国东莞来时，对东莞的印象怎样？

苏：最直观的感觉，就是波兰人工资高，但工作不很认真，纪律性也不好，很难管。来到中国后，对中国员工，包括工程师和管理人员的印象非常好。这边的工人纪律性非常强，所有员工都非常积极努力工作。因为在波兰，大家当时都认为彩管业快要死了，都不想投入精力去工作，但中国这边就不一样，当我一提出来要把厂做得更好更久，下面的员工便非常积极地去想办法克服困难。

金：在中国的这九到十年中，有没有特别难忘的时刻？比如说像关掉佛山厂时？

苏：让我印象深刻的东西太多了。举两个例子，当时受液晶电视机的冲击，对大屏幕彩管的需求急剧下降，我们只好在做了一些库存后，便把生产较大屏幕彩管的佛山厂关了，连东莞厂能生产29英寸的生产线也淘汰掉，东莞厂只留下生产较小屏幕彩管，就是21英寸、25英寸的生产线。但后来一些客户需要大屏幕彩管，怎么办？我们决定要攻克它，于是我们的管理团队、工程师和工人，用了很短的时间，成功改造了东莞厂的生产线，结果东莞厂也恢复可生产29英寸大屏幕彩管了。然后又出现对14英寸小屏幕彩管的需求，东莞厂也没有这技术，我们再次攻关，最后使得我们的生产线有了非常好的兼容性，从14英寸到29英寸都能生产，这也是我们能存活到现在的一个非常重要的原因，也是这工厂取得的两个最大的成就，非常不容易。

杨：你刚才说的其实都是对 TGDC 中印彩管团队的夸奖。韩国三星等认为彩管市场在消失中，什么都不肯做，只能等死。但在你们印度管理层领导下怎么想办法都要做下去，如果在欧美日是不可能的，傻子都不干。10 天造 14 英寸的，再 10 天造 29 英寸的，谁肯干呢？但 TGDC 中印团队的耐力很大，加上你们的管理，就干出来了。

金：你是一个一线管理者，一个实战者，现在回头看，你怎么评价 Videocon 在 2004 年、2005 年跟汤姆逊谈的收购交易？

苏：Videocon 于 1998 年在印度买了一个玻璃厂，专门供应玻璃给印度的彩管厂。印度当时有四家彩管厂，而 Videocon 是他们在印度最大的客户，因为 Videocon 当时是生产彩管电视机的，销量在印度称冠，但集团的整个产业链中就单缺显像管这一块。但当时印度已有四家显像管厂了，Videocon 想涉足不易了，这时正好汤姆逊提出收购建议，Videocon 见可实现生产彩管的愿望，便答应了，我猜这是当时集团最主要的考虑。其实初时他们非常痛苦，2005 年刚接管汤姆逊的彩管业务，2006 年意大利的工厂便要关了，接着是墨西哥的工厂，然后是波兰。但中国的情况跟那三家可能不大一样，Videocon 玻璃厂把玻璃运过来，生产好彩管后，一部分卖到印度，另外的就卖到全球其他市场，在中国的这两个厂，其实效益和合作都很好。

金：TGDC 坚持到今天，是全球最后一个彩管厂，现在它要结束了，你的心情是难过？是不甘心？还是觉得解脱？还是很自豪？

苏：我 1977 年大学毕业后便加入了一个生产黑白电视显像管的工厂，然后加入印度第一家彩色显像管厂，然后是 TGDC 这全球最后一家彩管厂。一直在这个行业工作，到现在 40 年了。TGDC 结束，我既开心又难过，同时也很自豪。我见证了显像管从黑白到彩色，见证了这行业从兴旺到结束，这令我十分自豪。现在我退休了，然后彩管业也结束了，圆满的结束，所以我很高兴，特别高兴。

金：1977 年时你为什么会加入这个行业？这行业当年在印度是不是一个很多人想投身的行业？

苏：其实当时电子工业在印度也不是很有吸引力，关键是我学的是电子专业，当时学电子的在印度的工作机会不多，因为电子业发展得比较好的是日本和美国，印度可能还没起步。我刚毕业时，也想过到美国或其他国家发展，但这时正好印度政府搞了个黑白显像管厂，于是便进去了。进去后发觉自己对这行业十分感兴趣，所以干得很投入。10 年后彩管工业进入印度，我便转到彩管业。

金：那个印度彩管厂在哪呢？在孟买？

苏：不，在班加罗尔，现在那儿是印度的软件中心了，但我 1977 年去到时，她只是个小城市，之前只有四家政府经营的大公司，一家生产飞机，一家生产雷达，一家生产电子设备，一家生产电话。我家乡在印北，班加罗尔在印南，所以初到那儿时，不会讲当地方言，不习惯当地饮食，只好慢慢适应这些文化差异，很痛苦。但正是这种经验，令我后来到波兰和中国工作时，可以适应得更快更好。

金：对 TGDC 结束时搞这么一个退市仪式，是搞一次反思也好，回顾也好，你对这样一个仪式怎么看？

苏：任何东西都会有一个结束，召集大家来开这样一个会，是想让大家回忆一下过去，也展望一下未来，这个未来可能是虚的，主要就是回忆过去，回忆自己在这个行业的一些经历，这样子可让大家有一个愉快的结束。比如说有家族成员去世，所有人都会很伤心，但如果你召集所有亲人聚到一块，这样便可减轻一些悲伤，同时也能鼓舞大家再开启新篇章。

金：最后一个问题，TGDC 是印度在中国最大的企业，你当了九年 TGDC 的总经理，退休回印度后，你会怎样对家人和朋友形容在中国的岁月？

苏：我觉得在中国这段经历非常愉快，回印度后要是有谁问我在中国的经历。我会告诉他，中国是个好地方，中国人十分友善，我交了许多朋友，我对中国人，包括这些员工的高度纪律性和非常高的生产效率印象深刻。即使退休回去后，我还会经常回到中国来，你知道中国人最擅长协调，令不同的人合作，我可以做一些顾问工作，增强两国之间的合作，包括企业间的合作，帮助印度企业做中国贸易，获取中国技术之类。现在，在某些印度人眼中，对中国人有些偏见，一些中国人也对印度人有些偏见，所以我想，有可能的话，希望能把他们拉到一块来，消除这些偏见。

金：谢谢接受访问！

杨：谢谢 Mr. Sood！

（访问完）

苏德在中国彩管行业协会最后一次会议暨全球
最后一家彩管企业退市会上（2017）

（以上内容，为嘉宾访谈个人观点）

彩管人话当年：访中国彩管行业协会秘书长杨国钧

访问时间：2014 年 3 月 27 日

地点：深圳华侨城　丹桂轩

嘉宾：杨国钧（杨 1）

杨向杰（杨 2）

访问整理：高海洛（高）

1. 我的彩管因缘

杨 2： 2013 年初汤姆逊的高级副总裁赖维尔（John Neville）先生去世（69 岁），我去美国 RCA 总部所在地的兰开夏市（Lancester）奔丧。旅行期间，对逝人的回忆，使我萌发了记录彩管历史的想法。事实上，彩管行业发展到今天，在中国我们曾经做到产量世界第一，而且总产量过半。此外，世界上几乎所有品牌都曾在中国设厂生产，但是专利和核心技术却还在别人手里，导致今天彩管业不断萎缩，整个行业行将消失，那是什么原因，当中又有什么值得总结和借鉴的。所以我们今天要访问您这位中国彩管行业协会的秘书长、彩管业的重要人士。

杨 1： 杨总真抬举！中国的彩管、彩电行业是改革开放后首先进入市场经济，竞争最激烈，也最充分的行业。也因为国家政策放开搞活以及加入 WTO，吸引外资进入，做到世界第一的规模和水平，并且最终走向世界。而相比汽车工业，其实彩管行业更有能力与外资竞争。中国的改革开放几乎是与彩管彩电行业的开端同步，彩管行业往往是各省市地区发展的重要支柱，所以我觉得这本书是有历史和现实价值的！此外，中国彩管从零开始，成为世界第一，怎样走向世界，又如何消亡？我们其实都知道只要有玻壳，CRT 还会有人要，至少是工业应用。所以整个产业非常巨大，其中包括就业人员、产值、上下游产业；有技术人员、有配套产业链、有生产玻壳的合格石英砂、有巨大的彩电市场。彩管行业鼎盛期，韩国、日本的 CRT 厂商都听从我们行业协会的意见。虽然今天中国的彩管业大多步向终结，但某种程度不是另一个开始吗？因为 CRT 厂打下发展液晶的基础，许多 LCD 厂的管理营销人员都是来自 CRT 厂的。

高：杨秘书长，可否请您谈谈您的中国彩管因缘？

杨 1：1947 年，我在上海出生。1966 年高中毕业的那年，刚好“文革”爆发，大学停招，所以我就没能升读大学。1977 年恢复高考，我本来考入了上海师范学院，但没有去。1983 年，我揣着兜里 200 大元，就是当时的 3 个月的工资，来到深圳。后来我先后参与筹建了深圳彩电总公司、现代电子（MAC）、中康玻壳和赛格日立等。我可以自豪地说：“我的历史就某程度折射了中国彩管的历史，更印证了深圳改革开放的历史。”那么当时的筹建费用哪里来呢？那我们是怎样起步的呢？ 20 世纪 90 年代，由于国内彩管短缺，彩管走私的数量很多，国内大的彩电厂都或多或少采购走私彩管。而当时，全中国的彩管进口许可证在我这儿。于是，我们从台湾地区的飞利浦、韩国买彩管进来。然后在深圳接货，再分配给全国各整机厂。这些在法制健全、走私绝迹的今天似乎是不可想象，甚至颇有违法之嫌。但在刚改革开放的年代，我们是属于电子部的器件总公司，代表家电进出口总公司、中电进出口总公司，来口岸采购彩管。我记得那时，一支彩管可以赚一千块。但大家都很老实，如果想搞自私，钱就赚得不得了，但我们并没有这样做。我记得那时每天至少有 20 多个集装箱，多的时候甚至 30 多箱。其实一个集装箱进来，光关税就几百万，可以净赚 100 万，并可以即时取现金。上个世纪 80 年代，中国与韩国没有建交（访者按：1992 年，中韩两国正式建交），大陆与台湾地区也没有正常贸易关系，如果海关知道货物是来自韩国或我国台湾地区，是三倍的关税！所以当时彩管都用“中性”包装。而且那时海关部门也不太正规，就是一个门口。我每天上班，和关长打个招呼，到那儿一坐，静待集装箱进来，清单一对，签字就可放行。后来我们筹建彩管厂，不用国家拨款，靠的就是由彩管贸易所赚的钱。

1998 年 7 月，党中央、国务院对打击走私、惩治腐败做出了一系列重大决策。不久，又在 1999 年破获厦门远华案。于是，我们的历史任务和角色也随之而结束和转变……

再后来，我主要在赛格日立做负责经营的副总，前后经历了五任总经理。2007 年，赛格日立宣布永久停产后，它的土地以 17 亿给政府收掉。赛格日立的职工少的赔偿 30 万～40 万，多的 70 多万。还算是全部平稳过渡吧。

2. 我的姑丈吴祖垲

当然，我之所以能够涉足彩管行业，和我的姑丈吴祖垲先生有莫大的关系。我的父亲曾是国民党高官，1929 年曾加入国民党，刚解放时，他从台湾回到上海，做过民革中央委员会秘书长。早年在上海他做过多所中学的校长，丰子恺也曾在他的学校教过书。在“文革”中受冲击，患癌而没有条件医治，最后不幸早逝。“文革”后，政府给予平反。由于家父早逝，当时我们三兄弟和妹妹等商量，过继一个给姑姑（即吴总的夫人）。因为她是一名医师，属高级知识分子，我们还以为他们家境一定会很好的。于是便让最小的妹妹杨国琇，跟姑姑生活。没想到我们兄妹中，却是妹妹吃的苦最多，过得最辛苦。

说起吴老，他实在是楷模式的传奇人物。他的重要贡献至少主要在：1. 战斗机雷达存储管；2. 银河计算机上用的多色显示管。他小时候学习成绩特别的好，虽然吴老的母亲只是做裁缝的，但英雄莫问出处。吴老以第一名考上“庚子赔款”公派出国，到了美国读书。1946 年硕士毕业后在美国无线电公司（RCA）兰开斯特市（Lancaster PA）工厂产品开发试验部的阴极射线管（CRT）实验室任工程师。中华人民共和国成立后吴老先后任职南京电照厂（741 厂）、成都红光电子管厂（773 厂）和陕西咸阳陕西彩色显像管总厂（4400 厂）等，主责开发和研究中国彩管技术。吴老和该研究开发计划，后来因“蜗牛事件”，受到了牵连。我在赛格日立公司（即赛格集团）时，吴老作为技术顾问也来了赛格日立。而且有不少彩虹的技术人员也跟随来赛格日立工作。日立的彩管技术是引进美国 RCA 的。因此，日立的专家见到吴总，都叫老师。日立的人见到我，知道我和吴总的关系，也很客气。

吴老一生清廉，他不仅是国家工程院院士，而且曾任副省级的干部。你们去过他家就知道，他人生最后时光所住的房子，其中的家具摆设，以他的资历地位，相当寒酸！他若生病，只会住彩虹的医院，而不去西安，更不去北京。有一年，陕西省领导要在省委家属区给吴老安排一套别墅，7 个房间，有武警站岗，我陪他看了，着实很好！但吴老不要。后来，吴老年纪很大了，我又在深圳给他安排了一处住所，希望他来深圳安享晚年。试住了 1 个星期，他也不要，又回咸阳了。两个月前吴老去世，他的追悼会上，两代中央政治局常委都给这位中国彩管之父送了花圈，规格之高令人意外。或许他的清廉就是他受超高规格追悼的原因之一。

3. 彩管业的成功、挫折和失败因素

高：请问杨秘书长，可否请您分享对中国彩管业所经历的成功、挫折和失败的一些看法？

杨 1：中国参加关贸协议（WTO）以前，国家依靠进口批文管理彩管进口。有政策保护国内彩管行业，所以中国彩管业得以蓬勃地发展。相比现在的业绩面板行业就没有这种幸运。至于，中国彩管行业衰落，我个人认为其主要原因是：液晶的技术替代导致彩管行业今天的结果，不能不无遗憾！例如，彩管行业经济利益庞大，成为多个省市经济发展的主要引擎。但随着彩管企业越来越多，就会出现非良性竞争的问题。例如倪润峰的长虹囤积彩管事件。事实上，他也和我商量过，是可以搞的。但是必须控制住进口。第一，进口许可证要控制，第二，走私要控制住，彻底去打击。但是，我们都没有想到还有第三条管道，那就是凭“手册”可以进口彩管，来料加工手册。进了彩管，装成电视机卖掉，由于彩管不是卖到市场去，海关也没办法，最终令整个行业受到影响。也正因为这个原因，我们彩管行业的从业人员自己商量，1999 年前后成立了“中国彩管行业协会”，希望能做好积极的沟通协调作用，并获当时电子部的白为民支持。彩管行业协会首任会长是北京松下的刘晓东，而我一直是秘书长，负责跟国家发改委、电子部等联络。

另外，某些企业为了在竞争中突围，不惜采取卑劣手段，最终令整个行业受到了严重的损害。如2007年、2008年美国人对中国彩管发起反倾销调查，案子起因是三星公司向美国司法部提交材料，举报了中国彩管行业协会，说我们会是操纵价格的罪魁祸首。而自己则协助调查，以换取美国司法部不再调查三星，即所谓做“污点证人”。于是这便把所有协会成员，甚至把所有同业都害了。当中涉及20多家企业，中国的、日本的、法国的、荷兰的，连他们韩国LG都被害了。美国司法部有关彩管公司涉嫌价格垄断的调查到现在还没有结束。那些美国人还多次来找我，我并不理他。因为三星出卖我，又对美国肯定地说是我杨某人组织开的会。5年起诉有效期，今年下半年将要到期了。其实美国根本不了解中国。第一，我国曾实行计划经济，有问题其实应该找日立去。第二，彩管在国民经济中的作用大，下至平民，上至总理，都要关心。彩管停产保价去库存，当时中央领导、国家计委是支持的，内部也有批文。因为这些彩管厂都是国家投资的，也不同意降价。这是改革开放以来第一次全行业行动，也是最团结的。所以说我们会操纵价格，其实是无稽之谈。

再如，不少中国的彩管企业，只顾眼前的利益，一直没有把核心技术的提升和研发放在最重要的地位。譬如三星与彩虹，它们几乎同时引进彩管技术。虽然吴总上世纪八九十年代曾说，三星彩管质量不如彩虹。但今天两家公司境遇天壤之别。为什么？三星一直在进步。我在赛格日立，隔壁就是深圳三星，我们天天在竞争，我的量比它大，但成本就是做不过它。三星的彩管设计上就讲究节省材料成本，纯平玻壳轻量化，使用AK荫罩，电子枪简化，节省了零件，成本一下子就少了3～4美金。三星的销售计划比我们赛格做得好，它是全球销售，按订单安排生产，保持只有三天到一周的库存。物流又做得好。这些管理和营运模式等都值得我们检讨和借鉴。

此外，当然包括难以避免的决策失误或因急于求成而受骗。如彩虹的两位老总。日本日立的高管高醇先生曾开会，和我商量，派我找马总说，不要再引进34英寸彩管生产线了。老实说，日立还是实在的公司。他们不能说这些已经过时了，只能说设备贵、收不回投资、不划算。马总回答，这个项目是经过彩虹全体职工代表大会审议，一致通过的……最终，彩虹投了20

亿，搞了两条线，还是高成本管型。结果，东芝29英寸线做了一点，日立34英寸线就一支管子也没生产，市场已消失了。又比如老邢搞LCD平板玻璃，他跟我说："我们正在搞炉子，我们分析过，很简单，明年就可以大规模投产。"我说："美国康宁花了20亿美金，花了几十年时间，你们明年就行，凭什么？"去年，国家发改委叫我组织专家去调研彩虹的平板玻璃线和OLED线，我组织了一些专家和博士等前往调研了，最后也向国家发改委提交了报告。结论是：没用，全部报废。平板玻璃6条线，3条停产，另外3条成品率不到50%。佛山的OLED项目也基本报废，过时的东西。据闻这些项目一共亏损117亿。太可惜！其实他们都曾为行业做出了伟大的贡献，但这些经验和教训一定要汲取，为后来者借鉴，我的想法大致是这样。

杨2、高：谢谢您接受我们的访问。

（访问完）

时任中国彩管业协会秘书长杨国钧（右二）和康佳彩电匡宇斌（左一）、创维彩电刘辉阳（左二）、TCL彩电的李东生（左三）、胡秋生（右一）及本书主编杨向杰（右三）在一起（2010年，香港）

（以上内容，为嘉宾访谈个人观点）

结　语

杨向杰

在编写此书期间，我们诧异地发现，从国家到地方许多的领导干部，都或多或少参与了实现中国彩管彩电梦的过程，而介入的外国领导人也不少。当中最特别的是 1972 年当时的美国总统尼克松访华前，先派时任国家安全事务助理的基辛格博士秘密到北京铺路。据载，基辛格拜会周恩来总理时，提出美国在两个项目上可帮助中国，一个是原子能发电，另一个就是彩管和彩电工业。可见美国很清楚当时中国的需要。这事也促使了周恩来、李先念、叶剑英和华国锋等国家领导人于 1973 年 9 月一致同意批准派团到美国考察彩管业和洽购生产线。

正是这次考察衍生了“蜗牛事件”，中国的彩管梦也因而被推迟了五年才能实现。

“四人帮”刚倒台，1977 年李先念即重新批准进口外国彩管生产线，遂有了中国甚至全世界最大的彩管生产基地彩虹集团。彩虹的日立生产线建成的验收仪式，亲到咸阳出席的日方代表团，团长是现任首相安倍晋三的父亲安倍晋太郎，当时的日本通产大臣（后任外交大臣）。

改革开放的 1978 年，邓小平访日，会见日本松下公司创办人松下幸之助，亲自邀请他帮助中国的工业现代化，便有了北京松下彩管厂的诞生。当时的副总理李鹏亲自指导了这个项目。

1983年，时任电子工业部部长的江泽民派员到深圳打造彩管厂。而中国最后一家彩管厂TGDC的成立，正是在法国总统希拉克接待到访的中国国家主席胡锦涛时大力促成的。2005年汤姆逊把全球彩管业务售予印度威德昆集团（Videocon）时，项目得到印度总理辛格亲自关心，并接见兼任TGDC主席的汤姆逊彩管集团的总裁。TGDC遂成为印度在中国的最大合资企业。

本书的联合主编范文强（左）及杨向杰（右）摄于原北京松下彩管公司厂区新建的艺术品“显像”之前

而在地方上，每一家彩管厂都受到所在地的省委书记、省长、市委书记和市长等领导的关切。中国“彩管之父”吴祖垲于2012年逝世时，习近平主席和其他六位政治局常委均致送了花圈，是国家领导人对显示行业过去对中国的工业发展所作的贡献的肯定。[1]

一个行业能受到各国政要关切，可见其重要性，此所以我们决心要编一部记述中国彩管工业发展的书。

中国彩管史我们将之划分为五个“十年”，而每个十年我们都在中国土地上先后出现的14家彩管厂中，选出一家具代表性的彩管厂作重点介绍。

第一个十年的代表是四川成都红光厂（773厂），因她于1967年自主研制出一支5英寸彩管，代表了中国彩管研发的自力更生阶段。由于彩管除了可民用于彩电外，也可用于导弹雷达等军事用途，故当年被西方发达国家列入禁运名单，中国唯有靠自己。1970年，红光也研发出19英寸彩管。

① “吴祖垲院士遗体告别仪式在咸阳举行”，《咸阳日报》2014年1月22日，第03版。

进入第二个十年，中国明白无法短期靠自力更生形成彩管行业后，决定引进外国生产线，于是有了第一家从设备、建材和配套整体引进的彩管厂——央企彩虹，是中国首次举全国之力去建造的大而全的研发工业基地。其他国家的彩管厂，零部件如玻壳、荫罩等都是别的公司供给，但彩虹却是唯一所有零部件都自行生产的纵向整合形式工厂（波兰在社会主义时期，也建过这样纵向整合的彩管厂，但以失败告终）。彩虹从 1982 年投产到 1989 年北松投产之前的 7 年中，是中国唯一一家彩管厂，带动了下游的中国彩电行业百花齐放。从 1982 年投产到 2012 年停产退市，刚好是 30 年，彩虹创了几个第一：第一个中央直属的彩管厂；第一个在香港 H 股上市的中国彩管企业；年产 1500 万支彩管，成为全球第一大单一彩管生产基地；30 年的生命周期在中国所有彩管厂中居第一（彩虹虽于 2012 年停产退市，但到 TGDC 2017 年停产退市前这当中 5 年所用的荧光粉，都是提早向当时是全球唯一仍在生产荧光粉的彩虹购买库存的，所以某种意义上彩虹其实也是走到最后的彩管企业）；不但物资上支持友厂，彩虹还向友厂输送人才，东莞国营福地彩管厂在开创时，便得到 80 多位“彩虹人”落户式的援助。他们不少人更坚持到 TGDC 彩管生产的最后一天。

第三个十年的代表是 1987 年成立、1989 年投产的北京松下，她开拓了彩管业中外合资的新纪元，且是唯一一家中外股权对等的合资厂，成了彩管业中外合资的典范——外方负责技术、资本、生产管理和国际市场，中方负责行政和国内市场、政府关系和人员管理等。北松成立的非凡意义还因她是邓小平在改革开放后访问日本，与松下集团创办人松下幸之助会面时，两人亲自推动的。北松于 2009 年停产退市，由投产到停产虽只有短短 20 年，但其所起的作用却是巨大的。有了北松后，才有往后十年中各国的资本和技术相继纷纷进入中国的局面。与不同国家的合资，带来了不同的技术和市场，大大帮助了中国的彩管“走出去”。而中国彩管之所以受国际欢迎，除了价格优势外，正由于中国是全球唯一一个集欧美日韩彩管技术和型号之大成的地方所致。资本和技术同时进入的，欧洲的有荷兰的飞利浦和法国的 RCA-Thomson，亚洲的有日本的日立、松下和索尼，还有韩国的三星和乐金（LG）。

仅技术进入的有日本的东芝。还有印度则只是资本进入。除了彩管外，外国玻壳厂亦有进入中国，包括美国的康宁（Corning）、日本的日本玻璃（NEG）和旭硝子（Asaki）。

第四个十年的代表是2001年成立的LG飞利浦显示器件公司（LPD），她的代表性源于这家在全球拥有过百家彩管相关企业的工厂——韩荷合资公司的整合，是有史以来全球彩管业最大的整合。而她的注册地和总部却选在了回归后的中国香港特区，反映了中国彩管实力和市场获全世界看好，中国彩管业不但从无到有，还从自给到出口。可惜LPD的整合属防御性而非进取性整合，是只为防御彩管技术被新的显示技术取缔而作出的，故仅生存了6年时间，便在2007年宣告破产。

第五个十年的代表是2004年1月成立的汤姆逊广东显示器件有限公司（TGDC），因为她是在中法元首——法国总统希拉克及中国国家主席胡锦涛关切下成立的。TGDC是中国最后一家中外合资彩管厂，而她的特别之处，是其他合资厂都是新建的厂房和设备，但TGDC却仅沿用了两个原国营厂——1988年成立的佛山国营彩管厂和1991年成立的东莞福地——合并后加以改造而成，只是整合而没有增加新的产能。2005年9月，广东TGDC由印度威德昆集团控股的背景，是RCA-Thomson把其全球彩管业务售予威德昆后，这代表了彩管行业中欧美资本的有序撤退。RCA-Thomson从1997年开始接洽并于1999年成功收购佛山国营彩管厂，到2002年开始商谈、2004年成功与东莞福地合并成为TGDC，到2005年汤姆逊把全球彩管业务与威德昆合并，并保证RCA-Thomson品牌彩管继续在市场生存5年，至2010年为止，前后长达十多年的整合，令TGDC能成为全球最后一家彩管厂企业。而TGDC在2017年停产退市前的三年半中，是中国唯一的一家彩管厂（深圳三星在2013年停产退市，是中国第二家最后结束的彩管厂），亦是她停产退市前的两年半中全球唯一的一家彩管厂（印度尼西亚LG彩管厂于2014年停产退市，是全球倒数第二家结束的彩管厂），故在TGDC停产前的两年半中，供应全球的彩管，百分百是中国制造。

以地方而言，中国拥有最多彩管厂的是广东，共四家——佛山国营、东莞福地、深圳三星、深圳赛格日立。上海居次，前后共三家——上海真空、上海永新和上海索广。但上海很早便察觉彩管业将步向夕阳，故千禧年后便把焦点转移到汽车工业。

我们发现，中国最短命的彩管厂是深圳的“麦克”（MAC）——深圳现代公司。改革开放后深圳成为经济特区，时任电子工业部长江泽民锐意发展深圳电子工业，于是促成了深圳建成两个彩管厂——日立技术入股的赛格日立彩管公司和用美国通用电气技术的“麦克”。“麦克”1989 年投产，1993 年即停产，仅生存了 4 年，原因是通用技术在中国“水土不服”，后来被三星收购，转用三星技术，才起死回生。

值得一提的是，除了深圳麦克购了美国通用（G.E.）的彩管设备却以失败告终外，还有两个厂都是使用了通用的干粉涂屏技术和设备而惨淡收场的。它们就是上海真空和宜昌电子厂。这是一个很大的经验教训。因为它们虽在美国成功运行了二十年以上，但已面临淘汰的二手技术或设备来到中国后，却因“水土不服”而最终全部报废。

此外，还有两家国营企业因急于要彩管项目上马，竟购买了我国台湾私营公司自行制造的彩管生产线，导致了全面的失败。而其中一家彩管厂所购来自我国台湾的设备，最后更被协调运到长沙组装，但也全部报废。这也是深刻的教训。因为这家台湾公司供应的设备和工艺其实未能达标，也没技术背景。但彩管工业是高科技的产品，所以“土法上马”的结果可想而知。

在进入中国彩管业的外企中，在外企来讲，日立可说是最大赢家，从第一家央企彩虹到最后一家合资厂 TGDC 东莞用的都是日立技术，因日立被誉为彩管老祖宗 RCA 最青出于蓝的弟子，其技术非常可靠，但日立从不控股中国合资的彩管公司。

另外，还值得一提的是，在中国的宝岛台湾的杨梅地区，还有一家彩管厂——中华映管，早在八十年代，便生产小屏幕彩管供港台两地的电视机厂家，为外国品牌彩电代工，为中华民族的彩电事业作出了贡献。九十年代，它还在福州建立分厂，见证两地工业生产合作共赢的悠久渊源。

中国彩管业也带动了上游零部件的玻壳、荧光粉、荫罩、线圈和电子枪厂及下游的彩电厂在中国遍地开花，成功形成了产业链，促进了许多相对落后的地区的工业化，如由李留恩创办的河南安阳玻壳厂（最高峰时有 13 个炉，全球最大），生产彩玻的还有咸阳彩虹、石家庄宝石、郑州安玻、深圳赛格三星；此外，还有北京和南京、山东烟台的荫罩厂及九十年代咸阳的偏转厂等。而下游的彩管彩电（CRT-TV），也从最初外国制造、百分百进口，到最后全球市场均百分百中国制造、出口。中华人民共和国成立 70 年来，除了西藏外，全国各省都出现过彩管彩电的组装厂，具生产许可证的在历史上曾逾百家。培训了大量的电子工业人才，令中国最后能成为“彩电王国”，除满足国民所需外，产品走向国际，至今彩电产量全球第一。

彩管彩电企业，当中以九十年代的四川长虹和千禧年代的惠州 TCL 为代表。长虹是“军转民”的代表性企业，也是中国首个突破 100 万部年产量并以自我品牌内销的彩电企业，是连续 20 年中内销量居冠的彩电大王。从八十年代任厂长至千禧年代荣休的倪润峰，于 2018 年改革开放 40 周年时获选为 100 位代表性人物之一。另一位获选的代表性人物是 TCL 的李东生，表扬其为彩电企业国际化的尝试和贡献。TCL 是全球最大、首家由中国控股的彩管彩电跨国企业，2004 年和 RCA-Thomson 彩电业务合并时，产能达 2200 万部彩管彩电，销量更全球居冠。2004 年 2 月，李东生被国际著名杂志《财富》评为“2003 年亚洲年度经济人物”，该杂志 2 月期刊发表封面文章《彩电巨子李东生》，介绍了李东生本人以及 TCL 集团的成功故事。倪润峰和李东生，均于 2018 年纪念改革开放 40 年时，由习近平主席代表党中央、国务院于人民大会堂亲自授勋。这也是中国彩管彩电业从业人员的光荣。

中国彩管 50 年，从无到有、从小到大，成就了中国制造的故事，也成就了中国彩管彩电大国。

中国彩管史大事记

编者按： 彩管行业的竞争十分激烈，又是在改革开放过程中拉动各省市地区经济的重要行业。由于各彩管企业的出现、发展、变革、重组、合并、退市等过程既急促又复杂，故不少企业名称变更相当琐碎和频繁。再加上，2000年初以后，许多彩管企业陆续重组或兼并，最终倒闭或退出市场，实难以稽查核实。此处收录的“大事记”主要是为了纪念彩管业发展简要历程，虽然所录之事件、时间和公司名字已勠力核对并不取孤本之事宜，但仍难确保个别事件时间点或企业名称绝对准确、规范，谨请各企业和读者见谅！如您发现任何错谬之处，欢迎发送电邮至本书编著者邮箱Johncwz@hotmail.com，以备我们再版时修改、校正。

一九五五

清华大学无线电系成立电视教研组，聘苏联专家培养中国电视专业人才

一九五六

• 北京举办日本工业展览会，会中展出了一套电视转播设备

• 周恩来总理支持经二机部十局、中央广播事业局和清华大学无线电系电视教研，以日本设备为样机，研制中国自己的广播电视中心设备，并筹建北京电视台（现中央电视台前身）

一九五八

3 月 17 日：中国自行研制的电视中心设备成功进行开路试验

4 月：南京“华东电子管厂”（741 厂）生产出中国第一支黑白显像管

5 月 1 日：中国第一家电视台“北京电视台”开始黑白电视节目试播

5 月 18 日：“天津无线电厂”（712 厂）参照苏联旗帜电视机，试制成功中国第一台黑白电视机

5 月：电子工业主管部门在北京召开彩电攻关会议，并从美国 RCA 公司买了五支彩管，经香港运到内地，分给五家工厂解剖仿制

9 月 2 日：北京电视台正式开播

一九五九

成都“红光电子管厂”（773 厂）试制黑白显像管成功

一九六〇

9月：

• 由北京广播器材厂、清华大学无线电系和中央广播事业局广播科学研究所等单位联合研制的中国第一套彩色电视系统，在北京广播器材厂完成联机试验

• 成都电讯工程学院开中国高等院校先河，开设“广播电视设备设计与制造专业”系

10月：国庆期间，在北京电视台进行了一段时间的彩色电视开路试验，但作为广播接收器的彩色电视机是进口的

一九六一

中国台湾开始播放黑白电视节目

一九六三

中国台湾“大同股份有限公司（下统一用其简称“大同公司”，后“中华映管股份有限公司”控股股东，下简称为中华映管）开始生产16英寸电子管黑白电视机

一九六四

10月16日：中国第一次成功试爆原子弹，激励起一股要自力更生的精神

一九六五

成都“红光电子管厂”（773厂）试制出5英寸点状荧光粉彩管雏形的手工样板

一九六八

4月：中央决定由原四机部、邮电部、中央广播事业局、国家计委、国家经委、化工部、冶金部等部委派员组成彩色电视广播办公室，召集全国相

关企业领导、工程技术人员近百人研究制订我国彩色电视广播发展计划，并确定将彩色显像管的研制、生产定为最重要的核心器件，组织全国力量攻关。四机部进口了几十支日本索尼公司十四英寸彩色显像管解剖、分析、测绘，然后再按我国的条件重新设计

一九六九

- 中国台湾开始试播彩色电视节目
- 中国香港研制成功全晶体管 12 英寸黑白电视机

一九七〇

1 月 16 日：第一次全国电视专业会议决定：为加快速度自力更生研制彩色显像管，分成华北、华东、华中和西南组织全国彩管大会战。上海荧光灯厂和上海电珠一厂开始试制 19 英寸彩色显像管。试制工作从玻壳入手，由上海工业玻璃一厂试压玻壳，上海钢铁研究所试制阳极引出线（阳极帽），上海荧光灯厂试制荧光粉。上海荧光灯厂和上海电珠一厂自制电子枪

4 月 30 日：上海国光口琴厂试制成功中国第一台全晶体 9 英寸黑白电视机，上海、北京、天津、江苏等地随后纷纷试制

5 月：

- 成都“红光电子管厂”（773 厂）试制成功中国第一支单枪三束 19 英寸彩管样品，南京“华东电子管厂”（741 厂）、上海电子管二厂等都先后宣告彩色显像管研制成功。中国有了自己的彩管供组装自己的彩电，但产量仍很少
- 彩色电视广播会议在北京召开，华国锋、余秋里等领导人出席听汇报，知道中国自制彩管产量少成本高难以普及后，采纳四机部代表孙秉光建议，研议引进外国彩管生产线
- 台湾飞利浦公司开始建设新竹北厂，生产黑白显像管和玻壳

5 月 4 日：大同集团在中国台湾成立，同时开始建设桃园单色管厂，至 1972 年投入试产

8 月：四机部向国务院提交关于引进彩色显像管生产线的报告

9 月：国务院批复同意引进彩色显像管生产线

12 月 16 日：

• 四机部、国家广播事业管理局和中央电视台联合举办全国彩色电视表演会试播成功，得到了毛主席和其他中央领导的称赞

• 中国第一台自主研制的彩色电视机在天津通信广播电视厂诞生

一九七一

9 月：

• 天津无线电厂研制成功中国第一台 PAL 制式电子管彩色电视机

• 中国确定采用 PAL-D 为彩色电视制式

• 天津无线电厂（712 厂）、上海金星金笔厂（上海电视机厂一厂［1978 年］的前身）、上海广播器材厂等试制成功中国第一批全晶体彩色电视机

• 中国台湾大同公司与中国香港喜万年公司合作生产 14 英寸黑白电视机出口欧美

11 月：中国彩管彩电工业考察团赴日考察，与日本公司就彩色显像管技术引进或转让进行谈判，但受日方要价太高或有出口限制或专利禁入等因素影响，最后无任何结果

一九七二

2 月：

• 美国总统尼克松访华，中美关系解冻。尼克松访华前，先派时任美国国家安全事务助理的基辛格到北京拜会周恩来总理，称愿助中国发展彩电和原子能发电站，此举使中央领导对彩管更为重视

• 美国 RCA 公司开发出单枪三束自会聚管。至此，现代彩色显像管的结构基本定型

• 日本东芝公司开发出世界上第一个带有黑底涂层的彩色显像管，提高了图像的色彩准确性

9 月 25 日：日本首相田中角荣和外务大臣大平正芳访华

9 月 29 日：《中日联合声明》在北京签订，宣布即日起建立外交关系

10 月：中国派出考察团赴欧洲考察彩电制式，最后确定采用德国的 PAL 制式

11 月：中国国务院批准派出考察团到日本洽购彩管生产线

12 月：成都“红光电子管厂”（773 厂）试制成功我国第一支 19 英寸彩色显像管，上海荧光灯厂和上海电珠一厂亦先后试制出 19 英寸彩色显像管，供上海无线电三厂装配春雷牌彩色电视机。1972–1977 年，两厂共生产 3208 支 19 英寸彩色显像管

一九七三

1 月：国家计委向国务院建议向西方工业发达国家引进价值 43 亿美元的成套设备，方案也首次正式提及成套引进彩色显像管生产设备

2 月：广播电视首次被列为电子工业发展重点

春：日本东芝、日立、松下（日本“松下电器产业株式会社”的简称，下同）、索尼、NEC、三菱、旭硝子、大日本涂料、大日本印刷、大日本网板等公司先后被邀来华，与我方进行技术交流和引进方案的初步探讨

5 月 1 日：北京电视台开始试播彩色电视节目，全套设备由上海、北京、广州等地的电视设备厂生产

5 月：中国再次邀请日本各公司到华洽商引进彩管生产线，所有公司均称“未准备好”

11 月：美国 RCA 公司主动派高级代表团来华推销彩管技术，中方表示须先亲赴美考察后做决定，RCA 表示欢迎

12 月 6 日：周恩来总理批准派团赴美考察，中国机电部派考察团赴美参观 RCA 及康宁公司

一九七四

2 月：赴美考察团回国，携回美国康宁公司所送玻璃蜗牛，引发“蜗牛

事件”，彩管生产线引进计划被叫停

一九七六

8 月：孙秉光向中央提交报告建议恢复引进工作，强调彩管重要性

9 月：中国再与 RCA 接触，但美方仍因“蜗牛事件”感不快，反应冷淡，日本人却十分积极，日本政府还提供软贷款，且禁售期快届满，于是中国倾向自日本引进生产线

11 月：中国派团到日本考察其彩管企业

• 中国台湾飞利浦公司开始建设新竹北彩管厂，至 1978 年投入量产。同时，还配套建设了彩玻厂和偏转线圈厂

一九七七

4 月 13 日：中央、国务院正式批准恢复引进彩色显像管成套设备和技术项目，并列入国家重点引进项目。定名为“咸阳彩色显像管工程”（下统一简称为“咸阳彩管工程”），由机电部直接领导的彩虹彩管厂立项

5 月：第四机械工业部任命吴祖垲为工厂总工程师

7 月 24 日：经陕西省和第四机械工业部共同选定厂址为陕西省咸阳市战斗公社安村大队以北。确定工厂编号为 4400 厂。张笑晨被任命为该厂（后命名为“陕西彩色显像管总厂”）的第一任厂长

8 月：日本日立（日本日立制作所的简称，下同）、松下、旭硝子、NEG、大日本网板、大日本涂料及大日本印刷等公司来华参加技术座谈和询价、报价

• 台湾中华映管公司开始建设桃园彩色管厂

一九七八

1 月 16 日：中国考察团赴日考察各彩管及配套企业

3 月 11 日：日本东芝、松下、日立、大日本涂料、大日本印刷、大日本网板、日本 NEG、旭硝子八家公司抵华，先后在北京和天津与咸阳彩管项目

技术谈判组进行合同谈判

4 月 29 日：咸阳彩管工程打下第一根桩柱（玻璃厂厂房第一根钢桩），宣告工程正式破土动工

6 月 19 日：与大日本涂料公司签订彩管荧光粉制造成套技术和设备合同，总价 935.95 万美元

6 月 23 日：与日本旭硝子株式会社签订彩管玻壳制造成套技术和设备合同，总价 5873 万美元

6 月 30 日：与大日本网板公司签订彩管平板荫罩制造成套技术和设备合同，总价 878.6 万美元

7 月 28 日：与日本株式会社日立制作所签订自会聚彩管装配成套技术和设备合同，总价 7600.8 万美元

10 月 22 日：邓小平赴日本访问，会见松下公司创办人松下幸之助，邀请他帮助中国电子工业现代化建设

10 月 23 日：多个部门组成的设计联络组赴日与日立举行第二次设计会谈，并签订了第二号协议书，完成了工厂的初步设计

• 为与咸阳彩管工程配套，国家批准上海无线电一厂引进日立技术，建设中国第一条全自动彩电生产线，至 1982 年 10 月份正式竣工，投产金星牌彩电

一九七九

1 月：中国广播电视工业总局正式成立

6 月 19 日：引进的第一批设备自日本运抵咸阳彩管工程施工现场

8 月 17 日：陕西彩色显像管总厂第一批 49 人赴日实习

12 月：全国首批集成电路黑白电视机在上海大量上市

一九八〇

台湾中华映管公司引进日本东芝公司的 14 英寸和 20 英寸彩色显像管生产设备和技术

一九八一

10 月 11 日：陕西彩色显像管总厂总装分厂试产出第一批 14 英寸和 22 英寸彩色显像管

11 月 27 日：陕西彩色显像管总厂向整机厂发送第一批 14 英寸彩管样管

一九八二

6 月 23 日：电子工业部江泽民副部长一行 9 人到陕西彩色显像管总厂视察，参观总装生产线及电子枪车间

7 月 19 日：中日双方提前 3 个月举行陕西彩色显像管总厂的总装合同验收签字仪式。日方：日立制作所董事会会长吉山博吉，中方：电子部顾问王宗金

12 月 2 日：国家验收委员会（主任委员：国家经委副主任彭敏；副主任委员：电子工业部部长张挺、陕西省副省长刘庚、财政部副部长迟海滨）通过了陕西彩色显像管总厂验收

一九八三

8 月：国家标准局正式确定彩色电视广播标准为 PAL-D

10 月 20 日：电子部向国家计委上报，建议适当扩建咸阳彩色显像管总厂至年产 300 万支彩管的能力

12 月 25 日：

• 咸阳彩色显像管总厂实现年产 58 万支彩色显像管的目标，实现利润 3067 万元，提前缴税 150 万元

• 孙秉光奉命到刚成为经济特区的深圳发展电子工业。很快组建了由电子工业部和深圳市政府共同投资的中国深圳彩电总公司、现代电子（深圳）实业有限公司和深圳赛格日立彩色显示器件有限公司（下简称作“赛格日立”）和中康玻璃有限公司

一九八四

5月：深圳市政府批准深圳市电子工业总公司与中国电子器件工业总公司合资成立彩色显像管公司

6月30日：陕西彩色显像管总厂和日本日立制作所在北京签订了18英寸彩管生产线改造合同，总投资500万人民币。改造后的生产能力为：14英寸年产由60万支增至80万支，18英寸每年增产16万支，总产量由原来的每年96万支增至每年128万支

7月：深圳市成立彩色显像管建设工程领导小组，负责具体协调筹建中的规划、申报和合资谈判

8月17日：由中国电子信息产业集团公司下属的中国电子器件工业总公司和深圳市共同投资组建的中国深圳彩电总公司

8月：

• 电子工业部、国家计委、国家经委联合召开彩色显像管项目择优定点会，参加此次招标会的除了陕西彩色显像管总厂的二期工程，还有北京、上海、天津、南京、成都、石家庄、沈阳、大连、安阳、东莞等十多个市

• 北京市和电子工业部774厂联合投标，以87.5分中标

• 河南省安阳市入围彩色玻壳定点生产基地

• 广东省东莞县（当时还是一个县级行政区）总评分为57分，没有入围

9月10日：国家主席李先念到陕西彩色显像管总厂视察

9月13日：北京市政府批准成立北京彩色显像管厂筹建处

• 第一机械部第三研究所（简称三所）开始研制数字彩色电视机

一九八五

1月：陕西彩色显像管总厂当月产量首次突破10万支

3月13日：国家计委正式批准《北京彩色显像管厂项目建议书》后，北京市与松下电器产业株式会社签署合资经营彩色显像管项目的意向书

4月22日：为应对全国大上彩管项目的热潮，国务院成立全国彩管项目

6 人领导小组，决定引进外国彩管生产线要由电子部统一归口。小组由常务副部长张学东任组长，吕理复、孙秉光、黄兆铭任副组长，孙秉光兼彩管办公室主任

6 月：陕西彩色显像管总厂试制成功第一批 18 英寸彩色显像管，具备了年产 16 万支的能力

一九八六

美国通用电气公司（GE）并购 RCA 公司，两家公司的彩管业务整合，关闭了原来 GE 公司在美国的彩管厂。前 RCA 公司的赖维尔代表 GE 公司与中国政府谈判，在北京人民大会堂举行合同签字仪式，将 GE 公司的彩管生产线分别卖给了中国的三家企业——现代电子（深圳）实业有限公司（新建）、上海电真空公司下属的上海电子管厂（旧厂新增）以及湖北宜昌电子管厂

电子工业部召开彩管、玻壳项目论证会，成立十人评估小组，综合评定各项目申请省市的综合实力，最后批准全国上三个新建彩管厂——北京松下（全称为北京松下显像管有限公司，下同）、上海永新（全称为上海永新彩色显像管有限公司，下同）、南京华飞（全称为南京华飞彩色显示系统有限公司，下同），和扩建陕西彩色显像管总厂

4 月：由电子工业部第三研究所领导的数字电视机联合开发小组正式成立

10 月 11 日：电子部与美国康宁公司签订扩建咸阳玻壳项目总协议书及商务合同

11 月 13 日：电子部与美国康宁公司签订新建石家庄玻壳项目总协议书及商务合同

12 月 16 日：电子部与美国康宁公司签订新建安阳玻壳项目总协议书及商务合同。连同咸阳和石家庄，三个玻壳项目的总成交价为一亿一千万美元

11 月 27 日：北京市与日本松下电器签署《彩色显像管项目合资经营协议书》。双方各持 50% 的股份，平等合作，但导入日本松下管理模式，确保未来有能力应对国际竞争。合作期限为 20 年

11 月 28 日：电子工业部宣布，上海、南京、咸阳三地彩管项目招标中标者为日本东芝公司

12 月 27 日：深圳电子集团公司、中国深圳彩电总公司与日本日立签订协议，在深圳兴建彩色显像管厂（即后来的深圳赛格集团公司），年产彩色显像管 160 万支，产品全部外销

一九八七

1 月：拥有 6 厂 1 所和其他 4 家附属单位，有职工 15000 人，注册资金 2.5 亿元，其中国家股占 74.5% 的上海真空电子器件股份有限公司成为上交所第一批上市企业

1 月 26 日：安阳玻壳厂（全称为河南安阳彩色显像管玻壳有限公司，下同）与日本 NEG 公司（包括部分美国 OI 公司设备）举行引进彩色显像管玻壳技术设备签字仪式，这是安阳市与香港永新技术开发有限公司合资开办的全国最大的彩色显像管玻壳生产厂

5 月 22 日：“北京・松下彩色显像管有限公司合资合同”签字仪式在人民大会堂举行。国务院副总理李鹏、电子工业部部长李铁映、北京市政府领导、松下电器产业株式会社社长古井昭雄、日本驻华大使中江要介等参加签字仪式。中日友协名誉会长王震在人民大会堂会见松下代表团

9 月 8 日：北京・松下彩色显像管有限公司（BMCC）正式成立，张彭任董事长，金泽二三男任副董事长，蜷川亲义任总经理，张仲文任副总经理

9 月 11 日：BMCC 厂房基本建设开工。全部建筑、安装工程由中国建筑第一工程局承包。确定第一条生产线产品品种为 21 型平面直角管

9 月 12 日：上海市真空电子器件股份有限公司和香港永新技术开发有限公司，在上海锦江饭店举行合资经营“上海永新彩色显像管有限公司”签字仪式，时任上海市市长的江泽民、副市长黄菊和国务院上海经济开发区规划办主任汪道涵等参加

9 月 15 日：安阳彩色显像管玻壳有限公司正式成立。第一届董事会上推选李留恩出任公司董事长

10月：四川长虹电子集团公司成立

11月10日：南京华飞彩色显示系统有限公司合资合同的签字仪式在北京人民大会堂举行。公司由荷兰皇家飞利浦公司（占股55%）、华东电子管厂（占股27%）和江苏省投资公司（占股18%）三家共同投资

12月18日：

- 沪港合资的上海永新彩色显像管有限公司成立，上海永新是国家“七五”计划定点的彩管厂之一，（一期工程）建设一条年产100万支18英寸彩管生产线
- 上海电子管厂从美国引进90度偏转角COTY-929型14英寸彩色显像管生产线，全线工艺打通
- 中央批准东莞建一彩管厂，取名广东彩色显像管有限公司

一九八八

4月：广东彩色显像管有限公司到法国欲采购汤姆逊二手彩管生产线，却被未获中央批文的佛山捷足先登，空手而回。而佛山因此受到中央批评，领导层全部受罚，最终在广东省领导斡旋下才得以得到准许以“来料加工”形式，把生产线“肢解”进口，并成立了佛山国营彩管厂

4月28日：北京松下综合办公大楼工地奠基

4月30日：当时我国电子行业最大的合资企业南京华飞彩色显示系统有限公司（Huafei Colour Display Systems Co. Ltd）正式成立

6月1日：上海永新一期工程举行奠基仪式，工程总投资5.15亿人民币，引进日本东芝公司彩管生产技术和关键设备，年产能为18英寸彩管100万支。被列入国家“七五”计划期间定点建设的彩管项目，上海市1989年第一号建设工程

6月：BMCC（北京松下的英文简称，下同）公司实习生在松下专家指导下，在日本宇都宫平出工场开始生产21型FS彩色显像管

7月2日：广东彩色显像管项目，在位于东莞市篁村区周溪村的电子工业加工开发区开始土建工程

7 月 30 日：BMCC 公司第一条生产线在宇都宫平出工场试运行后开始解体待装运

8 月 22 日：国家计委、监察部、对外经济贸易部、机电部联合通知：立即制止广东省佛山市执行引进彩管生产线合同

10 月 15 日：BMCC 公司第一条生产线装船启运（共 943 箱）

11 月：上海电子管厂引进美国 GE 公司的 14 英寸彩色显像管生产线，建成投产。该项目是上海市的重点工程，也是国内第二个投产的彩色显像管项目

12 月 15 日：上海市市长朱镕基主持召开上海永新彩管工程现场办公会，宣布：“上海永新彩管工程为 1989 年上海市第一号工程，当成特殊工程对待。”

12 月：BMCC 生产线设备开始安装，计划 1989 年 7 月投产。同时开始规划引进第二条生产线品种为 19 型平面直角管

• 中国台湾飞利浦公司新竹北厂开始生产高清晰度 CDT，年产能在 500 万支以上

一九八九

1 月 21 日：机械电子工业部同意以陕西彩色显像管总厂为主体组建“彩虹电子集团公司”

1 月 28 日：深圳赛格中电彩色显示器件公司（占股 75%）与日本日立（占股 25%）合资创建深圳赛格日立彩色显示器件有限公司，总投资 1.56 亿美元，注册资本 3600 万美元，合资期限 30 年。厂区占地面积 15.4 万平方米

3 月：由三所和 750 厂联合开发的 22 英寸数字彩色电视机通过部级鉴定

4 月 12 日：彩虹电子集团公司（下称彩虹集团）正式成立

5 月 3 日：北京·松下彩色显像管有限公司第一条生产线开始试生产

5 月 25 日：松下日本创始人——松下幸之助逝世

6 月 3 日：中国第一支 21 英寸平面直角彩色显像管在 BMCC 诞生

7 月 1 日：北京·松下彩色显像管有限公司第一条生产线正式投产，比原计划提前 2 个月，并且是中国第一个被认证向美国出口彩管的生产企业

10 月 18 日：国务院总理李鹏在北京市领导陪同下第二次视察北松，为

公司题词："希望把北京·松下彩色显像管有限公司办成国际第一流的企业，中外合资企业的典范。"

11月15日：深圳赛格日立彩色显示器件有限公司破土动工兴建。引进日立公司技术和设备，装备两条生产线，设计年产能为21英寸平面方角（HS）彩管160万支，还包括偏转线圈和金属零部件生产及电子枪组装

11月24日：北京·松下彩色显像管有限公司举行开工典礼。国务院副总理田纪云、时任北京市领导、日本驻华大使桥本恕及中外来宾500多人出席了开工典礼剪彩仪式

12月："广东彩色显像管项目"经国务院同意，由国家计划委员会批准立项，被列为国家"八五"计划项目和广东省"八五"重点建设工程

12月28日：上海永新彩色显像管公司成功进行了联动试车，并生产出了第一支合格的"上永牌"18英寸彩管

12月28日：深圳中康玻璃有限公司破土动工，为"八五"期间国家重点项目、1990年深圳市十大重点建设项目之一。全部建成后将拥有三屏两锥五条生产线，年产屏450万支、锥700万支的生产能力

12月29日：

- 投资1.2亿美元的现代电子（深圳）实业有限公司，这是当时深圳市最大的工业投产项目，年产20英寸和28英寸普通平面彩管60万支
- 中华映管公司引进生产东芝的14英寸和21英寸细管颈管技术

一九九〇

6月22日：现代电子（深圳）实业有限公司生产的28英寸大屏幕彩色显像管成功问世，这是中国当年可以生产的最大型号的彩色显像管。当天江泽民总书记视察现代电子（深圳）实业有限公司时，对该公司引进国外彩管旧线加以改造，为国家节省外汇的做法给予了肯定，并为该公司题词："艰苦奋斗，自强不息。"

10月8日：广东彩色显像管有限公司与日本日立、西日本贸易株式会社，在东莞市举行《彩色显像管设备供应与技术转让合同》正式签字仪式。电子

部副部长张学东、全国人大常委会委员梁灵光、国家计委副主任郝建秀、广东省副省长于飞、日本驻广州领事馆领事柳濑友彦和东莞市副市长李汉松等参加了合同签字仪式。根据协议，分别从日立引进21英寸、25英寸两条生产线，年产能21英寸90万支，25英寸60万支，总投资14.49亿元人民币。从三洋公司购买偏转线圈生产技术及设备。这是国家在“八五”期间的第一个彩管项目

11月10日：南京华飞彩色显示系统有限公司正式建成投产，每年可生产160万套41厘米和51厘米平面直角彩色显像管。国务委员、国家计委主任邹家华等出席投产典礼

一九九一

1月30日：上海永新彩色显像管有限公司彩管工程合同验收暨正式投产典礼在沪举行。机电部张学东副部长、上海市顾传训副市长及日本三井物产公司专务董事石栗一民先生等出席典礼并参加了剪彩、揭碑和植树等庆祝活动。至此，“七五”期间规划的陕西彩色显像管总厂二期、北京松下、上海永新和南京华飞四个项目全面投产

4月：由广东彩色显像管总公司和香港福民发展有限公司，按75%和25%的比例合资设立广东彩色显像管有限公司，决定引进日立的技术

5月29日：北京松下二期工程破土动工

9月：深圳赛格日立彩色显示器件有限公司投产，年产160万支21英寸平面方角彩色显像管

10月1日：机电部为促进彩管生产形成规模经济，以满足市场需求，并缩小国内外差价，决定从1991年10月1日起全面降低国产彩管出厂价格

10月18日：上海真空电子器件股份有限公司在国内率先向境外发行B股，成为首家中外合资的股份制企业

11月21日：安阳玻壳厂投产开工典礼在安阳举行。邹家华副总理、河南省省长李长春、副省长刘源、机电部副部长曾培炎出席典礼并剪彩

一九九二

6月2日：经陕西省政府部门批准，彩虹显示器件股份有限公司成立

7月14日：日本NEG公司副社长中山俊夫一行就参与石家庄、安阳玻壳项目来华进行考察。机电部副部长曾培炎会见了中山俊夫

7月30日：彩虹集团与日本日绵公司、日本东芝公司签订25英寸彩管生产线技术引进合同

8月11日：河南安阳彩色显像管玻壳有限公司试压22工位双压机，压制大屏幕彩色玻壳成功，结束了中国双压机不能压制大屏幕彩色玻壳的历史

10月：深圳中康玻璃有限公司锥炉点火试运行，11月屏炉点火试运行，宣告公司正式投产。该公司是当时全国电子工业史上一次性投资规模最大的企业，是广东省特大型工业企业，深圳市高新技术企业，也是全国首家出口创汇的显像管玻壳生产企业

12月26日：国家“七五”重点建设项目——与香港豫港企业有限公司合资兴建的河南安阳彩色显像管玻壳工程竣工验收，引进的是日本NEG制造技术和成套设备，概算总投资66275万元，预计生产能力年产玻壳400万套，产品主要为北京松下、上海永新、南京华飞三个彩管厂配套，是当时我国最大的玻壳专业生产基地

• 中国出现对29英寸彩管的需求热潮，佛山彩色显像管公司引进了RCA的29英寸彩管技术，但为省钱未引进新的生产线，只以原有生产20英寸彩管的旧生产线作兼容生产，结果两种产品的质量都欠佳

一九九三

6月11日：中共中央总书记、国家主席、中央军委主席江泽民到彩虹集团公司视察，并为彩虹集团题词“深化改革，转化机制，努力发展彩管工业”

6月26日：北京·松下彩色显像管公司29英寸超平面直角彩管诞生

7月31日：我国首次引进生产的第一枚25英寸平面直角彩色显像管，在广东彩色显像管有限公司诞生。宣告完成设备安装、验收并正式开始试

生产

• 现代电子（深圳）实业有限公司（英文简称“MAC”）宣布永久停产

• 台湾飞利浦公司投资90亿新台币建立新竹大鹏厂，生产大屏幕彩色显像管。最高峰期有五条CPT/CDT生产线

一九九四

4月8日：彩虹显示器件股份有限公司生产出第一支25英寸彩管

6月：国家计划委员会批准安阳玻壳厂二期扩建工程上马。我国第一台双液筒研磨机在河南安阳彩色显像管玻壳有限公司诞生，并一次试车成功。这一新工艺的试制成功，标志着我国彩色显像管玻壳的品位已经接近世界先进水平

7月21日：“彩虹电子集团授权经营内蒙古电视机厂”签字仪式，在呼和浩特市政府举行

8月2日：LG曙光电子有限公司成立。LG电子持股51%，湖南曙光电子集团持股49%

11月30日：“广东彩色显像管工程”竣工并顺利通过国家验收，正式投产。该项目总投资19亿元，具有年产平面方角彩色显像管170万支和偏转线圈154.5万支的能力

11月30日：北京·松下彩色显像管公司CRT产品累计生产达1000万支

12月5日至1995年1月5日：彩虹显示器件股份公司进行25英寸/22英寸兼容生产线改造，使东芝、日立两种技术嫁接一次成功

一九九五

1月19日：中共中央政治局常委、书记处书记胡锦涛到彩虹集团视察

3月18日：由电子部第十设计院主持设计、中国第一座由国内工程设计人员独立设计、施工建造的显像管玻壳玻璃熔炉——天津“津京玻壳股份有限公司”105立方米玻壳池炉在天津通过专家鉴定

5月8日：彩虹集团彩管一厂技改顺利完成，改造后彩管产量将由原来

的 180 万支提高到 260 万支以上

5 月 23 日：彩虹彩色显像管总厂原总工程师吴祖垲先生，被国际显示学会（SID）授予“特别国际公认奖”。吴先生亲赴美国佛罗里达州的奥多市领奖，是第一位获此奖的中国人

6 月 25 日：彩虹彩色显像管总厂原总工程师吴祖垲先生，经陕西省和电子部推荐，被评审当选为中国工程院院士

9 月 28 日：世界上第一支“内偏高清晰度单色显像管”在东南大学研制成功并通过专家鉴定。这项研究成果是电真空器件中显像管研究领域的重大突破，解决了国际上长期以来没有解决的“电子光学系统中提高分辨率与降低功耗”的矛盾，标志着我国已进入自主开发研究新型高分辨率单色和彩色显像管的新阶段

10 月 28 日：国家“八五”计划项目石家庄彩色显像管玻壳生产线锥线建成投产。石家庄宝石电子玻璃股份有限公司举行了锥炉投产点火仪式。电子部胡启立部长出席并讲话

12 月：由日本索尼株式会社、索尼（中国）有限公司、上海广电股份有限公司和上海真空电子器件股份有限公司共同出资成立的上海索广映像有限公司成立。合资公司注册资本 1.025 亿美元

• 韩国三星视界集团成立三星视界（香港）有限公司，开始筹备进军中国的彩色显像管市场

一九九六

1 月 1 日：彩虹电子集团公司更名为“彩虹集团公司”。集团公司总部在北京开始办公。电子部第六研究所（华北计算机系统工程研究所）正式划归彩虹集团公司。授权经营近两年的内蒙古电视机厂全部资产，经国家经贸委批准，正式划归彩虹集团

1 月 26 日：为抗衡进口彩电对中国市场的侵入，长虹电器公司宣布旗下电视机产品全面降价 18%，由此也引发了彩电行业连绵不断的价格大战。随后，创维、TCL、康佳纷纷大幅降价

3 月：中华映管（福州）有限公司一期的三条年产 360 万支单色显示管生产线相继投产，生产 4.5 ～ 20 英寸高分辨率单色显示管，主要用于单色 PC 终端、监视系统及专用仪器仪表等领域。现单色显示管全球市场占有率逾 50%，产销量居世界第一

5 月 20 日：彩虹显示器件股份有限公司在上海证券交易所挂牌上市

5 月 28 日：由湖南曙光电子集团和韩国 LG 电子社合资兴建的 LG 曙光电子有限公司彩管一期主体工程正式投产。全国人大常委会委员、原电子部部长张挺，湖南省领导，以及韩国驻华大使郑钟旭出席了投产仪式。曙光彩管工程是国家“八五”计划项目、湖南省的重点工程

6 月 3 日：经过半个月改造，彩虹集团彩管二厂组织实施的扩产工程完成，二厂年产能由 240 万支提高到 300 万支以上

6 月 18 日：石家庄宝石公司彩色玻壳项目建成投产

6 月 20 日：彩虹集团公司、中国电子工业总公司（CEC）在北京举行现代电子（深圳）实业有限公司（MAC）、中康（全称为中康玻璃有限公司）、赛格日立等公司股权转让签字仪式。即日起 CEC 拥有的 MAC 公司 20% 暗股、中康 40% 股权、赛格日立 30% 股权全部转让给彩虹电子集团公司

8 月 8 日：中日合资的上海旭电子玻璃有限公司新厂房建成投产，建设彩色显像管玻锥生产线 2 条，设计能力 705 万支 / 年；玻屏生产线 2 条，设计能力 335 万支 / 年。产品的 70% 返销国际市场，其余为上海永新彩管、上海索广映像等项目配套

8 月 28 日：天津三星彩色显像管公司成立

9 月 12 日：经过两年多的艰苦谈判，MAC 资产转让给韩国三星电管的 8300 万美元的购买交割手续完成，至此，彩虹集团在 MAC 的股份全部转让，深圳三星电管有限公司成立

9 月：经国家对外贸易经济合作部批准，韩国三星视界（香港）有限公司与天津市电子仪表工业总公司共同投资组建天津三星视界有限公司。公司坐落于天津市经济技术开发区逸仙科学工业园（武清）。被列为 1997 年天津市重点技改项目

11 月 8 日：上海旭电子玻璃有限公司建成投产。该公司由上海真空电子器件股份有限公司、上海久事公司和日本旭硝子株式会社、丸红株式会社共同投资，总投资达 20.54 亿元，其中中方投资占 45%，引进日本先进技术和设备，生产 14、20、21、25、29 英寸彩色显像管玻壳，年生产能力为彩管玻锥 705 万支、影管玻屏 355 万支

12 月 5 日：

• 广东福地彩管公司与日立公司签订《74 厘米 FS 彩色显像管技术转让合同》，计划建设年产 60 万支 74 厘米（29 英寸）FS 彩管的生产线及关键零部件配套

• 上海真空电子器件股份有限公司宣布永久停产彩管

• 业务欠佳的佛山彩色显像管公司到波兰的汤姆逊合资彩管厂参观，发现本已要倒闭的国营厂自汤姆逊接手管理后，从技术到资本和市场都大革新，得以起死回生，遂萌生引入外资的想法

一九九七

3 月 18 日：彩虹集团与日本东芝公司签署合同，转让 15 英寸显示管 / 偏转线圈技术

4 月：成都红光实业股份有限公司与日立公司签订 113.37 亿日元的技术和成套设备进口合同及大量配套设备海外采购合同

4 月：经广东省政府批准，原广东福地彩色显像管公司全资改组变更为“广东福地彩色显像管股份有限公司”

5 月：上海索广映像有限公司“特丽珑”彩色显像管首条生产线建成，开始生产 21 英寸彩管，年产能 60 万支

6 月 6 日：

• 成都红光实业股份有限公司在上海 A 股挂牌交易

• 深圳赛格中康股份有限公司成立，在深圳 A 股上市

6 月 10 日：北京东方电子集团股份有限公司 11500 万股在深圳 B 股上市

6 月 17 日：广东福地彩色显像管股份有限公司在深圳证券交易所上市

8 月 18 日：南京华飞彩色显示系统有限公司建成并投入生产

9 月 27 日：广东福地彩色显像管股份有限公司第一届董事会第三次会议通过决议，同意授权公司总经理詹宗庆代表公司，与广东省政府和佛山市有关方面商谈兼并佛山彩管厂有关事项

10 月 14 日：国家“八五”定点项目山东烟台电子网板厂彩管荫罩项目竣工，并通过验收

11 月：

- 国家计委批准大连大显股份有限公司为全国唯一的彩管用电子枪零件生产建设基地，将年产多品种、多系列彩枪零件 4780 万套，基本满足国内配套需要
- 佛山彩色显像管公司宣布停产关闭
- 深圳三星电管有限公司易名为“深圳三星视界有限公司”
- 日本东芝公司世界上第一个推出带有三原色滤色膜的彩色显像管

一九九八

6 月 3 日：第三届日经亚洲奖颁奖大会在日本东京举行。长虹电子集团公司董事长兼总经理倪润峰作为经济领域获奖者出席了颁奖大会，成为亚洲企业界获此殊荣第一人

6 月 6 日：陕西彩色显像管总厂原总工程师吴祖垲先生荣获中国工程院资深院士称号

6 月 26 日：深业（集团）有限公司与韩国三星康宁株式会社签订转让协议书，将深业集团所拥有的全资子公司深业腾美有限公司转让给三星康宁株式会社。该公司持有深圳中康玻璃股份公司 21.37% 的股份。此次转让后，深业腾美成为三星康宁的全资子公司，三星康宁间接持有公司 21.37% 的股份，成为公司第二大股东。同时，中康玻璃股份公司与三星康宁株式会社签订了一份为期 10 年的《技术转让与许可合同》。8 月，公司改名为“深圳赛格三星股份有限公司（简称赛格三星）”

6 月：国家计委批准的中国第一条超大屏幕彩管线，在深圳赛格日立彩

色显示器件有限公司开工建设，年产 34 英寸普平管（HS 型）40 万支，总投资 8.7 亿元人民币

8 月 13 日：中国特大型视像产品企业上海索广映像有限公司首期工程全面投产，主要生产彩电、高分辨显示器、彩色显像管、高分辨显示管以及相关的关键件

10 月：四川长虹电器股份公司宣布，已控制了市面上约 76% 的 21 英寸和 63% 的 25 英寸彩管

• 法国汤姆逊彩管集团（RCA–Thomson）与佛山彩色显像管公司展开收购谈判

一九九九

4 月 1 日：国家计委、信息产业部共同制定的《关于制止彩色显像管、彩色电视机不正当价格竞争的试行办法》正式开始实施

4 月：

• 长虹电器股份公司在全国范围，突然刮起第五次彩电降价飓风

• 法国汤姆逊多媒体集团与佛山彩管公司签署合资经营原佛山彩色显像管公司的合同，法方持股 55%，中方 45%。汤姆逊佛山彩色显像管有限公司成立

5 月 23 日：中国彩管行业第一次实施停（限）产保价，八大彩管企业总经理举行联席会议后，在北京召开新闻发布会，由北京 · 松下彩色显像管有限公司总经理宣读八大彩管企业联合声明：从 6 月 28 日起，彩管停产一个月。同时呼吁：反对彩管行业不正当的价格竞争；彩电厂应扩大出口，优先使用国产彩管；国家有关部门不要再发放国内已能生产品种的进口许可证；停止审批彩管新建企业

6 月 1 日：天津市重点技改项目——天津三星电子有限公司年产 180 万支的彩色显示管生产线投产

6 月 28 日：国内八大彩管厂开始实施全面停产，为期一个月

7 月 1 日：汤姆逊佛山彩色显像管有限公司开业典礼。该公司是由法国

汤姆逊多媒体集团（简称为法国汤姆逊，下同）购买了佛山市彩色显像管公司 55% 的股份成立的一家专门生产大屏幕彩色显像管的合资公司

7 月 29 日：荷兰公司对来自包括彩虹集团在内的中国、印度等国的 14 英寸彩色显像管提出的倾销指控，欧盟委员会决定正式立案调查

8 月 10 日：南京电子网板有限公司自行设计、施工的中国第一条彩色显示管用高分辨率平板荫罩生产线建成，生产出第一批国产高分辨率平板荫罩

9 月 25 日：深圳赛格日立显示器件有限公司引进日立公司彩管制造技术和设备，建成投产的 34 英寸超大屏幕彩管生产线，创造了生产布局设计、工程建设和达产爬坡三项彩管生产的世界纪录

10 月 1 日：中国自主研发的数字高清电视系统设备首次启用，在北京试验播出。中央电视台采用数字信号直播国庆节庆祝实况

10 月 29 日：彩虹集团公司成立 PDP 项目部

二〇〇〇

2 月 18 日：中国最大的玻壳生产企业安彩集团（全称为河南安彩集团有限公司）正式挂牌，投资近 20 亿元的安彩四期建设工程同时启动

8 月 8 日：号称“中国第一支大屏幕”的全平面 29 英寸彩色显像管在湖南 LG 曙光电子有限公司下线，该产品填补了中国在这一领域的空白

9 月：欧盟委员会最终裁定，“对原产地为中国的 14 英寸彩色显像管不征收反倾销税”，彩虹集团经过一年多的准备、应诉、听证、抗辩，取得这场反倾销案的胜利

12 月 22 日：全球第三大 CRT 制造商荷兰飞利浦公司与全球第二大 CRT 厂商韩国 LG 电子公司签署全球合作协议，将各自的彩管业务部门各占五成股份合并成为全球第一大 CRT 公司

• 广东福地彩色显像管股份有限公司与株式会社日立制作所签订合同，引进日立公司的 25/29 英寸纯平管技术与关键设备

二○○一

1月20日：彩虹股份公司第一支29英寸纯平（PF）显像管顺利下线

2月8日：福地科技总公司与成都红光实业（集团）有限公司签订了《股权转让协议》，同意将后者所持红光实业股份公司79618194股（占总股本的34.62%）的国家股全部无偿划转给广东福地科技总公司持有。福地科技股份公司拟通过公募增发新股，集资12亿至15亿元，用于投资成都彩色显像管项目

3月28日：河南安彩集团彩玻四期工程锥炉点火成功。33英寸、34英寸大屏幕玻壳投放市场后，将替代进口产品，填补国内一项空白

5月1日：厦华数字高清晰度电视机在全国28个城市全面上市

5月24日：中国彩管行业第二次实施停（限）产保价，中国彩管行业协会在上海召集国内八大彩管厂的总经理举行会议，会上一致决定：无限期限产、停产，目的在于胁迫彩电企业提价和彩玻企业降价，直至实现彩管企业有利润生产和销售为止

7月5日：LG Philips Displays 宣布正式成立，公司总部设在中国香港。该公司是由荷兰皇家飞利浦和韩国LG电子两家公司旗下的显像管业务部门合并而成，双方各持有50%的股份。来自飞利浦的Philippe Combes出任新公司主席兼行政总裁。合并后的新公司是全球第一大彩色显像管供应商

8月：

- 河南安彩集团成功生产出中国第一台自行研制的33英寸超大屏幕彩管玻壳
- 美国汤姆逊集团主席布雷顿访问佛山，广东省副省长游宁丰会见了他，建议汤姆逊接手东莞福地彩管厂，因中国国有资本计划退出

9月：海尔集团成功研发出中国第一枚可实现商品化生产的超大规模集成电路数字电视MPEG-2译码芯片“爱国者一号”

9月20日：四川长虹率先在全球推出60/75Hz变频加逐行扫描的“精显王”背投彩电，为中国彩电行业进行产业升级和技术突围提供了新思路

11 月：中国首台等离子彩电在 LG 电子（沈阳）有限公司正式下线，填补了中国等离子彩电生产的空白

12 月：

• 信息产业部“数字电视标准化工作会议”在北京召开，全国数字电视标准工作组正式成立

• 由于市场过度竞争，产品价格大幅度下滑，以及出口市场严重的供大于求，北京松下彩色显像管公司出现了自开业以来的首次年度亏损

二〇〇二

5 月 31 日：广东省副省长游宁丰和佛山市领导林浩坤、梁绍棠、黄维郭等，在佛山会见了法国汤姆逊集团主席布雷顿先生，双方就改善投资环境、加强合作等问题交换了意见

6 月 4 日：中共中央政治局委员、广东省委书记李长春考察汤姆逊佛山彩色显像管有限公司

6 月 16 日：中共中央政治局委员、广东省委书记李长春率团出访法国巴黎汤姆逊多媒体集团总部。在与汤姆逊集团董事局全体成员的会谈中，李长春着重介绍了佛山的发展情况

11 月 18 日：由安彩集团（占股 66%）、华飞（占股 20%）和 LG 飞利浦（占股 14%）合资的企业，安飞电子玻璃有限公司的国内最大的彩色玻壳锥炉（日出料量 280 吨）在郑州点火投产，年产玻屏 208 万支、玻锥 468 万支

11 月 21 日：深圳日立赛格显示器有限公司的 PRT（投影管）项目在龙岗工业区举行投产典礼。这是国内首条背投电视投影管生产线，将实现年产 150 万支 PRT

12 月 18 日：安彩集团成都电子玻璃有限公司举行了背投玻壳池炉点火仪式，这标志着这个年产 7 英寸背投玻壳 1000 万支的项目迈出了关键性一步，打破了玻壳产品长期依赖进口的局面，为背投影管国产化奠定了坚实的基础

二〇〇三

1月22日：广东省副省长游宁丰在省政府会见了法国汤姆逊（Thomson）集团首席执行官达哈利先生一行。游宁丰指出，汤姆逊集团与佛山市通过建立合资公司，共同创造了重要经验——利用外资改造、重组国有企业，提升其竞争力；省政府支持汤姆逊进一步巩固、发展与佛山的合作

2月10日：福地科技股份公司与东莞市新远高速公路发展有限公司签署《资产置换协议》，重组方东莞市路桥投资建设有限公司控股的东莞新远高速，以将近24.7亿元的高速公路资产置换福地科技上市公司的所有资产（以2002年10月31日为基准日，评估置出的净资产为21.56亿元人民币）

2月12日：京东方科技集团股份有限公司以3.8亿美元的价格，成功收购韩国现代显示技术株式会社（HYDIS）的TFT-LCD（薄膜晶体管液晶显示器件）业务。这是国内高科技产业第一个海外收购案，标志着中国企业掌握了TFT-LCD的核心技术，将影响全球液晶显示行业的竞争格局

5月14日：美国国际贸易委员会决定接受美国一家企业和两家劳工组织提出的对中国彩电企业倾销的起诉，并将在美国时间5月23日举行听证会。作为中国涉案企业之一的创维公司紧急召见媒体，称法国汤姆逊公司是这次反倾销案的“幕后主谋”，并且早在当年第一季度就已对中国彩电的美国出口情况向中国信息产业部提出了异议

5月15日：法国汤姆逊公司在中国的总代理和新闻发言人、香港新骏有限公司总经理杨向杰在汤姆逊佛山彩管公司紧急召见记者，声明汤姆逊没有参与美国对外国的电视生产厂家进行起诉的反倾销案

6月13日：国家主席胡锦涛应邀到巴黎出席八国集团峰会，之前先与法国总统希拉克会谈，希拉克说法国企业在中国有两个项目正在进行，一个是汤姆逊收购东莞彩管厂，另一个是汤姆逊彩电业务与TCL公司合并，希望胡锦涛帮忙玉成。这两个项目被写进首脑会谈的正式文件

10月8日：中国第一个高清电视频道——深圳电视台高清频道在深圳试播

12 月 29 日：

• 赛格三星龙岗新工厂，当时世界上最大的玻壳池炉（日出料量能力达 430 吨）点火成功。新工厂从开工建设到首座池炉点火仅用了 287 天，创造了世界建设速度最快的纪录。新工厂设计为 8 屏 3 锥生产线，年产 1380 万套玻壳

• 全球最大 CRT 供应商 LPD 推出超薄（Super Slim）系列纯平彩色显像管，并在其英国工厂量产，彩管厚度为 35 厘米，而普通彩管的厚度约为 43.6 厘米

二〇〇四

1 月：汤姆逊佛山彩管公司与东莞福地彩管厂合并，成为“汤姆逊广东显示器件公司（TGDC）”，是广东最大及中国第三大彩管厂。东莞市资本全撤出新公司

1 月 29 日：TCL 李东生和汤姆逊集团的 CEO 达哈利，在法国总理府签署双方电视业务合并的协议，成全球最大彩电企业，年产 1850 万台。见证人是中国国家主席胡锦涛和法国总理拉法兰

5 月 12 日：法国汤姆逊在广州举行庆典活动，庆祝汤姆逊广东特大屏幕彩管生产线投产、东莞分公司开业暨汤姆逊显示科技研发（佛山）有限公司成立等重大投资项目的顺利实施。常务副省长汤炳权、市长梁绍棠等省市领导在庆典前会见了汤姆逊首席执行官达哈利等公司高层

9 月 10 日：彩虹集团设立彩虹集团电子股份有限公司

9 月：彩虹集团电子股份有限公司与彩虹股份公司共同出资 6.5 亿元，成立咸阳彩虹数码显示有限公司，建造设计年产能 100 万支的超大屏幕（32 英寸至 36 英寸纯平 16:9）彩管生产线（简称 K 线），预计 2006 年全面投产

12 月 20 日：彩虹集团电子股份有限公司（代码：00438）在香港联合交易所主板上市

二〇〇五

6 月 28 日：法国汤姆逊公司宣布，将其在中国、墨西哥和波兰的显像管

业务出售给印度威德昆（Videocon）集团，Videocon 集团应为此付给汤姆逊 2.4 亿欧元。汤姆逊同意向 Videocon 集团的两上市公司投资 2.4 亿欧元，汤姆逊控制上述两公司各 14% 左右的股权

二〇〇六

1 月 1 日：上海文广互动电视公司开通了高清电视频道——新视觉高清频道

2 月 1 日：新视觉高清电视频道通过卫星向全国播出（2005 年 9 月 1 日，中央电视台试播了高清电视频道，于 2006 年 1 月 1 日正式向用户推出）

3 月 1 日：具有中国自主知识产权的数字音／视频编解码技术 AVS 标准正式实施

8 月 31 日：苏宁电器华北区在北京召集海信、创维、TCL、三星、夏普等 12 家主流彩电企业老总商讨国庆彩电销售形势。苏宁老总预测 CRT 彩电一年内将退出北京市场

9 月 1 日：《第一财经日报》以“12 家彩电巨头推动 CRT 一年后全面退市”为题称预计最晚到 2007 年 10 月 1 日，CRT 彩电将从中国各大家电连锁卖场中全线退市

9 月 20 日：在中国电子视像行业协会主办的“首届中国数字电视产业链建设报告会”上，创维集团董事局主席王殿甫代表 13 家彩电企业联合发布了声明，称传统 CRT 彩电将在 2006 年的彩电市场上占据主流地位，同时更不会像一些媒体报道的那样在 2007 年 10 月 1 日前退出市场

9 月 21 日：中国电子视像行业协会等离子专业委员会在北京成立

9 月 26 日：在“2006 中国彩管发展趋势论坛”上，北京松下、上海永新、三星 SDI 显示器、汤姆逊广东、深圳赛格日立等 8 家企业共同支持 CRT 彩电行业，驳斥 CRT 彩电一年内退市论

12 月：四川长虹联手彩虹集团、美国 MP 公司，在四川绵阳建设中国第一条等离子屏生产线

二○○七

1月16日：彩虹集团投资建设的中国国内第一条5代液晶玻璃基板生产线在咸阳市开工，是中国首家实质性进入玻璃基板领域的企业

1月23日：中国彩管行业第三次实施停（限）产保价。在当年第一次国内彩管企业总经理工作会议上做出决议，国内彩管全行业在春节期间统一停产20天。行业协会解释，这是根据自身发展的需要做出的积极调整，行业将会以利润为导向，而不是以产量为导向

1月27日：LPD突然宣布进入破产程序，由LG接管飞利浦在全球的彩管业务

6月30日：深圳赛格日立彩色显示器件有限公司宣布，关闭3条彩管生产线

7月3日：上海广电集团下属上海永新彩色显像管股份有限公司与常州宝马机电有限公司合作生产29英寸彩管项目签约仪式，在常州市举行。项目总投资达2.68亿元，预计在2008年2月竣工投产，可年产29英寸彩色显像管120万支

7月19日：深圳赛格股份有限公司发布公告：公司控股的子公司——深圳赛格日立彩色显示器件有限公司的最后一条生产线停产。至此，深圳赛格日立成为中国八大彩管巨头中率先宣布全面停产关闭的企业

8月15日：上海旭电子玻璃有限公司关炉，全面停止玻壳生产

9月中旬：上海永新宣布最终全线停产，结束CRT业务

11月：日立DP将其持有的深圳赛格日立彩色显示器件有限公司25%股份，以1.75亿元人民币转让给深圳市远致投资公司（该公司于2007年6月20日设立，实际控制人是深圳市国资委）

11月23日：深圳赛格集团发布公告：将其通过赛格中电间接持有的赛格日立显示器件公司的全部股份，以3.8亿人民币转让给深圳市远致投资公司。同时，远致投资公司向赛格日立垫付8.5亿人民币，赛格日立以此资金就相关债务委托赛格集团进行清偿

12 月 31 日：根据 Display Search 的数据显示，2007 年第四季度液晶电视全球出货量超过了 2850 万台，占全球电视出货量的 47%，首次超过了 CRT 电视 46% 的份额

二〇〇八

1 月 1 日：中央电视台免费地面数字电视信号正式开播

1 月 4 日：河南安彩集团宣告破产

5 月 14 日：深圳赛格三星对外宣布，由于 CRT 市场的急剧萎缩以及全球彩管企业的结构调整，公司将停止运行所属的 CH2 池炉及 4 条生产线

8 月 8 日：北京奥运会开幕式全部采用地面高清制式转播

10 月 17 日：

- 湖南 LG 曙光开始陆续关闭多条生产线，到月底公司全面停产
- 上海索广映像有限公司彩管宣布永久停产

二〇〇九

4 月 13 日：湖南 LG 曙光电子有限公司正式停产

6 月 30 日：汤姆逊佛山彩管公司宣布永久停止生产

8 月 31 日前：深圳赛格三星全面停止运行 CRT 玻壳生产线

10 月 12 日

- 日本松下以 100 美元的对价退出全部北京松下的 50% 股份。同时也宣告了松下在全球经营了 55 年的彩管业务全部结束
- 天津三星宣布永久停产彩管

二〇一一

3 月 29 日：湖南 LG 曙光电子有限公司进入破产保护程序

5 月：

- 南京华飞彩色显示系统有限公司倒闭
- 福州中华映管宣布永久停产彩管

• 中国台湾中华映管杨梅彩管厂宣布永久停产彩管

二〇一二

3 月 29 日：湖南 LG 曙光彩管公司正式宣布破产

11 月末：彩虹关闭了最后一条彩管生产线，结束了自 1981 年起，超过 30 年的彩管业务。公司业务全面转向液晶屏的基板玻璃等新型显示器件的开发生产。至此，全球只剩下三家彩管厂：中国的深圳三星和 TGDC 及印度尼西亚的 LG 彩管厂

二〇一四

1 月 16 日：

• 吴祖垲先生在咸阳逝世，享年 100 岁。党和国家及省、市领导送花圈，慰问家属，以高规格致以追悼

• 深圳三星停产，位于中国东莞的 TGDC 彩管厂，成为中国最后一家彩管厂

二〇一五

印度尼西亚 LG 彩管厂正式宣布关闭后，位于中国东莞的 TGDC 成为世界上最后一家彩管厂。该厂当年共生产彩管 325.3 万支，主要品种是 21 英寸超薄管

二〇一七

全球最后一家彩管厂 TGDC 永久停产

中国彩管行业开拓人物小传
（排名不分先后）

胡汉泉——中国微波真空电子器件的主要开拓者①

胡汉泉（1918—2005），真空电子技术和微波真空电子器件专家，中国电子学会会士，中国微波真空电子器件的主要开拓者之一。1940 年毕业于上海交通大学电机系。1940—1941 年，赴美国密歇根大学电机系学习，获硕士学位。1942 年 10 月—1943 年 12 月，曾任美国斯巴登无线厂米波车载无线发射机、接收机、定向机测试工程师。1944 年 1 月—1946 年 8 月，任美国 RCA 电子管厂磁控管研究工程师。1946 年 9 月—1949 年 9 月，任美国依利诺大学电机乐电子管试验室研究讲师，并进修博士，获博士学位。

历任铁道部铁道科学研究院通讯组研究员，电子工业部北京真空电子技术研究所总工程师、副所长、所长，中国电子学会第一、三届理事和第二届常务理事。是第五届全国人大代表。指导研究成功 2008 年管衰减陶瓷质量监控技术、2014 年前向波放大器反馈测试方法、用离子探针寻找 6016 管阴极中钙的分布方法。对提高 EY-501 行波管寿命的研究做出了贡献。共同主编有《真空技术与物理在电子器件中的应用》。为中国两弹一星、雷达、测量、通信等军事电子装备的发展做出了突出的贡献。

① 此章节参考自：中国科学技术协会编：《中国科学技术专家传略·工程技术编·电子信息科学技术卷二》，北京：中国科学技术出版社，2007，页 63。

季铁安——亚太地区最重要的彩管生产基地的奠基人①

季铁安，华飞彩色显示系统有限公司总裁兼党委书记。工学博士，教授级高级工程师。1965年东南大学（原南京工学院）电真空器件专业毕业，先后参加集成电路、电子束器件、黑白显像管和彩色显像管的研制和生产技术工作，组织领导了黑白显像管、中速拉管机的引进工程和华飞彩色显示系统等合资企业工程的建设。1983年起先后任副厂长、副厂长兼总工程师、厂长等职务，历任车间副主任、副厂长、总工程师。1987年任华东电子管厂厂长、电工联合总公司经理，1988年4月兼任华飞彩色显示系统有限公司董事及筹建委员会主任、中山集团常务董事，分配到国营华东电子管厂，负责组建国家“七五”期间全国重点建设项目之一的华飞彩色显示系统有限公司，1992年任总经理，1995年改任总裁。

在任华东电子管厂及华飞彩色显示系统有限公司的主要领导期间，为我国真空器件制造工业发展作出积极贡献。华飞公司已发展成年销售收入45亿元人民币、年创税超10亿元的特大型企业，成为亚太地区最重要的彩管生产基地之一，江苏省南京市对外开放的窗口企业。曾获全国电子工业系统劳动模范称号。是第八、九届江苏省人大代表。

① 此章节主要参见：马洪、张塞：《中国大中型工业企业·电子工业卷》，北京：中国城市经济社会出版社，1989，页218。

陆钟祚——中国高校中第一个电真空器件专业和电子学研究室的创建者①

陆钟祚（1913—2001），电子学家、教育家。我国高校中第一个电真空器件专业和电子学研究室的创建者。撰写了我国第一批微波电子学教材和专著，长期从事微波管研究。在中国首先提出行波管和返波管小信号增益参数工作区域的理论和设计步骤。

1934—1938年，陆钟祚于中央大学电机系就学，获工学学士学位。1945—1946年，赴美国密歇根（Michigan）大学研究院，获科学硕士学位。1946—1947年，又赴加拿大马可尼公司和加拿大RCA公司做访问工程师。

陆钟祚曾任东南大学电子工程系名誉主任、电子学研究所名誉所长。中华人民共和国成立后，建立和发展自己的电子工业，在南京工学院创建我国第一个电真空器件专业。先后讲授微波技术、微波管等11门课程。推动建立了我国可供教学和研究用的第一个微波技术实验室和第一个微波管实验室。为我国培养了大批高质量的建设人才，如中国科学院院士刘盛纲教授和中国第一个电子学女博士、中国工程院院士韦钰教授都是他的学生。撰写了我国第一批电子学方面的教材和专著。1958年研制成功热敏电阻，并投产供

① 此章节参考自：《中华创业功臣大典》编委会编：《中华创业功臣大典》，北京：中国统计出版社，2001，页454。

各界使用。早在五六十年代就开始研究各种微波管，自 70 年代起从事微波和毫米波电子管的研究。1980 年首先在国内研制成功超宽频带行波管，获电子工业部优秀成果奖、国防工业二等奖、省科技成果二等奖。创造性地提出了行波管和返波管小信号增益参数工作区域的理论和全新的设计步骤，改进了国内外的设计方法。

孟昭英——中国无线电电子学事业奠基人①

孟昭英（1906—1995），实验物理学家、电子学家和教育家，中国科学院院士。中国无线电电子学事业奠基人之一。执教大学60余年，在人才培养、实验室与教材建设上建树甚多。在微波电子学、波谱学、阴极电子学诸领域的科学研究上均做出了重要贡献。

孟昭英1924年就读于燕京大学，1928年毕业于该校物理系，获理学学士学位。在燕京大学学习的后两年靠工读自给。大学毕业后，在燕京大学担任助教，并读研究生，1931年获理学硕士学位。同年任燕京大学物理系讲师。1933年去美国留学，在加州理工学院研究院学习，1936年获哲学博士学位。同年回国，任燕京大学物理系副教授。1937年“七七事变”后，任清华大学无线电学研究所教授，兼西南联合大学物理系教授。1943年自清华大学休假，又赴美国，到加州理工学院进行教学和科学研究工作。1944年任美国麻省理工学院辐射馆（雷达研究所）研究员。1946年回国任清华大学物理系教授兼系主任，1953年改任清华大学无线电系教授兼系主任。1957年以后，先后担任清华大学无线电系、电子系、基础课部物理教研室教授。

孟昭英在担任教学工作的同时，曾于1956年任中国科学院电子所筹备

① 此章节参考自：《中国科学家辞典》编委会：《中国科学家辞典（现代第二分册）》，济南：山东科学技术出版社，1983，页234。

委员会副主任。担任清华大学学术委员会委员，《清华大学学报》编辑委员会委员，中国真空学会名誉理事，中国科学院出版和图书情报委员会委员，中国电子学会常务理事，中国电子学会普及工作委员会副主任等职务，还兼任九三学社科学工作委员会委员、九三学社北京市分社委员和北京市政协委员。

孟昭英几十年来在教学工作中认真负责，严格要求学生，为我国高等教育事业做出了自己的贡献。此外，1956 年参加制订我国科学技术发展规划工作。1956 年间，曾作为中国科学院考察团成员赴苏联、捷克、东德等国进行科学考察。1980 年 1 月又曾担任我国科协代表团副团长，随团赴美，参加了美国科学促进会的年会，同年 10 月还参与了我国与美国科学院进行文化交流计划的商订事宜。为发展中美文化交流做了不少工作。

孟昭英的主要科学著述和学术论文有：《利用巴克豪森——库尔茨效应产生 1 厘米的电磁波》，此文是他的博士论文，曾在美国电气工程学会洛杉矶分会报告过，其成果是当时发生连续波的最短者。《三极管的直线性板极调幅》，发表在“PIRE”，1942 年。此法比一般方法能得到更好的直线无畸变的调制，并具有其他一些优点。当时受到“RCA”研究室等单位的重视。《波导中阻抗的精密测量方法》，曾获得美国专利权。《四极管的直线性调幅》，1956 年发表在《清华大学学报》。《五极管阻容耦合的最佳设计》，1956 年发表于《清华大学学报》。《氧的毫米波吸收光谱》，1947 年发表于《物理学评论》，此为微波波谱学最早的工作之一。《氧化物阴极温度的量测》，1962 年发表于《电子学会论文汇刊》。专著有《阴极电子学》一书，由高等教育出版社出版。

童林夙——中国显示器件技术领域的著名专家[1]

童林夙（1933—），辽宁省沈阳市人。1955 年毕业于北京大学物理系。现任东南大学电子学研究所教授，博士生导师，为我国电子物理学领域的领导专家之一和我国显示器件技术领域的著名专家。

他自 1957 年调入南京工学院任教，历任助教、讲师、副教授、教授、博士生导师。期间于 1979 年 9 月至 12 月为德国 Institut fur Theoretische Physikder Technisxhen Hochschule Darmstadt 和 Institut fur Theoretische Elektronphysik der Universitat Tudingen 访问学者；于 1995 年 5 月至 1999 年 12 月为美国南加州大学电机系访问学者。他是 IEEE 资深会员，Society for Information Display（SID）前北京分会副主席，中国电子学会会士，曾任中国电子学会真空电子学会 CRT 分会主席，国家计划委员会中国国际工程咨询公司彩管专家组副组长、组长，中国真空电子工业协会顾问，中国显像管工业协会顾问，南京市政府电子工业顾问委员会顾问，上海复旦大学物理系、上海交通大学和电子科技大学的兼职教授，东南大学东飞显示管技术研究开发中心第一任总经理（现为顾问），东南大学电子学研究所前副所长，东南大学物理电子学学科带头人。

① 此章节参考自："显示器件技术领域的著名专家——童林夙"，《科学中国人》，2004 年，第 7 期，页 36-38。

1987 年以来，他代表国家参加并主持对国家 22 个大型彩色显像管项目的评估，为国家节省投资额 10 多亿元。这些项目上马后，很快还清国家贷款且盈利，并向国家上缴巨额利税，形成我国电子工业支柱产业之一。1994 年与荷兰 Philips 公司合作，创建了我国第一个高等院校与国外著名跨国公司长期合作的“东飞显示管技术研究开发中心”。经过双方共同努力，该中心目前已建成为亚太地区第一流的研究开发中心。他培养和创建了一支以中青年为主的、老中青合理结合的、长期稳定的、有自己特色的学术梯队。该学术梯队共 23 人，平均年龄为 33 岁，其中有教授 7 人、博导 3 人，有博士学位的 5 人，在国外学习和工作一年以上的 6 人。

1975 年以来他主持了以下科研项目：

（1）全国 31 厘米黑白显像管联合设计（获电子工业部科技进步一等奖）；（2）31 厘米黑白扁平显像管及电视机（1983 年江苏省电子工业厅鉴定）；（3）10 厘米黑白扁平显像管及电视机（1986 年电子工业部下达项目，1988 年完成，已投产，年产量 40 万）；（4）新型高分辨率彩色显像管［“改良型显像管的研究”1988 年国务院引进国外智力领导小组重点项目（中引办〔1987〕230 号文件）。1991 年电子工业部通过技术鉴定。获国家级新产品证书］；（5）1000 线单色内偏显像管（“改良型显像管的研究”1996 年电子工业部通过设计定型鉴定）；（6）54 厘米彩色内偏显像管［“八五规划科技攻关项目”（合同编号：85-803-08）。1996 年通过验收和部级鉴定。1998 年获国家教委科技进步二等奖，该成果被国际权威机构 Stanford Resourees Ins. 评为 1997 年度全球八大彩管新技术之一］；（7）在国内和国际重要学术刊物上发表 100 多篇学术论文；（8）主持《黑白显像管和显示管》《电子光学计算机辅助设计》《彩色显像管》《应用电子光学》4 部专著和 2 部译著；（9）获发明专利 1 项，实用新型专利 2 项。

童林夙多年来获奖及荣誉称号有：

（1）电子工业部科技进步一等奖、二等奖 4 项；

（2）国家教委科技进步二等奖 1 项；

（3）1990 年被授予中青年有突出贡献的专家；

（4）1991 年被授予江苏省优秀研究生指导教师；

（5）1991 年获国务院政府特殊津贴；

（6）1985、1988、1991、1992、1993、1994 年度被授予东南大学优秀教师；

（7）2000 年被授予东南大学有突出贡献的研究生指导教师。

王诤——中国电子行业的奠基人、开拓者①

王诤（1909—1978），江苏武进人。原名吴人鉴，曾用名王铮。1930 年参加革命，1934 年加入中国共产党。

历任工农红军总司令部电台大队长，无线电总队总队长，军委通讯联络局局长，开展无线电对敌斗争，为中央红军粉碎国民党军的“围剿”以及长征中突破封锁线和红二、红四方面军同中央红军的甘陕大会师立下了功勋。他又曾任中央军委三局局长兼政委、作战部副部长，领导创建了解放区的第一个广播电台，创建中国第一所电子信息类大学——西军电（今西安电子科技大学）。

1949 年后，历任电信总局局长，邮电部党组书记、副部长，军委通讯部部长兼电讯工业局局长，中国人民解放军通讯部主任，第四机械工业部部长，中国人民解放军副总参谋长兼总参谋部第四部部长。1955 年授中将军衔。当选为中共第十、十一届中央委员。1978 年 8 月 13 日病逝于北京。

王诤同志是中央苏区和我国无线电通信事业的创立者，是新中国电子工业的开拓者和卓越领导人，他对我国的无线电侦察事业、通信事业、电子对抗事业、机要保密事业等都做出了不可磨灭的贡献。

---

① 此章节主要参考自：顾明远主编：《中国教育大系·历代教育名人志》，武汉：湖北教育出版社，1994，页 732。

吴祖垲——中国日光灯和电子束管技术先驱、工业人和奠基人①

吴祖垲（1914—2014），浙江省嘉兴市人。1937年毕业于交通大学电机学院电信系，获学士学位。毕业后就职于资源委员会中央电工器材厂，做实习生，后任助理工程师、副工程师。1945年就读于美国密歇根大学电机系。1946年获硕士学位。1946年8月在美国RCA公司任工程师。1948年回国后任南京电照（今741厂）一级总工程师。1958—1977年在成都773厂任总工程师。1977年7月至1986年任陕西彩色显像管总厂第一副厂长兼总工程师。1983年后兼任西安交大教授、深圳赛格日立公司高级技术顾问、中国国际工程咨询公司专家委员会委员和特聘专家、电子部科技咨询委员会委员、陕西省决策咨询委员。是中国电子学会第一届至第三届理事、会士荣誉会员及真空电子学分会副主任委员、名誉副主任和二届常务理事、名誉理事，陕西分会一、二届主任委员。1995年当选为中国工程院院士。吴祖垲是电子工业的开拓者之一。

他也是中国日光灯工业的奠基者之一，1952年他试制成功了日光色荧光灯并解决了荧光粉合成、流明衰退、排气、管端发黑和延长寿命等技术

① 此章节参考自：陈嘉桢、滕云主编：《陕西年鉴·总第十三卷》，西安：陕西年鉴社，1999，页116。

关键难题。攻克了光电倍增管的显敏度等重大技术难关。1952 年成功试制出我国第一支日光灯。1958 年领导并参与研制成功了中国第一支黑白显像管（350m）。1970 年领导并参与研制出中国第一支彩色显像管（19 英寸）。1975—1976 年领导并参与研制成功了为银河 1 号电子计算机配套的电压穿透式多色显示管，为中国电子束管工业奠定了基础。

1977 年后为咸阳彩色显像管的技术引进、技术合作、建厂投产和国产化等重大技术问题的解决立下了汗马功劳。1982 年奉电子工业部之命在咸阳成功筹建了我国第一个彩色显像管厂；1995 年 5 月他在美国 SID（国际信息显示学会）年会上，被授予“特别国际公认奖”，是获此奖的中国第一人。1998 年当选为中国工程院资深院士。

吴祖垲在真空电子学及其技术均深有造诣，由于在主持并参与研究开发我国日光灯和电子束管上成绩卓著，在我国被尊为这个领域的先驱，国外有些同行还誉之为“中国日光灯技术的开山人”“中国电子束管之父”。这是吴祖垲五十余年来在科学技术上不懈求索的结果。

单宗肃——中国电子工业的奠基人[①]

单宗肃（1910—1991），中国电子管技术先驱者，电真空工业创建人之一。曾为南京电子管厂总工程师。1935 年毕业于上海交通大学电信系。后于 1941 至 1942 年赴美进修，并曾于美国 RCA 电子管厂实习，成了有名气的电真空专家。1947 年回国。他决心研制出中国自己的电子管。1949 年 6 月，华东工业部请他筹建新中国第一家电子管厂。1949 年 12 月，他研制出我国第一支电子管——866A。1963 年，又发明了我国生产高频电子管急需的一种高频低损耗玻璃的配方，荣获国家发明奖。1975 年，在他的指导下，又研制成功被称为卫星地面站发射机的“心脏”的大功率多腔速调管，还研制成功了收讯管、功放管、调制管、微波管、激光管、高压钠灯等。为我国电真空技术填补了 100 多项空白，其中许多产品荣获国家金质奖、银质奖和优质产品奖。

单宗肃多年来为研制最早系列的收信和放大电子管、第一支雷达高频发射管、第一支脉冲磁控管的主持人和组织者。在我国电子管工业的发展过程中，在研制新产品、试制新材料、摸索新工艺和培养技术人才等方面，做出了重要贡献。

① 此章节参考自：宋禄刚等编：《中国历代发明者》，北京：中国人事出版社，1996 年，页 343。

孙秉光——为中国电子工业发展书写了重要的一笔①

孙秉光（1938—），江苏滨海人。1962 年东南大学无线电系毕业。历任国家三机部、四机部、中国电子器件工业总公司技术员、工程师、高级工程师、副处长、处长、党组成员、副总经理、总经理、党委书记等职。1984 年赴深圳特区，筹建现代电子、赛格日立两个彩色显像管厂和中康彩色显像管玻璃厂。后任中国电子器件工业总公司、中国电子器件工业深圳公司总经理，香港现代电子实业公司常务董事、总经理，深圳中康玻璃有限公司及 RGB 电子有限公司董事长等，高级工程师。

1969 年起组织全国彩色电视工业会战，曾参加中国第一座大型的配套齐全的陕西咸阳彩色显像管工程项目的谈判、签约、建设。1986 年组织国家“七五”彩色显像管工程建设项目的统一对外、统一谈判工作，任电子工业部彩管工程建设项目领导小组副组长兼办公室主任。1987 年组织深圳彩管、玻壳等项目的谈判、建设工作，现代电子（深圳）实业有限公司年产彩管 150 万支。曾组织编写《电真空器件设计手册》（16 册）。

几十年来，在全国电子器件的科研试制、生产及技术管理工作中，孙

① 此章节参考自：中外名人研究中心编：《中国当代名人录》，上海：上海人民出版社，1991，页 244–245。

秉光先后组织会战、筹建、改造4个黑白玻壳厂、10多个黑白显像管厂、9个彩色显像管厂，使我国黑白玻壳年产量达到1200万套，年产黑白显像管1500万支、黑白电视机年产1500万台，名列世界之最；年产彩色显像管玻壳1200万套、彩色显像管1200万支、彩色电视机1500万台，名列世界第五。孙秉光为我国电子工业发展书写了重要的一笔。

彩管技术工艺的过去与未来

彩色显像管（CPT）的诞生和演进[①]

高海洛、李景阳整理

CRT，是 Cathode Ray Tube 的英文首字母缩写，中文叫“阴极射线管”。

CPT，是 Colour Picture Tube 的英文首字母缩写，中文叫“彩色显像管”。

CRT 不算古老，可也有百余年历史了。CPT 是 CRT 行业里最后一个，也是最辉煌的产品，它创造了最大商品价值，最多的从业人员，且几乎全人类都看到过它是如何工作的。

世上第一支 CRT，是由一位叫布劳恩（Karl Ferdinand Braun）的德国人在 1897 年发明的，那年他 27 岁。他在一个长长的密闭玻璃管内，一端利用气体放电现象产生自由电子，借助离子聚焦作用形成细长的电子束。在电子束附近施加磁场或电场，电子束会被偏转，高速运动的电子打在另一端涂有磷光物质的玻璃面上，磷光物质被激发瞬间发光，形成了一个直径小于 1 毫米的光点。布劳恩用这个办法，来显示由电势差产生的静电场，或由电流产生的磁场，也就是个原始的示波器。

① 高海洛，西安工业大学电子真空专科毕业，佛山国营彩管厂工程师，后任新骏公司佛山办事处工程师，曾协助彩虹集团和法 RCA-THOMSON 全球彩管资产合并及彩虹集团并购立陶宛彩管厂事宜。李景阳，电子科技大学工学学士、中国人民大学历史学士，曾任北京松下公司彩管部主编、《北京·松下彩管新闻》总编辑。

这支 CRT 后来被命名为“布劳恩管”，那一年是 1897 年，定为 CRT 元年。

就像鲁班被中国的木匠称为祖师爷，瓦特被世界人民尊称“蒸汽机之父”，布劳恩就是“CRT 之父”。

之后，布劳恩的助手迪克曼和格拉克曾向他建议，是否可以用阴极射线管做电视的显示器，可固执的布劳恩却认为：这是不可能的。

1906 年，这两位助手还是用这种阴极射线管制造了一台画面接收机，进行图像重现。但他们的这种装置重现的是静止画面，应该算是传真系统而不是真正意义上的电视系统，这是后话。①

ANNALEN
DER
PHYSIK UND CHEMIE
Ferdinand Braun Leipzig 1897 band 60.
Translation of the original German text

Over a procedure for the demonstration and for the study of the course of variable currents; from Ferdinand Braun.

1. The next method describes the use of deflection of cathode rays by magnetic forces.
The rays are produced in tubes, from which one I indicate the measures, since these seems to me to be the generally most favorable (fig. 1). K-is the aluminum cathode, A-anode, C-an aluminum diaphragm: opening of the hole = 2 mm. D a mica screen covered with phosphor. The glass wall E must be so evenly as possible and without knots, the phosphoresce screen must be made that way that one can see the fluorescent spot produced by the cathode rays through mica plate and the glass wall. For some attempts it is appropriate to place the mica screen under 45° to the tube axis. It is advisable, to use stanniol around the neck at the proximity of the diaphragm, which is led to the earth (even better would be to connect the diaphragm directly).
Mr. Franz Müller (Dr. Geissler's successor) in Bonn had the friendliness in a well-known excellent way to manufacture the tubes, which can be obtained by him.
The cathode rays are produced usually with a 20 plate Töpler's electrostatic generator; for many attempts also a rapidly working induction coil is sufficient. A variable spark gap switched into the circuit permits the most favorable kind of discharge.

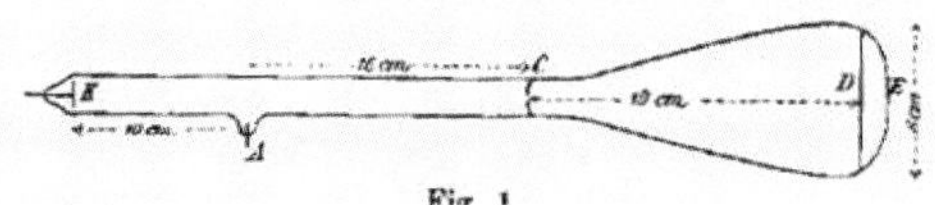

这是布劳恩当时写的 CRT 设计论文的部分英译文（原文是德文）

最早期的 CRT，只是被科学家用作验证粒子、电子等各种现象的重要实验平台。其中最著名的是汤姆逊（Joseph John Thomson，1856—1940），这个出生于英国曼彻斯特一个出版商家庭的物理学家，于 1876 年获得剑桥的数学奖金而进入剑桥大学深造，毕业后留校从事研究工作，1897 年重新设计了

① 彭丽娟、罗小辉、彭克发编著：《实用数字电视基础教程》，北京：中国电力出版社，2014，页 1。

“布劳恩管”，使阴极射线在电场和磁场中均发生偏转。他的实验证实了阴极射线是带电的微粒子流，并测得了微粒子的速度与它的荷子比之间的关系，同时，荷子比与电极材料无关，说明这种粒子是各种物质的共同组成，即宣告了人类发现组成物质的基本粒子“电子”。1906 年，汤姆逊获得诺贝尔物理学奖。

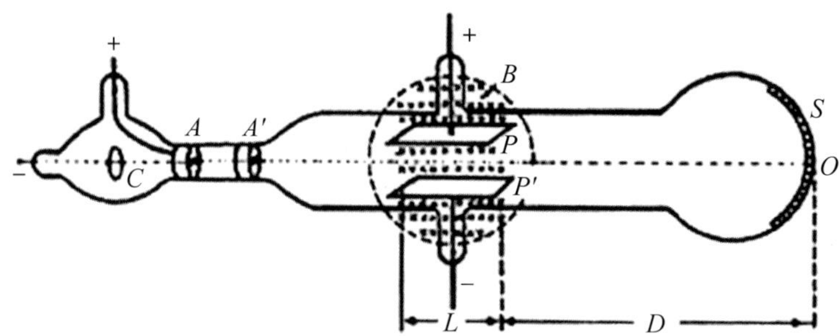

汤姆逊使用如图所示的阴极射线管发现了电子。最左边是电子束发射装置，相当于 CRT 的电子枪，中间部分是磁场 / 电场装置，相当于 CRT 的偏转线圈，最右边是显示屏幕。是不是和现在的 CRT 有几分相像？

阴极射线管被用作示波器，也为后来 CRT 传输图像奠定了基础。①

1923 年，发明家约翰 · 洛吉 · 贝亚德（John Logie Baird）的一个朋友告诉他：“既然马可尼能够远距离发射和接收无线电波，那么发射图像也应该是可能的。”这使他受到很大启发。贝亚德决心要完成用电子信号传送图像，他变卖了仅有的一些财产，并收集大量数据，把所有时间都投入到研制电视上，终于提出最早的电视机原理设计。

1925 年 10 月 2 日，贝亚德在英国伦敦的一次实验中，使用 CRT 器材研制出第一个半机械式模拟电视系统，得到一幅“木偶”的图像，这一件事被称为电视诞生的标志，贝亚德被称为“电视之父”。后来，他的这种“半机械式”系统被英国广播公司所采用。到 1937 年，由于“电子式”电视系统

① 有关汤姆逊的详细介绍，可参见：黄儒经、吴晓兰编著：《打开原子的坚壳》，北京：东方出版社，2008，页 42。

更受欢迎，英国广播公司才终止使用这种技术。[①]

同一时期，俄裔美国科学家弗拉基米尔・兹沃里金（Vladimir Zworykin），正在开辟一个“电子式”电视的时代。他早在1912年在俄国就开始研究电子摄像技术。1919年移民美国，1923年在西屋电气公司工作期间，研制了电子摄像管，并在1925年进行了演示，但图像模糊不清，对比度很低，分辨率差，而且图像是静止的。这种摄像管没能走过实验室阶段。但是，美国无线电公司（Radio Corporation of America，RCA）认为这项技术非常有前景，从西屋电气公司收购了有关的技术专利权。1931年，兹沃里金经过不懈努力，终于制造出了摄像管，并进行一个完整的光电摄像管系统的实地实验。在这次实验中，他通过摄像管把图像分解为由240条扫描线组成的电信号，再传送给4英里以外的一台9英寸显像管电视机上显示出来，成功使电视摄像与显像方式电子化。

英国人贝亚德（J. L. Baird）和他在1925年研制的第一台机械扫描式电视机

① 有关贝亚德的详细介绍，可参见：石门、冯洋、田晓菲主编：《探索奥秘》，呼和浩特：远方出版社，2005，页22。

1933 年，兹沃里金研制成功可供电视摄像用的摄像管和显像管，完成了使电视摄像与显像完全电子化的过程。至此，现代电视系统基本成型。今天电视摄影机和电视接收的成像原理与器具，就是根据他的发明改进而来。

1934 年，美国费城的弗拉克林实验室，利用兹沃里金的“全电子”模式，实现了可以商业应用的电视接收和传输试验，在当时引起了轰动。因为相比当时以电影来记录影像的方式，电视更加方便，成本更低，关键还能实现实时传播。随后的几年，电视设备开始进入快速发展的阶段，电视也开始逐步普及，其中最具有标志性意义的事件就是 1936 年的柏林夏季奥运会，这是人类历史上第一次实现电视转播，当时大约有 16 万柏林人通过电视直播观看比赛，用的也是“全电子”模式的电视系统。当然全部都是黑白电视，这时候还没有出现彩色电视。[①]

从提出电视概念的第一天起，一直存在着两条“路线”的斗争：以贝亚德为首的“机械扫描模式”和以兹沃里金为首的“全电子模式”。虽然都用上了 CRT 设备，但二者实现图像传输的原理却有很大差异。贝亚德是世界上第一个搞出电视这个概念的人，并且他的“机械扫描”电视系统，在英国也有初步的商业试播，然而兹沃里金的“全电子”电视系统，在黑白电视的商业应用上，取得了更大成功，对未来的影响也最大。

眼瞅着兹沃里金的“全电子模式”风头更劲，贝亚德当然不服气，来了个跳跃式发展，试图用“机械扫描”模式搞彩色电视。“机械扫描”模式是不能兼容兹沃里金的“全电子”模式黑白电视的。当然，在那个时候，还说不清哪种方式更好，有些方面似乎贝亚德的“机械扫描”更有优势，比如说，1928 年的 7 月 3 日，贝亚德又是世界上第一个进行公开演示，用带有红、绿、蓝三色滤光器的三个有 30 个孔的尼普克夫扫描圆盘，在电视机屏幕上显示了鲜红的草莓、蓝色的领带等图案[②]，让人们开始幻想未来的彩色电视了。

---

① 彭丽娟、罗小辉、彭克发编著：《实用数字电视基础教程》，北京：中国电力出版社，2014，页 1。

② 陆小华：《媒体观：信息化生存时代的思维方式》，北京：清华大学出版社，2008，页 153。

1940年，美国哥伦比亚广播公司（CBS）的工程师，用类似贝亚德的“机械扫描模式”进行探索，推出了场序制彩色电视系统，这种系统通过摄像机与接收机的彩色滤色镜的转动来运行，在第二次世界大战前，哥伦比亚广播公司还用这种系统进行了一些试验性的播出。[①]

1939至1945年，二战的爆发使得刚发展起来的电视技术几乎停滞。战争结束后，电视工业又蓬勃发展起来，电视也迅速流行。1946年，英国广播公司恢复了固定电视广播，美国政府也解除了二战期间颁布的禁止制造新电视的法令。[②]

RCA公司成立于1919年，当时正处于第一次世界大战期间，在美国政府的要求下，美国通用电气（General Eiectric，GE）、美国电话电报公司（American Telephone & Telegraph Co.，AT&T）和西屋（Westinghouse）公司为了国防目的，共同组建了RCA公司，为军方研发和生产摩斯电码发报机。1926年，RCA在纽约组建了广播电台网，即国家广播公司（NBC）。[③]1929年，RCA并购了留声机制造商Victor，并迅速成为美国最大的消费电子制造商之一。[④]那只听留声机的小狗，成了那个时代家喻户晓的商标。1932年，美国司法部决定，把RCA拆分成一家完全独立的公司。

世界上第一个现代意义的彩色显像管

① 戴吾三：《技术创新简史》，北京：清华大学出版社，2016，页144。

② 刘建长、旭兰著：《公关礼仪概论：公共关系·人际关系·礼仪》，杭州：浙江大学出版社，2010，页44。

③ 褚葆一：《经济大辞典·世界经济卷》，上海：上海辞书出版社，1985，页438。

④ 艾薇儿中国官方歌迷会：《艾薇儿完全手册》，北京：中国长安出版社，2013，页29。

20世纪30年代，RCA花费了整整十年时间，和数百万美元的科研经费，在弗拉基米尔·兹沃里金带领的团队的艰苦努力下，开发出了时至今日仍然使用的电视系统（“全电子”模式的电视原理），并在1939年的纽约世博会上向公众展示。

1949年，当时美国的两大广播业巨头，RCA公司和哥伦比亚广播公司，正在就彩色显像管的技术标准展开竞争。竞争的焦点是看谁先做出能够出色工作的样品。

RCA的总裁戴维·沙诺夫（David Sarnoff）先生召集了公司里6个最有才华的工程师和科学家，对他们说：“你们要在6个月内拿出彩色显像管的工作样品。不管花多少钱，摒弃一切条条框框的约束，不要听各种权威的话（Forget about money，forget about red tapes，and forget about line of authority）。”六个月后，他们真的按期拿出了世界上第一支彩色显像管的样品，管内使用了荫罩（Mask）——之前还从没有人想到，用这个办法来产生彩色图像！他们把显像管送去华盛顿演示，引起巨大轰动。

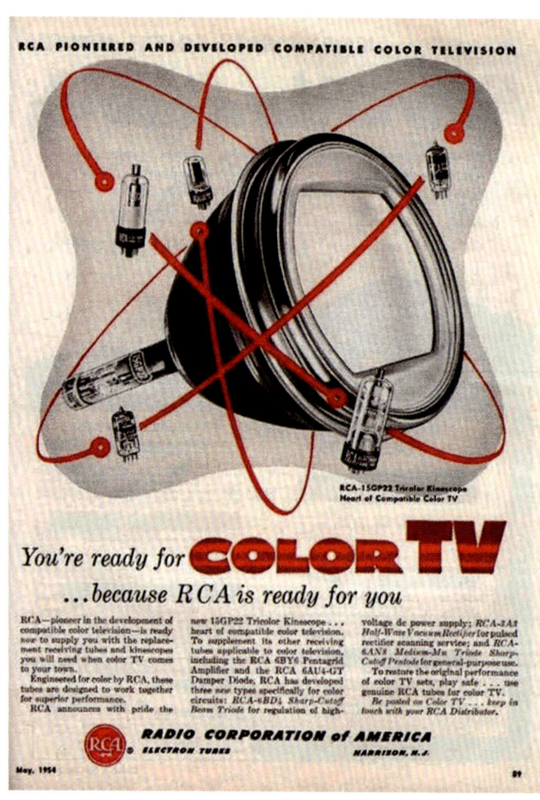

如果你打烂两个管子，比较一下黑白显像管和彩色显像管的构造，你会发现两者其实大同小异，最大的区别就是，彩管多了个荫罩组件。它装在玻璃壳里面，靠近屏幕的位置。荫罩是一片薄薄的钢片，上面有规律地布满了小孔，“代表”不同颜色的电子束以不同的角度穿过小孔后，

“恰好”打在该颜色荧光粉上，发光。这就是荫罩式彩色显像管的基本原理。

1950年3月29日，RCA公司的董事长戴维·沙诺夫（David Sarnoff）向世界宣告:“我们已经踏上电视新纪元的门槛——彩色电视时代”。

戴维·沙诺夫，1891年2月27日生于俄罗斯和白俄罗斯边界地区，犹太人。小时候随父母移居美国，15岁到美国马可尼公司工作，17岁时成为公司的无线电报务员。1912年泰坦尼克号沉没事件使其一举成名，当海难发生时，沙诺夫正值班，此后三天三夜，他在电报室里将生还者名单接二连三发出，无形中所有人的希望都寄托在了他的身上。也正是此次意外事件使其声名大振。随后公司提升他为高级职员。1916年沙诺夫向公司递交一份备忘录，颇有预见性地建议公司研究开发他所说的“无线电乐盒”（Radio Music Box），这个构想实际上已经描绘了未来广播的雏形。但当时计划并未被采纳。

1919年，他参与了创立RCA，投注大部分心力，领导RCA短时间内扩展到各种领域。1922年他又给公司董事会写信，建议创办一家由RCA控股的广播公司。1926年他的建议获接纳，NBC诞生。1930年沙诺夫升任RCA总经理。1934年出任NBC的董事长，直到1970年退休。他曾经掌控RCA和NBC两家公司，都是曾经持续大幅成长的通信和消费电子帝国，也是当时全世界最大的公司之一，他被誉为美国广播通信业之父。

二战期间，他作为预备役军官，在艾森豪威尔上将的参谋部任新闻顾问，负责盟军在欧洲的广播，并领准将军衔，所以后来人们习惯称其为“沙诺夫将军”（General Sarnoff）。

1951年，RCA把实验室易名为“戴维沙诺夫实验室”，以纪念他的功绩。1971年12月12日，他病逝于美国纽约，终年80岁。

1954年，美国RCA公司，采用德州仪器公司研制的晶体管，制成世界第一台全晶体管电视机RCA CT-100，这台电视采用了NTSC制式，当年售价为1000美元。由于彩色显像管非常昂贵，RCA每一部电视都是亏本生意，但是当新一代产品批量上市的时候，他们用很短的时间就赚回了两倍的利润。

1986年，GE并购RCA后，“戴维沙诺夫实验室”亦易名“戴维·沙诺夫显示器件公司”，致力于继续发展CRT事业，开发出许多概念性彩管（类似车展上看到的“概念车”），比如：他们开发的大尺寸、宽屏幕彩管，是用两支完全独立的电子枪，分别扫描左右两块区域；为了压缩大屏幕彩管的长度，他们设计了电子枪与屏面平行的彩管；等等。在视频信号的数字化处理方面，这家公司都做出过卓越贡献。

RCA首创的荫罩式彩色显像管技术，产生彩色图像的原理非常巧妙，可以完全兼容现行的黑白电视广播信号，也就是说，如果接收黑白信号，在彩色显像管可以正常显示黑白图像；如果接收彩色信号，黑白电视机也依然可以正常工作，只不过放出来的还是黑白图像。这样，由黑白电视转换到彩色电视，就变得非常顺利了（平稳过渡，谁都不会有意见）。而它的竞争对手，哥伦比亚广播公司，情况就不大一样，它使用转动的彩色滤光镜来产生彩色图像，与现行的黑白电视广播完全不能兼容，并且结构也异常复杂，很快就被市场抛弃了。从此，RCA 一骑绝尘。

当时，RCA 公司发明的彩管是三枪三束管，“代表”三种颜色的三支各自独立的电子枪，呈“品”字形排列，三束电子束流经同一个荫罩上的小孔后，“恰好”打在红、绿、蓝三个荧光粉点上，组成一个像素。三枪三束管优点很多，拥有划时代的意义，毋庸赘述，单提缺点，这是未来进步的方向。第一，由于电子束是经小孔穿过荫罩，电子的透过率很低，屏幕亮度也就低；第二，电子枪需要三套调整电路，调整也麻烦。

日本三菱公司一直是三枪三束管的最狂热支持者，并改进为一字形三枪三束，加上荫栅选色结构，最终推出“钻石珑”管，在高端显示器上应用，占有一席之地。

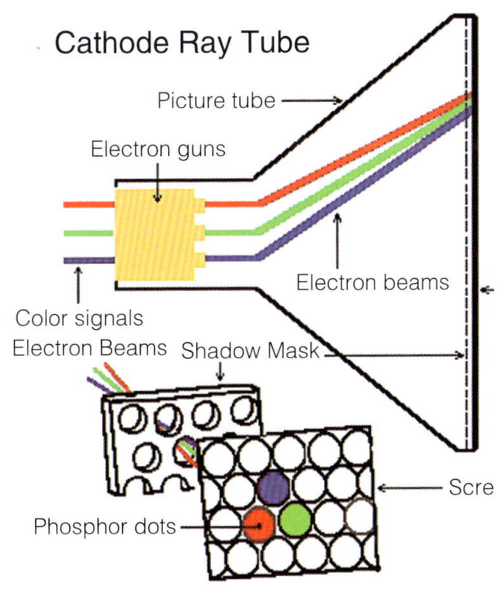

三枪三束彩色显像管示意图

整个五六十年代，彩色显像管的研制有了长足的进展，RCA 的荫罩式彩色显像管似乎一家独大，成了业界的标准，并被美国联邦通信委员会（FCC）采纳。全世界的电器制造公司都纷纷向美国 RCA 公司申请专利许可证。[①]

特立独行的索尼

20 世纪 60 年代初的日本索尼公司，已经是一个小有名气的电子产品公司，以录音设备见长，也做过黑白电视机，但对彩色电视还是很陌生。

公司创始人之一的井深大认为，“我们应该重新发明一种自己的彩色电视机，我们在彩色技术上比众多竞争者落后，但我们想搞出新的、更好的产品”。他开始从基本原理上研究彩管，他既不喜欢 CBS 的旋转滤光镜，又不喜欢 RCA 的荫罩式彩管，井深大喜欢上了另一种系统。

1961 年，在无线电工程师学会 IRE（现在叫 IEEE，电气电子工程师学会）产品展示会上，日本索尼公司三位创始人盛田昭夫、木原信敏和井深大，看到美国“荫栅电视实验室”展示的荫栅式（Aperture grille）彩色显像管，它比当时 RCA 的荫罩式彩管要亮 5 到 6 倍，这给他们留下了深刻的印象。这个系统是伯克利加州大学的欧内斯特·劳伦斯（Ernest Orlando Lawrence）教授发明的。劳伦斯是一位物理学家，1939 年因参与发明回旋加速器被授予诺贝尔物理学奖。他发明的彩色显像管叫作 Chromatron，与其他的设计大不相同。这种技术上的新概念很有意思，虽然复杂了一点，系统如果调整得当的话，颜色十分鲜艳，也很省电。随即，索尼公司从持有该专利权的派拉蒙电影公司购买了专利许可。索尼开始在日本生产荫栅彩管电视机，但荫栅彩管的成品成功率太低，索尼只销售了一万三千台采用 Chromatron 的彩色电视机（有一种说法是，只卖出了一千多台[②]），最后决定放弃这种系统。

---

① 有关 RCA 的发展参考自：［美］布朗兹著、林洪等译：《管理大师：美国商界巨子》，北京：经济管理出版社，2003，页 202–208。邓炘炘著：《走进美国“广播”的起源》，《时间的节点·传播研究杂集》，北京：中国广播影视出版社，2015，页 58–92。

② 关兰馨、曲铭生：《第一流的投资理财》，北京：中国发展出版社，1999，页 100。

索尼开始开发自己的彩色显像管系统，这就是后来叫作“Trinitron”（特丽珑）的单枪三束彩色显像管，使用一个电子枪代替三个分离的电子枪，采用一系列透镜来完成电子束的聚焦，它可以产生三个电子束，三束电子已经不是三角形排列，而是一字排列。由于是单枪结构，特丽珑管不但色彩表现力出色，而且色纯度和色平衡容易调节。但同时单枪结构对扫描和电子束控制电路的要求高，所以一般厂商在聚焦、收敛等方面不易控制。

Chromatron 的选色系统是一个编织复杂的细金属丝网，索尼消化吸收 Chromatron 系统中“一字形单枪三束”的概念，为了达到小型化和高效率的目的，索尼简化了电子枪的设计，用一个大透镜代替一系列透镜。选色结构是参考了荫罩制作的办法，在金属板上蚀刻了很多细长条的槽。相应地，彩色荧光粉点也就变成条纹状。这种系统的电子投射率比荫罩式系统高，屏幕亮度也自然大幅提高。

单枪三束加荫栅的“特丽珑”设计，花费了索尼七年时间和大量的金钱，巨大的亏损几乎把索尼公司拖垮。

井深大却对这些问题毫不关心，他坚持技术研究的需要而丝毫不让步。为了早日进入市场，井深大对他的技术队伍采取了专横却很有效的手段：提前在记者会上公布，显像管将于 1968 年 10 月 1 日投放市场。对怀疑犹豫者，果断踢出突击队。当首批显像管从装配线下来时，井深大对研究组深深地鞠了一躬。

暮年的井深大回忆：他在索尼最值得骄傲的事情，就是单枪三束彩色显像管的诞生。井深大不只是为自己团队的创造物而骄傲，同样也为在危机中他与盛田昭夫相互信赖、相互激励的精诚合作而陶醉。

1968 年，索尼正式推出 13 英寸的 Trinitron（特丽珑）彩色显像管。它的选色结构为荫栅结构，竖直方向几乎是自上而下的一条缝隙，电子透过率又有提高，屏幕亮了。索尼的彩管老是炫耀它亮度高，对比度高，就是这个原因。荫栅结构就必须上下绷紧，竖直方向就成直的了，而水平方向还是圆弧，屏幕成了柱面，故称为索尼独创的“柱面管”。柱面管好是好，可是成本高，技术难度大，不好做，自然也就应者寥寥了。

唯一的麻烦是，荫栅是由上千条非常细的细线所构成，而且必须牢靠地固定住。所以会有一至两条水平的阻尼线延伸到整个画面（小于 17 英寸的屏幕上只会有一条线，而更大的屏幕则会有 2 条），这是为了吸收震动以及材料受热到某种程度时所产生的扩张。如此会在明亮背景的屏幕上产生出 2 条可以看见的灰暗细线。这会让某些使用者感到困扰，特别是在画面出现白色背景时。索尼解释说，肉眼过一会儿就会习惯了，接着就不容易发现那些线。

这种彩管面世后，在 RCA 的年会上，就有人问 RCA 的总裁罗伯特·沙诺夫，对索尼的彩色显像管有什么看法？沙诺夫回答："只有 RCA 的荫罩式彩管才在经济性的基础上通过了大批量生产的严峻考验。"

Trinitron 技术的主要优点是：减少热量散布；相同耗电下更为明亮而且对比更佳。在当时它是被设计给电视使用的。在 20 世纪 80 年代，开始被应用到计算机的显示器上，取得巨大成功。那时候，许多知名品牌的计算机或个人计算机显示器的屏幕边框上，如果是用索尼的管子，一定会标上"Trinitron"。就像后来 PC 上标"Intel Inside"。

至 1998 年底，索尼共向全世界销售了 1.8 亿支"特丽珑"彩管。荫栅式显像管的技术特点就是将荧光粉安排成跨越整个显示器屏幕的竖条状，将荫罩改为条状荫栅。这些条状荫栅由固定在一个拉力极大的铁框中的互相平行的铁线数组组成。这样的设计的好处是铁线是互相平行的，在垂直方向上没有任何东西阻挡电子通过，增加了电子的透过率，使电子透过率达到 95% 以上，远远超过了荫罩结构的显像管，亮度和色彩饱和度更好，画面细腻动人，没有颗粒感，这也是特丽珑管的显示器图像显示效果出色的重要原因。由于吸收电子少，长时间使用荫栅也不会由于受电子束冲击产生热量引起膨胀或变形，避免了颜色突变和色彩减低的情况。[①]

① 杨浩然编著：《虚拟现实：商业化应用及影响》，北京：清华大学出版社，2017，页 56–57。

世界进入"一字形单枪三束"的时代

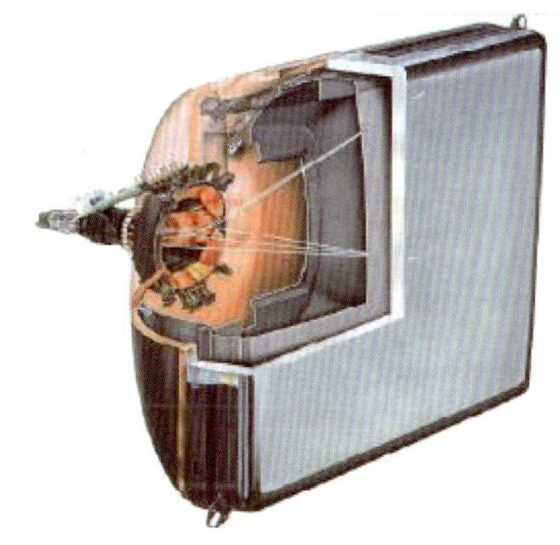

1972 年，RCA 开发出单枪三束管。这种彩管的电子枪，有三个发射电子束的阴极，被装在同一组电极的后面。三个阴极呈"一"字形水平方向排列，荫罩上的小孔，变成了竖直方向的条状槽孔，屏幕内面的荧光粉点，也变成了三色间隔排列，自上而下一条一条的荧光粉。这样，荫罩的电子透过率提高了，屏幕亮度也相应提高。三束电子，一套调整电路，简单了。[①]

经过不断地改进及优化设计，RCA 最终将它的彩色显像管，命名为 PIL（精密一字形）电子枪的彩色显像管。至此，现代彩管的结构基本定型，并成为全球业界唯一的产品设计模板。美国 RCA，也因为拥有全世界最多的彩色显像管设计和生产专利，在之后行业兴旺的年代，专利收益一路颇丰。

1971 年，东芝公司发明黑底条纹（Black Matrix）技术，即在玻屏内面涂敷荧光粉之前，先涂敷一层石墨，并在需要涂荧光粉的位置预留"窗口"。这项发明对提高颜色纯度非常有帮助，所以很快被业界广泛使用，成为"标准配置"。[②]

显像管技术的演进

显像管是电视机高解像度和高清晰度显像的关键部件，同一幅色彩绚丽层次细致的画面，选用不同品牌显像管，清晰度和色彩再现效果都有差别。

① 《无线电与电视》编辑组编：《无线电与电视·1978–1979 合订本》，上海：上海科学出版社，1980，页 67。

② 康浩、高崧编著：《家用电器实用指南——基本原理、选购、使用与维修》，北京：地震出版社，1993，页 45。

因此，选购高质量彩电首先应该了解的就是它的显像管。而显像管技术亦随时日不断演进优化：

1. 球面圆角管：最初的显示器、显像管的断面就是一个球面，早期14英寸彩色显示器，基本上都是球面的。采用球面显像管的显示器，在水平和垂直方向都是弯曲的，图像也随着屏幕的形态弯曲。这种显示器有很多弊端：球面的弯曲造成图像严重失真，也使实际的显示面积比较小，弯曲的屏幕还很容易造成反光。①

2. 平面直角管：为了减小球面屏幕特别是屏幕四角的失真和显示器的反光等现象，显像管厂商进行了不少改进，到1994年诞生了“平面直角显像管”。所谓“平面直角显像管”，其实还远不是真正意义上的平面，只不过其显像管的曲率相对球面显像管比较小而已，其屏幕表面接近平面，曲率半径大于2000毫米，且四个角都是直角。由于生产工艺及成本与普通球面管相差不大，所有显示器厂商先后都停止生产球面显示器，转而推出了使用平面直角显像管制造的显示器，平面直角显像管迅速取代了球面显像管，此后所使用的大部分显示器，包括14英寸显示器和大多数的15、17英寸及以上的显示器，都属于这种平面直角显示器。平面直角显像管，使反光现象及屏幕四角上的失真现象，都大大地减少了，配合屏幕涂层等新技术的采用，显示器的显示质量有了较大提高。②

3. 柱面管：柱面显像管采用荫栅式结构，它的表面在水平方向仍然略微凸起，但是在垂直方向上却是笔直的，呈圆柱状，故称之为“柱面管”。柱面管由于在垂直方向上平坦，因此比球面管有更小的几何失真，而且能将屏幕上方的光线，反射到下方而不是直射入人眼中，因而大大减弱了眩光。柱面显像管分两大类：索尼的特丽珑和三菱的钻石珑。③

4. 纯平管：传统CRT显示器显像管，从球面显像管到平面直角显像管

① 俞鹏超编著：《装机新世纪》，北京：海洋出版社，2001，页136。

② TCL王牌电子深圳有限公司编：《TCL王牌银佳智能系列大屏幕彩色电视机原理与维修》，北京：人民邮电出版社，2001，页145。

③ 俞鹏超编著：《装机新世纪》，北京：海洋出版社，2001，页134–135。

（FST），再到柱面显像管，弧度已经越来越小，柱面管已实现了垂直方向的零弧度，算得上是一代比一代进步。但上述这些显像管，依旧没有达到完完全全的平面，因此，所显示的画面或多或少都会有一点变形和扭曲，依然不够令人完全满意。纯平显像管的出现，使传统 CRT 显示器终于走上了完全平面的道路。①

荫罩式纯平显像管所用的荫罩主要是孔状荫罩和沟槽状荫罩。前者以三星为代表，后者以 LG 为代表。

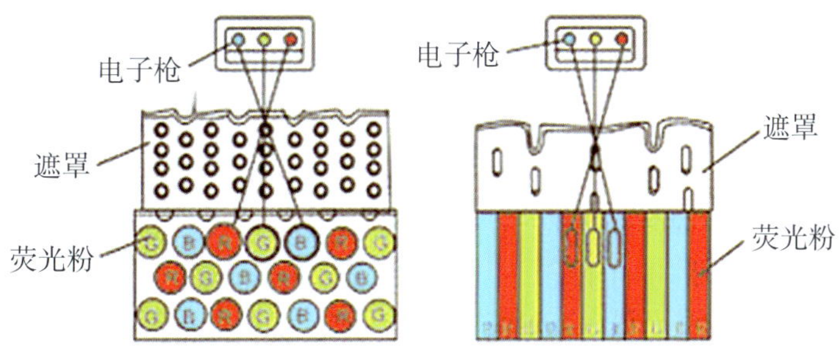

左为以三星为代表的孔状荫罩，右为以 LG 为代表的沟槽状荫罩

荫罩式显像管采用的还是以前球面和平面直角显示器所采用的点状荫罩板（Invar Shadow Mask），这种荫罩板上分布的是密密麻麻的小孔，红、绿、蓝电子束打在荧光屏上的点呈正三角形分布，因此有“点距”这个概念。

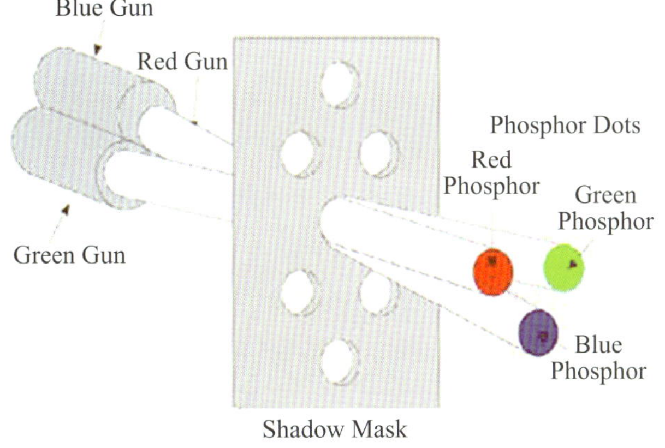

① 俞鹏超编著：《装机新世纪》，北京：海洋出版社，2001，页 136。

采用孔状荫罩这种传统设计的一个好处是有效地控制了成本，但缺点是画面不够精细，屏幕上的颗粒感比较明显，而且由于点状荫罩的固有缺点，造成电子透过率在50%左右，难以进一步提高亮度和对比度。

与柱面管只是两强相争不同，推出纯平显像管技术的厂商有不少。

LG：LG电子公司的“未来窗”（Flatron）显像管，无疑是“纯平”显像管技术的代表之一。该显像管的特点是使用了槽状荫罩，它结合了索尼特丽珑栅状荫罩和传统点状荫罩的优点，成为纯平面两维伸展的槽状荫罩，点距达到0.24mm，比起传统点状荫罩来间隙更多，可得到更大的电子流通量，让更多的光线到达屏幕，从而获得更亮更清晰的画面；而槽状荫罩网面比起特丽珑栅状荫罩，在栅条中间又多了许多细小的横格，这使得荫罩网面的受力及稳定情况更好，从而免除了使用特丽珑显像管栅条结构为支撑网面而不得不添加的让人心烦的小细线。LG未来窗显像管采用的是物理纯平三平面显示技术，它的管内、管外都做成了完全平面，这是LG未来窗显像管区别于其他品牌纯平显示器显像管的最主要特征。

索尼：索尼公司并不满足其在特丽珑显像管上取得的成功，研发出新一代的短颈纯平特丽珑显像管（FD Trinitron，FDT）。FDT显像管沿用索尼的单枪三束电子枪垂直栅条荫栅技术，拥有高分辨率和超细点距，21英寸的最小点距甚至达到0.22mm。由于增加了灰度级的可见性和背景的亮度级，FDT拥有极高的对比度，比特丽珑提高了将近50%，可以显示更黑和更多重的色彩，画面的精细程度进一步提高。光栅技术消除了纵向的点距，使得电子束透过率提高，因此亮度、色彩饱和度、图像失真方面也较一般荫罩显像管出色。索尼发现要真正达至一副全平面的影像，不完全单靠一块平面的玻璃。如上述，当屏幕的内和外弧度都等于零时，肉眼所看到的影像会呈凹状。鉴于这种物理现象的影响，索尼的工程师经多番实验后，精确地设计出显像管在一定的内在弧度之下，会产生视觉上的全平面的画面影像。荫栅式显像管的缺点是：为了保持铁线的平行，需要在横向设置阻尼线。FDT的阻尼线比柱面FDT的更加细小，更难发现它的存在，对用户的使用一般不会造成什么影响。但由于制造工艺要求比较高，它的成本要比荫罩式纯平显像管高一些。

FDT 采用动态多极聚焦镜（Dynamic Quadropole Lens）、多重散光聚焦系统（Multi-Astigmatism Lens System）、特厚椭圆聚焦镜（Extended Field Elliptical Aperture Lens），均确保 SAGIC 光枪所发射的光束能保持整个画面上每个光点的形状一致，使画面上每一点都有准确的焦点，做出清楚细致的影像。全新的第二代特丽珑管更将电子枪射出的电子束由第一代的 0.43mm 收窄为 0.32mm，聚焦方面更加出色。

日立：日立“锐利珑”虽然也有“珑”管的名称，但实质上它也属于荫罩式结构，但由于日立公司在“锐利珑”中使用了纯度更高的红色、蓝色荧光粉，使得图像对比度比普通显像管有所提高，能够展现出更大的色彩范围，并改善了对比度和亮度。

三星：三星电子（SAMSUNG）之后亦研发出来 IFT 丹娜（Dynaflat）显像管。所谓 IFT，即指 Infinite Flat Tube，是真正平面显像管的意思。Dynaflat 纯平显像管采用独特的视觉纯平技术，给人一种完全平面的真实感觉。三星公司认为，由于光经过厚玻璃面会发生折射和反射，所以即使显像管内外都是理想平面，都不可避免地使图像发生失真。要彻底解决这一问题，就必须根据人眼观测显示器的位置和显像管屏幕表面玻璃的折射率，用计算机设计出理想的纯平显示器屏幕内部结构，这种外平内凹的结构称为“内球面补偿”。该技术除了可以将失真减至最低以外，还可以提高 45% 以上的对比度，增加 30% 的亮度，从而使图像更细腻逼真，色彩也更锐利逼真而且层次分明，显示面大大减弱了反光，自然不失真的色彩让使用者的眼睛更轻松，即使长时间使用，也不容易感到疲劳。高端显像管中使用了 SAF 动态电子枪，配合压缩荫罩减少了显示影像的抖动，使水平点距达到 0.20mm。但丹娜显像管的缺陷也比较明显，主要就是四个角的显示效果不如正中间，它的内凹结构也造成了四角图像容易出现细微失真。

松下：松下公司的纯平面栅状显像管技术。具备 0.24 点距，新型的 AGRAS（防眩、防反射、防静电）涂层。采用纯平面栅状显像管技术的松下纯平彩电是纯平彩电中的极品。纯平面栅状显像管技术的缺点在于枕形失真无法消除，而且图像质量也有所欠缺。

三菱：三菱的 Diamondtron NF（Natural Flat）自然平面显像管，又称 NF 钻石珑，纯平面技术加上钻石屏技术，成为显示器技术的重大革新。采用这种显像管的三菱完全平面显示器，可以达到完全无变形，真正的纯平面，把显示器技术引入了一个更高的领域。三菱纯平面 Diamondtron NF 显像管和特丽珑管最大的区别就在于电子枪的结构。索尼的特丽珑管使用索尼的专有技术——单枪三束，而钻石珑管则采用三菱改进的三枪三束结构。这个技术上的差别带来两种管子的很大的差异。三菱钻石珑显像管基本原理是采用三支电子枪和三组电子透镜组成，三支电子枪分别同步射出三原色中 R（红）、G（绿）、B（蓝）的其中一种，免除因由一支电子枪射出三原色时引起的信号相互干扰现象。三组电子透镜能独立对三原色分别进行调整，另外加上三菱钻石珑管特有 NXDBF 四倍精确动态聚焦电路系统、四角独立聚焦调控、DDC 动态能会聚、双光束投点优化器的紧密配合，共同作用使 R、G、B 三支电子束形成的射线夹角比其他任何一种显像管的都要小，因此电子打击荧光粉会准确无误，图像细腻、色彩逼真。采用钻石珑管的产品，图像清晰，聚焦好，文本显示效果优秀。三个电子枪的结构，是一种高汇聚、高反差、低透光率、色彩无交叠的超黑晶显像管，可以产生亮丽的色彩，而且对比明显，影像鲜活锐利，画面能做到完全平直，整体画面皆能显示准确及无失真的完美影像。普通平面显示器的画面影像并不是真正平面，而是呈现凹陷。三菱的超平面显示器则很好地克服了这一缺陷。但也是因为三枪结构，大大增加了在色纯度、色平衡方面的控制难度，搞不好就会出偏差，因此，中低档的钻石珑管彩显色彩表现力不如用索尼管的产品。

其后，三菱公司在 NFDiamondtron 的基础之上，推出了新一代显像管 DiamondTRON M2。DiamondTRON M2 不仅秉承了上一代钻石珑显像技术的图像细腻、色彩逼真、清晰自然的传统优点，并且通过在上一代的基础上进行的一系列的技术改良，使其发挥更加出色，而且在普通电压下的亮度大幅度提升，甚至超越了 LCD 显示器。这可以称作高端纯平彩显的一次质的飞跃。首先它通过降低阴极断点电压和栅压，使其由原来的 115V 和 700V 分别降低至 65V 和 560V，从而使显示效果更加的稳定，提高了的稳定性更益于用户的视觉效果和视力健康。另外，众所周知，栅孔直径对于线条显示的细致程度及文字的锐利程度具有重大影响，DiamondTRON M2 将栅孔直径由原来的 0.4 毫米降低到 0.35 毫米，从而使文字线条的显示效果更加出色。其次对于影响文字显示清晰度的栅栏厚度，DiamondTRON M2 亦作了调整，使其从 0.44 毫米降到 0.38 毫米。DiamondTRON M2 在显示亮度方面最为突出，300cd/ ㎡的亮度不仅是上一代显像管的三倍，而且显示亮度是所有 CRT 显示器中率先超越 LCD 的，为高端纯平彩显的发展注入了新的活力。①

5. 短颈管：继纯平面后，各种短管的显示器也成为新型显示器的一大潮流。由于一般的显像管中电子束的偏转角度不能太大，否则会带来难以矫正的失真，使得显像管的长度和屏幕尺寸是成正比的，所以大尺寸的显像管也不得不做得比较长，导致显示器机身庞大。标准显示器的显像管要求电子束从一侧偏向另一侧的角度不能大于 90 度，这使得显示器的厚度至少要与屏幕的对角线一样长，对于 17 英寸以上的显示器来说，更大的可视面积也就意味着更厚的机身和更大的体积、重量。为显示器“减肥”的一个方法就是采用短型显像管（Short Depth），其核心在于广角偏转线圈技术，它能令电子束的最大角度达到 100 度或更高一点，这样在较近的距离内就可以实现电子束的完全覆盖，从而缩短显像管以至机身的厚度。这种方法能把显示器减小大约两英寸的厚度，这就意味着 19 英寸显示器占用的桌面面积与 17 英寸一样，17 英寸显示器占用的面积与 15 英寸一样，而且新一代显像管使屏幕在亮度、对比度和聚焦方面比以前都有进步，观赏起来也更加舒适，虽然在点距上有微乎其微的差距，但肉眼不会察觉，应该说总体上这是一个不小的改进了。此外在显像管的电子枪末端使用更小的部件来取代原有部件，还能使

① 封滟彦、聂明德、王世高编著：《最新电脑采购与组装完全手册》，重庆：《电脑报》社，2002，页 77。

显示器减小大约一英寸的厚度。①

当中三星继 Dynaflat 后所推出的 DFX（Dynaflat — X）新丹娜，正是采用全短颈设计，令体积比传统纯平显示器缩小了 15% 左右，这款新显像管表现更加突出，同“Dynaflat”相比，改良了的 Super Invar 荫罩，基本上杜绝了荫罩受电子束轰击后，产生受热变形的情况，从而提高了白平衡的表现能力，能为用户提供更好的白平衡、聚焦、会聚表现以及更真实的色彩还原。独创的“S-CXO”电子枪和分布式补偿技术后，再次提高了电子束轰击的准确性，可以提供更加清晰的图像效果，并减轻图像的失真。②

不同品牌显像管在构造上的区别

显示器最核心的部分无疑就是显像管，显像管的特性以及好坏，往往决定了一款显示器的性能、效果与市场定位。虽然显示器的品牌众多，但显像管绝对是日韩的天下，但只有“索尼”和“松下”才是里平、外平、荫罩平的三平显像管。日系纯平的特点是画面明亮、色彩艳丽，在图形、图像处理上的失真非常小，彩色还原逼真，但是价格较高，一般应用在专业领域和一些要求较高的个人、家庭用户。索尼的纯平特丽珑（FDTrinitron）、三菱钻石珑（NFDiamondtron）和日立锐利珑（Pureflat）是日系的三大品牌。韩系纯平的特点是价格便宜，视觉效果良好，文本显示清晰，字体边角锐利，但是亮度及对比度稍显不足，在色彩还原上不如日系纯平逼真、艳丽。③

东芝第一代平面晶丽显像管只是在超平显像管的基础上，通过增加边角玻璃的厚度得到的，为了防止显像管出现中间亮、四周发暗这一致命缺点，在显像管外涂了一层改善透光率的薄膜，这使得此种显像管极易划伤，显示图像时光栅不是纯平面。东芝第二代平面超级晶丽 V2 显像管在技术上做了

① 俞鹏超编著:《装机新世纪》，北京：海洋出版社，2001，页 136。

② 张广渊主编:《计算机组装与维护教程》，成都：电子科技大学出版社，2004，页 246。

③ 葛本松主编:《计算机维修工》，武汉：湖北科学技术出版社，2009，页 31。

重大改进，采用等距荫罩、高透视度玻璃屏幕和特有鳞状表层大幅提高画面的亮度，整体透光率提升近 30%，颜色精度提升 10%，基本完成了从视觉平（几何平）向物理平的过渡。[①]

松下的平面辉聚显像管，又称锐屏，是三枪三束彩色显像管，由于此种彩管的清晰度与荧光粉组数有关，增加屏幕荧光粉粒的组数，或者说减小荧粉点距，可制成高清晰度彩色显像管，精确的调整使会聚、聚焦达到最佳。东芝彩管也属此类型管。松下平面辉聚管的优势在于：屏幕玻璃采用高科技方法，经受一吨的压力后内外均为纯平面，且荫罩网为平面，故称“三平彩管”。松下独创扩张荫罩技术，将荫网全方位扩张为纯平面，实现了同行业中最高的荫罩开口率，可以让更多的电子束通过，获得更加亮丽分明且均匀高密度的影像。新型 DAF 动态聚焦电子枪，能够自动矫正屏幕边缘的电子束的形状，在平面的每个角落都实现了极高的聚焦精度，新增加的一组聚焦极 G5–2，电子束的点精度提高 15%，使屏幕边缘图像获得与中央图像同等清晰的高水平画面。SVM coil 偏转线圈位置变化，改善了电子束扫描时由于边缘与中心的距离不等造成的图像不清晰现象并提高屏幕中央 VM 灵敏度 200%；大颗粒碧明磷光体能吸收与磷光体光色不同的多余光线，抑制耀眼的反光，使整体透光率大幅度提升 30%，从而获得最佳的亮度与对比度，且色彩稳定纯正。这些优势奠定了松下 SST 型平面辉聚管在三枪三束彩管中的领先地位。[②]

索尼采用的是单枪三束彩色显像管，电子束是通过栅条射向荧光屏，栅条线距决定了彩管的清晰度。索尼独创的“超精细线距平面特丽珑”显像管的技术优势在于：它采用了高精确聚焦电子枪，焦距由 27 毫米增加到 35 毫米，通过增大光束通过的交叉角度，可使聚焦的准确度提高 20%，保证了屏幕整体的均匀性。更加平坦的超精细线距垂直栅条设计，使线距由普通平面特丽珑（34 英寸）0.8 毫米减小到了 0.38 毫米，垂直栅条密度由 717 条增

① 刘浩编著：《大屏幕彩电选购使用指南》，北京：人民邮电出版社，2000，页 230–233。

② 张新德等编：《显像管检测与再生技能短训教程》，北京：机械工业出版社，2010，页 38。

加到 1465 条，提升约 100%，从而大大提高了解像度。由于电子束通过栅距之间的竖线缝无阻挡，超高亮度荧光粉也排列成垂直于屏幕的直条形，电子束通透率比三枪三束显像管的荫罩网孔高 30%，色彩亮丽饱满，画面清晰玲珑是该管的固有特点。为了消除摩尔散射，它还设计了高效能防抖系统和更为有效的分色技术，其稳定的垂直张力可吸收和抵消电子束发射时所产生的膨胀热能，确保电子束投射到屏幕磷光层的正确位置上，防止色散。防电子冲撞和振动的水平金属阻尼线设计得更加精细，即使在无图像或图像背景暗淡时屏幕上也不会出现水平对称暗线。索尼超精细线距平面特丽珑（Super Fine Pitch）是目前市场上解像度最高的显像管。它在结构上的重大技术突破就是把显像管的水平方向粉条由 717 条增加到 1465 条，这就真正满足了 DRC 将水平像素从 720 增加到 1440 的要求。一般细节距平面变频彩管的荧粉条为 800，从这个意义上，松下的 1832、东芝的 1536 以及飞利浦的 2048 其优势怎么能发挥出来呢？①

飞利浦有自主研发的超细荧光体显像管，但飞利浦整机厂全球采购显像，故不同机型，或者不同批号的飞利浦电视机采用的彩管是不同的。

1. 荫栅式显像管

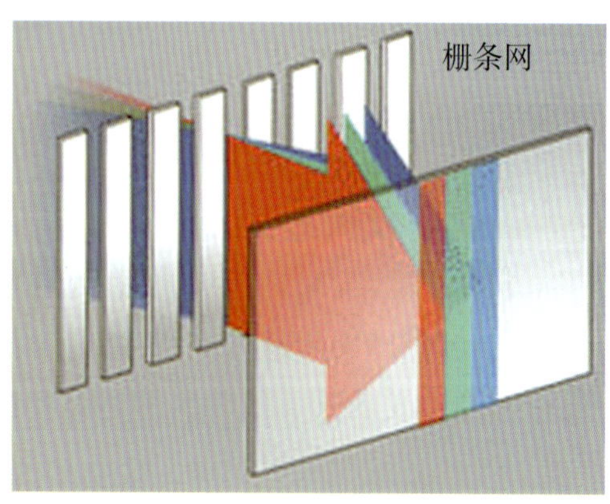

① 张新德等编：《显像管检测与再生技能短训教程》，北京：机械工业出版社，2010，页 39。

2. LG 未来窗（Flatron）显像管

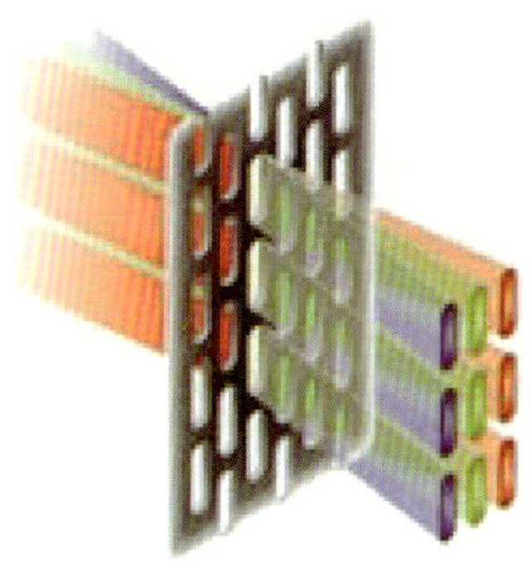

3. 索尼纯平特丽珑（FD Trinitron）显像管

其他品牌的平面屏幕

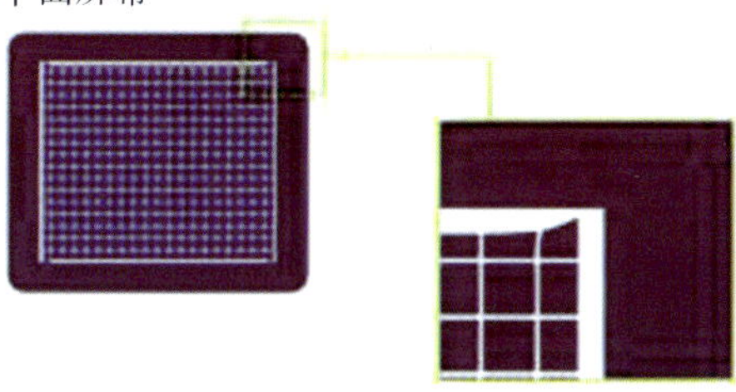

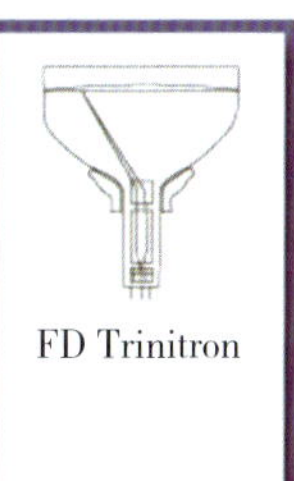

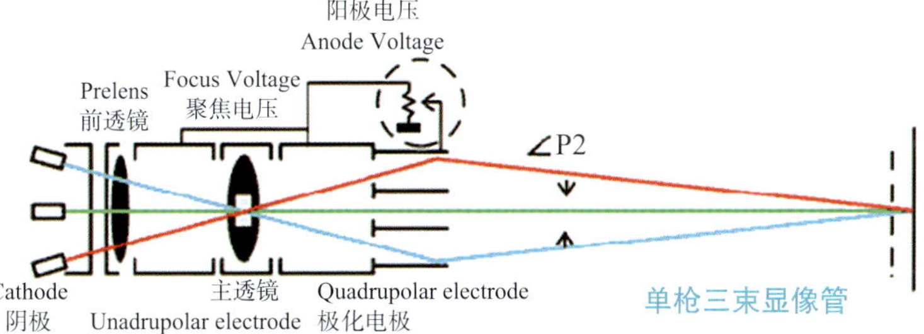

4. 三菱 NF 钻石珑管（NF Diamondtron）

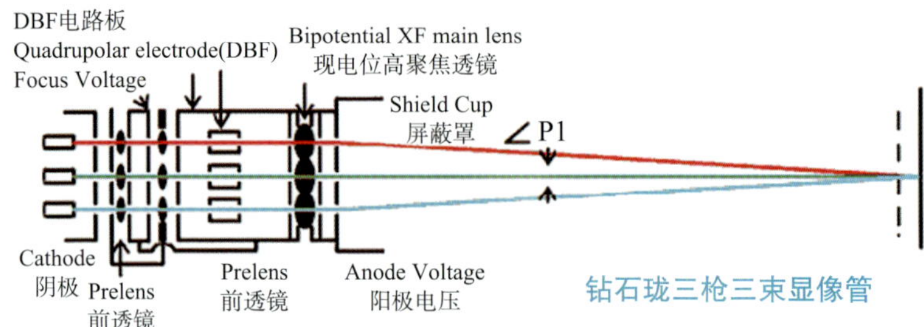

CPT 技术传承演进图

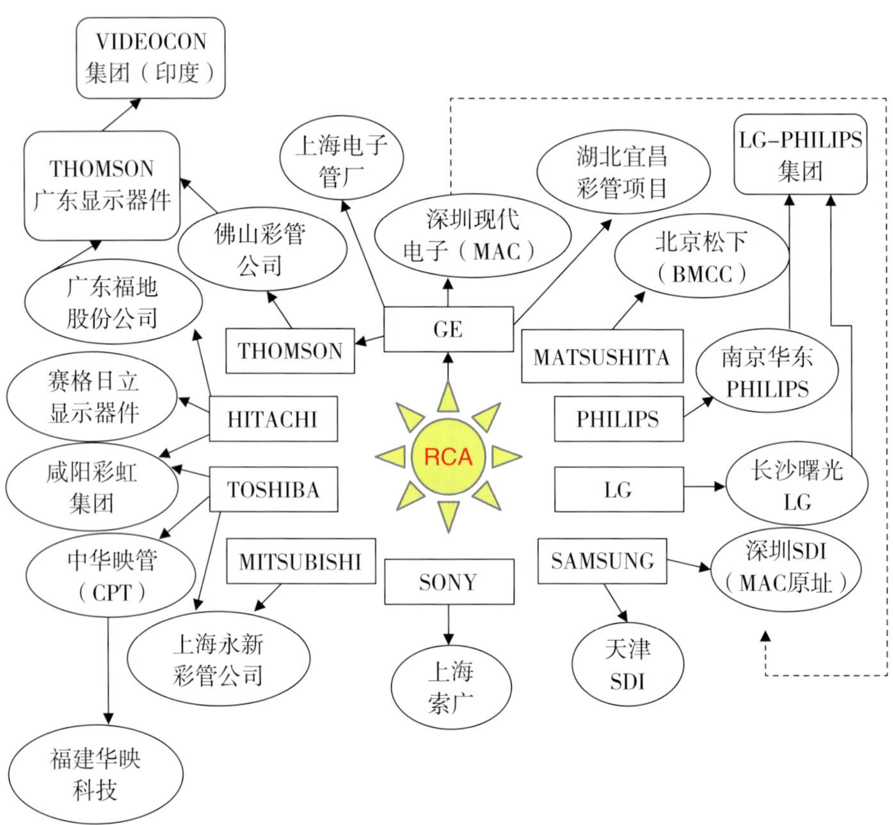

后彩管时代的显示技术和演进略述

高海洛、李景阳整理

由 CRT 所制成的产品问世以来，经过数十年的发展完善，技术已非常成熟，产品画面质量已经达到了相当高的水准，而价格又比其他类型的同尺寸产品便宜，性价比是各类产品中最高的。其优点概括起来主要有：亮度高、对比度好、色彩鲜明、观看视角大等，环境光线对画质基本无影响。如果对画质有非常苛刻的要求，CRT 产品至今仍然是最合理的选择。不过也有不足，一是实用化的最大屏幕尺寸通常只能做到 38 英寸，另外也很难薄型化和轻型化，例如 38 英寸的 CRT 电视机已经非常笨重和庞大了。

其实归结起来，CRT 技术从诞生到现在也不过就是 100 年左右的时间，而真正发展也是在 20 世纪 50 年代以后的事情了，因此 CRT 作为显示设备被淘汰或许也只用了 50 年的时间。

英年早逝的"等离子显示板"（PDP）

等离子显示板（Plasma Display Panel，简称 PDP），台湾地区称为电浆显示，是一种利用气体放电的显示技术，其工作原理与日光灯很相似。它采用等离子管作为发光组件，屏幕上每一个等离子管对应一个像素，屏幕以玻璃作为基板，基板间隔一定距离，四周经气密性封接形成一个个放电空间。放电空间内充入氖、氙等混合惰性气体作为工作介质。在两块玻璃基板的内侧面上涂有金属氧化物导电薄膜作为激励电极。当向电极上加入电压时，放电空间内的混合气体便发生等离子体放电现象。气体等离子体放电产生紫外线，紫外线激发荧光屏，荧光屏发射出可见光，显现出图像。

PDP 影像的形成主要取决于高能量的电子束打在屏幕上数以百万计的小点（我们称为“像素”）后所产生的亮度，在绝大多数电视上，共有三种颜色（红、绿、蓝）的像素，这三种颜色的像素被平均地分布在整个屏幕上。所有的色彩都可以通过选定的三种单色光，以适当的比例混合而成，而且绝大多数的彩色光也可以分解成特定的三种单色光。这三种选定的颜色被称为三原色，三原色相互独立，其中任一种基色是不能由另外两种基色混合而得到的，但它们相互以不同的比例混合，就可以得到不同的其他颜色。

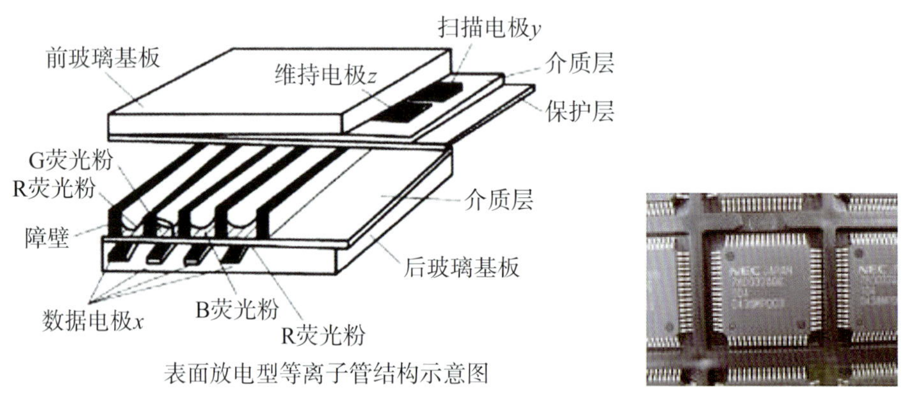

表面放电型等离子管结构示意图

等离子显示屏是一种利用气体放电的显示装置，这种屏幕采用了等离子管作为发光组件。大量的等离子管排列在一起构成整个屏幕。每个等离子管作为一个像素，每个像素由三种不同颜色的发光体组成——红、绿、蓝。由这些像素的明暗和颜色组合变化产生各种灰度和色彩的图像，这与 CRT 的原理很相似。等离子管的中心组件就是等离子体，它是由自由流动的离子（带电的原子）和电子（带负电的粒子）组成的气体。在通常情况下，气体主要由不带电的粒子组成，也就是说，一个单独的气体分子包括了相同数量的质子（原子核里带正电荷的粒子）和电子，带负电荷的电子和带正电荷的质子保持着完美的平衡，所以原子的净电荷为零。

如果利用加大电压的方法把一些电子放入到气体内，那么它就会立刻产生变化，自由的电子与原子相撞，并使原子内部的电子数目失衡，这就会使其带正电荷，并产生了离子。在稳定等离子体中如果有电流穿行其中，那么带负电的粒子就会冲向那些带正电粒子的区域，而带正电的粒子也会杀向那些带负电粒子的区域。

在这样的运动中，双方的粒子不断地进行着撞击。这些撞击激发了等离子体中的气体原子，促使它们发出了光。这个工作原理类似于普通日光灯。等离子显示屏上每个等离子对应的小室内都充有氖、氙原子，当它们被撞击时便发出了光。一般来讲，这些原子发出的光只是紫外线光，而紫外线光人眼是无法看见的。但正是这些紫外线光，才激发了我们可见的光线。

当使用涂有三原色（也称三基色）荧光粉的荧光屏时，紫外线激发荧光屏，荧光屏发出的光则呈红、绿、蓝三原色。当每一原色单元实现 256 级灰度后再进行混色，便实现彩色显示。等离子体显示器技术按其工作方式可分为电极与气体直接接触的直流型 PDP 和电极上覆盖介质层的交流型 PDP 两大类。目前研究开发的彩色 PDP 的类型主要有三种：单基板式（又称表面放电式）交流 PDP、双基板式（又称对向放电式）交流 PDP 和脉冲存储直流 PDP。

在 20 世纪 90 年代，PDP 冒起的时代，人们曾期望它是 CRT 的继承者——它 Flat（平），长于 40 英寸以上。而 CRT 的局限正是难以超越 40 英寸。PDP 用 inertgas（惰性气体）技术，令色彩柔和，但 40 英寸以下的产品生产并无价值，同时有长时期会漏气、过热（用风扇）等毛病。

但 PDP-TV 从 1995 年出生，到 2014 年日、韩、中最后一条生产线永久关闭，只有 19 年的寿命，而 MS 也从来不超 12%。在它之前有 CRT，在它之后有 LCD。尴尬的是，比它技术落后，仍有市场的 CRT-TV，至今生产了 63 年还在继续，但号称新一代平板技术的 PDP-TV 已正式死亡了，而和它同期出道的用液晶技术的 LCD-TV，现则如日中天。PDP 的悲剧，是技术尽管存在领先之处，但由于生产的产品有先天局限，结果是死于市场。

液晶显示器的诞生和演进

液晶显示器（Liquid Crystal Display），又叫“液态晶体显示器”，即 LCD。我

们知道物质有固态、液态、气态三种形态。液体分子质心的排列虽然不具有任何规律，但是如果这些分子是长形的（或扁形的），它们的分子指向就可能有规律。于是我们就又可将液态分为许多形态。没有方向规律的液体分子，我们直接称为液体，而对于具有方向的液体分子，则称为“液态晶体”，简称“液晶”。液晶是在 1883 年，由奥地利植物学家莱尼茨尔（Reinitzer）发现的，简而言之，液晶是一种介于固体与液体之间，具有规则性分子排列的有机化合物。它由长棒状的分子构成。在自然状态下，这些棒状分子的长轴大致平行。液晶从形状和外观上看都是一种液体，但它的水晶式分子结构又表现出固体的形态。像磁场中的金属一样，当受到外界电场影响时，其分子会产生精确的有序排列；如对分子的排列加以适当的控制，液晶分子将会允许光线穿透；光线穿透液晶的路径可由构成它的分子排列来决定，这又是固体的一种特征。

LCD 的第一个特点是必须将液晶灌入两个列有细槽的平面之间才能正常工作。这两个平面上的槽互相垂直（90 度相交），也就是说，若一个平面上的分子南北向排列，则另一个平面上的分子东西向排列，而位于两个平面之间的分子被强迫进入一种 90 度扭转的状态。由于光线顺着分子的排列方向传播，所以光线经过液晶时也被扭转了 90 度。但当在液晶上加一个电压时，分子便会重新垂直排列，使光线能直射出去，而不发生任何扭转。

LCD 的第二个特点是它依赖极化滤光片和光线本身，自然光线是朝四面八方随机发散的，极化滤光片实际上是一系列越来越细的平行线。这些线形成一张网，阻断不与这些线平行的所有光线，极化滤光片的线正好与第一个垂直，所以能完全阻断那些已经极化的光线。只有与两个极化滤光片的线完全平行，或者光线本身已扭转到与第二个极化滤光片相匹配，光线才得以穿透。

LCD 正是由这样两个相互垂直的极化滤光片构成，所以在正常情况下应该阻断所有试图穿透的光线。但是，由于两个极化滤光片之间充满了扭曲液晶，所以在光线穿出第一个极化滤光片后，会被液晶分子扭转 90 度，最后从第二个极化滤光片中穿出。另一方面，若为液晶加一个电压，分子又会重新排列并完全平行，使光线不再扭转，所以正好被第二个极化滤光片挡住。

一般最常用的液晶形态为向列型液晶，分子形状为细长棒形，长宽约

1 ～ 10nm，在不同电流电场作用下，液晶分子会做规则旋转 90 度排列，产生透光度的差别，如此在电源 ON/OFF 下产生明暗的区别，依此原理控制每个像素，便可构成所需图像。

LCD 的背光技术类型

对于液晶显示器来说，最重要的关键是其液晶面板和背光类型，而市面上的显示器的液晶面板一般采用 TFT 面板，是一样的，LED 和 LCD 的区别仅仅是它们的背光类型不一样：

背光模组主要光学元件结构图

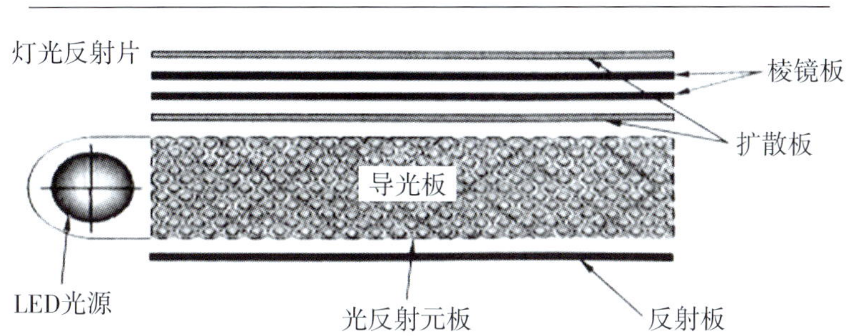

CCFL-LCD 是用 CCFL（冷阴极荧光灯管）作为背光光源的液晶显示器（LCD）。CCFL 的优势是色彩表现好，不足是功耗较高。

LED-LCD 是用 LED（发光二极管）作为背光光源的液晶显示器（LCD），通常意义上是指 WLED（白光 LED）。LED 的优势是体积小、功耗低，因此用 LED 作为背光源，可以在兼顾轻薄的同时达到较高的亮度。

目前在 LCD 上用得最多的背光光源是 LED（发光二极管）。CCFL（冷阴极荧光灯管）已逐步淡出市场。LED 因采用单点发光、耗电量低，再加上寿命长、短小轻薄、环保等优势，使得目前 LED 已逐渐取代 CCFL 大量应用于各类 LCD 的背光光源。LED 的色彩饱和度可达到接近 100%，远优于 CCFL 一般 70% ～ 85% 的表现水准。这里还要特别提出的是由于 LED 驱动较 CCFL 快得多，CCFL 的驱动需时 1 ～ 2s，而 LED 只需要 50ns，所以前面提到的不使用彩色滤光片，利用场序（Field Sequential Color）技术彩色化，采用 LED 做背光光源就可以实现。

液晶自1883年发现以来，主要经历了五个发展阶段。其中1883年至1968年为材料基础理论和应用研究阶段，主要由德国人和美国人在推动，其研究出了动态散射（DSM-LCD）和扭曲向列（TN-LCD）液晶显示器雏形。1973年至1985年为产业化初期阶段，日本厂商在获得TN-LCD技术后，将其广泛应用于计算器、电子表、掌上游戏机等电子产品中，为液晶技术奠定了产业基础。这一时期的液晶屏尺寸主要在2英寸以下，黑白色阶显示。1985年至1992年是STN-LCD（超扭曲向列）液晶推广应用阶段。这种（伪）彩色液晶显示屏，开始应用于掌上游戏机、笔记本电脑等电子产品，屏幕尺寸主要在10.4英寸以下，分辨率只有640×480像素。1992年至2003年是TFT-LCD(薄膜晶体管）液晶发展的成长期，随着2～27英寸彩色TFT液晶屏，在笔记本电脑、台式计算机显示器、手机、掌上游戏机等电子产品上的应用，液晶产品逐渐取代传统CRT显像管显示屏，并战胜PDP等离子显示技术，成为市场主流。

LCD的分类

A. 按控制方式分类

液晶显示器按控制方式的不同可以分为被动矩阵式LCD和主动矩阵式LCD两种：

1. 被动矩阵式LCD

被动矩阵式LCD在亮度及可视角度等方面受到较大的限制，反应速度也比较慢。由于画面质量也不好，这种显示器不适于发展为桌面型显示器。但是由于这种显示器成本低廉，因此在市场上仍有部分显示器采用被动矩阵式LCD。被动矩阵式LCD又可分为：扭曲向LCD，即TN-LCD（Twisted Nematic LCD）、超扭曲向列LCD，即STN-LCD（Super TN LCD）和双层超扭曲向列LCD，即UDSTN-LCD（Double layer STN-LCD）。

2. 主动矩阵式LCD

目前应用比较广泛的是主动矩阵式LCD，也称为TFT-LCD（Thin Film Transistor-LCD，薄膜晶体管LCD）。TFT液晶显示器是在画面中的每个像素内建晶体管，可使亮度更明亮、色彩更丰富及可视面积更宽广。因此TFT既应用在笔记本电脑上，又用于主流台式显示器市场，目前使用的LCD主要为TFT型的液晶显示器，所以通常也用TFT代替LCD作为液晶显示器的称呼。

TFT液晶显示器的显像原理是采用“背透式”照射方式。当光源照射时，先通过下偏光板向上透出，借助液晶分子来传导光线。由于上下夹层的电极改成FET电极和共通电极，在FET电极导通时，液晶分子的排列状态同样会发生改变，也通过遮光和透光来达到显示的目的。但不同的是，由于FET晶体管具有电容效应，能够保持电位状态，先前透光的液晶分子会一直保持这种状态，直到FET电极下一次再加电改变其排列方式为止。

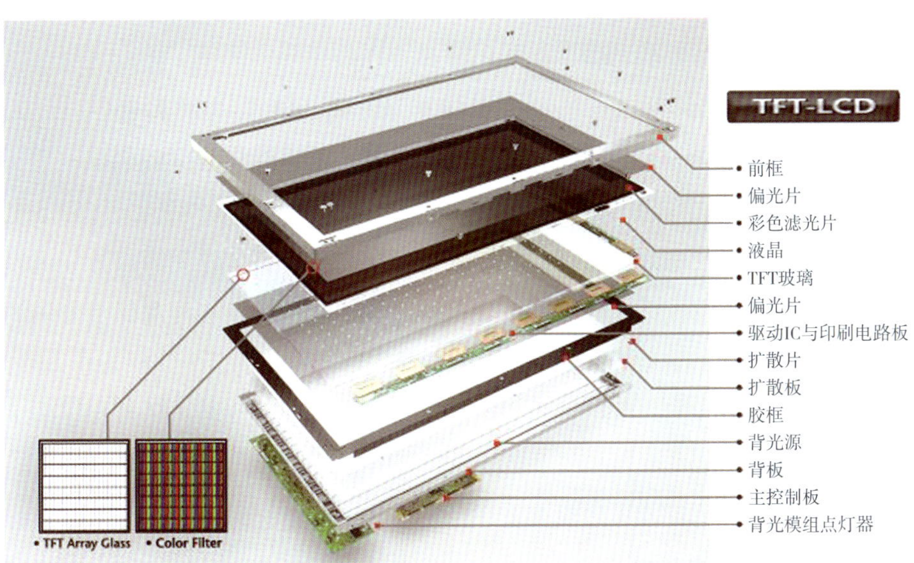

TFT（薄膜晶体管）液晶显示屏的结构拆解图，左下角的第一个小方框，是在玻璃基板上用封框胶围成的像素数组。玻璃基板是液晶显示屏的主体，在玻璃基板上采用气相沉积、曝光、显影、刻蚀等工艺，制成上百万个薄膜晶体管。每一个晶体管用封框胶围成一个子像素，每3个晶体管子像素，对应彩色滤光片上的三个红绿蓝小方块，共同组成一个像素单元。在封框胶内滴注液晶材料（几微米厚度），由于液晶材料具有在电场条件下扭转分子排序结构的特性，就可以控制光线的透光量，光线经过彩色滤光片染色后，就可以显示出五彩缤纷的图像。左下角的第二个彩色小方块，就是彩色滤光片上印刷的红绿蓝三原色

小方块，每 3 个组成一个像素。液晶是世界上最昂贵的高分子材料之一，每吨价格高达数千万元人民币，所以每块液晶显示屏的液晶用量，均以毫克来计算。

TFT（薄膜晶体管）液晶显示屏的构造，简单来说如同夹心饼干，由下至上分别为：背光板、下偏光片、玻璃基板、薄膜晶体管、液晶层、彩色滤光片、上偏光片。整个液晶显示屏里包含了上百万个像素单元（例如 1280×1024 分辨率，共计 131 万像素），用以显示图像。背光板负责为液晶显示屏提供基本光源，由背光板送出来的散乱光线，经过下偏光片（印有极细的水平细线）送往液晶层工作。再上面就是由两层玻璃（玻璃基板、彩色滤光片）夹着的薄膜晶体管和液晶材料层。晶体管是控制每个像素的开关，用气相沉积设备在玻璃基板上沉积出性质不同的半导体薄膜（如介电层、电极层），再用光刻、刻蚀工艺制成上百万个薄膜晶体管。通过共同电极层，就可以精确控制每一个晶体管的电压变化。每个晶体管用封框胶围成一个子像素单元，再向其中滴注液晶材料（仅几微米厚度）。通过控制晶体管的电压变化，就可以控制液晶材料的长棒状分子（扭转）排序结构，以遮断或者透过背光板射来的光线。液晶层上面是印刷了大量红绿蓝三原色微型方块的彩色滤光片玻璃。每 3 个薄膜晶体管对应彩色滤光片上的 3 个红绿蓝小方格，就可以组成一个像素。光线经过彩色滤光片后，从上偏光片（印有极细的垂直细线）透出，在屏幕上显示出精细的彩色图像。不过，LCD 由于工艺复杂，上百万个像素单元很容易出现瑕疵，也就是我们日常所说的“坏点”。

B. 按驱动方式分类[①]

液晶显示器在驱动方面，总体主要经历了无源液晶显示（PM-LCD）到有源液晶显示（AM-LCD）的发展过程。PM-LCD 以 TN 和 STN 型 LCD 为代表，采用直接驱动法；AM-LCD 一般指 TFT-LCD，采用有源驱动法。

1. TN-LCD 与 STN-LCD

STN-LCD 是 TN-LCD 的升级产品，两者结构基本相同。TN-LCD 的基

① 马小陆主编：《基于 ARM9 的嵌入式 Linux 系统开发原理与实践》，咸阳：西安电子科技大学出版社，2011，页 281。

本单元和显示原理如下图所示，液晶的扭曲角度为 90 度。而 STN–LCD 的扭曲角度达到 180 ～ 360 度，提高了液晶的电光响应速度。如下图所示，由于 STN–LCD 的扫描行电极和寻址列电极直接连接在液晶像素上进行驱动，因而存在着分辨率低、色彩少和无真彩显示、响应速度慢的缺陷。

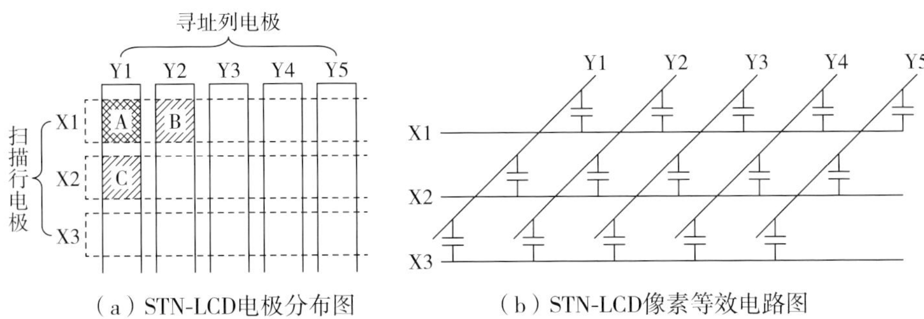

（a）STN-LCD电极分布图　　（b）STN-LCD像素等效电路图

这种新型的驱动模式，在解决了响应速度、占空比、对比度、灰度级等限制的同时，还实现了高品质彩色视频显示。

2. TFT–LCD[①]

薄膜晶体管液晶显示器（Thin Film Transistor–Liquid Crystal Display），俗称彩屏。TFT–LCD 与无源 TN–LCD、STN–LCD 的简单矩阵不同，它在液晶显示屏的每一个像素上都设置有一个薄膜晶体管（TFT），可有效地克服非连通时的串扰，使显示液晶屏的静态特性与扫描线数无关，因此大大提高了图像质量。

利用非晶硅或多晶硅材料制备而成的 TFT–LCD 具有分辨率高、色彩丰富、反应速度较快、对比度和亮度都较高、屏幕可视角度大、易实现大面积显示等一系列优点，其中，由于 a–Si：H TFT（非晶硅薄膜晶体管）具有制作工艺简单、玻璃基板成本低等诸多突出的优点而备受关注，成为 TFT–LCD 中的主流技术。目前，a–Si：H TFT–LCD 生产技术已被众多面板生产厂商所掌握，并进行大批量生产化。

液晶生产线以玻璃基板尺寸规格作为划代标准。玻璃基板尺寸越大，能

① 周兴华、倪敏娜编著：《手把手教你学 ARM Cortex–M0 基于 LPC11XX 系列》，北京：北京航空航天大学出版社，2016，页 120。

在同一块玻璃上切割出的液晶显示屏越大，可以有效降低生产成本。自 2004 年至今，是大尺寸液晶产品的成长期，随着 27 英寸以上的液晶电视对传统彩电的市场替代效应，世界液晶产业规模超过了 1000 亿美元，其年产值生产线规格也发展到了第 10.5 代，出现了对角线尺寸为 108 英寸的巨型液晶电视。

其中 5 代线以下为中小尺寸面板生产线，主要切割 3 ～ 27 英寸的计算机、电视、数码相机、手机液晶屏。6 代线以上为大尺寸面板生产线，主要切割 37 ～ 65 英寸的液晶电视屏。由于技术原理相似，各代线在工艺流程上并没有太大迥异；只是随着玻璃基板尺寸增大，工艺难度、设备投资也成倍增加。以 5 代线作为分水岭，小尺寸面板生产线的投资额只有几十亿元，而大尺寸液晶面板生产线的投资额暴增至数百亿元。由于需要建设大面积无尘洁净车间，购置大量自动化精密机械，液晶面板厂也就成了世界上最昂贵的工厂。

世界 TFT-LCD（薄膜晶体管）液晶发展简表

代数	投产时间	玻璃基板尺寸	经济切割尺寸	第一家量产厂商	投资额
1 代线	1991 年 10 月	320mm × 400mm	8 英寸 4 片	夏普奈良天理第 1 工厂	1 亿美元
2 代线	1994 年 2 月	370mm × 470mm	10 英寸 4 片	NEC 鹿儿岛工厂	2 亿美元
2.5 代线	1994 年 8 月	410mm × 520mm	11 英寸 4 片	夏普三重多气町第 1 工厂	2 亿美元
3 代线	1996 年 5 月	550mm × 650mm	12 英寸 6 片	DTI 滋贺县野洲工厂	3 亿美元
3.5 代线	1997 年 11 月	590mm × 670mm	14 英寸 6 片	LG 龟尾 P2 工厂	4 亿美元
	1997 年 9 月	650mm × 830mm	15 英寸 6 片	日立茂原工厂	4 亿美元
4 代线	2000 年 9 月	680mm × 880mm	17 英寸 6 片	夏普三重多气町第 2 工厂	5 亿美元
4.5 代线	2000 年 10 月	730mm × 920mm	18 英寸 4 片	三星天安工厂	5 亿美元
5 代线	2002 年 5 月	1000mm × 1200mm	27 英寸 6 片	LG 龟尾 P4 工厂	13 亿美元
6 代线	2004 年 1 月	1500mm × 1850mm	37 英寸 6 片	夏普三重龟山第 1 工厂	20 亿美元
7 代线	2005 年 4 月	1870mm × 2200mm	40 英寸 8 片	三星牙山工厂	23 亿美元
7.5 代线	2006 年 1 月	1950mm × 2250mm	47 英寸 6 片	LG 坡州工厂	30 亿美元

续表

代数	投产时间	玻璃基板尺寸	经济切割尺寸	第一家量产厂商	投资额
8 代线	2006 年 8 月	2160mm × 2460mm	52 英寸 6 片	夏普三重龟山第 2 工厂	40 亿美元
8.5 代线	2007 年 8 月	2200mm × 2500mm	55 英寸 6 片	三星牙山工厂	40 亿美元
10 代线	2009 年 10 月	2880mm × 3130mm	65 英寸 6 片	夏普堺市工厂	42 亿美元
10.5 代线	2017 年 12 月	2940mm × 3370 mm	65 英寸 8 片 75 英寸 8 片	京东方合肥	458 亿元

LCD 的优点是：低压微功耗，外观小巧精致，厚度只有 6.5~8mm，被动显示型（无眩光，不刺激人眼，不会引起眼睛疲劳），显示信息量大（因为像素可以做得很小），易于彩色化（在色谱上可以非常准确地复现），无电磁辐射（对人体安全，利于信息保密），长寿命（这种器件几乎没有什么劣化问题，因此寿命极长，但是液晶背光寿命有限，不过背光部分可以更换）。

由于 CRT 显示器是靠偏转线圈产生的电磁场来控制电子束的，而电子束在屏幕上又不可能绝对定位，所以 CRT 显示器往往会存在不同程度的几何失真、线性失真情况。而 LCD 由于其原理问题不会出现任何的几何失真、线性失真情况，这也是其一大优点。

与传统 CRT 相比，液晶在环保方面也表现得不错，这是因为 LCD 内部不存在像 CRT 那样的高压元器件，所以其不会出现由于高压导致的 X 射线超标的情况，因此其辐射指标普遍比 CRT 要低一些。

LCD 与传统 CRT 相比最大的优点还是在于耗电量和体积，对于传统 17 英寸 CRT 来讲，其功耗几乎都在 80W 以上，而 17 英寸 LCD 的功耗大多数都在 40W 上下，这样算下来，液晶在节能方面可谓是优势明显。

我国作为世界最大的 CRT、液晶电视制造国，在显示器产业发展历史上有着惨痛的教训。了解中国电子产业的朋友都知道一个词——“缺芯少屏”，芯就是芯片，屏就是显示屏。早在 1978 年，我国开始发展电视工业时，由于缺乏彩色显像管核心技术，在政府主导下启动了“彩电国产化”工程，由银行出资近 200 亿美元，从日本成套引进 17 ～ 21 英寸彩电生产线，在全国建成了八大彩色显像管厂（7家合资）和八大玻壳厂，同时引进113条彩电装配生产线，遍布于全国各地，由此诞生了长虹、TCL、康佳、海信等彩电巨头。到1987年，中国彩电年产量达到1934万台，首次超过日本，跃居全球第一。此后依靠成本规模优势，迅速超越了国外同类产业。

大规模的重复引进，在让中国电视工业崛起的同时，也使得行业进入产能过剩、低价竞争的局面。各大彩电集团在惨烈的价格战中，利润严重下滑甚至亏损，失去了进一步推动核心技术升级的能量。到2004年，当世界电视产业从传统CRT（显像管）显示器，向液晶、等离子等新型平板显示器转换时，中国彩电工业再一次惨遭淘汰。至2009年的短短五年时间里，中国花费20多年时间建立起来的彩色显像管工业，被技术换代风暴彻底摧毁。八大彩管厂中的7家合资企业全部倒闭，只剩下没有合资的咸阳彩虹厂劫后余生。世界最大的彩电玻壳制造商河南安彩，因错误判断产业形势，继续扩大玻壳产能而最终倒闭。

由于液晶面板占液晶电视整机成本的2/3，国内彩电厂商被迫花费巨资，从韩国、日本等厂商手里采购液晶面板等关键零部件。以2010年为例，当年中国液晶面板进口额超过400亿美元，仅次于集成电路（1569亿美元）、石油（1351亿美元）和铁矿石（794亿美元）。

随着我国液晶电视产能的持续增长，这种产业核心部件受制于人的尴尬局面，已经严重威胁中国电视产业安全。在1998年至2008年，日、韩平板电视厂商（甚至台湾地区企业）“拥屏自重”，肆意侵蚀中国彩电市场份额，并且对中国企业进行严格的液晶技术封锁。这一局面直至2008年全球金融危机，导致世界液晶面板价格崩盘才告一段落。为了突破产业困局，从2009年起，国内液晶面板企业逆势扩张，打响了产业反击战。

2009年8月25日，我国液晶面板龙头企业——北京京东方，宣布投资280.3亿元人民币，建设我国第一条第8.5代液晶面板生产线。此举如同一声霹雳，瞬间击溃了外国厂商的技术封锁联盟。在此后不到10天的时间里，日本夏普，韩国三星、LG，中国台湾奇美、友达等厂商，纷纷宣布放弃封锁策略，要在中国大陆建设高世代液晶面板生产线。中国各地计划上马的第7.5

代以上生产线一度达到 8 条，总投资额超过 2000 亿元人民币。而目前全球已经投产的第 7.5 代以上生产线，总共也不过 12 条。

这场液晶狂潮背后，是中国液晶面板厂商与外资厂商的生死角逐。谁能率先填满中国市场需求，谁就能成为行业霸主，而落败者只有衰亡一途。进口关税将导致韩国、日本等国家和中国台湾地区的进口液晶面板，完全失去中国市场的竞争力。这就是外资厂商瞬间扭转封锁态度，抢着在华设厂的根本原因。这是后话了。

新一代的“有机电激光显示”（Organic Light-Emitting Diode，简称 OLED）①

OLED，即有机发光二极体（Organic Light-Emitting Diode），又称为有机电激光显示（Organic Electroluminescence Display，OELD）。OLED 是由出生于香港的美籍华裔教授邓青云（Prof. Ching W. Tang），在 1947 年在实验室中发现的一种有机发光二极体。但经过 40 年的持续研究，直到 1987 年，OLED 才被当时在柯达公司的邓青云教授等 8 人，成功开发为具有实用价值的平板显示技术。他们以 8- 羟基喹啉铝为发光材料，采用超薄薄膜技术和双层结构，成功地制备出低压（小于 10V）驱动的小分子 OLED，发光亮度达 1000cd/m^2 以上，发光效率为 1.5 lm/W，于是重新引起了人们对 OLED 的极大兴趣。邓教授也因此被称为“OLED 之父”。1990 年，英国剑桥大学的 J.H.Burroughes 等人发现了以共轭高分子 PPV 为发光层的

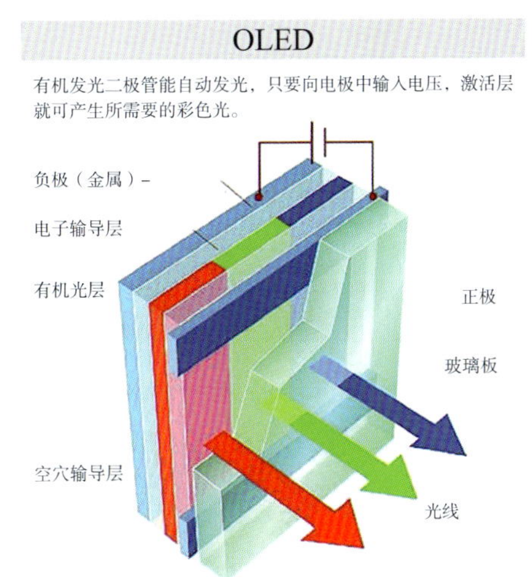

① 此章节主要参考自：文尚胜主编：《OLED 产业专利分析报告》，广州：华南理工大学出版社，2015，第 1-4 页。

OLED，从此在全世界范围内掀起了 OLED 研究的热潮。

OLED 的基本结构是由薄而透明、具半导体特性的铟锡氧化物（ITO）与电力正极相连，再加上另一个金属阴极，包成如三明治的结构。整个结构层中包括：空穴传输层（HTL）、发光层（EL）与电子传输层（ETL）。当电力供应至适当电压时，正极空穴与阴极电荷就会在发光层中结合，产生光亮，依其配方不同产生红、绿和蓝（RGB）三原色，构成基本色彩。

OLED 的特性是自己发光，不像 TFT-LCD 需要背光，因此可视度和亮度均高，其次是电压需求低且省电，还有反应快、重量轻、厚度薄、构造简单、成本低等。

有机发光二极体的发光原理和无机发光二极体相似。当组件受到直流电（Direct Current，DC）所衍生的顺向偏压时，外加的电压能量将驱动电子（Electron）与空穴（Hole）分别由阴极与阳极注入组件，当两者在传导中相遇、结合，即形成所谓的电子—空穴复合（Electron-Hole Capture）。而当化学分子受到外来能量激发后，若电子自旋（Electron Spin）和基态电子成对，则为单重态（Singlet State），其所释放的光为所谓的荧光（Fluo-rescence）；相反，如激发态电子和基态电子自旋不成对且平行，则称为三重态（Triplet State），其所释放的光为所谓的磷光（Phosphorescence）。

OLED 的发光材料

有机材料的特性深深地影响组件之光电特性表现。在阳极材料的选择上，材料本身必须是具高功函数（High work function）与可透光性的，所以具有 4.5e ～ 5.3eV 的高功函数、性质稳定且透光的 ITO 透明导电膜，便被广泛应用于阳极。在阴极部分，为了增加组件的发光效率，电子与电洞的注入通常需要低功函数（Low work function）的 Ag、Al、Ca、In、Li 与 Mg 等金属，或低功函数的复合金属来制作阴极。

适合传递电子的有机材料不一定适合传递空穴，所以有机发光二极体的电子传输层和空穴传输层必须选用不同的有机材料。目前最常被用来制作电子传输层的材料必须制膜安定性高、热稳定且电子传输性佳，一般通常采用荧光染料化合物。如 Alq、Znq、Gaq、Bebq、Balq、DPVBi、ZnSPB、PBD、OXD、BBOT 等。而空穴传输层的材料属于一种芳香胺荧光化合物，如 TPD、TDATA 等有机材料。

有机发光层的材料必须具备固态下有较强荧光、载子传输性能好、热稳定性和化学稳定性佳、量子效率高且能够真空蒸镀的特性，一般有机发光层的材料使用通常与电子传输层或电洞传输层所采用的材料相同，例如 Alq 被广泛用于绿光，Balq 和 DPVBi 则被广泛应用于蓝光。

OLED 彩色化技术

显示器全彩色是检验显示器能否在市场上具有竞争力的重要标志，因此许多全彩色化技术也应用到了 OLED 显示器上，按面板的类型通常有下面三种：RGB 像素独立发光、光色转换（Color Conversion）和彩色滤光膜（Color Filter）。

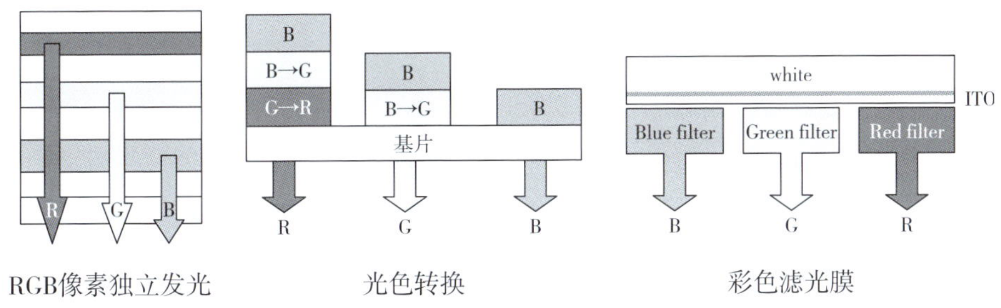

1）RGB 像素独立发光

利用发光材料独立发光是目前采用最多的全彩色模式。它是利用精密的金属荫罩与 CCD 像素对位技术，首先制备红、绿、蓝三基色发光中心，然后调节三种颜色组合的混色比，产生真彩色，使三基色 OLED 组件独立发光构成一个像素。该项技术的关键在于提高发光材料的色纯度和发光效率，同时金属荫罩刻蚀技术也至关重要。

有机小分子发光材料 AlQ3 是很好的绿光发光小分子材料，它的绿光色纯度、发光效率和稳定性都很好。但 OLED 最好的红光发光小分子材料的发光效率只有 31mW，寿命为 1 万个小时，蓝色发光小分子材料的发展也是很慢和很困难的。有机小分子发光材料面临的最大瓶颈在于红色和蓝色材料的纯度、效率与寿命。但人们通过给主体发光材料掺杂，已得到了色纯度、发光效率和稳定性都比较好的蓝光和红光。

高分子发光材料的优点是可以通过化学修饰调节其发光波长的，现已得到了从蓝到绿到红的覆盖整个可见光范围的各种颜色，但其寿命只有小分子发光材料的十分之一，所以对高分子聚合物，发光材料的发光效率和寿命都有待提高。不断地开发出性能优良的发光材料应该是材料开发工作者的一项艰巨而长期的课题。

随着 OLED 显示器的全彩色化、高分辨率和大面积化，金属荫罩刻蚀技术直接影响着显示板画面的质量，所以对金属荫罩图形尺寸精度及定位精度提出了更加苛刻的要求。

2）光色转换

光色转换是以蓝光 OLED 结合光色转换膜阵列，首先制备出发蓝光 OLED 的器件，然后利用其蓝光激发光色转换材料得到红光和绿光，从而获得全彩色。该项技术的关键在于提高光色转换材料的色纯度及效率。这种技术不需要金属荫罩对位技术，只需蒸镀蓝光 OLED 组件，是未来大尺寸全彩色 OLED 显示器极具潜力的全彩色化技术之一。但它的缺点是光色转换材料容易吸收环境中的蓝光，造成图像对比度下降，同时光导也会造成画面质量降低的问题。掌握此技术的日本出光兴产公司已生产出 10 英寸的 OLED 显示器。

3）彩色滤光膜

此种技术是利用白光 OLED 结合彩色滤光膜，首先制备出发白光 OLED 的器件，然后通过彩色滤光膜得到三基色，再组合三基色实现彩色显示。该项技术的关键在于获得高效率和高纯度的白光。它的制作过程不需要金属荫罩对位技术，可采用成熟的液晶显示器 LCD 的彩色滤光膜制作技术。所以是未来大尺寸全彩色 OLED 显示器具有潜力的全彩色化技术之一，但采用此技术使透过彩色滤光膜所造成光损失高达三分之二。日本 TDK 公司和美国 Kodak 公司采用这种方法制作 OLED 显示器。

OLED 驱动方式

OLED 的驱动方式分为主动式驱动（有源驱动）和被动式驱动（无源驱动）。

1）无源驱动（PM OLED）

无源驱动（PM OLED）分为静态驱动电路和动态驱动电路：

（1）静态驱动方式：在静态驱动的有机发光显示器件上，一般各有机电致发光像素的阴极是连在一起引出的，各像素的阳极是分立引出的，这就是共阴的连接方式。若要一个像素发光只要让恒流源的电压与阴极的电压之差大于像素发光值，像素将在恒流源的驱动下发光，若要一个像素不发光就将它的阳极接在一个负电压上，就可将它反向截止。但是在图像变化比较多时可能出现交叉效应，为了避免我们必须采用交流的形式。静态驱动电路一般用于段式显示屏的驱动上。

（2）动态驱动方式：在动态驱动的有机发光显示器件上，人们把像素的两个电极做成了矩阵型结构，即水平一组显示像素的同一性质的电极是共享的，纵向一组显示像素的相同性质的另一电极是共享的。如果像素可分为 N 行和 M 列，就可有 N 个行电极和 M 个列电极。行和列分别对应发光像素的两个电极，即阴极和阳极。在实际电路驱动的过程中，要逐行点亮或者要逐列点亮像素，通常采用逐行扫描的方式，行扫描，列电极为数据电极。实现方式是：循环地给每行电极施加脉冲，同时所有列电极给出该行像素的驱动电流脉冲，从而实现一行所有像素的显示。该行不再同一行或同一列的像素就加上反向电压使其不显示，以避免“交叉效应”，这种扫描是逐行顺序进行的，扫描所有行所需时间叫作帧周期。

在一帧中每一行的选择时间是均等的。假设一帧的扫描行数为 N，扫描一帧的时间为 1，那么一行所占有的选择时间为一帧时间的 1/N，该值被称为占空比系数。在同等电流下，扫描行数增多将使占空比下降，从而引起有机电致发光像素上的电流注入在一帧中的有效下降，降低了显示质量。因此随着显示像素的增多，为了保证显示质量，就需要适度地提高驱动电流或采用双屏电极机构以提高占空比系数。

除了由于电极的公用形成交叉效应外，有机电致发光显示屏中正负电荷载流子复合形成发光的机理使任何两个发光像素，只要组成它们结构的任何一种功能膜是直接连接在一起的，那两个发光像素之间就可能有相互串扰的现象，即一个像素发光，另一个像素也可能发出微弱的光。这种现象主要是因为有机功能薄膜厚度均匀性差，薄膜的横向绝缘性差造成的。从驱动的角度，为了减缓这种不利的串扰，采取反向截止法也是一个行之有效的方法。

带灰度控制的显示：显示器的灰度等级是指黑白图像由黑色到白色之间的亮度层次。灰度等级越多，图像从黑到白的层次就越丰富，细节也就越清晰。灰度对于图像显示和彩色化都是一个非常重要的指标。一般用于有灰度显示的屏多为点阵显示屏，其驱动也多为动态驱动，实现灰度控制的方法有：控制法、空间灰度调制、时间灰度调制。

2）有源驱动（AM OLED）

有源驱动的每个像素配备具有开关功能的低温多晶硅薄膜晶体管（Low Temperature Poly-Si Thin Film Transistor，LTP-Si TFT），而且每个像素配备一个电荷存储电容，外围驱动电路和显示阵列整个系统集成在同一玻璃基板上。与LCD相同的TFT结构，无法用于OLED。这是因为LCD采用电压驱动，而OLED却依赖电流驱动，其亮度与电流量成正比，因此除了进行ON/OFF切换动作的选址TFT之外，还需要能让足够电流通过的导通阻抗较低的小型驱动TFT。

有源驱动属于静态驱动方式，具有存储效应，可进行100%负载驱动，这种驱动不受扫描电极数的限制，可以对各像素独立进行选择性调节。有源驱动无占空比问题，驱动不受扫描电极数的限制，易于实现高亮度和高分辨率。

有源驱动由于可以对亮度的红色和蓝色像素独立进行灰度调节驱动，这更有利于OLED全彩色化实现。有源矩阵的驱动电路藏于显示屏内，更易于实现集成度和小型化。另外由于解决了外围驱动电路与显示屏的连接问题，这在一定程度上提高了成品率和可靠性，而和它同期出道的用液晶技术的 LCD-TV，现则如日中天。除日韩外，中国也大量投资 LCD 线，随着“PDP”在 2014 年全球退市，“CRT”也在 2016 年全球退市，LCD 明年将占显示器产业的 95% 以上，是显示器产业不争的新的皇者。

OLED 光源的优缺点

<table>
<tr><th>OLED 光源的优点</th><th>OLED 光源的缺点</th></tr>
<tr><td>（1）属于主动发光器件，无须背光模组，结构及制程简单，具有明显的成本优势</td><td rowspan="2">（1）功能材料的批量生产和纯化成本居高不下</td></tr>
<tr><td>（2）不存在视角问题，任意角度观看均无明显失真现象</td></tr>
<tr><td>（3）响应速度快，通常 LCD 的响应时间在 10 ～ 3s 量级，而有机电致发光器件的响应时间可达到 10 ～ 6s 量级</td><td rowspan="2">（2）寿命比较低，要低于 LCD 至少 1 万个小时的寿命</td></tr>
<tr><td>（4）对比度高，细节再现能力优于 LCD</td></tr>
<tr><td>（5）器件既轻且薄，有机膜和电极厚度加起来不到 500mm，封装后厚度约为 2mm，仅为 LCD 的 1/3</td><td rowspan="2">（3）不能实现大尺寸屏幕的量产，因此目前只适用于便携类的数码类产品</td></tr>
<tr><td>（6）全固态结构、无真空腔、无液体成分、抗震性好，可以适应巨大的加速度、振动等恶劣环境</td></tr>
<tr><td>（7）具有显著的耐低温特性，在 -40℃都能正常显示</td><td rowspan="2">（4）存在色彩纯度不够的问题，不容易显示出鲜艳、浓郁的色彩</td></tr>
<tr><td>（8）能实现柔性显示、双面显示等功能</td></tr>
</table>

OLED 市场现状和前景分析

OLED 是一门新型显示技术，具有超薄、高亮度、宽视角、自发光、低功耗、低成本、可弯曲及在低温条件下（TFT-LCD 中的液晶在这类条件下会凝固）能够正常工作等优越性能，被业界誉为继 CRT、LCD 之后理想的和最具发展前景的下一代显示器。

与前两代，特别是与 LCD 显示技术相比，OLED 在技术上拥有很多优势：在世界范围内，OLED 技术产业化刚刚起步，不过发展进程较快。在量产技术逐渐成熟的情况下，OLED 产业持续成长，世界各大光电厂商纷纷加入竞争行列。目前国际上从事有机发光显示研究开发及产业化的公司有 100 家以上，其中一部分公司已开始批量生产。截至 2015 年，我国有 30 多家科研机构和企业从事 OLED 的研发和产业化工作。美国与欧洲拥有较高的 OLED 研发水平，拥有的专利数量也最多。不过论产业化规模，还是日本、韩国与中国台湾地区处于领先地位。

由于技术仍未完全成熟，加之小尺寸产品的成品率较易控制，目前市场上推出的量产化 OLED 产品仍以小尺寸为主，几乎全为被动矩阵式，并使用小分子有机发光材料。主要应用领域为 MP3 播放器、手机、数码相机、车载显示器、家用电器等。但全球各大 OLED 厂商都在大尺寸、主动矩阵式上暗自较劲，以期在大尺寸 OLED 电视机上有所突破。

在 OLED 的两大技术体系中，低分子 OLED 技术主要集中于日本、韩国和中国台湾地区，而高分子的 OLED 技术主要为欧洲厂家所发展。另外，之前 LG 手机的 OEL 也是利用的 OLED 技术。OLED 技术及专利由英国的科技公司 CDT 掌握。两大技术体系相比，OLED 产品的全彩色化上仍有困难。而低分子 OLED 则较易全彩色化。

不过，虽然将来技术更优秀的 OLED 会取代 TFT 等 LCD，但有机发光显示技术还存在使用寿命短、屏幕大型化难等缺陷。为了形象说明 OLED 构造，可以将每个 OLED 单元比作一块汉堡，发光材料就是夹在中间的蔬菜。每个 OLED 的显示单元都能受控制地产生三种不同颜色的光。OLED 与 LCD 一样，也有主动式和被动式之分。被动方式下由行列地址选中的单元主动发光。主动方式下，OLED 单元后有一个薄膜晶体管（TFT），发光单元在 TFT 驱动下点亮。主动式 OLED 比被动式 OLED 省电，且显示性能更佳。

OLED 在过去的十几年中在器件的发光亮度、发光效率和寿命方面取得了巨大进展。早期的研发以小尺寸为主，几乎全为被动矩阵式，并使用小分子的有机发光材料。OLED 的原理是通过正负载流子注入有机半导体薄膜后，复合产生发光。就驱动方式来分类，OLED 可分为被动矩阵式（PM OLED）和主动矩阵式（AM OLED）；就发光材料分类，则分为有低分子（小分子）OLED 和高分子 OLED（又称为 PLED）。

近年来，OLED 显示技术已经从小尺寸逐渐向大尺寸发展。1997 年，日本先锋公司研制出绿色 OLED 点阵显示器（256×64）的车载 FM 接收机，同年日本出光兴产（Idimitsu Kosan）推出了 5 英寸无源驱动全彩色 QVGA、全彩色 OLED 显示器。到 1998 年，日本 NEC 公司、先锋公司（Pioneer）也相继推出 5 英寸无源驱动全彩色 QVGA、全彩色 OLED 显示器。2000 年，摩托罗拉（Motorola）推出了采用 OLED 显示屏的手机；至 2007 年底，索尼公司成功推出 12 英寸的 OLED 电视机；三星公司研制出 30 英寸和 40 英寸的 OLED 电视机。

OLED 的显示寿命也在近年有所突破，至 2006 年，红光材料最高寿命已经突破 14 万个小时，蓝光材料有的已经突破 2 万个小时，白光也突破 1 万个小时。

中国 OLED 产业发展概况

我国 OLED 产业也已拥有一定积累。清华大学从 1996 年开始研究 OLED 显示技术，在 OLED 新材料的设计、显示屏的制备和驱动技术的开发等方面取得了重大进展，申请了 20 多项国际、国内专利。清华大学与相关企业和投资公司共同成立北京维信诺科技有限公司。2002 年 11 月 11 日，该公司宣布成功开发出国内第一款全彩色 OLED 显示屏，并采用了拥有自主知识产权的新型 OLED 材料，解决了蒸镀工艺等方面的技术难题，使得显示器件的色纯度、发光效率等指标得到了进一步改善。

近年来，OLED 在工业和信息化部支持下，中国内地的 OLED 研发取得了突破性进展。2008 年 10 月，由清华大学组建的维信诺公司在昆山成功建成中国内地第一条 OLED 大规模生产线，实现了小尺寸 OLED 显示屏的量产。

由于中国在 CRT 和 LCD 的发展早期没有能够及时进入，使其缺乏核心技术和竞争能力，中国因此只能依靠低廉劳力及强大的代工等方式，参与产业链上利润较低的组装及测试。而 OLED 的出现，为中国显示产业提供了一个难得的发展机遇。

同时，中国目前是全球最大的 OLED 应用市场，其中 45% 以上的 IT 产品与显示器件有关；中国内地的手机产量占全球产量的50%以上；中国内地的MP3/MP4产量占全球产量的90%以上；而其他消费电子产品的产量，占全球产量的一半以上。随着OLED面板成本的进一步下降和产能的进一步提升，未来在其他消费电子产品中的应用水平也会有所提升。因此，中国发展OLED产业潜力巨大。

目前中国还没有形成完整的OLED产业链。概括地看，中国OLED产业链主要具有以下特征：

（1）产业链不完善，上游产品竞争力不强。在中国，已进入和即将进入OLED领域的企业众多，但主要集中在产业链下游面板制造环节，上游设备和原材料环节薄弱。大多数中国OLED厂商还处于初级阶段，大规模生产还远没实现。中国OLED企业所需要的制造设备和原材料，大多数依赖从日本和韩国进口；

（2）中国定位于加工制造环节的趋势初步明朗。中国劳动力成本低廉，市场前景巨大，技术发展相对落后，使得中国参与OLED产业国际分工时只能集中在劳动力密集的生产制造环节；

（3）缺乏综合配套能力较强的领导型企业。韩国三星是目前全球OLED行业出货量最大的企业，支撑其全球地位的不仅有其强大的在显示领域的研发实力，还有下游手机、MP3、高端电视等产品的巨大需求。在中国OLED行业中，目前还没有规模大、产品全、协同效应高的企业。

附录

黄志业整理

中国十大彩管生产基地

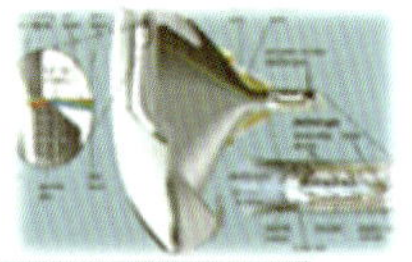

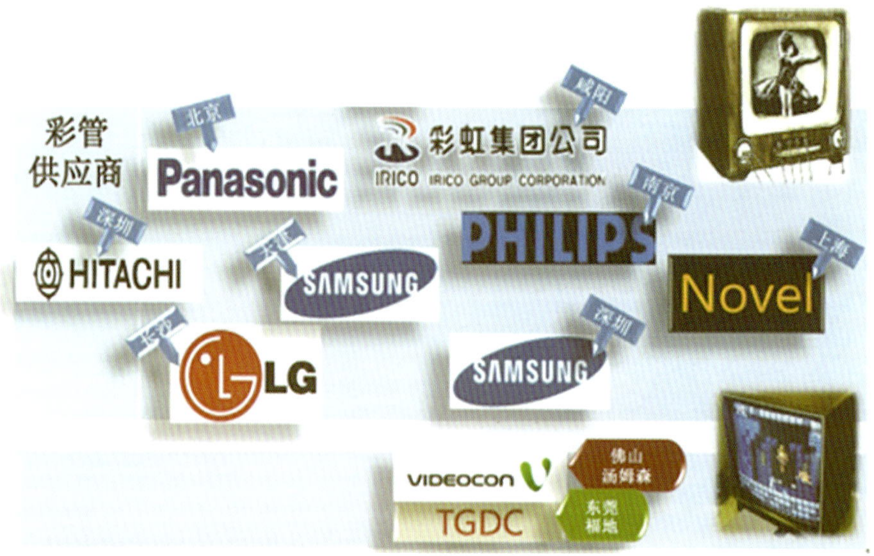

彩管
供应商
北京
Panasonic
咸阳
彩虹集团公司
IRICO IRICO GROUP CORPORATION
南京
PHILIPS
深圳
HITACHI
SAMSUNG
上海
Novel
LG
深圳
SAMSUNG
VIDEOCON
佛山
汤姆森
TGDC
东莞
福地

彩管剖面与电子束运动轨迹示意图

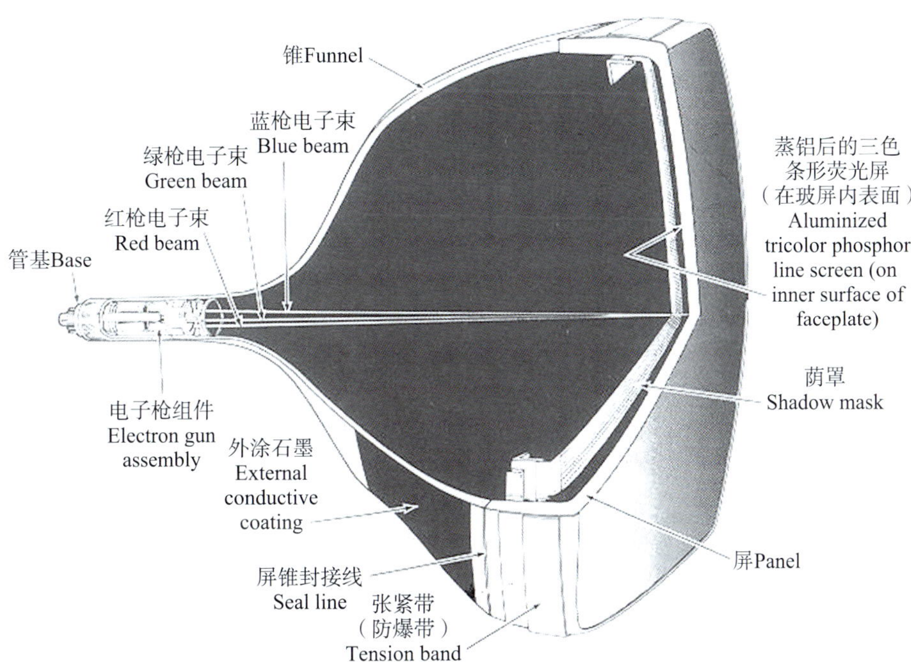

Cross-sectional view of color tube showing targets 彩管剖面与电子束运动轨迹示意图

彩色显像管（CPT）生产流程简述

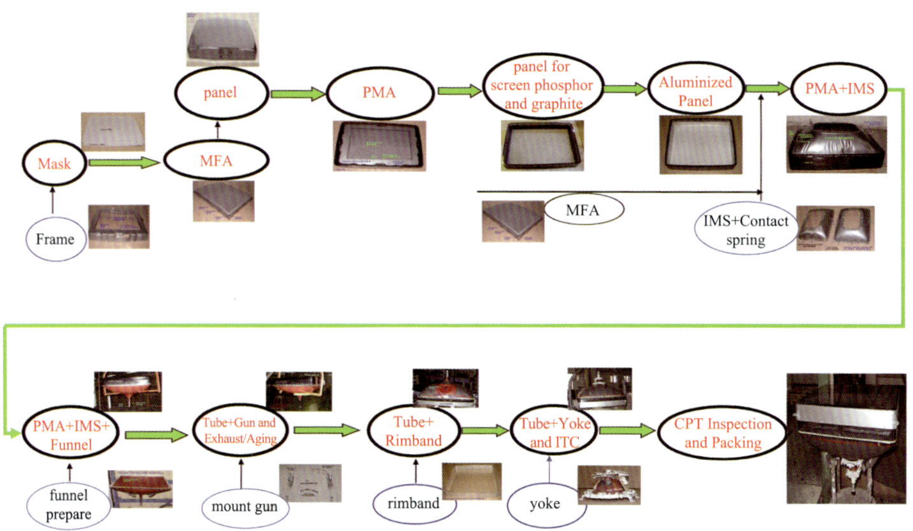

流程 A：荫罩区域工艺流程图

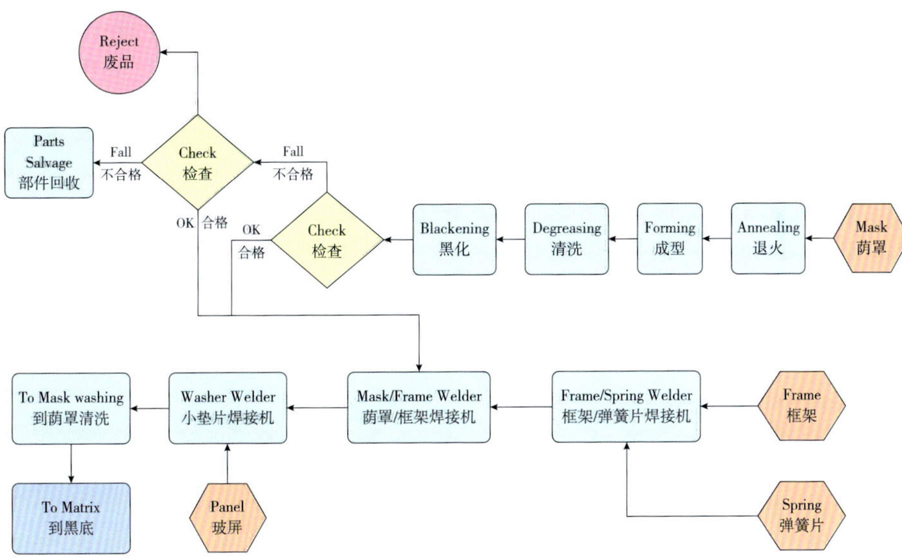

流程 B：前工序工艺流程图

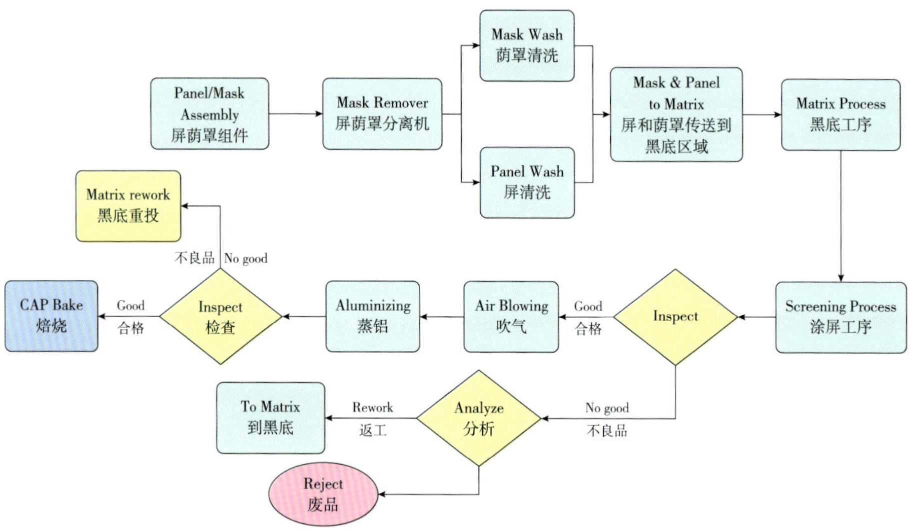

流程 C：蒸铝 / 清洗间工艺流程图

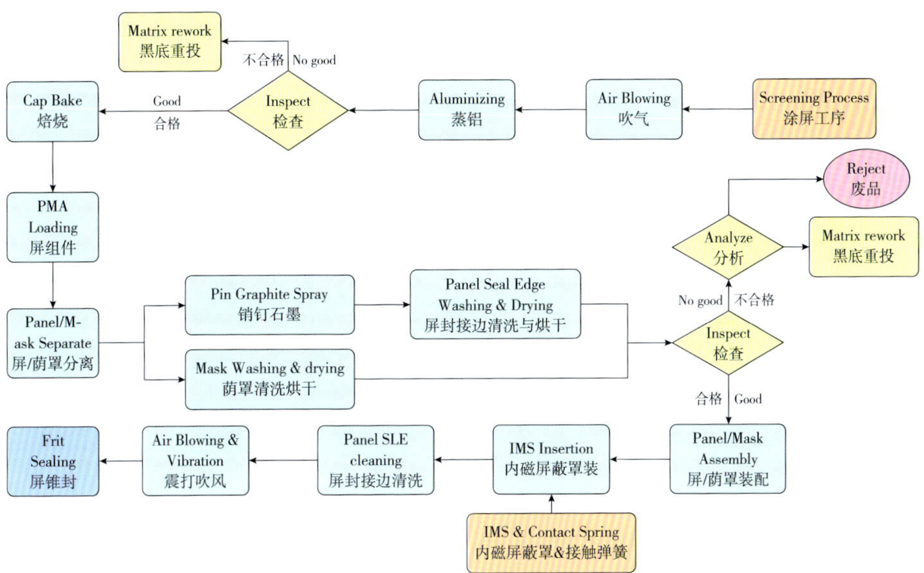

流程D:中工序工艺流程图

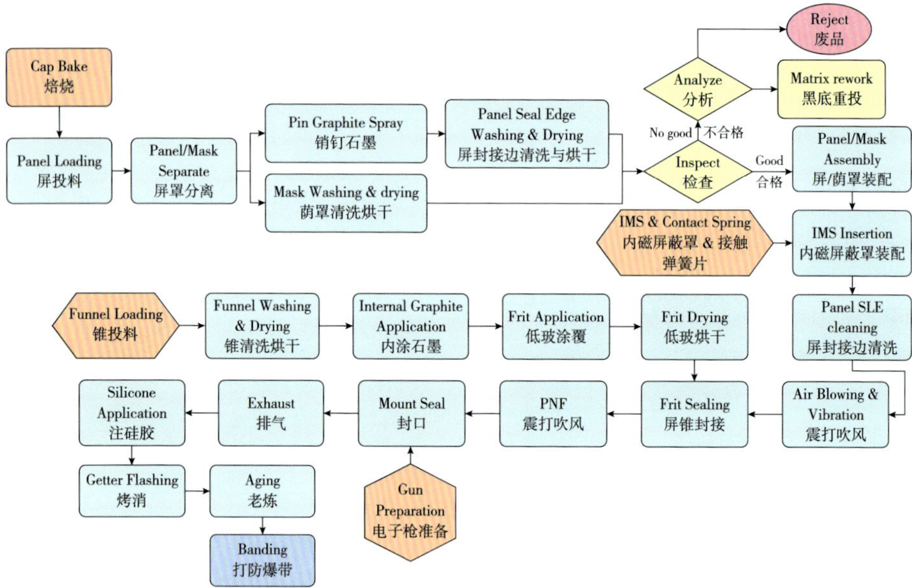

流程 E：后工序工艺流程图

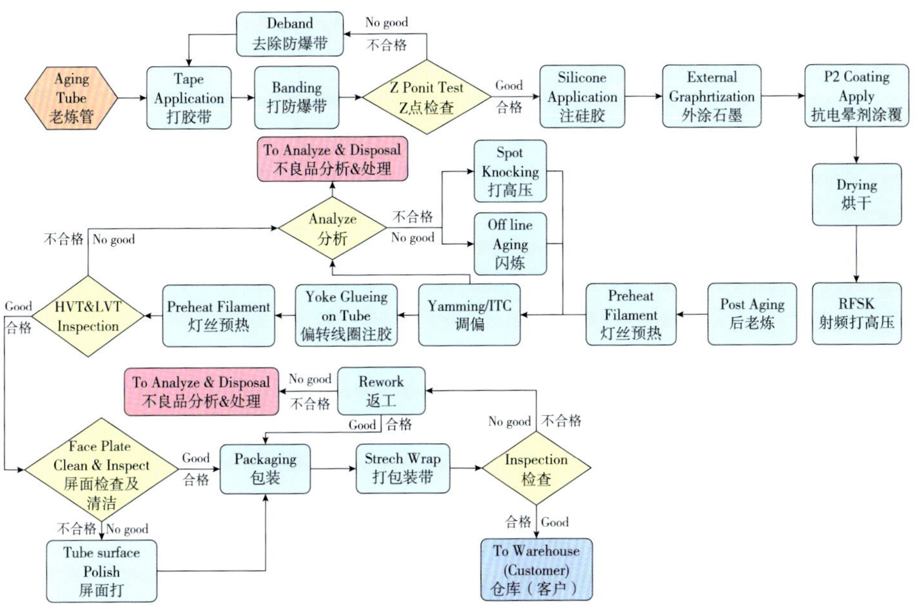

中国主要彩管企业简介[①]

1. 陕西彩虹彩色显像管总厂（咸阳 4400 厂）

企业名称	陕西彩虹彩色显像管总厂（咸阳 4400 厂）	
企业简介	资本性质	国企
	技术来源	日本日立（第一期）/ 日本东芝（第二期）
	公司成立年份	1977 年
	彩管正式投产年份	1982 年
	彩管永久停产年份	2012 年
	最高年产量	1600 万支
	累计彩管产量	1.81 亿支
	主营产品	生产和销售彩色显像管、彩色显示管、彩管用玻壳、荫罩、荧光粉、电子枪、偏转线圈等零部件
	生产彩管品种	14"、18"、21"、22"、25"、29"（34"）彩色显像管（CPT）及 14"/16" 高分辨率彩色显示管（CDT）
	彩管组装线数目	8 条线（+1 条 VLS 超大屏幕彩管生产线，但最终未能投产）
企业代表人物	吴祖垲［原咸阳彩色显像管工程总工程师（1977 年 5 月被任命），原 4400 厂顾问］ 张笑晨（首任 4400 厂厂长） 权玉臣（第二任 4400 厂厂长） 王念琴（第三任 4400 厂厂长） 夏同书（原 4400 厂总工程师）	

① 由于在编写此书时，绝大部分彩管企业已经结束，人员流散，所以在搜集彩管企业资料时十分困难，也难以找到相关的权威人士作资料核实，故资料或难免有遗留或错漏。对于不能搜集齐全的数据，本书从缺处理。在此谨向相关的企业单位或个人致歉，并热切希望知情人士予以赐正，将有关资料告知编辑部，以期本书再版时，予以补正。谨此致谢。

续表

企业 代表人物	张文义（彩虹电子集团公司首任董事长兼总经理，兼彩虹股份公司首任董事长） 马金泉（原彩虹集团电子股份有限公司董事长） 邢道钦（原彩虹集团公司总经理、彩虹集团电子股份有限公司董事长） 郭同盟（原总经理） 陶魁（原党委书记） 张少文（原副总经理） 申小林（原销售总监）
企业 大事记	1978 年 4 月，咸阳彩色显像管厂（4400 厂）动工兴建 1981 年 10 月 11 日，第一支 14" 彩管正式“面世” 1982 年 12 月 2 日，咸阳彩管第一期工程通过国家验收 1984 年，彩管生产已达到 96 万支的设计年产量 1985 年，彩管生产量已突破 128 万支 / 年 1988 年 1 月 11 日，举行陕西彩色显像管总厂二期工程奠基仪式，宣告工程正式破土动工 1989 年 4 月，以陕西彩色显像管总厂为主体组建的“彩虹电子集团公司”正式成立 1989 年 12 月，彩管二期建安工程及设备安装基本结束，开始进入投料试车 1990 年 1 月 25 日，18 英寸线打通，试产出第一批合格产品 1990 年 2 月 25 日，21 英寸线打通，试产出第一批合格产品 1991 年 12 月 3 日，整个二期工程通过国家验收 1992 年 9 月 8 日，彩虹电子集团公司陕西彩色显像管总厂作为主发起人，成立“彩虹显示器件股份有限公司” 1992 年 8 月 25 日，“彩虹股份”的 25 英寸生产线正式开工建设 1993 年 11 月，开始设备安装 1994 年 4 月 8 日，公司生产线生产出第一支合格的 64cm 彩管 1996 年 10 月，公司自行研制的高清晰度彩电用显像管获得国家“八五”科技攻关项目重大科技成果奖 1997 年 9 月，64cmFS 彩管生产线改造，由年产量 70 万支增加到 120 万支 1998 年，年产量达到 132 万支以上 1999 年 9 月 6 日，74cm/64cmPF CPT 及其所用 DY 的技术转让合同签字 2000 年 9 月 15 日，第一支合格的 64cmPF 管顺利下线 2001 年 1 月 20 日，第一支合格的 74cmPF 管顺利下线 2001 年 10 月，对 C 线进行了 64cmPF 兼容生产改造 2002 年 4 月，对 D 线进行了 64cmPF 兼容生产改造

续表

企业大事记	2004年9月，公司和彩虹集团电子股份有限公司共同出资6.5亿元，成立咸阳彩虹数码显示有限公司，建设超大屏幕高清晰度彩管生产线即K线项目，该项目计划建成年产100万支（32″、34″、36″可兼容生产）数字电视用高清彩管生产线 2004年12月20日，彩虹集团在香港H股整体上市 2005年4月，对D线进行了技术改进，使公司54cmFS、64cmFS、64cmPF合计年生产能力达700万支 2012年，停产退市

2. 北京·松下彩色显像管有限公司

企业名称	北京·松下彩色显像管有限公司	
企业简介	资本性质	中日合资
	技术来源	日本松下
	公司成立年份	1987 年
	彩管正式投产年份	1989 年
	彩管永久停产年份	2009 年
	最高年产量	1000 万支
	累计彩管产量	1.05 亿支
	主营产品	生产和销售彩色显像管、彩色显示管及彩色背投电视机用的投影管以及电子零部件的材料
	生产彩管品种	14"、21"、29"、34" 彩色显像管（CPT）
	彩管组装线数目	6 条线
企业代表人物	中方	张彭（首任中方董事长） 张仲文（首任中方副总经理） 何民生（第二任中方董事长） 梁新清（原董事，中方副总经理，中国彩管业协会首任会长） 冯强（原总经理，京东方副总裁） 范文强（原中方董事长） 陈曦（原中方副总经理）
	日方	金泽二三男（首任日方副董事长） 蜷川亲义（首任日方总经理） 久濑善弥（第二任日方总经理） 横枕光则（原日方总经理） 飞永龙生（原日方副董事长）

续表

企业大事记	1987 年 9 月 8 日，北京·松下彩色显像管有限公司取得国家工商行政管理局颁发的营业执照，正式成立 1988 年 4 月 28 日，公司在综合办公楼工地举行奠基仪式，北京市副市长吴仪、松下电器产业株式会社最高顾问山下俊彦为奠基碑揭幕 1989 年 6 月 3 日，中国第一支 21 英寸平面直角管在北京松下第一条生产线诞生 1989 年 11 月 24 日，公司隆重举行开工典礼，邀请国务院和北京市领导及有关部门负责人出席。国务院副总理田纪云、松下电器产业株式会社最高顾问山下俊彦为公司象征“友谊、团结”的雕塑揭幕，北京市副市长吴仪致辞 1990 年 3 月 26 日，第二条彩管生产线正式投产，第一期工程建设顺利完成 1991 年 5 月 29 日，第二期工程正式启动 1991 年 12 月 13 日，彩管生产累计达 300 万支 1992 年 12 月 2 日，彩管生产累计达 500 万支 1993 年 6 月 26 日，公司 29" 超平面直角“画王”彩管正式上市 1993 年 7 月 1 日，第三条彩管生产线（19" 平面直角彩管，29" 超平面直角彩管）正式投产 1994 年 7 月 23 日，公司 14" 彩色显示管首度出厂 1994 年 11 月 30 日，彩管生产累计达 1 千万支 1995 年 12 月 13 日，第四条彩管生产线（21" 平面直角粗管颈彩管）顺利投产 1996 年 5 月 21 日，彩管生产累计达 1.5 千万支 1996 年 9 月 16 日，第三期工程正式启动 1997 年 6 月 27 日，首任中方董事长张彭离任 1997 年 8 月 1 日，彩管生产累计达 2 千万支 1998 年 5 月 15 日，第五条彩管生产线正式投产 1999 年 7 月，第五条彩管生产线正式生产 29" 纯平彩管 1999 年 11 月 23 日，彩管生产累计达 3 千万支 2000 年 9 月 8 日，第六条彩管生产线正式投产 2001 年 6 月 19 日，6 号线正式通过验收投产 2001 年 9 月 25 日，公司彩管生产累计达 4 千万支 2003 年 1 月 24 日，公司彩管生产累计达 5 千万支，松下电器产业株式会社映像器件社社长大鹤英嗣发来贺电

续表

企业大事记	2003 年 4 月 1 日，成立松下东芝映像显示株式会社（MTPD） 2003 年 5 月 18 日，因公司有 4 名确诊及 7 名疑似 SARS 病人而决定工厂全线停产，经过 13 天的抗击“非典”，于 5 月 31 日陆续恢复生产 2004 年 3 月 11 日，公司彩管及 PRT 生产累计达到 6 千万支 2004 年，销售额突破 40 亿元，实现了 42.6 亿元的好成绩 2005 年 6 月 30 日，中国首支 32 型 16:9PF 中细节距显像管在公司问世 2006 年 1 月 24 日，公司新产品 28 型 16:9PF 管成功量产 2006 年 8 月 8 日由北京松下牵头，全国八大彩管企业 2006 年中国彩管市场趋势论坛暨新闻发表会在京召开 2006 年 9 月 26 日，公司首支 24 型 PF iron-ARC 管诞生 2006 年 11 月 24 日，公司 15 型 PF 管顺利实现量产 2007 年 3 月 26 日，24 型宽屏 I-ARC 管成功量产 2008 年 7 月 2 日，公司彩管生产累计达产 1 亿支 2009 年 9 月，日本松下将拥有的 50% 股权，全数转让给京东方

3. 天津三星视界有限公司[①]

企业名称	天津三星视界有限公司	
企业简介	资本性质	中韩合资
	技术来源	韩国三星
	公司成立年份	1996 年
	彩管正式投产年份	1998 年
	彩管永久停产年份	2009 年
	最高年产量	250 万支
	主营产品	生产和销售彩色显像管、彩色显示管及手机锂离子电池
	生产彩管品种	25"、29"、34" 纯平彩色显像管、32"Vixlim 宽屏彩色显像管和 15、17 英寸彩色显示管
	彩管组装线数目	2 条 CPT 线 +1 条 CDT 线

① 编者按：因三星生产计划、品种、数量、销售均为韩国总部直接管辖，故该等工厂相关的数据难以稽查。下同，不一一注释。

4. 深圳三星电管有限公司

企业名称	深圳三星电管有限公司	
企业简介	资本性质	中韩合资
	技术来源	韩国三星
	公司成立年份	1996 年
	彩管正式投产年份	1996 年
	彩管永久停产年份	2013 年
	最高年产量	350 万支
	主营产品	生产和销售彩色显像管、彩色显示管、液晶显示器、真空荧光管、监视器、等离子显示屏和相关零配件
	生产彩管品种	21"，25"，29" 纯平彩色显像管（CPT）和 15、17 英寸彩色显示管（CDT）
	彩管组装线数目	2 条 CPT 线 +2 条 CDT 线

5. 长沙 LG 曙光电子有限公司

企业名称	长沙 LG 曙光电子有限公司	
企业简介	资本性质	中韩合资
	技术来源	韩国乐金（LG）
	公司成立年份	1994 年
	彩管正式投产年份	1996 年
	彩管永久停产年份	2009 年
	最高年产量	780 万支
	累计彩管产量	7.9 千万支
	主营产品	生产和销售彩色显像管、彩色显示管
	生产彩管品种	21"，25"，29"，33" 彩色显像管（CPT）及 15"，17"，19" 彩色显示管（CDT）
	彩管组装线数目	3 条 CPT 线 +2 条 CDT 线
企业代表人物	金昌起（原长沙 LG 总经理） 杨亚平（原销售总监、副总经理）	
企业大事记	1994 年 8 月，LG 曙光取得营业许可证 1995 年初，LG 曙光开始了长沙工厂和第一条生产线的建设 1996 年 5 月，竣工投产，第一条生产线年设计能力为 21" 和 25" CRT 85 万支 1996 年 6 月，第二条生产线在不停产、不减效的前提下开始建设 1997 年 7 月，第二条生产线竣工，年设计生产能力由 85 万支提高到 250 万支 1997 年 5 月 26 日，累积生产 100 万支 CPT，销售收入近 7 亿元人民币 1997 年 9 月 16 日，中央政治局委员、全国人大常委会副委员长田纪云来视察 1998 年 12 月 18 日，国家计委主任曾培炎视察公司 2000 年 10 月，第三条生产线竣工投产，该条生产线是中国第一条大屏幕、全平面彩色 CRT 生产线 2000 年 11 月，LG 曙光总部由长沙工厂迁至星沙工厂 2001 年 7 月，韩国 LG 与荷兰的 CRT 业务全球合并，总部设于香港。但 LPG 在中国的两间工厂长沙及南京，因中方股东不同，而工厂的管理、品牌及销售，保持合并前状态，独立经营，直至结束 2001 年 8 月，第四条 CDT 生产线竣工投产，因其工艺技术及设备的先进性，它的建成进一步改善了 LG 曙光的产品结构 2002 年 3 月，第五条生产线建设正式启动 2003 年 5 月，第五条生产线建成投产（17"，19" Flatron & EZ Flat） 2009 年 4 月 13 日，正式停产	

6. 南京华飞彩色显示系统有限公司

<table>
<tr><td>企业名称</td><td colspan="2">南京华飞彩色显示系统有限公司</td></tr>
<tr><td rowspan="10">企业简介</td><td>资本性质</td><td>中荷合资</td></tr>
<tr><td>技术来源</td><td>荷兰飞利浦</td></tr>
<tr><td>公司成立年份</td><td>1988 年</td></tr>
<tr><td>彩管正式投产年份</td><td>1990 年</td></tr>
<tr><td>彩管永久停产年份</td><td>2010 年</td></tr>
<tr><td>最高年产量</td><td>1067 万支</td></tr>
<tr><td>累计彩管产量</td><td>7247 千万支</td></tr>
<tr><td>主营产品</td><td>生产和销售彩色显像管、彩色多媒体管及彩色显示管</td></tr>
<tr><td>生产彩管品种</td><td>17"，21"，25"，29"，34" 彩色显像管（CPT）和 14"，15"，17" 彩色多媒体管（CMT）及高分辨率彩色显示管（CDT）</td></tr>
<tr><td colspan="2"></td></tr>
<tr><td>企业
代表人物</td><td colspan="2">季铁安（原南京华飞公司筹委会主任，第一任总经理，飞利浦中方代表）
徐国飞（原副董事长）
朱豪（原董事兼总经理）
盛建忠（原总经理）
金强（原副总经理）
张德柱（原销售部长）</td></tr>
<tr><td>企业
大事记</td><td colspan="2">1988 年 4 月 30 日，华飞彩色显示系统有限公司正式成立
1990 年 7 月 2 日，第一支 17 英寸彩管面世
1990 年 11 月，正式投产
1992 年 9 月，正式通过国家验收
1994 年 6 月，获得荷兰 KEMA 公司，中国进出口商品检验局分别颁发 ISO 9002 证书
2001 年，永久停产</td></tr>
</table>

7. 深圳赛格日立彩色显示器件有限公司

企业名称	深圳赛格日立彩色显示器件有限公司	
企业简介	资本性质	中日合资
	技术来源	日本日立
	公司成立年份	1989 年
	彩管正式投产年份	1991 年
	彩管永久停产年份	2007 年
	最高年产量	650 万支
	累计彩管产量	4.7 千万支
	主营产品	生产和销售彩色显像管、彩色显示管
	生产彩管品种	21"，29"，34" 彩色显像管（CPT）
	彩管组装线数目	4 条线
企业代表人物	孙盛典（原赛格日立董事长） 杨国钧（原市场销售部部长、副总经理，原中国彩管业协会秘书长）	
企业大事记	1984 年，由孙秉光一手创办的“深圳彩电总公司”组建第二间彩管厂 1989 年 5 月，深圳赛格日立彩色显示器件有限公司正式成立 2007 年 7 月 19 日，深圳赛格日立正式公报其 4 条彩管生产线全面停产	

8. 上海永新彩色显像管股份有限公司

企业名称	上海永新彩色显像管股份有限公司	
企业简介	资本性质	沪港合资
	技术来源	日本东芝
	公司成立年份	1987 年
	彩管正式投产年份	1990 年
	彩管永久停产年份	2007 年
	最高年产量	850 万支
	累计彩管产量	6 千万支
	主营产品	生产和销售彩色显像管及相关产品
	生产彩管品种	18"，21"，25"，29"，34" 彩色显像管（CPT）
	彩管组装线数目	5 条线
企业代表人物	周家春（首任总经理） 顾德庆（原总经理） 孙伟（原董事总经理） 徐为沪（原控股的上海仪表局局长） 范文懿（原销售部部长）	
企业大事记	1987 年底，上海真空电子器件股份有限公司（占股 75%）和香港永新技术开发有限公司（占股 25%）创建上海永新彩色显像管有限公司 1988 年 6 月 1 日，工程开工，被列入国家“七五”计划期间定点建设的彩管项目 1989 年 12 月 18 日，公司开业，1990 年 2 月正式投产 2007 年永久停产	

9. 佛山国营彩管 / 汤姆逊佛山彩色显像管有限公司

<table>
<tr><td>企业名称</td><td colspan="2">i）佛山彩管（1988—1997 年）
ii）汤姆逊佛山彩色显像管有限公司 TFCPTC（1999—2004 年）
iii）汤姆逊广东显示器件公司佛山分厂 TGDC（2004/2005—2009 年）</td></tr>
<tr><td rowspan="4">企业简介</td><td>资本性质</td><td>i）佛山国资 / ii）中法合资 / iii）中印合资</td></tr>
<tr><td>技术来源</td><td>汤姆逊 -RCA 及日立（美国）</td></tr>
<tr><td>公司成立年份</td><td>i）1988 年 / ii）1999 年 / iii）2004 年</td></tr>
<tr><td>彩管正式投产年份</td><td>i）1990 年 / ii）1999 年 / iii）2004 年</td></tr>
<tr><td rowspan="6">企业简介</td><td>彩管永久停产年份</td><td>i）1997 年 / iii）2009 年</td></tr>
<tr><td>最高年产量</td><td>300 万支</td></tr>
<tr><td>累计彩管产量</td><td>i）2.1 百万支 / ii+iii）2.07 千万支</td></tr>
<tr><td>主营产品</td><td>生产和销售彩色显像管</td></tr>
<tr><td>生产彩管品种</td><td>i）20",（22",26"）29" 彩色显像管（CPT）/ ii+iii）29"，34" 彩色显像管（CPT）</td></tr>
<tr><td>彩管组装线数目</td><td>i+ii）1 条线 / iii）2 条线</td></tr>
<tr><td>企业
代表人物</td><td>i）陈遥驺（原佛山彩管厂总工程师）
吴华安（原佛山彩管厂总工程师）
朱超龙（第一任佛山彩管董事长兼总经理）
黄志玮（原佛山彩管董事长兼总经理）
冯青（原佛山彩管董事长兼总经理）
邓大任（原佛山彩管总工程师）
罗华本（原佛山彩管总经理）
麦亦沛（原佛山彩管财务总监）
张克（原销售部部长）</td><td>ii）瓦罗（B. Varaut，汤姆逊佛山首任主席）
韩达德（T. Han，首任 TFCPTC 及 TGDC 总经理）
iii）苏德（H. Sood，原 TGDC 印方董事长兼总经理）
金伟强（原 TGDC 中方副总经理）
杜鲁特（TGDC 首任董事长）</td></tr>
</table>

续表

企业 大事记	i）1988 年 4 月 11 日，佛山市政府正式与法国汤姆逊签订采购汤姆逊彩管生产线的合约 1991 年 1 月第一支 20" 彩管面世 1991 年 11 月，再与美国 RCA 汤姆逊签订引进生产 29" 彩管技术的合约 1997 年，工厂正式停产待购	ii）1999 年 7 月 1 日，TFCPTC 正式成立 2003 年，第二条特大屏幕彩管生产线正式投产（34" 或以上彩管） iii）2004 年 1 月 1 日，TGDC 正式成立 2005 年 9 月 30 日，汤姆逊正式出售其全球彩管业务给印度 Videocon 集团 2009 年 7 月 1 日，TGDC 佛山工厂正式永久关闭

10. 东莞彩管厂

企业名称	i）广东福地彩色显像管有限责任公司（前身为广东彩色显像管厂）/ ii）汤姆逊（森）广东显示器件有限公司 TGDC	
企业简介	资本性质	i）东莞国资 / ii）中法合资→中印合资
	技术来源	i）日本日立 / ii）日本日立 + 汤姆逊 RCA
	公司成立年份	i）1991 年 / ii）2004 年
	彩管正式投产年份	i）1993 年 / ii）2004 年
	彩管永久停产年份	2017 年下半年，世界最后一家彩管厂永久停产
	最高年产量	600 万支
	累计彩管产量	i）3.13 千万支 / ii）5.45 千万支
	主营产品	生产和销售彩色显像管
	生产彩管品种	i）21"，25"，29" 彩色显像管（CPT）/ ii）14"，21"，25"，29" 彩色显像管（CPT）
	彩管组装线数目	i）3 条线 / ii）3 条线→2 条线→1 条线
企业代表人物	i）郑锦滔（原东莞县县长，广东彩色显像管厂筹划人） 王念琴（原项目总指挥，首任广东彩色显像管总公司总经理兼总工程师） 詹宗庆（首任福地彩管总经理） 张伟（原副总经理） 伍维宪（原销售部部长）	ii）韩达德（T. Han，首任 TGDC 董事长兼总经理） 杜鲁特（D.Trutt，首任法方 TGDC 董事长） 金伟强（原 TGDC 副总经理） 苏德（H. Sood，最后一任印方董事长兼总经理） 陈大平（原中方副总经理）
企业大事记	i）1990 年 10 月 8 日，广东彩色显像管厂与日本日立正式签订《彩色显像管设备供应与技术转让合同》 1991 年 7 月 28 日，正式开工建设厂房 1993 年 7 月 31 日，第一支 25" 彩管出世	ii）2003 年 7 月，法国汤姆逊与东莞福地签署并购协议，并与佛山彩管厂合并成汤姆逊显示器件公司 2004 年 1 月 1 日，TGDC 正式成立 2005 年 9 月 30 日，汤姆逊正式出售其全球彩管业务给印度 Videocon 集团 2017 年 6 月 14 日，全球最后一间彩管生产厂正式结束，并同时举行了退市会，暨中国彩管行业协会的最后一次会议

11. 中华映管[①]

企业名称	福州中华映管	
企业简介	资本性质	台商独资
	技术来源	中国台湾
	公司成立年份	1994 年
	彩管正式投产年份	1998 年
	彩管永久停产年份	2011 年
	主营产品	生产和销售彩色显示管
	生产彩管品种	14"，15"，17" 彩色显示管（CDT）
	彩管组装线数目	3 条单色 CDT 线 +6 条彩色 CDT 线

① 编者按：电视机用的彩管（CPT）与计算机用的彩色显示管（CDT），虽同属 CRT，但技术和市场不同，且因种种原因，数据难以稽查。

中国彩管企业彩管生产生命周期年份表

公司	成立年份	正式投产	永久停产	技术来源	资本/股份分配
彩虹彩管	1977	1982	2012	日立/东芝	国有企业
北京松下	1987	1989	2009	松下	中日合资（50∶50）
深圳“麦克”	1987	1989	1993 1996 被三星收购	GE 通用电气	深圳国资
SEVC 上海真空	1987	1990	1996	GE 通用电气	上海国资
上海永新	1987	1990	2007	东芝	沪港合资
佛山彩管	1988	1990	1997 1999 被汤姆逊收购	汤姆逊 -RCA	佛山国资
南京华飞	1988	1990	2010	飞利浦	中荷合资
深圳赛格日立	1989	1991	2007	日立	中日合资
东莞福地	1991	1993	2004 被汤姆逊收购后与汤姆逊佛山合并成为汤姆逊广东显示器件公司	日立	东莞国资
长沙 LG 曙光	1994	1996	2008	乐喜金星（乐金）	中韩合资
深圳三星	1996 收购 MAC 并取得彩管生产许可证及厂址	1996	2013	三星	中韩合资
上海索广	1995	1997	2008	索尼特丽珑	日资

续表

公司	成立年份	正式投产	永久停产	技术来源	资本 / 股份分配
天津三星	1993	1998	2009	三星	中韩合资
福州中华映管	1994	1998	2011	中国台湾中华	中国台商独资
汤姆逊佛山	1999 收购佛山彩管	1999	（2004–TGDC） 2009	汤姆逊 –RCA	中法合资
汤姆逊广东显示器件公司	2004 汤姆逊佛山与东莞福地整合而成	2004	2017 世界最后一家彩管厂	汤姆逊 RCA 及日立	中法合资及中印合资
其他					
公司	**成立年份**	**正式投产**	**永久停产**	**技术来源**	**资本 / 股份分配**
中华映管（中国台湾杨梅彩管厂）	1987	1987	2011	东芝	中国台商独资
中国香港元朗光大彩管厂	1987	1989	1991 年转到内地后结束	中国台湾设备	中央国企（入股港民企）
湖北宜昌项目	1990	未投产	1996 宣布结束	美国 G.E.（旧）	地方国企
江西景德镇项目	1990	未投产	1992 年结束	中国台湾设备	地方国企
乐金 · 飞利浦显示公司	2001 中国香港注册，总部亦在香港	2001 拥有全球 LG 及飞利浦的显像管及等离子显示器工厂	2007 停止运作，并由 LG 接管 2014 印度尼西亚最后一家 LG 彩管厂停产，世界倒数第二家	LG/ 飞利浦	韩荷合资

各大彩管厂生产线

（单位：支）

	咸阳彩虹	北京松下	南京华飞	上海永新	广东汤姆逊（东莞）	长沙 LG	赛格日立	天津三星	佛山 / 汤姆逊	上海索广	福州华映	MAC/ 深圳三星
1981	1#14" 2#22"											
1982												
1983												
1984												
1985												
1986												
1987												
1988												
1989		1#21FS										
1990	3#18" 4#21FS	2#14"	一期： 1#17FS 2#21FS 总产能 160 万 / 年	1#18FS, 100 万 / 年					佛山彩管厂 20"/22"/26" （汤姆逊旧线）			MAC：28" （GE 旧线）
1991												
1992				1# 改造兼容 21FS					改造成 29VHP （普平）			
1993		3#29SF		2#25FS,70 万 / 年	1#21FS 2#25FS							

续表

1994	5#25FS		3# 改造兼容 25FS									
1995		4#21FS		3#29SF 4#33SF								
1996	6#14" CPT/CDT					一厂 L1#,1996.5 投产 21/25CPT85 万 / 年，经过改造后期产能达 240 万 / 年					一期 3 条单色 CDT 线，360 万 / 年	三星 SDI 控股
1997			14"CMT			一厂 L2#,1997.7 投产 21CPT65 万 / 年，经过改造后期产能达 300 万 / 年				1#CPT 线，21 英寸		1#CPT 线投产
1998		5#29SF/PF/W	二期：4#29SF，5#29SF，两条 CDT		3#29HS			1#CPT，1998 年投产 25"/ 29"			二期 2 条 14" / 15" 彩色 CDT 线，360 万 / 年	
1999			15"CMT				1999.9: 投产 34" 普平	2#CDT，1999 年投产	汤姆逊控股	2#CPT 线，29/34 纯平		
2000	7#29PF	6#VLS,29/34PF/W	“中兴”项目由台湾转移五条 CDT 线 17"CMT			二厂 L3#2000.10 投产 29/33TF100 万 / 年，经过改造后期产能达 240 万 / 年					三期 2 条 15" 彩色 CDT 线	

续表

2001			25/29RF改造	5#VLS，2001.9投产29/32"PF，130万/年		二厂L4#2001.8投产15"/17"CDT，380万/年		3#CPT（VLS),2001年投产，60万34"/38"				从韩国水原迁移两条CDT线到深圳，400万/年
2002			三期：6#34RF				34"普平线扩产至100万/年					
2003			2003年5月34PF投产（60万/年）			二厂L5#2003.5投产17"/19"CDT200万/年	购买日立21"旧线		2002年买日立美国厂VLS线34"TF,2003年投产		四期2条17"CDT线桃园厂迁移到福州厂	2003年深圳三星视界追加投资4800万美元，改造一条新生产线
2004	8#21FS（日立线）200万/年		二期两条CDT线改CPT									
2005	9#K线（VLS）与日立联合设计建造，未能投产											
2006												
2007												
CPT	9	6	8	5	3	3	4	2	2	2		2
CDT			5			2		1		2	9	2
总计	9	6	13	5	3	5	4	3	2	4	9	4

中国（不含港澳台）彩色显像管产量

中国（不含港澳台）彩色显像管产量（单位：万支）														
		咸阳彩虹	上海电子管	北京松下	南京华飞	上海永新	佛山汤姆逊	赛格日立	广东福地	福州华映	长沙 LG	上海索广	深圳三星	天津三星	CPT
1982 年															
1983 年		58													
1984 年		96													
1985 年		128													
1986 年		128													
1987 年		128													
1988 年		128													
1989 年		128		15.1											
1990 年	CPT	128		103.3		63									
	CDT														
1991 年	CPT	290		192.7	76	105									
	CDT														
1992 年	CPT	290	15.83	202.7	110	98									876.9
	CDT						30								
1993 年	CPT	290		228.4	125										926.7
	CDT														
1994 年	CPT	350		287.8	129		61	179	125						1401
	CDT														
1995 年	CPT	420		317.9	156		91	210.18	200						1815.1
	CDT														
1996 年	CPT	616		403.9	158	255	25	213.65	226		53				1951
	CDT														

续表

1997 年	CPT	620		389.2	191	299.75		245.18	231		162				2161
	CDT														
1998 年	CPT	630		448.8	440	377.68		278.37	328		267.14	44.48			3153
	CDT														
1999 年	CPT	846.3		469.7	624	426.94	17	295.95	391.2		331.76	19.28	441.8	253.76	3930
	CDT									354.97					
2000 年	CPT	841.2		535.6	688	483.73	100.1	346.7	394.33		371.1	31.35	469	341.2	4005
	CDT														
2001 年	CPT	850		571.6	750	487.79	117.4	341.28	277.58		398.2				3731
	CDT										26.8				
2002 年	CPT	950		766.5	895	601.15	165.9	392.55	440.4		558.1				4769
	CDT										161.9				
2003 年	CPT	1111		888.6	1067	680.53	238.7	463.81	517.36		635		767		5632
	CDT										336				
2004 年	CPT	1367.4		1050.1	940	704.52	250	628	500		1180				6447
	CDT														
2005 年	CPT	1435.1		972.1	898	506	281.5	529.2	503.6		1101				6192
	CDT														
2006 年	CPT	1502.2		964.1			337	611	597		1106				6735
	CDT														

续表

2007 年	CPT	1532.6		852.7			231		337		1100				5258
	CDT										104				
2008 年	CPT	1506		660.7			209		390		586				5003
	CDT														
2009 年	CPT	757.5		184.2	313.8		118		332.4		10.3			15.59	2288
	CDT									350.4					
2010 年		704							492.5						
2011 年		190.5							493						
2012 年		50							462						
2013 年									510.8						
2014 年									501.5						
2015 年									325.3						
总计		18071.8		10505.7	7560.8	5089.09	2272.6	4734.87	8575.97		8488.3	95.11	1677.8	610.55	67682.59

中国主要玻壳厂家产能汇总

企业	所在地	池炉	吨位	屏线	产品尺寸（英寸）	平均产能
ACBC	一厂（安阳）	1#、2#	140	3	14～21	7.8
	二厂（安阳）	3#、4#	180	3	21～25	6
	三厂（安阳）	5#、6#	180	3	21～29	6
	四厂（安阳）	7#、8#	465	4	21～33	7.2
	信宜一期（安阳）	9#、10#	180	3	14～25	7.2
	信宜二期（安阳）	11# 屏	385	3	25～38	3
	安津（天津）	AJ	100	2	25～34	5
	安成（成都）	AC	200	3	14～25	6.3
	安飞（郑州）	F1#、F2#	270	2	25～34	2.6
彩虹	咸阳	3	385	6	14～25	14.1
SBEG	石家庄	1	320	4	21～34	4.45
NEG	福州	1	400	5	14～29	10
AGC	上海	3	630	8	14～34	12.5
AGC	台湾	1	210	3	14～21	12
HNH	长沙	1	300	3	15～29	7.8
赛格三星	深圳	3（2P+1F）	810	8	14～38	16
合计		22	5155	63		127.95

中国彩管企业所在省市区列表

（黄志业制表）

省 / 直辖市 / 区	彩管生产厂
四川	成都红光 CD HongGuang（彩管研制）
陕西	彩虹集团 IRICO
北京	北京松下 BMCC
上海	上海真空 SEVC 上海永新 SH Novel 上海索广 SH Sony
广东	深圳现代 SZ MAC/ 深圳三星 SZ Samsung 深圳赛格日立 SZ SEG Hitachi
	佛山彩管 FS CPT（FEG）/ 汤姆逊佛山 TFCPTC 东莞福地 DG Fortune 汤姆逊（森）广东显示器件 TGDC（佛山 + 东莞）
南京	南京华飞 NJ HuaFei
湖南	长沙乐金 CS LG
天津	天津三星 TJ Samsung
福建	福州中华映管 FZ ChungHwa
台湾	台湾中华映管 TW ChungHwa
香港	香港元朗光大彩管厂 HK YL Everbright CPT factory 乐金・飞利浦显示器件公司（环球总部）LG.Philips Displays（LPD HQ'）

中国彩管关键件生产企业所在省市列表

（黄志业制表）

省 / 直辖市	彩管关键件名称	工厂名
河南	彩管玻壳（彩玻）	安阳彩玻（安阳）
		安阳彩玻（郑州）
天津		安阳彩玻（天津）
四川		安阳彩玻（成都）
		成都红光（成都）
河北		石家庄宝石（石家庄）
上海		上海旭硝子（上海）
北京		北京旭硝子（北京）
湖南		湖南 HEG（长沙）
广东		赛格三星（前赛格中康）(深圳）
陕西		彩虹玻壳（咸阳）
山东	荫罩	烟台网板（烟台）
江苏		南京网板（南京）
陕西		彩虹网板（咸阳）
上海		上海新芝（上海）
北京		北京网板（北京）
陕西	偏转线圈	咸阳偏转（咸阳）
		彩虹偏转（咸阳）
北京		北京吉乐（北京）
陕西	荧光粉	彩虹荧光粉（咸阳）

中国彩管彩电知名品牌及生产厂所在省市区列表

（黄志业制表）

序号	省市区简称	省/市/区	品牌		生产厂名称/位置
1	AH	安徽	1	黄山牌	安徽黄山电视工业公司
			2	康佳牌	滁州
			3	海信牌	合肥
2	BJ	北京	4	牡丹牌	北京牡丹电子集团公司
			5	昆仑牌	北京东风电视机厂（北京 806 厂）
3	CQ	重庆	6	红岩牌	重庆无线电三厂
			7	康佳牌	重庆
4	FJ	福建	8	厦华牌	厦门
			9	福日牌	福州
			10	珊瑚牌	福建电视机厂
5	GD	广东	11	TCL（王牌）	惠州
			12	CASIL（航天）	惠州
			13	康佳牌	深圳
			14	创维牌	深圳
			15	长虹牌	中山
			16	乐华牌	广州
			17	华强牌	深圳
			18	嘉华牌	中山
			19	高路华牌	江门
			20	东宝牌	佛山
			21	ASANO(朝野）	佛山
			22	三洋牌	东莞

续表

序号	省市区简称	省 / 市 / 区	品牌		生产厂名称 / 位置
6	GS	甘肃	23	春风牌	甘肃（兰州）广播器材厂
7	GX	广西	24	芦笛牌	桂林
8	GZ	贵州	25	海信牌	贵阳
9	HEB	河北	26	环宇牌	石家庄电视机厂
10	HEN	河南	27	美乐牌	新乡美乐电子股份有限公司（前国营 760 厂）
			28	中原牌	河南安阳无线电一厂
			29	开封牌	河南开封无线电一厂
11	HLJ	黑龙江	30	牡丹江牌	牡丹江电视机厂
			31	康佳牌	牡丹江
12	HUB	湖北	32	莺歌牌	武汉无线电四厂
			33	长江牌	武汉市无线电厂
13	HUN	湖南	34	韶峰牌	湖南电视机厂
14	JL	吉林	35	梅花鹿牌	长春市无线电一厂
			36	飞鹿牌	吉林市电视机厂
			37	长春牌	长春
15	JS	江苏	38	熊猫牌	南京无线电厂
			39	青松牌	南京电视机厂
			40	红梅牌	无锡
			41	孔雀牌	苏州电视机厂
			42	春兰牌	泰州
			43	飞利浦	南京
			44	夏普	南京
			45	三元牌	南通
16	JX	江西	46	赣新牌	江西
			47	井冈山牌	江西
17	LN	辽宁	48	红旗牌	辽宁无线电八厂
			49	金凤牌	辽宁无线电八厂

续表

序号	省市区简称	省/市/区	品牌		生产厂名称/位置
17	LN	辽宁	50	菊花牌	丹东电视机总厂
			51	LG	沈阳
			52	大连东芝	大连
18	NMG	内蒙古	53	TCL（王牌）	内蒙古
19	NX	宁夏	54	六盘山牌	宁夏无线电一厂
20	SAX	陕西	55	黄河牌	国营黄河机器制造厂
			56	如意牌	国营陕西广播电视设备厂
			57	海燕牌	西安无线电一厂
			58	康佳牌	西安
21	SC	四川	59	长虹牌	绵阳
			60	成都牌	成都
22	SD	山东	61	青岛牌	青岛电视机厂
			62	红灯牌	青岛
			63	海信牌	青岛
			64	海尔牌	青岛
			65	泰山牌	山东电视机厂
			66	双喜牌	淄博电视机厂
			67	山东松下	济南
23	SH	上海	68	金星牌	上海电视一厂
			69	凯歌牌	上海无线电四厂
			70	飞跃牌	上海无线电十八厂
			71	百花牌	上海电视十一厂
			72	友谊牌	上海无线电三十二厂
			73	上海牌	上海广播器材厂
			74	英雄牌	上海国光口琴厂
			75	星火牌	上海人民无线电厂
			76	银光牌	上海银光电视机厂
			77	康达牌	上海康达电视机厂

续表

序号	省市区简称	省 / 市 / 区	品牌		生产厂名称 / 位置
23	SH	上海	78	宇宙牌	上海昌化电讯组件厂
			79	索尼牌	上海索广
24	SX	山西	80	火炬牌	山西无线电厂
25	TJ	天津	81	北京牌	天津通信广播公司
			82	天津牌	天津文革印刷厂
					天津市无线电三厂
			83	三星牌	天津
			84	长城牌	天津长城无线电厂
26	TW	台湾	85	声宝	声宝股份有限公司
			86	大同	大同股份有限公司
			87	歌林	歌林股份有限公司
			88	普腾	普腾电子工业股份有限公司
			89	青云	青云电器股份有限公司
			90	东元	东元电机股份有限公司
			91	中兴资讯家	中兴电工机械股份有限公司
26	XJ	新疆	92	天山牌	新疆
27	YN	云南	93	山茶牌	云南电视机厂
28	ZJ	浙江	94	西湖牌	杭州电视机厂
29	HK	香港	95	港华	香港
			96	长城	香港
			97	陆氏	香港
			98	康力	香港
			99	大华	香港
			100	恒华	香港

由上表可见：在彩管彩电（CRT–TV）年代，全国各省（市、区）除西藏外，均有彩电组装厂及自我品牌。

参考书目

1. 艾薇儿中国官方歌迷会:《艾薇儿完全手册》，北京：中国长安出版社，2013。

2. 北京・松下彩色显像管有限公司社志编委会:《北京・松下彩色显像管有限公司社志 1987.7–2000.12》，深圳：深圳宝峰印刷有限公司，2001。

3. 北京・松下彩色显像管有限公司社志编委会:《北京・松下彩色显像管有限公司社志 2001–2007》，北京：北京松下彩色显像管有限公司，2007。

4. 北京未来新世纪教育科学研究所编:《科学目击者——家电小知识》，乌鲁木齐：新疆青少年出版社，2006。

5. 陈嘉桢、滕云主编:《陕西年鉴・总第十三卷》，西安：陕西年鉴社，1999。

6. 陈建新编著:《国内外彩色电视机元器件互换手册》，合肥：安徽科学技术出版社，1992。

7. 褚葆一:《经济大辞典・世界经济卷》，上海：上海辞书出版社，1985。

8. 陈幼基编著:《四川长虹：彩电“老大”三次掀起价格大战》,《中国企业战略评析》，上海：中国纺织大学出版社，2001，页 34–42。

9. 戴吾三:《技术创新简史》，北京：清华大学出版社，2016。

10.《当代中国的陕西》编辑委员编:《当代中国的陕西・下》，北京：当代中国出版社、香港：香港祖国出版社，2009。

11. 邓炘炘："走进美国'广播'的起源",《时间的节点·传播研究杂集》，北京：中国广播影视出版社，2015。

12. 范永进、强纪英主编：《回眸中国股市：1984–2000 年》，上海：上海人民出版社，2001。

13. 福建省福州市地方志编纂委员会编：《福州市志（第 3 册）》，北京：方志出版社，1999。

14. 佛山市地名志编纂委员会编：《佛山市志·1979–2002·第 2 册》，北京：方志出版社，2011。

15. 付保宗等著：《我国工业领域的产能过剩问题研究》，北京：中国计划出版社，2014。

16. 韩晓冰、陈名松主编：《光电子技术基础》，西安：西安电子科技大学出版社，2013。

17. 干春晖主编：《并购案例解读》，上海：上海财经大学出版社，2005。

18. 香港东南经济信息中心编：《迈向新世纪的国际经济》，海口：海南人民出版社，1989。

19. 葛本松主编：《计算机维修工》，武汉：湖北科学技术出版社，2009。

20. 关兰馨、曲铭生著：《第一流的投资理财》，北京：中国发展出版社，1999。

21. 管跃庆等编著：《企业改制上市融资》，南宁：广西人民出版社，2004。

22. 管跃庆等编著："深圳赛格日立彩色显示器件有限公司",《企业改制上市融资》，南宁：广西人民出版社，2004。

23. 广东省地方史志编纂委员会编：《广东省志·电子工业志》，广州：广东人民出版社，2000。

24. 国家税务局编：《税收工作文献汇编（1978–1992）》，北京：法律出版社，1993。

25. 何一民主编：《革新与再造：新中国建立初期城市发展与社会转型 1949–1957·上》，成都：四川大学出版社，2012。

26. 何郁冰:《中国制造业开放式自主创新与国际竞争力提升》，北京：社会科学文献出版社，2015。

27. 胡洪森："日韩企业掀起价格战，平板电视需防不正当竞争"，《中国电子报》，2008年7月3日。

28. 黄雁主编："中国彩电霸主——倪润峰"，《谁改变了中国》，武汉：长江出版社，2005，页264–267；黄儒经、吴晓兰编著:《打开原子的坚壳》，北京：东方出版社，2008。

29. 贾箭鸣、史瑞琼编:《兴学强国120年·我们的交大学长》，西安：西安交通大学出版社，2016。

30. 建设部施工管理司编:《土木建筑国家级工法汇编》，北京：中国建筑工业出版社，1993。

31. 金德环主编:《当代中国证券市场》，上海：上海财经大学出版社，1999。

32. 金钟范、车维汉、林珏等:《2009世界经济发展报告：金融危机的影响及其应对举措》，上海：上海财经大学出版社，2009。

33. 康浩、高崧编著:《家用电器实用指南——基本原理、选购、使用与维修》，北京：地震出版社，1993。

34. 李钢、杨娟、常少观、程都、王茜编著:《平板显示产业现状与发展前景》，广州：广东经济出版社，2015。

35. 李明春、吉国著:《海洋强国梦》，北京：海洋出版社，2014。

36.《李先念传》编写组编写:《建国以来李先念文稿·第三册》，北京：中央文献出版社，2011。

37. 李中强："'蜗牛事件'：让中国老百姓晚看了五年彩电"，《党风建设》2000年第2期。

38. 林军著:《大企业病》，杭州：浙江人民出版社，2003。

39. 凌青波、李温编著:《工业的腾飞》，北京：华艺出版社，1991。

40. 刘浩编著:《大屏幕彩电选购使用指南》，北京：人民邮电出版社，2000。

41. 刘光明主编，高静、黄克凌、楼明星副主编："本章案例：松下集团的'质量文化'"，《工业文化》，北京：经济管理出版社，2015。

42. 刘洪才、邸世杰主编，章之俭、刘国典主审：《广播电影电视科技发展历程回顾文选》，北京：中国广播电视出版社，2004。

43. 刘建长、旭兰著：《公关礼仪概论：公共关系·人际关系·礼仪》，杭州：浙江大学出版社，2010。

44. 刘世英主编："价格屠夫——倪润峰"，《十大风云人物·解读10位风云人物的激情回望》，北京：中国铁道出版社，2013，页75-84。

45. 柳援越编：《韦尔奇经商69个细节：管理大师面对面》，呼和浩特：内蒙古人民出版社，2005。

46. 陆小华著：《媒体观：信息化生存时代的思维方式》，北京：清华大学出版社，2008。

47. 罗炳枝主编：《上海人走出国门》，贵阳：贵州人民出版社，1994。

48. 马洪、张塞著：《中国大中型工业企业·电子工业卷》，北京：中国城市经济社会出版社，1989。

49. 马小陆主编：《基于ARM9的嵌入式Linux系统开发原理与实践》，咸阳：西安电子科技大学出版社，2011。

50. 毛蕴诗、汪建成著：《广东企业50强：成长与重构》，北京：清华大学出版社，2005。

51. 鲍来超编：《会计实操从新手到高手·第2版》，北京：中国铁道出版社，2015。

52. [美]布朗兹著，林洪等译：《管理大师：美国商界巨子》，北京：经济管理出版社，2003。

53. 彭丽娟、罗小辉、彭克发编著：《实用数字电视基础教程》，北京：中国电力出版社，2014。

54. 齐安甜著：《企业并购中的实物期权与博弈分析》，北京：中国金融出版社，2007。

55. 佚名：《企业技术创新院士行学术报告文集》，北京：中国工程院出版社，2000。

56. 邱华主编:《管理经济学》，哈尔滨：哈尔滨工程大学出版社，2007。

57. 全国政协文史和学习委员会编:《新中国往事：特别事件》，北京：中国文史出版社，2011。

58. 上海财经大学 500 强企业研究中心编:《中外 500 强企业创新体系研究》，上海：上海财经大学出版社，2009。

59. 商务部外国投资管理司编:《中国外商投资报告·政策与环境》，厦门：南开大学出版社，2013。

60. 沈兵、吴耕编著:《大屏幕彩色电视机电路分析与维修》，上海：上海科学普及出版社，2000。

61. 四川省地方志编纂委员会编纂:《四川省志·电子工业志》，成都：四川科学技术出版社，1993。

62. 单兰著："江青导演的一出外交丑剧——'蜗牛事件'"，《党史纵横》2004 年 04 期。

63. 深圳市地方志编纂委员会编:《深圳市志·第一二产业卷》，北京：方志出版社，2008。

64. 申银万国证券股份有限公司撰:《上海广电电子股份有限公司重大股权、资产出售交易报告书》，上海广电电子股份有限公司，2005 年 11 月。

65. 石门、冯洋、田晓菲主编:《探索奥秘》，北京：远方出版社，2005。

66. 宋立志主编:《历史上的今天·三月（下）》，呼和浩特：远方出版社，2005。

67. 宋禄刚等编:《中国历代发明者》，北京：中国人事出版社，1996。

68. 宋世振:《日立在咸阳》，咸阳：陕西人民出版社，2003。

69. 苏文林著:《译海生涯》，呼和浩特：远方出版社，2005。

70. 董志凯著:《应对封锁禁运：新中国历史一幕》，北京：社会科学文献出版社，2014。

71. 王超逸、马树林编著:《最卓越的企业文化故事：软实力与企业文化力》，北京：中国经济出版社，2009。

72. 王志乐著："松下公司在中国的投资"，《著名跨国公司在中国的投资》，北京：中国经济出版社，1996。

73. 王志乐主编："三星公司在中国的投资"，《2001 跨国公司在中国投资报告》，北京：中国经济出版社，2001。

74. "'蜗牛事件'事件始末"，《国际人才交流》，2004 年 9 月 6 日，页 15。

75. 文辉抗、陈清林、李万青主编；卢瑞莲、毛朝辉副主编；中共湖南省委党史委编著：《湖南五十年大事记述》，长沙：湖南人民出版社，2000。

76. 文尚胜主编：《OLED 产业专利分析报告》，广州：华南理工大学出版社，2015。

77. 吴祖垲：《电视工业迎来五彩缤纷的春天——我国显像管工业的发展历程》，收录自：中国电子视像行业协会编：《中国彩电工业发展回顾》，北京：电子工业出版社，2010。

78.《无线电与电视》编辑组编：《无线电与电视 · 1978—1979 合订本》，上海：上海科学出版社，1980。

79. 吴祖垲著：《我亲自重点抓过的几件事情》，收录自：丛书编委会编：《与国外接轨 · 西安科教探索事例篇》，北京：光明日报出版社，2006。

80. 翁征洋、林起章著：《探索上海科技与经济优化组合之路》，上海：上海科学技术文献出版社，1989。

81.《显示器件技术领域的著名专家——童林夙》，《科学中国人》，2004 年第 7 期，页 36–38。

82. 咸阳年鉴编纂委员会编：《咸阳年鉴 · 2004》，咸阳：三秦出版社，2004。

83. 香港东南经济信息中心编：《迈向新世纪的国际经济》，海口：海南人民出版社，1989。

84. 咸阳彩虹集团编辑委员会：《彩虹大事记 1977—2002》，成都：彩虹集团，2002。

85. 新京报社编著：《松下幸之助和邓小平有个"君子约定"》，《日志中国：回望改革开放 30 年 · 第 5 卷》，北京：中国民主法制出版社，2009，页

43–49。

86. 杨浩然编著:《虚拟现实：商业化应用及影响》，北京：清华大学出版社，2017。

87. 杨巨友编著:《电视机维修实用大全》，北京：机械工业出版社，1991。

88. 杨志平、李志强著:《发光与显示技术》，保定：河北大学出版社，2007。

89. 姚维儒著:《暮色当歌》，北京：中国文联出版社，2012。

90. 袁军、哈艳秋著:《广播电视新闻系列教材：中国新闻事业史教程》，北京：中国广播电视出版社，2001。

91. 叶素贞著:《敢想敢干敢挑战・白手起家创业行动手册》，北京：中国经济出版社，2007。

92. 俞鹏超编著:《装机新世纪》，北京：海洋出版社，2001。

93.TCL 王牌电子深圳有限公司编:《TCL 王牌银佳智能系列大屏幕彩色电视机原理与维修》，北京：人民邮电出版社，2001。

94. 封滟彦、聂明德、王世高编著:《最新电脑采购与组装完全手册》，重庆：电脑报社，2002。

95. 张海英、杨秋红著:《吴祖垲：中国荧光灯管及电子束管的奠基人》，收录在：贾箭鸣编:《兴学强国 120 年・我们的交大学长》，西安：西安交通大学出版社，2016，页 216–220。

96. 张广渊主编:《计算机组装与维护教程》，成都：电子科技大学出版社，2004。

97. 张莉："LG 飞利浦公司破产殃及 1.7 万员工"，《南方日报》，2006 年 2 月 13 日。

98. 张星东："'玻璃蜗牛'与中国彩电生产线"，《国企》，2012 年 5 月号，页 12。

99. 张新德等编:《显像管检测与再生技能短训教程》，北京：机械工业出版社，2010。

100. 赵坚勇编著:《有源发光二极管(OLED)显示技术》,北京:国防工业出版社,2012。

101. 中华年鉴编辑部:《中国年鉴·1995》,北京:中国年鉴社,1995。

102. 中国电子视像行业协会编:《中国彩电工业发展回顾》,北京:电子工业出版社,2010。

103. 中国法学会研究部编:《国务院关于严格控制引进彩色电视机装配线和彩色显像管生产线的通知》(1985 年 4 月 22 日),《工商企业现行法律法规总览》,北京:机械工业出版社,1990,页 91。

104. 中国企业管理年鉴编委会编:《中国企业管理年鉴·1991》,北京:企业管理出版社,1991。

105. 中国建筑第八工程局志编辑部:《中国建筑第八工程局志·1966–1995》,济南:山东友谊出版社,1998。

106. 中国科学技术协会编:《中国科学技术专家传略·工程技术编·电子信息科学技术卷二》,北京:中国科学技术出版社,2007。

107.《中国科学家辞典》编委会:《中国科学家辞典(现代第二分册)》,济南:山东科学技术出版社,1983。

108. 中国人民银行国库司:《国家金库制度选编·第 3 辑》,北京:中国金融出版社,1993。

109.《中国物价年鉴》编辑部编:《物价年鉴·1991》,北京:中国物价出版社,1991。

110.《中华创业功臣大典》编委会编:《中华创业功臣大典》,北京:中国统计出版社,2001。

111. 中外名人研究中心编:《中国当代名人录》,上海:上海人民出版社,1991。

112. 中央电视台社教部、中国经营报社编辑部等:《北京松下显像管有限公司的内部管理》,《走向市场:转换企业经营机制方法谈》,北京:中国统计出版社,1993,页 290–296。

113. 北京市志书编委会编:《北京工业志丛书·电子志》,北京:中国科学技术出版社，2001。

114. 志英："全球彩管业'最后的莫希干人'谢幕东莞"，《今日中国》，2017 年 10 月号 · 总 34 期，页 40–49。

115. 周劲、付保宗等著：《我国工业领域的产能过剩问题研究》，北京：中国计划出版社，2014。

116. 周荣楣编著：《光电发射、次级电子发射与光电倍增管》，成都：电子科技大学出版社，2015。

117. 周致纳著：《福地彩管战略发展案例之研究》，华南理工大学硕士学位论文，2006。

118. 宗道一著："安东尼奥尼事件和'蜗牛事件'"，《沧桑纪事》，2002 年 1 月 · 总 20 期，页 23–25。

119. 周兴华、倪敏娜编著：《手把手教你学 ARM Cortex-M0 基于 LPC11XX 系列》，北京：北京航空航天大学出版社，2016，页 120。

120. 长孙博主编：《2017 年全国硕士研究生入学考试历史学基础 · 中国史大纲接续》，济南：山东人民出版社，2016。

参考网站

1. 美国广播公司网站 https：//www.rcacommercialtv.com/，摘取时间：2019 年 1 月 26 日，15：47。

2. 美国康宁公司网站 https：//www.corning.com/tw/zh_tw/markets/Display-Market.html，摘取时间：2019 年 1 月 15 日，17：51。

3. LUISW.ALVAREZ "NATIONAL ACADEMY OF SCIENCES：ERNESTOR LANDOL AWRENCE，1901–1958)"，*BIOGRAPHIC ALMEMOIRS*，*pp49-51*)，*The article quoted from the*：*https*：*//escholarship.org/uc/item/16z2w74x.*

4. 此见孙秉光的回顾，详可参阅：金力著：《孙秉光——倾情开拓中国电子彩显事业》，摘取网站：http：//www.zghhzx.net/html/2012/binhaimingren3_1009/724.html，摘取时间：2019 年 2 月 1 日，19：48。

5. "香港获外资企业选定为环球总部"，香港政府《新闻公报》2001 年

7 月 5 日，摘取网站：https：//www.info.gov.hk/gia/general/200107/05/0705331.htm，摘取时间：2019 年 2 月 23 日。

6. 吴祖垲著：《我的回忆》，转引自：https：//blog.csdn.net/zzwu/article/details/18674860033，摘取时间：2018 年 12 月 30 日，23：00。

后　记

话说一群从事彩管行业超过20年的人，既亲历过中国彩管业的从无到有再到兴旺蓬勃，又在10多年前开始目睹中国的彩管企业逐一退市后，便构想要编写一部关于中国彩管业的历史书，好把中国彩管业的一些经验和教训记录下来，留给后来显示行业如PDP、LCD、OLED等“接班人”做借鉴，并记录几代彩管人的努力，以向一众开拓者、所有从业员包括技术人员、工厂负责人、车间工人、运输和销售人员，向关心彩管行业成长的中央和省市政府领导、外资企业家致敬。

彩管彩电产业是中国改革开放后较早发展起来的产业，也是中华人民共和国成立以来众多行业中竞争较充分、市场要素较完备、起步较早、走向国际化的产业。我国彩电产业自20世纪50年代初开始探寻研发：从无到有、规模逐步壮大，取得了令人瞩目的追赶成就，涌现出包括长虹、TCL、彩虹、北京松下等一大批知名企业。由1990年至今，我国彩电产量一直居世界第一位，成为全球彩电产品制造基地。因此，彩管彩电产业的起承兴衰，实镌刻着我国一代又一代的先辈和开拓者，由艰苦探寻、自主研发到技术引进再到中外合资等诸多阶段，尤其是自改革开放以来不同阶段的轨迹和历程，故实可视作切入和观察我国改革开放40年来历程的标志性案例。

作为起步，我们有幸邀得中国彩管业协会会长、原北京松下彩管厂最后一任董事长范文强担任编写委员会主任，全球最后一家彩管企业的创办人杨向杰为执行主任，并由两人联合主编。又荣幸地邀得中国信息产业部（原电子部）彩管办第一任主任孙秉光和最后一任主任季国平做顾问并亲撰文章和接受访问；央企彩虹集团总经理、香港上市的彩虹集团第一任董事长马金泉亦愿担任顾问委员会的执行主任，也是在诸位曾在彩管行业叱咤风云的领导之支持下，才使我们有力量完成这长达数年的艰苦编史工作。当然我们还要感谢为本书题签的原电子工业部副部长、全国彩电国产化领导小组组长、国防科工委副主任、中将张学东先生。在此，谨代表编辑部同人和读者向他们致敬。

自 2014 年起，我们便组织了南方和北方两个团队，分别由彩管人高海洛和李景阳领衔收集和编辑了约共 50 万字的初稿，但我们并没有就此打住。在整理资料过程中，我们越来越深入地意识到光是数据的辑录是不够的，必须有原创和立体的人物内容和回忆。于是在 2014 年 3 月，我们在深圳访问了中国彩管业协会秘书长杨国钧；2017 年，借全球最后一家彩管厂 TGDC 在东莞办退市会，中国彩管业协会进行最后一次会议之际，我们除了广邀各个彩管业的代表人物之外，还邀请了彩电企业的胡秋生、何兴等，北京大学的王碧波教授出席，并请来《今日中国》期刊的主编金敏华先生，为出席嘉宾进行口述历史。其后，更在编委会执行主任杨向杰教授的协助下，在异国的维也纳，又访问了几位对中国彩管业有重要影响的国外友人；2019 年 3 月在本书杀青之际，我们又在绵阳访问了四川长虹彩电的前董事长倪润峰。上述等等的第一手数据和珍贵记录，均客观地铭刻着编写委员会同人编写此书的时空跨度和深度。

进入 2018 年，我们又改组了执行编辑委员会。除范文强和杨向杰联合主编外，又邀请了香港中文大学博士陈伟中担任主笔，加上前《大公报》翻译及副编辑主任李若梅、资深彩管从业员陈汝佳和黄志业，奋战大半年，大刀阔斧、去芜存菁地把原稿的 50 万字，重新编撰成现在的约 40 万字，也终于令这部筹组动工超过五年的《中国彩管史》得以问世。由于此书仅由民间自发撰史，当中难免或有纰漏，并为此谨向读者致歉，以期抛砖引玉。

再次谨以此书向中华人民共和国成立 70 周年、改革开放 40 年以来，推动我国工业化、现代化走向大国崛起的无数默默耕耘的先辈和开拓者致敬！

《中国彩管史》编写委员会

二〇一九年十一月

图书在版编目（CIP）数据

中国彩管史：中国彩色显像管行业志 / 范文强，杨向杰主编；陈伟中编著. -- 北京：海豚出版社，2019.11
ISBN 978-7-5110-3864-7

Ⅰ. ①中… Ⅱ. ①范… ②杨… ③陈… Ⅲ. ①彩色显像管－电子工业－工业史－中国 Ⅳ. ①F426.63

中国版本图书馆 CIP 数据核字（2017）第 113611 号

中国彩管史：中国彩色显像管行业志

范文强　杨向杰　主编　陈伟中　编著

出 版 人：王　磊
责任编辑：王　水　朱敬利　梅秋慧
装帧设计：吴光前
排版设计：九章文化
责任印制：于浩杰　蔡　丽

出　　版：海豚出版社
地　　址：北京市西城区百万庄大街 24 号　　邮　　编：100037
电　　话：010-68325006（销售）　010-68996147（总编室）
印　　刷：北京瑞禾彩色印刷有限公司
经　　销：新华书店及网络书店
开　　本：710mm×1000mm　1/16
印　　张：27.5
字　　数：435 千
版　　次：2019 年 11 月第 1 版　2019 年 11 月第 1 次印刷
标准书号：ISBN 978-7-5110-3864-7
定　　价：98.00 元